*150 ans
d'histoire*

Couturiers
Stylistes
Marques

Charlotte
Seeling

MODE

*150 ans
d'histoire*

Couturiers
Stylistes
Marques

h.f.ullmann

SOMMAIRE

YVES SAINT LAURENT

PAUL PARNES

ISSEY MIYAKE

JOHN GALLIANO

VIVIENNE WESTWOOD

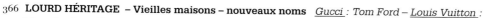

ANN DEMEULEMEESTER

DOLCE & GABBANA

KARL LAGERFELD

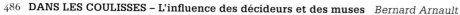

POURQUOI LA MODE NOUS SIED-ELLE ?

Nous devons tous nous habiller mais personne ne doit suivre la mode.

Pourtant c'est ce que fait la plupart avec un immense plaisir. Car la mode est la séduction à l'état pur : toujours nouvelle, toujours différente, parfois chatoyante, parfois choquante, hier futuriste, aujourd'hui nostalgique. Mais elle n'est pas lunatique !

La mode n'est pas le fruit de la volonté de stylistes irréalistes, elle est toujours l'expression de son époque. Ce n'est que lorsqu'elle correspond à nos besoins, à nos aspirations et à nos visions que nous succombons. La mode est plus que l'habit dont on se moque comme de sa première chemise ! La différence essentielle se trouve dans le fait qu'une silhouette aille bien, que des proportions soient équilibrées ou qu'un contraste de couleurs soit soudain harmonieux. La mode peut tout autant être une imposture qu'un art. Dans tous les cas, c'est un signe de civilisation : en nous habillant nous nous différencions des animaux.

Tout d'abord nous les dépouillâmes pour nous protéger du vent et des intempéries et pour enseigner aux autres à avoir peur. Aujourd'hui, celui qui sait renoncer aux peaux animales fait montre de supériorité. Le chemin menant de la fourrure de l'ours aux fibres synthétiques fut long et sinueux.

La mode fut tardivement à la mode. Vers 1860 l'Anglais travaillant à Paris Charles Frederick Worth eut l'idée géniale de doter d'une étiquette portant sa signature les robes qu'il avait créées, comme s'il s'agissait d'œuvres d'art. À partir de ce moment-là, les dames de la haute société ne voulurent plus porter que des robes provenant d'un couturier célèbre : c'était de la mode, tout le reste n'était que simples vêtements.

Depuis, des légendes se sont tissées sur les grands maîtres de la mode. Il y eut des oiseaux de paradis, de Paul Poiret à John Galliano, des ermites timides, tels que Cristóbal Balenciaga et Martin Margiela ou des natures artistiques très sensibles tels Christian Dior et Yves Saint-Laurent, mais également des pragmatiques débrouillards comme Coco Chanel et Giorgio Armani. Que l'artisanat, l'art ou le commerce soit au centre de leurs préoccupations, ils ont tous lutté pour réaliser leur idée de la perfection, se saignant à blanc à chaque collection et c'est justement ça qui fait que la mode nous touche. Ce livre reconstitue l'évolution de la mode au cœur des histoires de l'époque. Au début il y avait les grands couturiers qui à partir des années 1960 attirèrent de nombreux designers, qui dans les années 1980 furent harcelés par les grands groupes de luxe qui vingt ans plus tard subirent la concurrence des chaînes à bas prix. Mais que ce soient des couturiers, des stylistes ou des marques : la création est toujours au centre.

Tant qu'il en sera ainsi la mode aura un avenir. Internet l'aide à s'infiltrer jusque dans les moindres recoins du monde. Car la mode est aimée partout.

Charlotte Seeling
Pour Eberhard Hauff – pour tout.

Comment la mode est
L'INVENTION DE LA HAUTE COUTURE
devenue à la mode

Lors de l'Exposition universelle de 1900 à Paris, la haute couture française connut pour la première fois un succès triomphal. Dans le Pavillon de l'Élégance, certaines maisons de haute couture triées sur le volet, parmi lesquelles Worth et Doucet qui habillaient des comédiennes telles que Eleonora Duse et Sarah Bernhardt, présentèrent leurs créations coûteuses à un public international émerveillé.

« Pour tous ceux qui sacrifient sur l'autel de la grâce, du lustre, de la splendeur et de la beauté », critiquait un journal à ce propos, « pour tous ceux pour qui Paris était, est, sera et restera le seul lieu de pèlerinage leur apportant le bonheur. »

Dès le XVIIIᵉ siècle, Paris fut considéré comme la capitale mondiale de la mode. En outre, le fait que les tout premiers grands magasins aient ouvert en France en 1850 contribua à une plus large diffusion de la mode française, tout comme l'Exposition universelle sur laquelle la presse internationale fit des comptes rendus détaillés. La mode française étant de plus en plus copiée, on s'aperçut bientôt qu'elle nécessitait une protection particulière : c'est ainsi qu'en 1910 fut créée la chambre syndicale de la Couture parisienne qui s'occupait principalement des droits des créateurs. Pas de doute : la mode ne pouvait venir que de Paris !

Au début du XXᵉ siècle, rares étaient les créateurs de mode dont le nom était connu. Ils se nommaient « couturiers » et se considéraient comme les gardiens du temple de l'art de tailler les étoffes bien que, s'ils voulaient sortir du lot des artisans doués, ils dussent simultanément être à la fois stylistes et artistes, génies des relations publiques et organisateurs de spectacles, protagonistes et metteurs en scène.

Paradoxalement, c'est un Anglais qui est considéré comme le fondateur de la haute couture française. Après sept ans de formation à Londres dans le commerce du textile, Charles Frederick Worth arriva à Paris à l'âge de vingt ans. Treize ans plus tard, en 1858, avec son partenaire suédois Otto Boberg, il créa sa propre maison de haute couture rue de la Paix qu'il dirigea seul à partir de 1871. Worth fut le premier à comprendre comment s'élever au rang de star : il commença tout simplement à signer ses vêtements comme des œuvres d'art. Pour cela, il eut l'idée de

Sans relâche et avec acharnement
Ainsi se déroula le combat autour de la mode au début du XXᵉ siècle : les uns persistaient dans la crinoline et la taille de guêpe et les autres, à leur droit à la silhouette que la nature leur a donnée, bien caricaturé par Knud Petersen.

Streit der Moden

(Zeichnung von Bruno Paul)

„Das Reformkleid ist vor allem hygienisch und erhält den Körper tüchtig für die Mutterpflichten." — „So lange Sie den Fetzen anhaben, werden Sie nie in diese Verlegenheit kommen."

Apogée et adieu

L'Exposition universelle de 1900 à Paris (en haut, à droite)
marqua l'apogée et l'adieu de la Belle Époque. Avec Jeanne
Paquin dont la mode était charmante (en haut, à gauche et
au centre), c'était la première fois qu'une femme pouvait donner
l'orientation de la mode. Charles Frederick Worth (au centre,
à droite) fut le précurseur de la haute couture. Il a habillé
l'impératrice Sissi (au centre, à gauche), et dans son atelier
(à gauche) de nombreuses couturières travaillaient aux
broderies des modèles. Toutefois la ligne tarabiscotée à laquelle
s'adonnait également la robe du soir allemande (page ci-contre)
était sur le déclin, l'esprit du temps demandait plus de liberté
de mouvement pour les femmes.

coudre dans chacun d'entre eux une petite étiquette sur laquelle était brodée sa signature diluée : la griffe était née. Bien sûr, tous les grands couturiers suivirent bientôt son exemple. En outre, Worth présentait une fois par an une nouvelle collection et introduisit ainsi la constante promotionnelle du changement dans la mode : une innovation révolutionnaire dont tous les stylistes profitent encore de nos jours.

La ligne qu'il créa était nettement moins révolutionnaire que son marketing. Monsieur Worth avait seulement remplacé la crinoline, de plus en plus ample, par une forme légèrement plus raisonnable : sur l'avant, la jupe était plate et, sur l'arrière, l'abondant tissu était drapé. À partir de là fut bientôt élaborée la tournure qui, tout comme la crinoline, conduisit à des excès et provoqua de la même façon des plaisanteries mordantes.

Quoi qu'il en soit, ce n'est pas le XIXᵉ mais le XVIIIᵉ siècle qui influença les styles et qui déclencha sans cesse des imitations. Ainsi, lors de l'Exposition universelle de 1900, aucune nouvelle ligne ne fut présentée. La véritable sensation se situait dans la belle assurance que la nouvelle caste des grands couturiers avait de sa mission. Ils suivaient tous les traces de Worth qui était alors déjà mort depuis cinq ans, ses fils Gaston et Jean-Philippe lui ayant succédé. Le terme grand couturier avait été inventé pour Worth, qui avait compris comment associer les techniques de coupe anglaises au luxe français ; en effet, auparavant il n'y avait que des couturières.

Jeanne Paquin, la femme qui s'était vue attribuer l'honneur de choisir les participants du Pavillon de l'Élégance, se disait créatrice de mode et non couturière. Pourtant, elle non plus ne présenta rien de nouveau mais elle le fit avec beaucoup d'allure. Un mannequin de cire reproduisant très fidèlement ses traits délicats était vêtu des plus fines dentelles et des plus belles soieries. Cette présentation raffinée faisait oublier le manque d'innovation. En revanche, le fait que pour la première fois une femme soit à la présidence de la foire de la mode était bien sûr une nouveauté choquante car le monde de la haute couture était (et est toujours) dominé par les hommes. Ceux-ci considéraient que le corps féminin devait être corseté et rembourré afin de correspondre à la forme idéale du sablier : fragile au milieu, plantureuse en haut et en bas. De profil, la ligne formait un S qui selon le corset et la tournure présentait des contours plus ou moins marqués.

Jean Cocteau aurait dit que déshabiller une femme « est une entreprise équivalant à prendre une forteresse ». Quelqu'un devait avoir raconté cela à ce fin esprit homosexuel, peut-être Colette qui défendait ardemment tous les plaisirs corporels et montrait autant d'intérêt pour l'un ou l'autre sexe. Colette (1873-1954) eut le courage d'oser plusieurs modes de vie. Utilisée comme nègre et trompée par son premier mari, elle se tourna vers le sexe féminin et vers le théâtre. Après avoir cessé d'écrire pendant plusieurs années, en 1909, elle publia à nouveau un roman sous son propre nom et devint célèbre du jour au lendemain. Colette se maria encore deux fois, en dernier avec un homme beaucoup plus jeune, et exploita toutes ses expériences et ses sentiments dans ses romans à succès. Ses aventures de libre-penseuse donnaient d'agréables frissons dans le dos aux rares femmes courageuses.

Même dans sa forme légèrement atténuée par Worth, le vêtement féminin avait encore quelque chose de la camisole de force. Les hauts cols droits et étroits, le mieux étant la dentelle amidonnée, exigeaient un maintien très rigide de la tête sur laquelle tenaient en équilibre des chapeaux aux opulentes garnitures, de préférence de lourdes plumes d'autruche, la décoration de loin la plus coûteuse et symbolisant par conséquent le statut social. Les hauts, de coupe étroite portés sur des corsets à baleine recouverts à leur tour de « cache-corsets », avaient des manches montées ressemblant souvent à un gigot d'agneau, d'où le nom de manche gigot. Partant de l'épaule, elles étaient d'abord bouffantes avant d'être étroites du coude au poignet. La jupe touchait le sol, était lâche sur les hanches puis évasée en forme de cloche jusqu'à l'ourlet, l'arrière étant gonflé par des drapés et des plissés et se terminant souvent par une petite traîne. Afin d'équilibrer la silhouette et de faire contrepoids à l'ostensible postérieur, le chapeau était porté légèrement vers l'avant sur des cheveux relevés. Les bottines ou les chaussures assorties étaient pointues et avaient des talons baroques légèrement cambrés. Les bas de soie qu'on pouvait, bien sûr, tout au plus deviner et les gants étroits, qui faisaient qu'à l'extérieur de la maison on ne pouvait même pas voir les mains nues, étaient considérés comme des acces-

La veste masculine flattait les femmes mais les femmes *en pantalon* n'étaient acceptées que sur scène.

soires indispensables pour une femme du monde. Pour les robes du soir décolletées, les gants devaient être assez longs pour être « enfilés » jusqu'en haut du bras. Il n'est donc pas surprenant qu'un morceau de peau nue ou la vue d'une cheville fine suffisait à rendre les hommes fous.

Pour la vie de tous les jours, on travaillait des tissus tels que le lin, le velours et la laine, et les couleurs étaient plutôt des tons pastel neutres, foncés ou pâles, tels que le rose, le bleu ou le mauve. On essayait de compenser le manque d'originalité des coupes par de coûteux ornements. Galons et rubans, liserés et nœuds, applications et volants interminables étaient utilisés comme fioritures.

Le soir, les robes devaient être en soie et en dentelle, en mousseline, en tulle, en gaze, en satin et en crêpe de Chine, artistiquement brodés et ornementés, présentant souvent un décolleté assez profond. Les bijoux de cette décennie étaient les perles, en forme de gouttes aux oreilles et en sautoir ou sur plusieurs rangs autour du cou, qu'on appelait alors un collier de chien. La femme du monde donnait toujours l'impression qu'elle se rendait à une garden-party, ce qu'elle faisait lorsque, comme il se devait, elle passait la saison sur la Côte d'Azur. En revanche à Paris, elle se montrait de préférence au théâtre où elle emportait de délicates jumelles de théâtre et un large éventail.

Ainsi était habillée la « femme ornée » de la Belle Époque. Mais à partir de 1903 au plus tard, apparut la « femme libérée ». Beaucoup de monde contribua à sa libération vestimentaire. En première ligne les femmes, bien sûr. Vu que pour monter à cheval elles avaient le droit de porter des tenues coupées par des tailleurs, elles s'aperçurent que déjà grâce à leurs vêtements, les hommes pouvaient bouger beaucoup plus librement et elles utilisèrent de plus en plus leurs vêtements d'amazone dans la vie quotidienne. Les pantalons étaient certes encore proscrits, toutefois la veste et le chemisier empruntés à la mode masculine furent associés aux jupes arrivant jusqu'aux chevilles.

L'attrayante « Gibson-Girl » née sous la plume de l'illustrateur de journaux Charles Dana Gibson prouve à quel point cette tenue était seyante. Entre 1890 et 1910, Gibson caricatura de façon régulière dans le journal *Colliers* les réactions de la société bourgeoise face aux efforts d'émancipation féminine. Au centre se trouvait toujours la silhouette d'une jeune femme

sportive et intelligente, mais également belle et au style affirmé. Elle représenta rapidement l'idéal féminin sous le nom de Gibson-Girl. Avec humour et humilité, elle informait le lecteur bienveillant des problèmes de la femme socialement plus faible.

L'attrayante Gibson-Girl qui avait pris naissance dans l'imagination d'un homme obtint plus de combattantes que pour les droits de la femme. Ainsi, en 1851, Amelia Bloomer n'obtint que des railleries avec son premier tailleur-pantalon. Le monde entier se moqua du peu seyant pantalon bouffant resserré à la cheville. Néanmoins, les « bloomers » furent conservés jusqu'à la Première Guerre mondiale comme vêtements de sport pour faire du vélo ou pour la gymnastique féminine.

Sarah Bernhardt était la seule femme à faire fureur en pantalon. La grande star du théâtre déployait une magnificence non seulement sur scène, mais également dans sa vie privée, et elle était considérée comme la meilleure cliente des grands couturiers. En 1900, le jeune Paul Poiret, alors assistant de Jacques Doucet, conçut le costume pour le premier rôle travesti de l'actrice dans l'Aiglon. Le jeune homme se permit quelques remarques dédaigneuses à propos de cette star adulée qui, à l'époque, était au milieu de la cinquantaine et plus que jamais au courant de la mode. Celui lui coûta finalement son emploi chez la vedette des grands couturiers, Jacques Doucet. Pour Sarah Bernhardt, ce rôle travesti fut un autre succès triomphal. Même lorsqu'elle fut amputée d'une jambe, Sarah Bernhardt resta la cliente préférée des grandes maisons de couture, bien qu'elle eût l'habitude de faire modifier les modèles exclusifs par sa propre domestique.

L'autre grande tragédienne de l'époque, l'Italienne Eleonora Duse fit preuve d'une fidélité inconditionnelle. En principe, elle s'habillait chez le couturier Worth, mais lorsqu'une fois la maison de couture ne réussit pas à satisfaire ses désirs, elle s'excusa d'avoir refusé la robe dans une longue lettre polie dans laquelle le petit mot « hélas » était présent au moins cinquante fois.

Aux côtés des actrices, les danseuses telles qu'Isadora Duncan et Mata Hari avaient également une grande influence sur la mode. Plus tôt que les autres, Isadora Duncan osa apparaître pieds nus, sans corset et voilée juste ce qu'il fallait. Pour les Américains, cela

1914

15

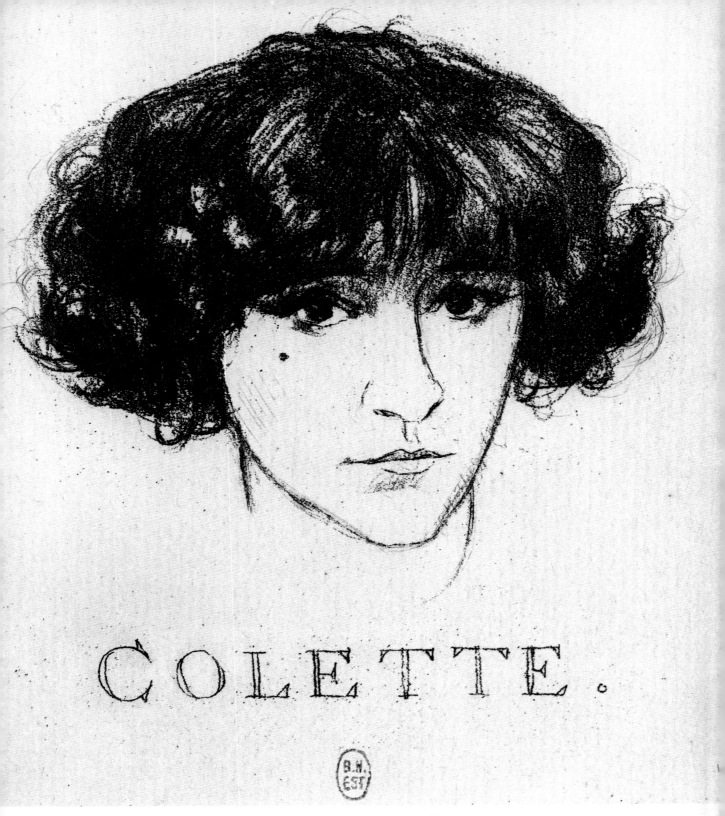

COLETTE.

Comme aucune autre au monde
Colette se libéra plus tôt que les autres du corset des conceptions bourgeoises : elle apparut à moitié nue sur scène,
embrassa des femmes et fit de ses pensées les plus intimes des best-sellers.

De gros ego

déterminèrent l'évolution de la mode. Paul Poiret (en haut, à gauche) se considérait comme le plus grand artiste entre tous. Même un rôle travesti ne pouvait pas nuire à la grande actrice de théâtre Sarah Bernhardt (en haut, à droite) alors que la pauvre Amelia Bloomer fut tournée en ridicule avec son costume pratique (ci-contre). Grand seigneur, Jacques Doucet (ci-dessous), avec son chien, tenait haut les valeurs de la couture que la Gibson-Girl incarnait également, même si c'était à des fins émancipatrices. L'actrice belge Camille Clifford (page ci-contre) servit de modèle à l'illustrateur.

La divine
Eleonara Duse (1858-1924) fut la première à porter ce titre honorifique, avant Greta Garbo. L'Italienne modernisa le théâtre
en renonçant au pathos excessif et en apparaissant sans corset ni maquillage.

La secrète
Mata Hari (1876-1917) était seulement un des nombreux pseudonymes de la danseuse néerlandaise qui se montrait librement,
mais qui restait cachée lorsqu'il s'agissait de faits. Elle fut condamnée pour espionnage.

Les médecins et les femmes luttèrent ensemble *contre les corsets* – les uns pour des raisons de santé, les autres pour la liberté.

Le vélo
fit plus pour la libération de la femme que tout le reste, surtout lorsqu'il était aussi chic que ce modèle avec cadre en bois (ci-dessus). Car au nom de l'émancipation, les femmes ne voulaient pas se promener telles des pénitentes dans des robes ayant la forme d'un sac aux couleurs ternes. C'est pourquoi, même la pratique robe réformatrice fut relookée : par la styliste viennoise et amie de Klimt, Emilie Flöge, avec des motifs chinois (ci-dessous), alors que la chanteuse allemande Anna Muthesius (page ci-contre), qui était entrée en contact avec le mouvement réformateur en Angleterre, choisit des volants flatteurs et de doux châles.

était scandaleux. Elle ne connut le véritable succès qu'en Europe où elle vint en tournée avec la troupe de la très renommée danseuse américaine Loïe Fuller. Ses premières apparitions en solo eurent lieu à Budapest, mais c'est cependant à Berlin qu'elle rencontra le plus de succès.

Les formes moins ajustées n'entravant pas le corps donnèrent un nouvel élan au développement de l'émancipation vestimentaire. À partir du XIXᵉ siècle, les médecins et les féministes furent unanimes : les femmes devaient enfin être libérées du corset. Les premiers craignaient des problèmes de santé à cause de l'importante compression du milieu du corps, les secondes luttaient pour plus de liberté de mouvement, tant au sens propre qu'au sens figuré. Vu que ni les États-Unis ni l'Angleterre n'avaient approuvé le tailleur-pantalon, les efforts internationaux se concentrèrent sur la robe. Dans plusieurs pays en même temps, on travailla sur une mode moins contraignante pour la femme, principalement les artistes du mouvement Arts & Crafts.

Les premiers modèles de robes furent toutefois tellement informes qu'ils furent rejetés par la plupart des femmes comme étant des « robes-sacs ». C'est pourquoi en 1900, on invita des artistes de renom, tels que Henry van de Velde, au Deutsche Schneidertag, c'est-à-dire la journée allemande des tailleurs, afin qu'ils présentent des croquis pour l'émancipation vestimentaire. Trois ans plus tard, la chanteuse Anna Muthesius modifia le « sac » beaucoup trop simple et présenta en 1903 sa *Eigenkleid der Frau*, une flatteuse robe réformiste qui eut beaucoup de succès, y compris en Angleterre où elle vivait avec son mari architecte. Au même moment, la *Wiener Künstlerkleid*, la robe des artistes viennois, était présentée en Autriche. C'était également une robe ample et vague, mais elle se différenciait des premiers modèles réformistes bien trop sobres par des lignes plus douces et des motifs colorés.

L'objectif de tous ces efforts n'était pas seulement la libération du corps féminin du corset mais aussi l'indépendance de l'industrie textile internationale vis-à-vis de la mode parisienne dominante. Mais c'est justement là, dans la capitale des excès de l'élégance, qu'eut lieu la percée de la mode moderne, et Paul Poiret fut le plus ardent à se fixer comme objectif cette évolution dans la couture.

LE PREMIER DESIGNER :
Paul Poiret

20/04/1879
–
28/04/1944

« La mode a besoin d'un tyran », proclamait Paul Poiret qui ne voyait que lui dans le rôle du despote libérateur. Mais ainsi il a précisément décelé ce qui manquait à la mode de cette fin de siècle. Il y avait tant d'indécision et de fatras que quelqu'un devait décider de ce qu'il fallait faire.

Paul Poiret, dont les parents étaient marchands de tissus dans le quartier des Halles à Paris, sut très tôt qu'il était un appelé, un artiste. Ce rêveur rondelet et toujours gai fut constamment soutenu dans cette opinion par sa mère et ses trois sœurs très affectueuses. Seul le père résista au charme du fils et le força à rester à l'école jusqu'au baccalauréat. Afin qu'il apprenne la dure réalité de la vie, il l'envoya comme larbin chez un fabricant de parapluies réputé.

« Peut-être, se souvenait Paul Poiret, à l'époque oubliais-je de temps à autre de me laver le cou, mais j'ai toujours changé de col blanc chaque jour. » Car il n'existe rien de plus important que l'apparence, il en était intimement persuadé. Ainsi, il prit de son « maître fabricant de parapluies » la seule chose qu'il pouvait lui transmettre : les chutes de soieries. À partir de celles-ci, il confectionnait chez lui des créations extravagantes avec lesquelles il drapait un petit mannequin en bois. C'était un cadeau de ses sœurs qui s'émerveillaient avec passion de ses créations, une attitude qu'il exigea des femmes sa vie durant.

Il est d'autant plus surprenant qu'il soit aujourd'hui encore considéré comme le libérateur de la femme concernant la mode. Car la seule chose qu'il avait en tête était sa propre réputation et, pour lui, la référence en toute chose était son propre goût. Son goût et son talent de dessinateur lui procurèrent une place d'assistant chez le grand couturier Jacques Doucet. Paul Poiret aux multiples talents apprit chez lui non seulement le meilleur du métier de tailleur et l'art de vivre le plus raffiné, mais également à courtiser efficacement les stars de la scène.

En 1901, après son service militaire, Paul Poiret trouva un emploi dans la plus grande maison de couture de son époque : Worth. Cependant, les successeurs du fondateur de la haute couture ne laissèrent aucune chance à Paul Poiret.

Qu'il fut bénéfique qu'il existe des femmes qui croyaient en lui de façon inconditionnelle ! En effet, la mère de Poiret se délesta de cinquante mille francs pour que son fils puisse ouvrir sa propre maison de couture en 1903. Concernant la flatterie, l'élève ayant nettement surpassé le maître, Réjane, actrice adulée à l'époque, quitta Jacques Doucet et fut la première cliente de Paul Poiret. Lorsqu'elle apparaissait avec ses ânes blancs, un cadeau du roi du Portugal, elle faisait

---

L'homme au masque

Paul Poiret se présentait toujours gai et conscient de sa valeur : mais que se passait-il à l'intérieur ? Cela ne regardait personne. Poiret voulait embellir le monde, il fuyait la réalité de préférence dans des bals masqués, pour lesquels il se préparait à sa propre table de maquillage.

La soie couleur chair créait
l'illusion des jambes nues

l'effet d'un aimant. Seulement trois ans plus tard, Paul Poiret était déjà une star et le « tout Paris » se ruait à ses fêtes. Il faisait la fête et travaillait avec Paul Iribe, George Lepape, Erté, Mariano Fortuny, Vlaminck, André Derain, Raoul Dufy, et il se sentait leur égal : « Suis-je fou parce que j'affirme que je suis un artiste ? » demandait-il en 1930 dans ses mémoires auxquels, conformément à la haute estime qu'il avait de lui-même, il donna le titre *En habillant l'époque*. Pourtant, à ce moment-là, sa renommée avait diminué depuis très longtemps, d'autres étoiles brillaient dans le ciel de la mode.

Paul Poiret se vantait à juste titre « J'ai déclaré la guerre au corset », mais son action révolutionnaire avait l'esthétisme pour seule et unique motivation. Il trouvait tout simplement ridicule la séparation en deux du corps féminin : un buste ondoyant à l'avant et un large fessier à l'arrière. En 1906, Paul Poiret conçut une robe simple et étroite dont la jupe commençait juste sous la poitrine et tombait toute droite jusqu'au sol : il avait ainsi créé la ligne qui le rendit immortel. Il la baptisa La Vague, car elle frôlait le corps comme une vague douce. Comparée aux beautés ficelées de la Belle Époque, la nouvelle femme Poiret paraissait insolement mobile. Qui sait si Paul Poiret aurait conçu cette création sensationnelle s'il n'avait pas été marié depuis 1905 à la svelte et gracieuse Denise Boulet. Il en fit une mère de cinq enfants et une des femmes les plus élégantes de Paris.

Paul Poiret promettait de façon pompeuse que toute femme qui « ressentait confusément l'esclavage de ses vêtements désuets, [...] pourrait aujourd'hui pousser librement des cris de joie [...] ». Ce n'est pas que l'absence de corset, que Paul Poiret avait remplacé par un soutien-gorge souple et des jarretelles légères, qui faisait paraître les femmes plus jeunes et plus courageuses. Ses couleurs soutenues et ses motifs clairs y contribuaient également. Il rejeta aussi les bas noirs et offrit aux femmes (ainsi qu'aux hommes) l'illusion des jambes nues en les enveloppant de soie couleur chair.

Cependant, ce qui avait si sobrement commencé dégénéra rapidement. En 1910, Paul Poiret inventa la tristement célèbre jupe entravée qui était tellement étroite jusqu'à l'ourlet que celles qui la portaient étaient obligées de trottiner. Il trouvait cela amusant : « J'ai libéré votre buste mais j'ai ligoté vos jambes. » Mais là, il était dans l'erreur, sa jupe entravée n'eut pas de succès.

Cela ne préoccupa guère le dictateur de la mode car il se considérait depuis longtemps comme un sultan qui habillait son harem avec les plus beaux vêtements orientaux. Il prescrivait à ses « esclaves » des caftans, des pantalons bouffants et des turbans, et elles participaient avec enthousiasme : broderies aux couleurs éblouissantes, dentelles entrelacées d'or et d'argent, somptueux brocarts, franges, perles et plumes rares, l'essentiel était que ce soit exotique. Car elles étaient toutes du voyage en Orient depuis que les Ballets Russes avaient connu un succès phénoménal lors de leur première tournée à Paris en 1909.

En 1911, Paul Poiret organisa aux « Mille et deux nuits », une des fêtes costumées la plus légendaire du xxᵉ siècle ; la limite entre le vêtement et le déguisement sembla s'estomper. Paul Poiret essayait, de façon exubérante et follement dépensière, de mettre en scène la vie comme étant une fête perpétuelle. Il voyagea à travers le monde et rapporta des idées de partout. À l'image de la Wiener Werkstätte, il fonda une école d'arts appliqués dans laquelle des meubles et des tissus

Provocation totale
Une femme sans corset c'était déjà grave, mais une en pantalon ?
En plus dans un ensemble dont la ceinture n'est pas serrée, cela rappelle
de façon suspecte les confortables tenues décontractées des pachas casaniers.
Qui d'autre que Paul Poiret aurait pu imposer cela en 1925 ?

Un monde à soi
La femme caractéristique de Paul Poiret portait des vêtements fluides avec une taille haute, et vivait dans des intérieurs en velours.
En 1924, Paul Poiret présenta son univers dans la boutique Martine : mode, meubles, accessoires, et le parfum Rosine.

*Plus tôt que les autres, Paul Poiret suivit **l'idée de l'œuvre d'art totale** : tout dans son environnement devait former une unité, la sienne !*

étaient créés. Il fut le premier grand couturier à mettre au point ses propres parfums et, en 1911, il fit à nouveau scandale, ce qui était bon pour la publicité, avec ses jupes-culottes qui furent même condamnées par le pape Pie X. La même année, il créa un atelier dans lequel les créations du peintre Raoul Dufy furent imprimées sur la plus belle soie : une révolution dans l'industrie textile. Au cours de ses voyages, il vit qu'il était copié partout dans le monde, et il incita donc à la création d'un syndicat afin que les créations autonomes soient protégées.

Depuis longtemps on ne pouvait plus le qualifier de simple créateur de mode. Il était devenu le premier vrai designer qui apposait son sceau esthétique sur tout, des accessoires aux agencements d'intérieur. Ce n'est que quatre-vingts ans plus tard que des designers revinrent à ce concept et présentèrent leur Home Collections allant jusqu'aux bougies parfumées. Il y avait longtemps que Paul Poiret les avait utilisées dans ses bals orientaux.

Néanmoins, Poiret n'était pas visionnaire, il ne vivait absolument pas dans son époque qui se situait juste avant la Première Guerre mondiale, lorsque la vie semblait encore en ordre. Lorsque Paul Poiret revint du front en 1918, tout avait changé. Lui qui se faisait fêter comme étant le libérateur de la femme ne sut pas comprendre que la guerre avait plus fait pour leur indépendance que la mode ne pourrait jamais le faire. Il croyait encore que les femmes attendaient seulement de se voir imposer des créations surprenantes par le maître : « Tout d'abord elles maugréent, puis elles obéissent et finalement elles applaudissent. » Maintenant, elles ne font que rire et faire ce qu'elles veulent. Paul Poiret croyait pouvoir reconquérir son ancienne clientèle par le biais de quelques grandes fêtes : après seulement six mois de reprise il avait amoncelé une dette d'un demi-million de francs. Il trouva des financiers qui profitèrent de son génie mais qui voulurent simultanément imposer les lois du marché. Paul Poiret se sentait humilié et attendait la meilleure occasion pour, par un coup d'éclat, redevenir le roi des grands couturiers. Il crut l'avoir dans l'exposition Art déco de 1925. Paul Poiret aménagea trois péniches avec ses créations : l'une servait de restaurant de luxe, la deuxième de salon de couture et la troisième de boutique de parfums, accessoires et meubles. Comme à son habitude, l'aménagement était grandiose, le coût aussi. Ses financiers refusèrent de subvenir à ses besoins. Paul Poiret fit banqueroute mais continua de vivre grand train. Il était aigri que d'autres grands couturiers aient du succès avec ses idées. Lorsque son épouse Denise le quitta, Paul Poiret se renferma sur lui-même et s'installa comme peintre en Provence. Il mourut en 1944, pauvre et oublié.

Mariano Fortuny

11/05/1871
–
03/05/1949

Il n'était pas grand couturier, mais c'est lui qui créa la seule robe immortelle : la robe Delphos, une peccadille en soie plissée qui, roulée comme un écheveau de laine, pouvait être rangée dans le plus petit carton. Inchangée, elle est toujours portée de nos jours par les femmes les plus prestigieuses du monde (à condition qu'elles puissent dégoter un des rares originaux lors d'une vente aux enchères). Le modèle de Mariano Fortuny datant de 1907 n'a jamais été démodé car il ne fut jamais à la mode. Les connaisseurs y virent immédiatement une œuvre d'art : enfin une robe qui ne montrait ni ne cachait rien.

Inspirée du chiton de la Grèce antique, sans coutures donnant une forme, ni épaulettes ou drapés, elle partait des épaules jusqu'au sol. Elle donnait aux femmes qui n'avaient pas besoin de corset la liberté de mouvement qu'elles cherchaient. Delphos devint la robe des danseuses modernes, d'Isadora Duncan à Martha Graham. Beaucoup prirent modèle sur le coup de génie de Fortuny, tout d'abord son ami Paul Poiret, puis l'Américaine Mary McFadden et le Japonais Issey Miyake avec sa collection Pleats Please.

Mariano Fortuny est né à Grenade, en Espagne. Il est le deuxième enfant d'un peintre très célèbre. Il n'avait que trois ans lorsque son père est mort de la malaria à l'âge de trente-six ans, mais il fut néanmoins très influencé par lui. Il avait en effet hérité de ses tableaux, mais aussi et surtout de ses talents et de ses centres d'intérêt ; il partageait même les goûts de son père. Tout comme lui, il aimait voyager et était fasciné par l'exotisme, en particulier par le monde arabe. Son atelier ressemblait d'ailleurs en tout point à celui de son père : de longs panneaux de velours recouvraient les murs ou servaient à séparer la pièce, tels des rideaux géants, ils servaient d'arrière-plan aux peintures du père et du fils. Entre ces panneaux étaient placés des armes et des objets d'art du monde entier que Mariano Fortuny père avait déjà collectionnés. Dans des vitrines et des placards étaient amassés des objets d'art ou religieux et des curiosités, dont les masques mortuaires de Beethoven et Wagner.

Artiste dans sa jeunesse

Mariano Fortuny y Madrazo, de son nom complet, n'avait que seize ans lorsqu'il fit son autoportrait en costume de gentilhomme vénitien. Tout au long de sa vie, il chercha ses modèles dans l'époque classique, que ce soit pour la peinture ou pour la mode.

Son idéal de beauté se situait dans le passé, sa curiosité allait vers *le progrès technique*

Non, ce n'était pas l'atelier d'un artiste avant-gardiste ! Mariano Fortuny avait appris à Paris comment les artistes vivaient. Sa mère s'était installée dans cette ville une fois veuve afin que, dès l'âge de sept ans, le petit Mariano puisse prendre des cours auprès de son frère, un portraitiste prisé de la Belle Époque. Devenu un homme, Mariano Fortuny suivit tous les courants de son époque, mais il ne devint pas un iconoclaste. Il préférait discuter à propos des maîtres du passé avec ses grands-pères et ses oncles qui tous, que ce soit du côté paternel ou maternel, étaient d'éminents artistes. Jusqu'à la fin de sa vie, Mariano Fortuny alla dans les musées où pour se perfectionner il copiait les grandes œuvres de Tiepolo, Rubens, Velasquez, du Titien et du Tintoret.

En revanche, lorsqu'il s'agissait de technique, il était intéressé par toutes les nouveautés, et fut particulièrement fasciné par la découverte de l'électricité. Il créa tout d'abord des lampes puis des systèmes d'éclairage complets. Fervent adepte de Wagner, après lui avoir rendu visite à Bayreuth à vingt et un ans, il aspira à l'œuvre d'art totale et développa ainsi une surprenante palette d'aptitudes. Il fit ses preuves en tant que metteur en scène et architecte, scénographe et éclairagiste mais surtout en tant qu'inventeur : il obtint presque une douzaine de brevets pour ses inventions dans la technique luminaire et dans l'impression et le travail des tissus et des papiers. En outre, il s'essaya à la sculpture, aux eaux-fortes et surtout à la photographie. Les critiques jugeaient que ses eaux-fortes et ses photos qui servaient souvent de modèle à ses tableaux, dépassaient ceux-ci quant à l'expression et l'originalité. Toutefois, il se considérait comme n'étant que peintre, comme le fils de son père.

Tous ses talents purent complètement s'épanouir lorsqu'à trente et un ans il réussit enfin à se libérer des liens familiaux beaucoup trop étroits. Treize ans plus tôt, sa mère était partie à Venise avec lui et sa sœur aînée car Paris était devenu trop cher et trop bruyant pour elle. Tout d'abord la famille vécut ensemble dans un vieux palazzo où le culte du père décédé était entretenu. Ce n'est qu'en 1902 que Mariano Fortuny déplaça son atelier et ses multiples activités dans le palazzo Orfei où, au grand effarement de sa mère et de sa sœur, il installa également la Française Henriette Negrin comme sa compagne officielle. À cette époque, Henriette avait déjà été pendant cinq ans la muse secrète de Mariano Fortuny à Paris. Elle dut attendre seize ans supplémentaires pour que Mariano Fortuny légalise enfin leur relation en 1918 et que, sous le coup des horreurs de la Première Guerre mondiale, il épouse Henriette. Néanmoins, la famille dont Mariano Fortuny était resté très proche, n'accueillit jamais Henriette ; elle, en revanche, resta aux côtés de Mariano Fortuny jusqu'à sa mort.

Mariano Fortuny aimait les femmes rondelettes, pas aussi plantureuses que Rubens mais néanmoins replètes. Il était particulièrement fasciné par les chevelures épaisses et relevées qui, pour lui, étaient l'incarnation de la beauté féminine, et qu'il dessina sans cesse. Son premier portrait d'Henriette montre plus la chevelure que le visage. Plus tard, il la peignit souvent dans différentes robes Delphos et avec le châle Knossos qui accompagnait nombre de ses créations. Le châle en soie imprimée ressemblait à un sari. Ce fut la première création de mode de Mariano

La robe Delphos

Cette robe est immortelle ! Déjà les anciens Grecs l'érigèrent en vêtement suprême et Mariano Fortuny en fit une œuvre d'art durable. Comment la soie était teinte et plissée à la main, cela fait toujours partie des grands secrets de Mariano Fortuny.

Mariano Fortuny était un artiste, un artisan et un alchimiste : la formule magique de ses merveilles en soie fait toujours de l'effet.

Fortuny ; elle devint un costume de scène polyvalent et apprécié, entre autres pour les danses des voiles de Mata Hari.

Lors de son travail solitaire dans son immense palazzo Orfei, Mariano Fortuny arriva à la conclusion que toutes les activités ont la même importance. Qu'il peigne, qu'il photographie ou bien qu'il crée des tissus et des vêtements exquis, tout pouvait être qualifié d'art. Il mit au point ses propres couleurs et pigments, imprima ses lithographies sur une presse manuelle, fabriqua du papier photo pour ses tirages. Il créa des lampes et des meubles, et construisit des scènes de théâtre complètes. Mais il est aujourd'hui encore célèbre pour ses vêtements.

Dans ce domaine, contrairement aux autres créateurs de mode, il n'a pas toujours trouvé quelque chose de nouveau. Au contraire, pendant quarante ans, il a toujours produit les mêmes modèles avec les mêmes motifs dans les mêmes matières : il n'utilisait que de la vaporeuse soie du Japon et du velours léger comme une plume provenant de Lyon. Vu qu'elles ne suivaient pas le dictat de la mode, d'éminentes femmes aimaient ses robes Delphos et se laissaient sans cesse photographier lorsqu'elles les portaient. En premier lieu, l'excentrique mécène et collectionneuse d'œuvres d'art Peggy Guggenheim qui passa la fin de sa vie à Venise, pas très loin du palazzo Orfei de Mariano Fortuny. Mais également des stars du cinéma telles que Lilian Gish ou Dolores del Rio, des actrices de théâtre telles qu'Eleonora Duse, des danseuses comme Isadora Duncan et d'influentes dames de la haute société comme par exemple la femme de l'éditeur américain Condé Nast, qui avec *Vogue* créa le magazine de mode le plus important au monde à ce jour. L'élégiaque génie littéraire Marcel Proust fit passer Mariano Fortuny et ses délicates créations à la postérité dans *À la recherche du temps perdu*, ses mémoires en plusieurs tomes. Pour ce poète fragile, les robes plissées en soie de Mariano Fortuny et ses capes en velours chatoyant étaient l'incarnation de l'élégance, la beauté de la femme par excellence.

Toutes ces pièces vestimentaires étaient réalisées comme de véritables œuvres d'art dans l'atelier du palazzo Orfei. Certes, il n'y avait que quelques prototypes mais chaque robe était unique car le tissu était teint, imprimé, plissé et cousu à la main. La doublure, le fil, le cordon en soie, la ceinture et même l'étiquette étaient teints dans des couleurs assorties. Tout le processus était pris en charge par Mariano Fortuny en personne qui, en tant qu'alchimiste et artisan d'art, préparait lui-même ses couleurs et fabriquait toutes ses planches. Comment il arrivait à créer un plissé aussi fin, cela restera pour toujours son secret.

Mariano Fortuny faisait seulement fabriquer à Murano, tout proche, les perles en verre dont étaient lestés les manches et les ourlets afin de maintenir la forme de ce vêtement éthéré. Ces perles étaient soufflées à la main, cela va de soi.

Après la Première Guerre mondiale, Mariano Fortuny expérimenta des tissus moins coûteux pour la décoration. Pour cela, il créa une usine et mit au point de nouvelles machines sur lesquelles

---

L'univers de Mariano Fortuny
Sa femme Henriette dans un portrait qu'il peignit en 1920. Mariano Fortuny était fasciné par la lumière, il conçut de nombreux modèles de lampes en mousseline de soie, peintes à la main avec des motifs chinois et décorées de glands en soie. Pour les capes et les manteaux qui, comme son logo et des cordons de soie antiques, sont visibles au musée Fortuny à Venise, il utilisait du chatoyant velours de soie. Il conçut des tissus d'ameublement en coton spécialement pour le marché américain, comme ces sarments de vigne sur fond vert.

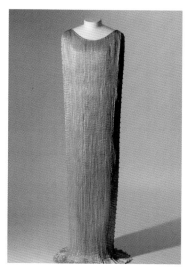

Beauté classique
Inchangé et parfait depuis cent ans : cet ensemble en soie couleur abricot, avec une tunique courte dont l'ourlet
est lesté de perles en verre de Murano, peut être admiré à Londres au Victoria and Albert Museum.

il travaillait du coton égyptien. C'est avec beaucoup de succès qu'il aménagea ainsi des musées et des demeures privées, surtout aux États-Unis où il trouva en Elsie Lee (née McNeill) une partenaire qui commercialisait habilement aussi bien ses robes exclusives que ses coûteux tissus de décoration. Elsie épousa plus tard le comte Alvise Gozzi, originaire de Venise, et aida à ce que le palazzo Orfei devienne un musée qu'on peut encore visiter aujourd'hui à Venise.

Après la mort de Mariano Fortuny le 2 mai 1949, Henriette fut sa seule héritière. Elle continua de vivre au palazzo Orfei et s'occupa de l'héritage de son mari jusqu'à son décès en 1965.

Ils marquèrent leur époque

| Charles F. Worth | Jacques Doucet | Jeanne Paquin | Emilie Flöge |

Deux impératrices rendirent célèbre ce tailleur anglais : Sissi, Elisabeth d'Autriche, et Eugénie, l'élégante épouse de Napoléon III à la cour duquel Charles Frederick Worth (1825-1895) entama son ascension. Portant des modèles en tulle de soie, souvent brodés de fils d'or, elles se firent toutes deux immortaliser pour la postérité dans des tableaux de Winterhalter. Le néologisme « haute couture » fut utilisé pour la première fois pour qualifier la mode luxueuse de Worth.

En fait, la mode ne l'intéressait pas, c'est le luxe qui le fascinait. C'est pourquoi Jacques Doucet (1853-1929) submergeait ses robes dans les tons pastel de dentelles, de broderies et d'applications. « Doucet nous habille comme des bonnes mères honorables », écrivit Liane de Pougy, une des plus célèbres demi-mondaines. Il le faisait encore lorsque des mères honorables et des épouses de soldat voulaient depuis longtemps ressembler à des demi-mondaines.

« Je n'ai rien inventé, j'ai seulement puisé. » Jeanne Paquin (1869-1936) expliquait ainsi sa mode. En 1906, elle présenta la robe Empire, un an avant que Paul Poiret fonde sa réputation avec cette ligne, et eut également un an d'avance sur lui avec un manteau en forme de kimono. Mais globalement, elle n'introduisait les changements que lentement afin de ne pas froisser sa clientèle internationale.

Avec ses deux sœurs, Emilie Flöge (1874-1952) fonda en 1904 un salon de couture entièrement en noir et blanc totalement dédié au concept esthétique de la Wiener Werkstätten : dépasser l'ornementation foisonnante du Jugendstil en faveur de formes géométriques abstraites et simples. Son ami de toujours, soi-disant platonique, Gustav Klimt, l'aida à concevoir la *Wiener Künstlerkleid*, la robe des artistes viennois.

Le corps déchaîné

COMMENT LA DANSE A LIBÉRÉ LA MODE

1910

Même si les dictateurs de la mode tels que Paul Poiret aimaient se vanter d'avoir libéré le corps féminin de toutes les contraintes – ou plus exactement du corset –, en vérité ce sont les femmes elles-mêmes qui se libérèrent de leurs chaînes. Et cela pour le plaisir de l'activité sportive, que ce soit le tennis, le golf ou le ski. Mais le plus souvent elles adoraient la danse. Ce n'est pas sans raison qu'une troupe telle que les Ballets Russes détermina pendant deux décennies entières le style d'une génération qui ne pensait qu'à s'amuser, et cela tout autour du globe, de Paris à l'Amérique du Nord et du Sud en passant par Berlin.

Dès la première représentation des Ballets Russes à Paris en 1909, rien ne fut plus jamais pareil dans la mode. Couleurs neutres ou doux tons pastel, réserve féminine ou modestie juvénile ? Balayés par un tourbillon de mouvement et de couleur.

Helena Rubinstein, la fondatrice du premier groupe international de cosmétiques, était tellement électrisée par les tons pourpres et dorés, qu'après avoir vu les Ballets Russes, elle modifia toute sa décoration intérieure. À peine rentrée chez elle, elle arracha les rideaux de brocard blanc aux fenêtres de son salon et passa une nouvelle commande : « dans les brillantes nuances de couleur dont j'étais tombée amoureuse la veille au soir. »

Tout Paris tomba sous l'emprise de ce feu d'artifice visuel. C'était comme si l'impresario Serge de Diaghilev déterminait non seulement les mises en scène des Ballets Russes mais aussi la mode et le maquillage, tout l'art de vivre d'une société parisienne décadente. « Étonnez-moi », exigeait-il de ses collaborateurs et, tout comme lui, le « tout Paris » se laissa surprendre par les décorations et les costumes des artistes contemporains tels que Léon Bakst ou Alexandre Benoît.

Bien sûr, la musique novatrice et surtout les danseurs tels qu'Anna Pavlova et Vaslav Nijinski participèrent également au succès époustouflant des Ballets Russes. Mais c'est l'œuvre exotico-baroque dans son ensemble qui fascina l'élite européenne et conduisit à ce que le beau monde se tourne vers les beaux-arts. La fièvre orientale toucha surtout les femmes. Comme si, après la disparition du corset, il avait suffi d'une étincelle de couleurs pour les libérer des étouffantes conventions. Le déchaînement complet éclata dans l'opulence et le luxe. La mode venait juste de dire adieu

Sauvage et impétueux

comme des Tatares. Telle est l'impression que firent les Ballets Russes sur le monde artistique d'Europe occidentale. Ils changèrent à jamais notre vision de la danse et de la beauté. Oriental, baroque et bucolique : c'est l'effet que firent les projets de costume du peintre Léon Bakst.

Décor d'Henri Matisse

LE CHANT DU ROSSIGNOL

Le chant du rossignol
Le cri du rossignol est doux et séduisant mais peut-être également funeste – le peintre Henri Matisse, qui faisait partie des Fauves, réalisa ce décor de théâtre pour les « sauvages » Ballets Russes.

L'oiseau de feu et le cygne

Vaslav Nijinski provoqua dans *L'après-midi d'un faune* et devint le premier dieu de la danse au milieu des premières ballerines ;
un partenaire de même valeur pour Anna Pavlova, inoubliable dans *La mort du cygne*.

Le visage peint

Après avoir émigré aux États-Unis, la Polonaise Helena Rubinstein
(ci-dessus, à droite) bâtit le premier empire cosmétique au monde.
Non seulement elle créait et vendait des produits, mais elle proposait
également des soins dans son propre salon. Louise Brooks devint l'idéal de
beauté de la garçonne avec sa caractéristique coupe de cheveux, et ses
yeux et ses lèvres maquillés dans des tons sombres. La danseuse
du Kansas fut emmenée à Berlin par le metteur en scène G.W. Pabst et
devint une star cinématographique acclamée dans *Loulou* (ci-dessous).

Artiste en mutation

« Mon œuvre est seulement l'expression de rêves » expliquait Erté.
Cet illustrateur de mode et dessinateur de costumes né en Russie
était parmi les plus admirés dans les années 1920 et 1930. D'autres
artistes firent face à la réalité et travaillèrent comme Marc Chagall
pour *La Tempête*. Dans les années 1930, les Ballets Russes,
pour qui Jean Cocteau dessina des affiches, furent confrontés
à la concurrence venue d'Amérique : le charleston avait conquis
le monde. Isadora Duncan, la femme voilée aux pieds nus, fut l'une
des premières à prouver à quel point la danse était libératrice.

Pendant que les uns dansaient, les autres manifestaient

Stimulés par Serge de Diaghilev (photo au centre, à gauche) avec ses Ballets Russes, des créateurs tels que Paul Poiret et Joséphine Baker se délectaient dans les bals costumés. Ailleurs, il y avait des mouvements de masse contre les structures en matière de politique sociale. Dans toute l'Europe, les femmes descendaient dans la rue pour leurs droits, parfois même dans les prisons, comme la suffragette anglaise Emmeline Pankhurst (en bas, à droite). Après la guerre commença la marche victorieuse du moderne où le Bauhaus fondé à Weimar en 1919 joua un grand rôle. La nouvelle architecture réduisit tous les éléments à leurs formes géométriques de base. À New York, la nerveuse ère du jazz se manifesta en 1930 avec les gratte-ciel qui se dressaient vers le ciel, comme le Chrysler Building dans le style art déco très chargé.

au style surchargé de la Belle Époque et de propager une nouvelle simplicité qu'elle incitait déjà à la magnificence étrangère. Encore une fois, ce fut Paul Poiret qui donna le ton, et son influence demeura intacte jusque peu après la Première Guerre mondiale. Il prescrivit des turbans ornés de plumes et de joyaux assortis à des costumes de harem constitués de pantalons bouffants et de tuniques garnies de fourrure. Conformément au style, ses odalisques allaient souvent pieds nus et faisaient également border leurs dessous de belle fourrure ; elles devaient en effet bien cela au pays de leur rêve, la Russie.

Même la danseuse scandaleusement audacieuse Isadora Duncan, dont les robes de scène ressemblant à des chemises de nuit inspirèrent dans une certaine mesure à Paul Poiret sa ligne révolutionnaire et fluide La Vague, se laissa dans le privé envelopper par Paul Poiret dans des vêtements colorés et exubérants. Elle aussi voulait surprendre mais également concevoir un enfant avec l'inimitable Vaslav Nijinski lors du célèbre bal de Paul Poiret « Mille et deux nuits ». Comme le danseur très désiré ne vint pas, rien ne ressortit de ce plan ambitieux de mettre au monde un nouveau dieu de la danse.

Dans les milieux artistiques et créateurs, et parmi leurs partisans, on prit beaucoup de libertés. Ainsi, les hauts cols rigides furent remplacés par un décolleté, même pendant la journée. Il ne s'agissait certes que d'un sage col en V, mais cela suffit au clergé pour avertir contre une décadence dévastatrice des mœurs. En fait, des femmes intrépides allèrent encore plus loin et se maquillèrent bientôt tellement ostensiblement qu'on n'arrivait plus à les distinguer des courtisanes. Pire, il devint soudain chic de fréquenter d'élégantes demi-mondaines. Et où était la différence entre une star de la danse à la vie dissolue, une femme entretenue et une épouse gâtée ? Dans tous les cas, la dernière pouvait apprendre des autres concernant les tenues séduisantes, et elle le faisait souvent. On arriva à ne plus pouvoir dire avec certitude à quelle couche de la société les femmes appartenaient : le goût des plaisirs les reliait toutes visuellement.

Alors que la vague orientale cultivait ses plantes exotiques dans des boudoirs lourdement parfumés où régnait un climat de serre, à l'air libre dans les stations thermales mondaines se développa une nouvelle mode qui permettait aux femmes de s'habiller mieux que pour aller au bazar ou à la vente de charité du coin. Elle prenait en considération la passion toujours plus grande pour les activités sportives. Car, comment les femmes pourraient-elles faire du vélo ou du cheval ou encore jouer au golf et au tennis dans leurs vestes cintrées et leurs jupes étroites tombant jusqu'aux chevilles ? Certes, les jupes-culottes et même des pantalons féminins existaient déjà à l'époque, mais on les considérait comme tellement inconvenants qu'on les cachait souvent sous des jupes. En outre, ils étaient réalisés en tissu lourd et rugueux – blessures par frottements garanties.

Une modeste couturière, qui pressentit qu'un esprit libre ne pouvait s'épanouir que dans un corps libre, eut alors l'idée aussi simple que géniale d'utiliser pour ses vêtements des matières douces et souples. En 1913, Gabrielle Chanel présenta à Deauville sa première collection sport en jersey. Les vêtements avaient une coupe à peine plus large et plus lâche que les costumes habituels, mais la souplesse du tissu permettait une grande liberté de mouvement.

1913

La guerre libéra la plupart des femmes des réflexions sur la mode, et elle les contraignit aux vêtements de travail, à l'uniforme ainsi qu'aux vêtements de deuil. Les magazines de mode très connus tels que *Le Style Parisien* montraient des patrons de robes de veuve : toujours fermées jusqu'en haut, toujours noires, toujours loin du corps et avec de nombreux jupons. De plus, les chapeaux se terminaient généralement par une voilette. Cependant, plus la guerre avançait et plus il y avait de victimes, plus les contraintes vestimentaires se relâchaient. Rares étaient celles qui portaient du noir pendant un an et se limitaient à un jais pour tout bijou. Le gris et même le mauve devinrent très rapidement aussi chics, et pour sortir les veuves portaient à nouveau des diamants et des perles.

1914

Pendant que les hommes étaient au front, les femmes occupaient nombre de leurs emplois. Elles allaient aux champs, sur les chantiers, travaillaient dans les usines de munitions ou autres, dans les bus et les trains comme contrôleurs ou chauffeurs et dirigeaient même de nombreuses entreprises. Elles occupèrent également des postes militaires, parfois en première ligne, et pas seulement en tant qu'infirmières. Les femmes s'habituèrent donc à porter l'uniforme.

Pendant que les riches et les belles dansaient, les hommes d'État s'armaient pour la bataille – *la Première Guerre mondiale* était inéluctable.

Le style militaire sans fioritures trouva rapidement une ouverture dans la mode. Les manteaux rappelaient plus particulièrement les uniformes. En effet, maintenant ils recouvraient entièrement les vêtements alors qu'avant la guerre ils étaient en principe plus courts que les jupes et laissaient encore un peu deviner ce qu'il y avait de séduisant dessous. De grands cols châle souvent bordés de fourrure flatteuse remplacèrent les sévères revers. C'est les vêtements dans leur ensemble qui furent plus adaptés. La jupe droite et étroite fut remplacée par une jupe plissée descendant aux mollets ; les chapeaux devinrent plus petits et étaient portés sans décoration. Les bijoux étaient plus ou moins mal vus.

De nombreuses maisons de couture fermèrent pendant la guerre, y compris Paul Poiret et Madeleine Vionnet. On peut qualifier Coco Chanel de « profiteuse de guerre ». Ses ensembles en jersey étaient parfaitement adaptés à leur époque. Après Deauville, elle ouvrit une autre boutique à Biarritz, et les réfugiés de Paris qui venaient « sans rien » aux bains de mer, faisaient la queue pour de nouveaux costumes modestes qu'on portait sans bijoux ni gadgets.

La mode allemande dut s'en sortir pour la première fois sans modèle parisien et fonda en 1916 la Verband der deutsche Moden-Industrie, l'association de l'industrie de la mode allemande qui s'occupait moins des aspects économiques qu'artistiques de la mode. Ainsi, la ligne souple et décontractée qui s'imposa en France et en Italie ne trouva pas d'adeptes dans l'empire allemand, ne serait-ce que pour des raisons idéologiques. Certes, depuis l'avant-guerre les jupes ne couvraient presque plus les chevilles, mais la ligne générale restait encore assez stricte. Les femmes allemandes montraient leur taille, réduites par des corsets étroits.

1918

Durant la période de paix, de nombreuses femmes ne voulurent pas renoncer aux libertés auxquelles la guerre les avait contraintes. La morale avait évolué, tout comme les vêtements. Ils étaient tous les deux devenus plus souples. La robe plus courte qui libérait les chaînes était plus appréciée que le pantalon qui rappelait trop les durs travaux et les privations. On voulait s'amuser, on voulait danser. Et c'est dans les robes simples qu'on bougeait le mieux : coupées de haut en bas aussi droites qu'un tube. Elles avaient aussi l'avantage que toutes les femmes pouvaient copier leur coupe et fignoler leurs robes sur leur propre machine à coudre.

Les créateurs de mode avaient besoin d'idées neuves et de nouveaux clients. La noblesse et la grande bourgeoisie étaient vouées au déclin, les nouveaux riches et les Américains milliardaires en dollars dominaient la scène parisienne avec les acteurs, les artistes, les écrivains et les demi-mondains qui avaient toujours fait tourner le manège de la mode. Ce monde disparate exigeait une couture qui suivit le rythme de l'ère du jazz naissante.

Il était temps pour Coco Chanel de quitter les bains de mer et de s'établir dans la capitale mondiale de la mode, à Paris. En 1919, elle s'installa rue Cambon où se trouve toujours son empire aujourd'hui. Deux autres importantes maisons de couture ouvrirent également la même année dans la capitale : Edward Molyneux et Jean Patou.

1919

Suivi la période dorée des années 1920 : ce furent le charleston et le jazz, la coiffure à la garçonne et le rouge à lèvre, l'amour libre et les cigarettes, le contrôle des naissances et les jupes courtes, puis finalement la grande dépression. C'est du moins ainsi que la mémoire collective a enregistré ces années. En vérité, les années folles ne commencèrent qu'en 1924 et elles s'achevèrent cinq ans plus tard. Mais durant cette période on vécut doublement.

Après la grisaille de la guerre on voulait s'amuser, et le grand besoin de rattraper le retard rencontra des possibilités insoupçonnées. Des nouveautés techniques telles que la voiture, les appareils électroménagers, le téléphone, la radio et le gramophone rendirent la vie plus facile et plus agréable et renforcèrent la foi en un avenir meilleur. Une multitude de nouvelles portes s'ouvrit pour les femmes. Après avoir remplacé leur mari à de nombreux postes durant la guerre, personne ne pouvait plus attendre de leur part qu'elles se contentent à nouveau de tâches subalternes. Elles pénétrèrent dans des professions mieux considérées et mieux payées que les travaux ménagers. De plus, elles dépensaient cet argent comme bon leur semblait.

Elles l'investissaient principalement dans leur apparence. Sinon à quoi d'autre aurait-il pu servir ? On venait juste de voir que du jour au lendemain tout pouvait soudain disparaître. Il faillait donc profiter du jour présent, tant qu'on était jeune et vivant.

Les femmes se mettent en mouvement

La championne française de tennis Suzanne Lenglen tint en haleine tout une génération par l'étonnement, l'admiration et l'imitation qu'elle déclenchait. Cela ne concernait pas seulement son jeu mais également son style. Elle fut la première à oser se présenter sur le court central avec un décolleté et jambes et bras nus. Un scandale qui n'était acceptable que grâce à ses 81 titres dont 25 victoires du grand chelem. Le créateur de mode Jean Patou profita de la réputation de cette légende du tennis qu'on appelait souvent « la divine ». C'est lui qui l'habillait, et il fut le premier à développer une ligne sportive allant du maillot de bain aux vêtements de ski. Les modèles de Madeleine Vionnet pour les golfeuses et les pilotes se révélèrent plus couvrants mais déjà très agréables pour les mouvements.

L'ESSAYAGE A PARIS (CROYDON-BOURGET)
COSTUME POUR TOURISME AÉRIEN, DE MADELEINE VIONNET
TRAVERSÉE A BORD D'UN AVION DE " L'INSTONE AIR LINE "

La garçonne caractérisa le culte de la *jeunesse des années vingt* – avec une légèreté tant vestimentaire que morale

Le culte de la jeunesse, une invention des années 1920 ; les années soixante ne furent qu'un renouveau rajeuni. Celui qui voulait en faire partie devait être mobile et sans scrupule. On vivait à cent à l'heure avec sa voiture, on laissait les vieux coches derrière soi, l'alcool servait de carburant, on combattait la lancinante sensation de faim et de culpabilité avec la nicotine et l'opium, et on dansait jusqu'à l'épuisement. Il n'existait pas de meilleure cure d'amaigrissement ; car elle devait également être mince la garçonne des années vingt.

Elle tirait son nom du roman de Victor Margueritte paru en 1922, *La Garçonne*. Bien que le livre ait été censuré comme étant pornographique car il décrivait des femmes aux cheveux courts, faisant carrière, portant des vêtements masculins et s'adonnait à l'amour libre, il devint un best-seller sous le manteau, et son titre devint pour de nombreuses années synonyme de jeune femme androgyne qui généralement préférait faire ce qui était scandaleux ou interdit.

Sinon, toutes ces femmes ne se seraient certainement pas beaucoup amusées. En effet, les hommes faisaient fortement défaut à cause de la guerre, et les femmes étaient trois, voire quatre fois plus nombreuses dans certaines villes. Qui dans cette situation voulait encore rêver de l'idéal de l'épouse et mère entretenue et, en échange, totalement dévouée ? Il valait mieux jouer la femme fatale qui faisait fureur dans les films. Ainsi, elles se maquillaient, se rasaient les jambes et se parfumaient comme si elles étaient toutes des stars de cinéma.

La silhouette de la garçonne manquait totalement de signes féminins distinctifs : les cheveux étaient tombés sous les coups de ciseaux, mais où étaient passés la poitrine, le ventre et les fesses ? Certes le sport, les régimes et les cures faisaient partie du programme obligatoire de la femme moderne et les nouveaux corsets élastiques aplatissaient ce que les anciens mettaient en valeur. Toutefois, toutes les matrones d'hier ne pouvaient pas devenir les garçonnes d'aujourd'hui. La solution à cette énigme est simple : l'âge a disparu de l'image des années 1920 qui nous est parvenue, tout comme l'inflation, la famine, le chômage et les agitations politiques. N'est resté que l'éclat d'une jeunesse privilégiée qui sut transformer la brève période de richesse économique et culturelle en une fête perpétuelle.

Au début des années folles, l'incertitude régnait dans la mode. Lorsque les grands couturiers se manifestèrent à nouveau, ils voulurent retransformer en dames les « working girls » de la guerre et, à leur avis, celles-ci portaient des robes longues. Certes, l'ourlet ne toucha plus jamais le sol mais il allait jusqu'aux chevilles. Peu de temps après, il remonta et s'installa alors le vêtement ressemblant à un sac et descendant jusqu'aux mollets, et qui était retenu sur les hanches par une ceinture ou une écharpe. La partie supérieure retombait comme un blouson ou un pull sur une taille surbaissée. Tout cela était confortable, mais en revanche que l'ourlet recouvre encore le genou n'était pas obligatoirement seyant. Deux ans plus tard, on libéra totalement cette partie du corps pour la première fois. La silhouette que nous associons toujours aux années folles était née : une simple robe tube tenue par deux bretelles spaghetti ; dedans se cachait la garçonne, la jolie gamine.

Pour la première fois dans l'histoire de la mode, la robe était aussi courte le soir que la journée. Pour créer une robe spectaculaire avec aussi peu de tissu, il fallait avoir de l'imagination. À l'époque, la solution fut la même qu'aujourd'hui : suggérer la nudité. On utilisait principalement des matières transparentes recouvertes de perles en verre ou de franges en soie aux endroits stratégiques qui, lorsqu'on dansait, révélaient ce qu'on avait à cacher. Les jambes étaient enrobées de bas clairs qui semblaient être une deuxième peau. Ils étaient en soie naturelle ou artificielle, comme on appelait la rayonne nouvellement mise au point. La nature à l'état pur était encore largement visible car les décolletés descendaient presque jusqu'à la taille, devant comme derrière.

On se demande bien sûr ce qui était porté sous tout cela. Un « combiné en coton constitué d'un bandeau aplatissant la poitrine et d'un corset avec des bretelles réglables, devant piqué, côtés et dos élastiques, attache sur le côté par des crochets et des anneaux ainsi que quatre jarretelles réglables plus une sous-robe en crêpe de Chine ornée de dentelle ». Telle était la description d'un produit datant de 1926.

Celle qui n'a pas besoin de comprimer sa poitrine portait des combinés culottes ou des combinaisons en soie ou en rayonne très décolletés. Les bas, les corsages et les robes de tous les jours étaient également réalisés en soie artificielle bon marché et surtout lava-

1925

ble, et rendaient la vie plus facile pour chaque *Jeune fille en soie artificielle* (tel est le titre d'un best-seller d'Irmgard Keun).

Insouciante, la garçonne pouvait ainsi danser toute la nuit, sa tenue du soir ne pesait pratiquement rien. Il est difficile de mesurer à quel point le fait d'être libérées de plusieurs kilos de vêtements a finalement contribué à l'émancipation féminine.

Si la robe était presque quantité négligeable, le manteau devait être une enveloppe opulente qui protégeait du froid. Tel un lourd kimono, il était drapé autour du corps et si on avait du style, on le tenait seulement fermé avec une main. Sinon cela devait être fait avec un seul gros bouton. Au moins, les opulents cols châle et les larges poignets devaient être en fourrure à poils longs ; bien sûr c'était mieux si c'était tout le manteau.

À l'époque, dans les meilleurs milieux on ironisait que même la petite vendeuse portait de la fourrure. Visiblement, le gotha n'avait pas encore saisi qu'être vendeuse était un métier qui était plus prometteur lorsqu'on présentait comme il faut : on pouvait devenir star d'Hollywood, comme Greta Garbo, ou bien appâter de riches admirateurs comme Coco Chanel.

Pour les accessoires, ce n'était pas tant leur valeur que leur effet choquant qui comptait. C'est pourquoi les porte-cigarettes interminablement longs avec lesquels on pouvait fumer de façon tellement lascive et provocante étaient encore plus appréciés que les longs colliers de perles qui n'avaient même plus besoin d'être en vraies perles. Les étuis à cigarettes et les poudriers ayant le même aspect étaient nouveaux : extrêmement plats et décorés de motifs géométriques. Le boa et l'éventail en plumes d'autruche colorées faisaient partie des accessoires avec lesquels on pouvait faire la coquette le soir.

La garçonne n'a besoin que d'un œil pour repérer une proie valable ; l'autre, comme tout pirate ordinaire, elle le garde caché : le soir sous un bandeau richement décoré souvent en tulle avec des perles en verre ; la journée, sous le bord oblique d'un cloche profondément enfoncé sur le visage. Les petits chapeaux cloches qui enserrent étroitement la tête sont de plus en plus à la mode après que les cheveux longs vrais ou postiches avaient été coupés.

Celle qui osait un seul œil voulait bien sûr le mettre particulièrement en valeur. C'est le célèbre dessinateur de mode Erté qui avait débuté chez Poiret, qui eut l'idée qu'un arc étroit et fin irait très bien avec la minceur générale de la silhouette, et il conseilla de soigneusement s'épiler les sourcils, une idée qui, depuis, compte parmi les mesures de base pour tout embellissement.

Les chaussures des années folles étaient pensées pour la danse : elles ne devaient pas être trop découpées afin de ne pas être perdues en dansant le charleston et le Jimmy. Elles étaient maintenues par une bride passant sur le cou-de-pied et attachée par un bouton. Le talon était de hauteur moyenne, arrondi et stable. Le summum de l'extravagance était de se faire faire des chaussures de bal dans le même tissu que la robe du soir.

La courte jupe droite ne dansa que durant quelques étés. Puis on y accrocha des pans, des châles et des traînes flottants qui devaient simuler une certaine longueur et, par conséquent, l'élégance. Alors que la mode du soir était toujours déterminée par la passion de la danse, au quotidien c'est l'influence sportive qui s'imposa à la mode. Les jupes restèrent juste en dessous du genou, légèrement évasées ou bien plissées. À côté de la laine et du coton léger, on trouvait de plus en plus souvent du jersey. Les premiers pull-overs furent à la mode.

La robe chemisier, bien qu'en soie, faisait également partie de la garde-robe sportive. Contrairement à la robe à la garçonne de coupe entièrement droite, elle soulignait la taille, et de nombreuses femmes qui n'avaient pas une silhouette androgyne, trouvaient cela plus flatteur. Vers la fin de la décennie, la taille reprit globalement à nouveau sa place naturelle et les jupes rallongèrent. Des temps plus austères s'annonçaient.

En janvier 1929, les Ballets Russes vinrent pour la dernière fois à Paris. Leur impresario Serge de Diaghilev mourut en août. Malgré la Première Guerre mondiale, deux révolutions en Russie et d'éternels problèmes financiers, il avait réussi à influencer l'art et la mode dans le monde entier grâce à ses créations dans le domaine de la danse. Avec le Jeudi noir, le krach boursier de 1929, la brève période des années folles arriva définitivement à son terme : l'argent ne valut brusquement plus rien, si bien que les pauvres furent encore plus pauvres et de nombreux riches perdirent tous leurs biens du jour au lendemain.

1929

LA VISIONNAIRE :
Madeleine Vionnet

22/06/1876
–
02/03/1975

Les visions de Madeleine Vionnet s'imposèrent tout aussi lentement que le pantalon pour femme, mais en contrepartie jusqu'à aujourd'hui on ne peut pas plus exclure l'un que l'autre de la mode. Sans elle, il n'y aurait pas de glamour hollywoodien avec des robes bustiers qui enveloppent le corps comme si elles étaient en soie fluide. Madeleine Vionnet inventa la coupe en biais et d'artistiques drapés que personne n'a pu surpasser à ce jour. Le styliste Azzedine Alaïa, lui-même un très grand artiste de la coupe, eut besoin de plusieurs mois pour découvrir les secrets de coupe de Madeleine Vionnet. Et il fut le seul à pouvoir décoder une robe du soir ébène datant de 1935. Depuis, on peut l'admirer au musée de la Mode et du Textile à Paris, parfaitement drapée sur un mannequin ; auparavant ce n'était qu'un patron inachevé. Cette sublime robe fait partie des chefs-d'œuvre dont la perfection est garantie par une seule couture : pour Madeleine Vionnet, le pinacle de tous les objectifs, et un art dans lequel, à ce jour, personne ne l'a égalée.

Ce doit être l'amour de la géométrie qui permit à Madeleine Vionnet de mettre au point les coupes les plus raffinées à partir de formes simples telles que le carré et le triangle. Malgré son grand talent pour les mathématiques, Madeleine Vionnet, qui était née dans un milieu pauvre, dut quitter l'école en 1876, à seulement douze ans. Elle apprit le métier de couturière et travailla quelque temps à Paris puis, à seize ans, elle partit pour l'Angleterre où elle gagna tout d'abord sa vie en tant que blanchisseuse.

Après un bref mariage et la mort de sa petite fille, Madeleine Vionnet prit à vingt ans la direction de l'atelier d'une couturière londonienne, Kate Reilly. En 1900, elle revint à Paris et débuta chez Callot Sœurs, une des maisons de couture la plus réputée de l'époque. Elle devint le bras droit de Marie Callot Gerber, l'aînée des trois sœurs à qui incombait la tâche de la direction artistique de la maison de couture. Durant toute sa vie, Madeleine Vionnet remercia sa maîtresse d'apprentissage : « Chez elle j'ai appris à faire des Rolls-Royces, sans elle j'aurais fait des Ford. » Jacques Doucet la chargea de rajeunir sa ligne. Madeleine Vionnet le fit en bannissant le corset et en raccourcissant l'ourlet. Cela ne plut ni aux clientes ni aux vendeuses qui se rebellèrent contre la nouvelle force créatrice. Madeleine Vionnet s'aperçut qu'elle devait devenir indépendante si elle voulait imposer ses idées, mais il lui fallut encore cinq ans pour pouvoir réaliser ce plan. Elle y parvint en 1912. Toutefois, bien que ses projets incroyablement raffinés offrissent la liberté de mouvement que recherchaient les femmes, elle n'eut pas de succès fulgurant : la plupart de

Madeleine Vionnet
concevait tous ses modèles sur un mannequin en bois. Cette mathématicienne de talent ne faisait confiance qu'à la géométrie d'un vrai corps. Ses robes devaient suivre la silhouette féminine avec ses rondeurs : une idée révolutionnaire à l'époque.

DE LA FUMÉE
ROBE DE MADELEINE VIONNET

De la fumée
Les robes de Madeleine Vionnet étaient légères. Sonia, le mannequin de la maison de couture, a posé pour une photo de *Vogue* dans le modèle « Bas-relief » qui avait été inspiré par les vêtements des nymphes dansantes représentées sur une frise de plafond au Louvre (page précédente).

« Lorsqu'une femme sourit, sa robe doit **sourire avec elle.** »

ses robes unies paraissaient trop simples par rapport au déploiement de faste oriental qui était demandé depuis les Ballets Russes. Ce n'est qu'après la guerre, durant celle-ci son atelier était fermé, que commença l'ascension ininterrompue de Madeleine Vionnet.

Madeleine Vionnet s'approcha du corps féminin tel un médecin, car elle voulait conserver sa beauté intacte. Tel un chirurgien, elle commença à mettre des coutures artistiques afin que la robe suive la silhouette. C'était une idée révolutionnaire car jusqu'ici c'était l'inverse : le corps devait s'adapter à la mode du moment. Afin d'atteindre son objectif, Madeleine Vionnet travaillait comme un sculpteur, au lieu de dessiner ses patrons, elle les modelait sur un mannequin en bois. Cela lui permettait de diriger le tissu tout autour du corps et de tester comment il s'adaptait au mieux aux arrondis. Ses drapés et bientôt la célèbre coupe en biais, que personne avant elle n'avait jamais osée sur toute une robe mais au grand maximum sur un col, l'aidèrent à cela.

Toutefois, il n'était pas facile d'enfiler une robe de Madeleine Vionnet. Leur coupe était tellement inhabituelle que de nombreuses clientes ne trouvaient pas la bonne « entrée » et il n'était pas rare qu'elles rendent visite à Madeleine Vionnet peu avant la soirée dans une panique hystérique afin d'être instruites dans l'art de l'habillement. Cela explique pourquoi ultérieurement, certaines héritières ne surent pas quoi faire de ces coûteuses robes et laissèrent ces œuvres d'art textiles à l'abandon dans des cartons et des coffres.

Le deuxième ingrédient important du « miracle Madeleine Vionnet » était le tissu. Seules les matières souples peuvent s'adapter au mouvement du corps, c'est pourquoi elle utilisait exclusivement de la crêpe de soie, de la mousseline, du velours et du satin. Afin de pouvoir couper ses patrons en biais, elle faisait fabriquer ses tissus dans une largeur de 2 mètres. En 1918, le fournisseur Bianchini-Ferier mit même au point un tissu spécial pour Madeleine Vionnet : le crêpe Rosalba constitué de soie et d'acétate. Ce fut l'un des premiers tissus artificiels.

Madeleine Vionnet s'intéressait moins à la couleur, le blanc dans toutes ses nuances lui suffisait, ce qui contribua à ce que ses robes rappellent les vêtements de la Grèce antique. Comme ornements, elle choisissait des broderies ou des roses et des nœuds stylisés. Mais en plus d'être décoratifs, ces éléments jouaient un rôle : ils plissaient le tissu à un endroit stratégiquement important sans qu'une couture ne soit nécessaire. Madeleine Vionnet veilla toujours à ce que les ornementations n'alourdissent pas la robe. Les broderies devaient suivre le droit fil afin de pouvoir participer à tous les mouvements. Et lorsque les adeptes de danse voulurent des franges sur leurs robes des années 1920, Madeleine Vionnet fut la seule qui n'employa pas des mètres de franges mais fit apposer chaque frange de soie une à une afin de conserver l'élasticité de la matière. Car ses modèles ne devaient pas être de simples vêtements, ils devaient être une seconde peau : « Lorsqu'une femme sourit, sa robe doit sourire avec elle », exigeait-elle.

Madeleine Vionnet connaissait le caractère unique de sa technique et essaya de se protéger des copies. Pour cette raison, elle documenta chacun de ses modèles avec trois photos, vus de face, de côté et de dos, et les colla dans un « album de copyright ». Elle en fit 75 et ils constituent la base de la collection de l'UFAC (l'union française des Arts du costume).

Pour elle, la justice était encore plus importante que le droit. Madeleine Vionnet offrit à ses employées des prestations sociales que la loi rendit obligatoires que bien des années plus tard :

Frange par frange
Alors que les autres grands couturiers cousaient des mètres de franges très appréciées sur les robes de danse, Madeleine Vionnet plaçait les franges une par une. Ainsi la robe participait au moindre mouvement de la femme qui la portait comme si c'était une véritable seconde peau.

Chez Madeleine Vionnet, les femmes ne durent pas se battre pour leurs droits – telle une mère, elle s'occupait des **affaires sociales**

de courtes pauses, des congés payés, un soutien en cas de maladie ou d'urgence. Elle installa une cantine, un cabinet dentaire, un dispensaire et même sa propre agence de voyages qui s'occupait d'organiser les vacances de son millier d'employées.

Elle ne laissait pas filtrer grand-chose sur sa vie privée. Seuls les intimes savaient que la jeune divorcée épousa en secondes noces le Russe en exil Dimitri Netchvolodoff, surnommé Netch, peu après le décès de son père adoré au printemps 1923. Netch entra dans la maison comme infirmier de son père malade, il avait au moins dix-huit ans de moins que Madeleine Vionnet, était grand, mince, beau et peu fiable dans tous les domaines. Le couple résista vingt ans entre le minet entretenu et la matrone aux cheveux blancs qui n'essaya jamais de paraître plus jeune qu'elle n'était. La plus grande couturière de son époque, voire même de tous les temps, portait elle-même une sorte d'uniforme qui la faisait paraître sans âge et insignifiante.

L'héritier de Madeleine Vionnet au sens créatif fut Jacques Griffe qui admirait déjà de loin la grande couturière au talent exceptionnel alors qu'il était jeune couturier à Toulouse. Il vint à Paris en 1936 et il put obtenir une place comme coupeur chez Madeleine Vionnet. Il y resta trois ans mais ne rencontra pas une seule fois personnellement sa chef vénérée. Lorsqu'en 1946 il ouvrit sa propre maison de haute couture, il invita Madeleine Vionnet, et une amitié respectueuse envers son aînée de trente-neuf ans en découla, ainsi que le prouve une riche correspondance. Plus tard, il acheta sa maison de campagne à Fontainebleau et la laissa entièrement telle qu'elle l'avait aménagée. Fidèle à l'exemple de sa maîtresse d'apprentissage, Jacques Griffe concevait tous ses modèles sur une poupée en bois que Madeleine Vionnet lui avait offert : c'était une reproduction fidèle du mannequin sur lequel elle avait mis au point ses propres modèles durant des années.

Madeleine Vionnet ne sut jamais comment bien se vendre. Certes la silhouette qu'elle avait mise au point détermina l'élégance des années 1930 et le glamour hollywoodien naissant, mais elle, à titre personnel, était éloignée de tout. Elle détestait voyager et évitait les réunions mondaines, si bien qu'après la fermeture de sa maison de couture en 1939, elle tomba presque dans l'oubli. Et cela bien qu'elle mourût à presque cent ans et joua jusqu'à la fin un rôle important dans l'actualité de la mode. Sans elle et le généreux cadeau de ses « albums de copyright » et de nombreux modèles originaux, on ne serait jamais arrivé à la création du musée de la Mode et du Textile à Paris. Hélas, il ouvrit peu après le décès de Madeleine Vionnet à l'âge de quatre-vingt-dix-huit ans. Toutefois, c'est à ce moment-là que le public découvrit ce que des connaisseurs et des experts comme Christian Dior, Azzedine Alaïa, Issey Miyake, Yohji Yamamoto savaient déjà depuis toujours : « L'art de la haute couture n'a jamais atteint un niveau aussi élevé. »

Comparée à Coco Chanel, Madeleine Vionnet est toujours une inconnue de nos jours. Peut-être est-ce dû au fait qu'elle fabriquait des Rolls-Royce alors que Chanel avec sa populaire petite robe noire se chargeait des « Ford de la mode » (selon le *Vogue* américain).

Le sphinx de la mode

Personne n'a autant produit d'énigmes que Madeleine Vionnet avec sa technique de coupe raffinée. Cette robe en crêpe couleur ivoire datant de 1935 était encore considérée comme un modèle inachevé jusqu'à ce que Azzedine Alaïa, lui-même un maître de la coupe, découvre comment on pouvait l'enfiler.

LA PRAGMATIQUE :
Coco Chanel

19/08/1883
—
10/01/1971

Avec mademoiselle Chanel, la mode devint moderne. Pour la première fois, l'essentiel était la fonctionnalité et le confort et non plus l'effet produit. Cette indépendance visible rendit Coco Chanel irrésistible aux yeux de ses admirateurs. Garçonne, vive et jamais gênée par une remarque effrontée, elle était un défi bienvenu pour les hommes habitués aux succès. Gabrielle Chanel n'avait rien à perdre, seulement tout à gagner.

Née le 19 août 1883 à Saumur dans la vallée de la Loire, elle était le deuxième enfant d'un couple non marié. Ses parents se laissèrent encore quinze mois après sa naissance avant de se dire oui, mais le couple entre le vendeur peu fiable et la courageuse fille d'agriculteurs auvergnats fut tout sauf heureux. Sa mère mourut lorsque Gabrielle Chanel avait onze ans. Son père la plaça, ainsi que ses deux sœurs, dans un orphelinat tenu par des nonnes et disparut pour toujours.

Chez les bonnes sœurs, Coco Chanel avait appris à coudre, et c'est ainsi qu'à dix-huit ans elle trouva une place de vendeuse dans un magasin de draps et de pièces de trousseau à Moulins. Pendant son temps libre, elle rapiéçait chez un tailleur les uniformes des officiers de l'armée qui étaient stationnés dans cette ville de garnison, et elle chantait également dans un cabaret local. Son rêve était d'avoir du succès en tant que chanteuse de variété, mais un professeur de chant certifia qu'elle avait une « voix de casserole ». Malgré ses aptitudes limitées quant au chant, elle devint la coqueluche des officiers. Son répertoire était constitué de deux chansons « Cocorico » et « Qui a vu Coco ? » si bien que les officiers lui donnèrent le surnom de Coco avec lequel elle devint célèbre dans le monde entier.

À seulement vingt ans, Coco Chanel franchit l'étape suivante de son ascension : elle fut la maîtresse entretenue de l'officier d'infanterie Étienne Balsan sur son domaine près de Paris. Les demi-mondaines qui venaient chez lui avec ses amis de la noblesse admiraient Coco Chanel, non seulement pour sa façon masculine de monter à cheval, mais également pour ses simples chapeaux de paille de sa propre conception ; elles l'inondèrent rapidement de commandes.

Mais ce n'est que quand Coco Chanel fit la connaissance de l'héritier anglais de mines de charbon et joueur de polo Arthur « Boy » Capel qu'elle eut l'idée d'ouvrir un magasin. Elle alla à Paris où elle vécut dans l'appartement d'Arthur Capel et ouvrit un magasin de chapeaux dans celui d'Étienne Balsan. Elle dut s'apercevoir que Boy Capel ne l'épouserait pas et le persuada d'au moins investir dans son entreprise. Ainsi, en 1919, elle put ouvrir son salon de modiste rue Cambon ; la même année, Boy Capel mourut dans un accident de voiture alors qu'il se rendait dans le sud de la France après avoir vu Coco Chanel à Paris. Il voulait retrouver là-bas sa femme anglaise avec

---

Coco Chanel
savait comment se mettre en scène. La provinciale se transforma au fil des ans en une icône de l'élégance parisienne. Portant un simple pull avec des bijoux exubérants et un nœud dans les cheveux, amaigrie et raffinée, la quinquagénaire pose pour le photographe des stars Horst P. Horst.

La valeur sûre de Chanel
La petite robe noire, ici l'original de 1926, rendit Coco Chanel immortelle. Et son premier parfum Chanel N° 5
fut le seul que Marilyn Monroe porta au lit… Ces deux créations sont toujours des best-sellers.

Coco Chanel trouvait ses idées de mode dans les **placards de ses amants**.

qui il avait conclu un mariage conforme à sa position sans renoncer à sa relation avec Coco Chanel. Il paraît que Coco Chanel n'a plus jamais autant aimé un homme que Boy Capel. Et cela bien qu'elle ait tout tenté.

Coco Chanel entra en contact avec les artistes influents à Paris, rencontra Serge de Diaghilev, l'impresario des Ballets Russes, et Jean Cocteau, le génie polyvalent dont elle paiera plus tard les cures de désintoxication à l'opium. Son art de la séduction rendit Igor Stravinsky dépendant mais n'eut aucun effet sur Picasso. Avec sa meilleure amie, le mécène Misia, elle se rendit à Venise où elle tint une cour, telle une reine. Le grand-duc Dimitri fut son invité ; son rôle obscur dans l'assassinat du guérisseur Raspoutine l'avait contraint à l'exil. Dimitri offrait à sa bien-aimée de somptueux bijoux byzantins et lui fit rencontrer Ernest Beaux, l'ancien parfumeur des tsars. En 1920, Ernest Beaux composa le parfum Chanel N° 5.

Son amour pour tout ce qui était masculin détermina la vie et la mode de Coco Chanel. Cela commença avec les canotiers, ces petits chapeaux de paille inspirés de la « scie circulaire » ; puis vinrent les amples costumes en jersey, cette matière de « moindre qualité » qu'on utilisait jusqu'ici uniquement pour fabriquer les sous-vêtements masculins. Coco puisait inlassablement dans les armoires de ses amants : elle prenait ici une veste en tweed, là un pull-over, passait le tout avec une ceinture à la taille et agrémentait l'ensemble de bijoux voyants. Coco Chanel était considérée comme la reine du bijou fantaisie. Elle qui justement fut couverte de vrais bijoux par le grand-duc Dimitri et par son successeur, le duc de Westminster, ne reculait pas devant le fait de porter des rangs de fausses perles et autres babioles. De préférence, elle mélangeait les généreux cadeaux de ses amants avec des bijoux fantaisie qu'elle avait créés elle-même. Une provocation et une démonstration de son indépendance.

Coco Chanel aussi a eu des moments de faiblesse. Elle se serait attachée définitivement au duc de Westminster par l'intermédiaire duquel elle put entrer dans le cercle des amis de Winston Churchill et du prince de Galles. C'est pourquoi au milieu de la quarantaine, elle essaya de lui faire un héritier. Malgré une intervention chirurgicale et des « acrobaties humiliantes », elle n'atteint pas son objectif et perdit l'homme le plus riche d'Angleterre en faveur d'une compagne de jeu deux fois plus jeune.

Elle ne l'a assurément pas pleuré pour son énorme fortune. En effet, Coco Chanel était devenue par ses propres moyens la femme d'affaires la plus riche du monde. C'était encore une fois son désir d'un amour stable, qui lui avait déjà fait défaut dans l'enfance, qui n'était pas assouvi. Toutefois, elle donna une chance à des hommes les plus hétéroclites. Au duc de Westminster, noble britannique, grand et toujours de bonne humeur, succéda l'illustrateur basque Paul Iribe, trapu, difficile et « démoniaque ». Cette liaison aurait presque conduit au mariage si, en 1935, Paul Iribe n'avait pas fait un infarctus sous les yeux de Coco Chanel lors d'un match de tennis et n'était pas mort quelques heures plus tard.

Le suivant, et peut-être le dernier de la longue liste des amants de Coco Chanel, fut un officier allemand des services secrets, le baron Hans Günther von Dincklage. Elle appelait son cadet de plusieurs années « mon chou », mit pour lui son honneur en jeu, fut méprisée pour avoir collaboré et partit avec lui en exil en Suisse. Elle plaisanta plus tard à propos de cet « ennemi dans son lit » qui lui coûta cher sur tous les plans : « On ne peut pas attendre d'une femme de mon âge qu'elle demande son passeport à un homme lorsqu'il veut coucher avec elle. » Les Français l'ont pardonné.

Le monde chic de Coco

Ce n'est pas ce que le mannequin présentait sur cette photo en 1958 qui fit fureur, mais les costumes de Coco Chanel en tweed léger, toujours un classique. Gabrielle Chanel aimait les hommes et leur mode ; les hommes aimaient Coco Chanel. Elle allait même chasser avec Winston Churchill. Avec Serge Lifar, la star des Ballets Russes, à la plage (en bas, à droite), elle porte un pantalon d'homme et des espadrilles associés à des perles et un turban ! À Biarritz, sa mode légère mais élégante fut un succès aux bains de mer (en bas, à gauche). Même les caricatures acerbes ne purent rien changer. Coco Chanel et ses amies, comme la pianiste Marcelle Meyer, se mouvaient avec une décontraction persuasive dans les ensembles en jersey.

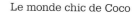

Karl Lagerfeld
reprit en 1983 l'héritage de Mademoiselle Chanel et ce portrait esquissé n'est pas le seul à prouver à quel point
il a saisi l'essence de son style. Grâce à Karl Lagerfeld, la maison Chanel a plus de succès que jamais.

En 1954, à soixante-dix ans, Coco Chanel revint à Paris. Sa première collection fut accueillie avec ressentiment par les Français, mais la presse américaine fut enthousiasmée par les nouveaux costumes en tweed aux vestes droites et galonnées et aux boutons en or décorés de tête de lion. Aujourd'hui encore, les femmes s'y connaissant en qualité et en style portent « un Chanel », tout comme la petite robe noire qui, déjà avant la guerre, avait rendu Coco Chanel immortelle. En 1926, elle avait eu le coup de génie de transformer la robe de travail des pauvres soubrettes en une robe du soir toute saison, sans tablier mais avec un collier de perles à la place. Elle-même portait ce nouvel uniforme du soir avec une allure inimitable, tout comme elle fut toute sa vie le meilleur mannequin de sa mode émancipatrice.

Ils marquèrent leur époque

Jean Patou

Les robes pâles en perle de Jean Patou (1880-1936) sont célèbres pour les garçonnes adeptes de la danse. Mais son rôle véritable se trouve dans le vêtement sportif. Pour Suzanne Lenglen, il conçut un « uniforme » spectaculaire : de courtes jupes plissées en soie blanche, des vestes tricotées en jersey blanc et des bandeaux pour le front. Pour la journée, ses ensembles étaient simples mais élégants.

Edward Molyneux

Après que la princesse Marina de Grèce lui avait commandé sa robe de mariée et son trousseau de mode pour son mariage avec le duc de Kent, tous les nobles et les stars du cinéma voulurent être vêtus par Edward Molyneux (1891-1974). Il modernisa le style empire par des coupes strictes. Il était le maître des costumes pour la journée. Il est considéré comme le créateur du manteau trois quarts.

Lucien Lelong

Parmi tous les grands couturiers d'avant-guerre, Lucien Lelong (1889-1958) est considéré comme le plus innovateur. Il avait étudié l'économie et avec Éditions, il fut le premier à proposer une deuxième ligne peu coûteuse. Il vendait aussi des sous-vêtements et des bas comme des articles de design. Il fit aussi en sorte que les maisons de couture restent à Paris durant l'occupation et ne soient pas déplacées à Berlin.

Jeanne Lanvin

La carrière de Jeanne Lanvin (1867-1946) commença lorsqu'elle eut son seul enfant à trente ans. Par amour pour Marguerite, elle conçut des robes douces et colorées : c'étaient des versions miniatures des « robes de style » en tricot et arrivant à la cheville qui offraient une alternative aux courts petits drapeaux des garçonnes. À partir de 1926, elle conçut également de la mode masculine et habilla ainsi toute la famille.

Folie
versus

raison

Après le krach boursier de 1929 débuta une période difficile caractérisée par un chômage de masse et des bouleversements politiques. En 1932 aux États-Unis, il y avait quatorze millions de personnes sans pain ni salaire, six millions en Allemagne et trois millions en Angleterre. En France, de nombreuses clientes américaines de la haute couture ne venaient plus, et mêmes les grandes maisons de mode américaines qui, chaque saison, achetaient les droits sur une série de modèles afin de les reproduire aux États-Unis, ne prenaient plus qu'une ou deux licences qu'elles copiaient en revanche à l'infini. Si bien que dans la seule industrie de la mode en France, cela engendra dix mille chômeurs.

Celui qui avait pu sauver ses biens ne les affichait plus de façon ostentatoire. Ce n'était pas toujours un signe de sensibilité mais souvent tout simplement un tribut aux temps modernes : l'art déco et le cubisme avaient développé le goût pour les lignes géométriques. Des architectes révolutionnaires tels que Le Corbusier et des décorateurs influents tel que Jean-Michel Frank dépoussiérèrent la culture de l'habitat et éveillèrent le sens du fonctionnel. Le chrome, les miroirs et le verre caractérisaient le nouvel habitat qui était très éloigné d'une atmosphère douillette et confortable. Les gratte-ciel se dressant vers le firmament, comme le Rockefeller Center à New York, et la construction de ponts, tel que le Golden Gate Bridge à San Francisco, furent fêtés comme des chefs-d'œuvre techniques et stimulèrent la foi dans le progrès.

Tout le monde ne résista pas longtemps face à la sévérité du moderne. La vedette des soirées mondaines Charles de Beisteguis transforma après quelques mois les célèbres « unités d'habitation » que Le Corbusier avait aménagées pour lui sur les Champs-Élysées en une créature imaginaire néobaroque. Après un bref apprentissage auprès du Corbusier, Horst P. Horst, une des étoiles dans le cercle de la photographie de mode, ne put plus rien tirer de la théorie absolue du moderne. « Tout le monde rêve de beauté ; pourquoi la classe ouvrière devrait-elle vivre dans des cellules de prison ? »

1934

Adieu à l'ancien monde
Un an avant qu'il n'émigre de Paris à New York, Horst P. Horst photographia en 1938 l'élégance française devant une ancienne carte du monde : veste cintrée en laine énouée avec un œillet sur le revers, une jupe à plis, des gants en daim et un chapeau.

Les armes des femmes

Marlène Dietrich se donna un aspect androgyne en 1930 avec un frac, un haut-de-forme et une cigarette. Les dames de la haute société aimaient se montrer en pantalon de pyjama et haut tricoté à la main, tenue sportive et décontractée. Ginger Rogers, en revanche, était la petite femme câline dans les bras de son partenaire Fred Astaire qui faisait contre mauvaise fortune bon cœur, même lorsqu'en 1935 elle lui balayait son nez allergique avec des plumes d'autruche dans le film *Le Danseur du dessus*. Edward Steichen, le patriarche des photographes de mode américains, documenta l'élégance d'avant-guerre avec deux robes du soir de 1933 qui montrent le profond décolleté dans le dos, très prisé à l'époque. Pour des bas de différentes couleurs, les femmes durent bien sûr attendre la fin de la guerre.

L'élégance à tout prix
Que ce soit exclusif et coûteux comme une étole en renard avec une robe noire doublée de blanc d'Elsa Schiaparelli (à gauche)
ou bien des sandales en liège, pas chères et jeunes, avec des « bracelets à breloques » : en 1937 le monde de la mode était encore en ordre.

Plus le costume était raisonnable, plus le chapeau était fou ; et il était toujours placé très joliment incliné sur la tête.

La majorité, aussi pauvre soit elle, voulait préserver une certaine apparence. Jamais on n'accorda autant d'importance à la tenue adéquate que durant la période de la grande dépression. La femme des années 1930 portait du long le soir. Et il fallait que ce soit de la soie ! Car pour les coupes en biais, seul le plus coûteux des tissus tombait de façon incomparablement aérodynamique et soulignait le corps mais sans l'exhiber. La géniale découverte de Madeleine Vionnet, couper le tissu dans le sens opposé du droit fil, était entretemps copiée par tous. Le raffinement se trouvait dans le fait que la coupe donnait de l'élasticité à la matière bien avant l'invention du lycra. Ces robes du soir en satin de soie brillant n'avaient pas besoin de fermetures, on pouvait tout simplement les enfiler par-dessus la tête ou bien les faire remonter du bas vers le haut. Bien sûr, les généreux décolletés aidaient largement à cela, en particulier les décolletés dans le dos qui ne connaissaient pas de limites. Beaucoup de personnes attribuent cette évolution à la prude censure cinématographique américaine qui ne permettait pas de dénuder ne serait que la base de la poitrine. Par conséquent, Hollywood montra des dos nus, ce qui bien sûr, comme tout ce qui venait de l'usine à rêves, fut imité partout. Les généreux décolletés dans le dos étaient souvent simples mais soulignés de façon efficace par un rang de perles retombant.

Danser était toujours le principal plaisir. Le swing était à la mode et on bougeait au son des big bands. Le foxtrot et la rumba apparurent, et le tango était toujours apprécié. Fred Astaire et Giger Rogers étaient les danseurs étoile du monde du cinéma ; entre 1934 et 1939, ils montrèrent dans huit comédies musicales, dont *Sur les ailes de la danse*, qu'un couple ne devait bouger que sur le bon rythme pour être heureux. Ginger Rogers conçut nombre de ses costumes elle-même, à la plus grande irritation de son partenaire car elle le mettait presque K.O. avec ses lourdes manches chargées de perles. En outre, elle avait une prédilection pour les plumes d'autruche auxquelles Fred Astaire était allergique.

La meilleure compagne pour les épaules nues était bien sûr la fourrure, principalement le renard argenté. S'entourer de deux animaux entiers était considéré comme du plus grand chic. Mais rien n'était aussi glamour qu'une cape entière en renard blanc. Ceux qui ne pouvaient pas se permettre ce luxe se rabattaient sur une cape en velours ou sur un châle en gaze de couleur chatoyante. Et ceux qui ne pouvaient même pas se payer de la soie ? Coco Chanel se montra compréhensive avec eux : elle prit note de la crise économique en intégrant des robes en coton dans ses collections pour le soir.

Les femmes surent se débrouiller durant la crise économique. Celles qui ne pouvaient pas s'acheter de nouvelles robes rallongèrent tout simplement les anciennes car la journée non plus on ne portait plus de robes très courtes. L'ourlet des dames se stabilisa à peu près à mi-mollet et tout ce qui était plus court fut mis à la bonne longueur à l'aide d'astuces : des bandeaux, des garnitures et des incrustations, voire même avec de la fourrure. Même le plus petit bout de fourrure trouvait encore une utilisation dans le décolleté ou aux poignets ; la fourrure était finalement synonyme de luxe.

Les riches portaient également leur fourrure pendant la journée. Astrakan, breitschwanz, castor ou loutre étaient transformés en manteaux trois-quarts et ils accompagnaient l'incontournable robe de princesse. Elle était en un seul morceau, la taille étant soulignée par une fine ceinture. Même les tailleurs avaient une silhouette étroite avec une taille bien marquée. Les revers étaient larges et le décolleté profond, du moins l'été. Dessous, on portait un chemisier.

Les gants faisaient dans tous les cas partie de la tenue féminine. Et bien sûr le chapeau. Avec la mode raisonnable des années 1930, les femmes se permirent les couvre-chefs les plus fous. Au début, ils furent petits et plats et devaient être posés sur la coiffure à l'aide d'une épingle. Puis vinrent les bérets et les casquettes, les canotiers, les cloches et les galettes ainsi que toutes les sortes de créatures imaginaires à la mode. Le seul point commun était que tous ces chapeaux devaient être portés légèrement inclinés sur le front. La chapelière la plus importante était Elsa Schiaparelli qui n'avait appris ni le métier de modiste ni celui de couturier, mais qui influença néanmoins largement la mode des années 1930.

La préférence pour les tailles menues donna un nouvel élan à l'industrie du corset qui exerçait maintenant une douce pression avec des matériaux légers comme une plume tels que le latex. Mais seulement sous la poitrine car elle devait de nouveau être pigeonnante. L'entreprise américaine Warners fut la première à proposer des soutiens-gorge avec différentes tailles de bonnets. Les bas étaient toujours en soie naturelle ou artificielle couleur chair, mais à partir de 1939, ils furent remplacés par le nylon.

Les accessoires étaient indispensables, pour beaucoup c'était la seule solution abordable afin de mettre la garde-robe au dernier cri. On portait des pochettes ayant la forme d'une étroite enveloppe (soixante-dix ans plus tard elles passeraient de « clutch » à « it-bag »), ou bien des petits sacs avec une fermeture par clips sur le cadre qui était en argent ou (tout nouveau) en plastique. Les bijoux fantaisie étaient généralement acceptés, entre autre grâce au courage de Coco Chanel qui mélangeait allègrement les pierres véritables et les imitations.

Il y avait longtemps que la garde-robe des élégantes citadines des grandes villes ne pouvait plus se passer des pantalons larges, surtout des pyjamas en soie. Toutefois, ils étaient presque encore totalement ignorés : dans le paysage urbain public, ils étaient considérés comme étant inconvenants. Il est caractéristique que le journal de mode *Vogue* ait attendu 1939 pour présenter pour la première fois une tenue féminine composée d'un pantalon et d'un pull.

Le sport était un élément unitaire au-delà de tous les clivages politiques. Dans toute l'Europe, des associations de gymnastique furent créées. Quant aux plus personnes modernes et aux plus riches, ils s'adonnaient aux sports automobile et aérien. Le vélo, le tennis et le golf restaient les activités les plus prisées. Enfin, la baignade était devenue un plaisir grâce à l'invention du Tampax et aux nouveaux matériaux qui permettaient de fabriquer des maillots de bain ajustés et étroits sans qu'ils risquent de se déformer dans l'eau.

Dans la mode, l'Allemagne eut longtemps des contacts internationaux, mais politiquement les nazis étaient de plus en plus exclus. Progressivement, les alliés durent reconnaître que les serments de paix d'Hitler n'étaient pas fiables, le risque de guerre se dessinait de plus en plus nettement à l'horizon. La résistance se forma et, comme toujours dans les périodes sombres, une grande envie d'opulence et de beauté s'éveilla. Au début de l'été 1938, le couple royal britannique se rendit en France et déclencha une vague néoromantique. Même Coco Chanel, inventrice de la simplicité moderne, conçut soudain des robes

du soir qui, avec leurs larges jupes capitonnées et leurs riches décorations, rappelaient fortement la crinoline qu'on pensait vaincue. Au quotidien, une ligne toujours plus sévère s'imposa. Dès 1934, les épaules devinrent plus larges et quatre ans plus tard elles furent dotées d'épaulettes particulièrement grandes. Par conséquent, les proportions se déplacèrent tant que seule une jupe plus courte et plus large allait bien avec. Les chaussures durent également apporter plus de « masse » : les semelles compensées apparurent et furent de plus en plus hautes.

En 1939, Hitler déclencha la Seconde Guerre mondiale. La mode sembla avoir prévu la catastrophe. Vers la fin de la décennie, les vêtements ressemblaient presque à des uniformes : épaules carrées, fermetures galonnées, jupes étroites, chapeaux à plume, gants à crispin, sac à bandoulière et chaussures plates résistant à la marche. Toutefois, l'essentiel était une apparence parfaitement soignée, comme si toutes les femmes étaient devenues des recrues zélées. La mode à cette époque était plus caractérisée par la perfection que par la création.

La guerre et la haute couture : cela ne va pas ensemble, pourrait-on penser. Ici la destruction du monde, là la création de la beauté. Et pourtant c'est dans la mode, ce rien frivole, que la résistance des Français trouva son expression naturelle. Bien que les matériaux soient rares et que la législation soit très sévère, les Françaises méritaient leur réputation d'être les femmes les mieux habillées du monde, même pendant la Seconde Guerre mondiale. Pour se consoler de toutes les contrariétés, elles créèrent une ligne des plus extravagante et prouvèrent ainsi leur indépendance. Alors que partout ailleurs les femmes considéraient comme leur devoir de s'habiller de façon discrète et modeste, les Françaises annonçaient la couleur : rouge à lèvre rouge sang et vêtements colorés, de préférence bleu-blanc-rouge, remontaient le moral et soutenaient la résistance.

Les chapeaux et les chaussures furent toujours plus hauts. Les femmes marchaient avec raideur sur des talons compensés plus ou moins hauts en bois ou en liège et balançaient sur leur tête des choses constituées de tous les matériaux imaginables, allant du papier journal avec une voilette, aux fleurs, au velours et aux plumes, car les chapeliers étaient les seuls qui n'avaient pas vu leurs matériaux rationnés.

Belle sur le front

Même pendant la guerre les femmes voulaient être chics. Les femmes soldat choisissaient soigneusement leur parfum et Lady Mountbatten se fit couper son uniforme sur mesure dans la Savile Row pour se présenter aux côtés de son mari. Celles qui n'allaient pas au front prenaient néanmoins soin d'avoir une belle apparence, des espadrilles sur le vélo et un joli chapeau avec la robe moulante. À la fin de la guerre, tout le monde se rua au cinéma pour voir *Les enfants du Paradis*.

La lutte pour la survie

En 1937, le photographe des stars Cecil Beaton voulut exprimer la peur avec un avion miniature sur un mur ; quelques années plus tard, il était conseillé à la femme élégante de porter un vêtement de protection pour les abris plutôt qu'un costume de Molyneux. L'oncle Sam voulait-il envoyer les femmes sur le front vêtues de chatoyante soie artificielle ? Sans rouge à lèvres, une Française n'aurait jamais répondu à cet appel. Pour le film *La maison des sept péchés*, Marlène Dietrich revêtit l'uniforme d'un officier de marine alors que le séduisant Jean Marais put même séduire en tant que la Bête dans le film français d'après-guerre *La Belle et la Bête*.

La devise était :
« En amour comme à la guerre, tout est permis. »
Les Françaises s'y tinrent.

Entre la tête surchargée et les épaisses chaussures, le corps maigre n'était pas mis en valeur, même lorsque les courtes robes droites dans lesquelles il était enveloppé étaient en soie véritable. Ce qui était un scandale. « Alors que nous portons de la soie artificielle, les Françaises s'habillent dans des mètres de soie », se plaignait le magazine américain *Vogue*. Les Françaises s'en tenaient toutefois à la devise : « En amour comme à la guerre, tout est permis », et laissaient courir leur imagination qui était encline à la provocation. Il fallait prouver aux « boches » que seul Paris avait du flair pour la mode créatrice. Car la haute couture, la plus française de toutes les institutions, devait être déplacée à Berlin ou à Vienne, c'est du moins ce que voulaient les Nazis.

Il fallut beaucoup de force de persuasion à Lucien Lelong, qui fut président de la chambre syndicale de la Couture de 1936 à 1946, pour sauver l'industrie du luxe à Paris. Il parvint à négocier certaines garanties pour la haute couture qui permirent à de nombreuses maisons, parmi lesquelles Lanvin, Fath et Rochas, de survivre : et à lui également.

C'est ainsi que Paris tomba dans l'extravagance alors que dans tous les autres pays, les modistes faisaient vaches maigres. En Allemagne, en 1941, toutes les maisons de couture furent rassemblées dans la Berliner Modellgesellschaft qui ne devait produire que pour l'exportation. En Angleterre, le rationnement à partir de 1941 entraîna des directives extrêmement précises : la quantité de tissu utilisée par pièce de vêtement, la longueur et la largeur maximum d'une jupe, le nombre maximum de plis, de boutons et d'accessoires, tout était fixé précisément. La soie était strictement interdite pour la population civile, elle était réservée pour la fabrication des parachutes. C'est pourquoi, bien qu'ils fassent du bruit et qu'ils grattent, il était merveilleusement frivole de se fabriquer des sous-vêtements avec de la soie de parachute, de préférence provenant de pilotes de chasse ennemis abattus.

Norman Hartnell, le tailleur de la cour de la reine d'Angleterre, tout comme Charles Creed et le « Captain » Molyneux, qui avaient tous les deux fait leur apprentissage à Paris mais étaient revenus en Angleterre lorsque la guerre avait éclaté, furent chargés de créer des uniformes pour les femmes dans l'armée. Lady Edwina Mountbatten, membre d'une des plus riches familles d'Angleterre, préféra toutefois faire faire son uniforme par un des plus célèbres tailleurs de Savile Row, un peu plus près du corps, un peu plus court et par conséquent beaucoup plus chic.

Au total, six millions et demi d'Anglaises étaient dans le service actif et quatre femmes atteignirent même le grade de général. Aux États-Unis, en 1942, il y avait deux millions de femmes volontaires qui se transformèrent très rapidement en quatre millions d'employées rémunérées. De la téléphoniste à l'ingénieure, le récent « womenpower » était très apprécié. C'est avec difficulté que seulement dix ans auparavant on avait à nouveau cantonné les femmes au foyer suite à la Première Guerre mondiale qui leur avaient permis d'être indépendantes. Et maintenant, le désir d'intervenir en dehors de chez soi faisait de nouveau partie des vertus féminines. La courageuse petite soldate était économe, capable et ingénieuse.

Lorsque le gouvernement américain transforma en devoir national de réduire de 15 % la fabrication de tissu, cela entraîna un « gel » de la mode. Si le style ne changeait pas, spéculait-on, les vêtements disponibles seraient portés jusqu'à l'usure. En fait, entre 1941 et 1945, il n'y eut pas de changement profond de la mode, mais les Américains consolidèrent leur avance dans la création de vêtements de sport. Elsa Schiaparelli constata élogieusement : « Surprenant combien les affaires de sport sont peu coûteuses et du meilleur goût en Amérique. »

C'est justement pendant la guerre que beaucoup de gens développèrent pour la première fois un sens de la qualité. Ils apprirent à apprécier les tissus résistants qui, de plus, étaient agréables à porter à même la peau, tels que le coton, la laine et le lin. Soudain, la finition joua également un rôle. Depuis que les femmes s'étaient mises à tout fabriquer elles-mêmes, elles pouvaient faire la différence entre le bon et le mauvais artisanat.

La position d'Hollywood en tant qu'usine à rêves se renforça encore pendant la guerre. Ici, les modèles étaient façonnés pour des millions de personnes. Car la société internationale, les scènes artistique et théâtrale avec la presse correspondante n'existaient plus ; presque partout la vie culturelle était au plus bas et si dans certains pays, comme la France, il se passait quelque chose, cela avait lieu à huis clos. Seul le cinéma pouvait encore répandre des images idéales qui parvenaient aux masses.

1941

Vers d'autres rives

À peine la guerre fut-elle terminée, qu'une mode de grande qualité était déjà présentée. En septembre 1945, le designer américain David Crystal utilisa la nouvelle matière convoitée, la rayonne, pour un croisement vestimentaire entre le chemisier et la veste.

Le théâtre de la mode

Vers la fin de la guerre, l'illustrateur et décorateur Christian Bérard (1902-1949) créa la scène d'un « théâtre de la mode » : par manque de matériel, la haute couture fut montrée en modèles miniatures sur des petits mannequins sur support métallique et rencontra un grand succès.

Envie d'un *happy end*

Les grands mariages des têtes couronnées réjouissaient le peuple lassé de la guerre, tout comme les films avec un *happy end*. La princesse Elisabeth d'Angleterre épousa en 1947 Philip Mountbatten dans une robe de satin du tailleur de la cour Norman Hartnell. Le festival de Canne fut créé la même année ; depuis lors, la Croisette (ci-dessous) se transforme tous les ans en boulevard de la coquetterie.

C'est justement une Anglaise qui, en 1939, obtint le rôle dont toutes les beautés hollywoodiennes avaient rêvé : en effet, Vivien Leigh fut choisie pour jouer Scarlett O'Hara dans le film à succès *Autant en emporte le vent*. Que ce choix était le bon fut confirmé par son jeu passionné pour lequel elle obtint un Oscar. Un an plus tard, on lui remit encore une fois un Oscar pour un autre rôle typiquement américain, celui de Blanche Dubois dans un autre grand film *Un Tramway nommé Désir*. C'est ainsi qu'elle resta à jamais dans l'histoire du cinéma.

D'autres grandes stars venaient elles aussi de l'étranger : Greta Garbo, la secrète « divine », et Ingrid Bergman étaient toutes les deux Suédoises. L'Allemande Marlène Dietrich devint une icône de la mode avec son goût pour les costumes masculins. Joan Crawford, Bette Davis et Katharine Hepburn, toutes les trois des femmes de pouvoir clairement indépendantes, telles qu'on les demandait dans la guerre et dans les films de femme, font partie du triumvirat des stars américaines de cette époque.

Après la fin de la guerre, les sentiments de triomphe ne voulaient s'exposer nulle part, les souvenirs étaient trop sombres, le bilan trop horrible. Mais la soif de vivre ne se laissa pas entraver. L'intérêt pour le théâtre, le cinéma et la musique explosa justement, et plus particulièrement en Allemagne, là où on avait maintenant l'opportunité de découvrir des pièces de Jean-Paul Sartre, Arthur Miller, Thornton Wilder et Tennessee Williams, tout comme les œuvres de Berthold Brecht écrites en exil. En France, la vie culturelle avait continué d'exister, les premières pièces de Jean Anouilh purent être présentées avec beaucoup de succès pendant l'occupation et durant la guerre, et soir après soir *Le soulier de satin* écrit par Paul Claudel et mis en scène sous la direction de Jean-Louis Barrault fut joué à guichets fermés à la Comédie-Française. Mais c'est pour le cinéma que les Français montraient le plus grand intérêt. Au total, durant la guerre, ils réalisèrent 278 films, dont des œuvres très originales comme le conte de Jean Cocteau *La Belle et la Bête*. Mais le chef-d'œuvre absolu de cette époque fut le film de Marcel Carné, *Les Enfants du Paradis*, qui, en 1945, étonna le monde entier dans sa version définitive.

L'enthousiasme des Français pour le cinéma entraîna en 1947 la création du Festival de Cannes qui, aujourd'hui encore, attire chaque année au mois de mai sur la Côte d'Azur des fans de cinéma venus du monde entier.

La vie mondaine ne rebondit pas aussi rapidement que la vie culturelle. Une certaine retenue liée à la honte se maintint : on s'interdisait de s'amuser « tout simplement ». *Vogue* par exemple conseilla pour l'hiver 1945/1946 de ne pas porter de robe du soir mais la discrète « robe d'ambassade » qui tirait son nom des réceptions dans les diverses ambassades. On s'y montrait dans une étroite robe fourreau avec de longues manches et un petit décolleté carré. Les bijoux et les grosses parures étaient bannis.

En 1945 la haute couture se rappela au souvenir de façon efficace par un défilé inhabituel. Par manque de matériel, on ne pouvait pas se permettre de grands shows, et c'est ainsi qu'est venue l'idée du « théâtre de la mode » : sur des petits mannequins en support métallique, les grands couturiers montrèrent leur savoir-faire avec peu de tissu. Quelque 200 de ces mannequins dotés de jolies têtes en plâtre et de cheveux en ficelle servirent de messagers de la mode. Christian Bérard, aux multiples talents, peintre doué, excellent illustrateur et décorateur de génie, créa la scène parfaite pour cet original défilé de mode. Après un premier succès au musée des Arts décoratifs à Paris, le spectacle de la couture partit en tournée à travers l'Amérique et permit de reconquérir d'anciens clients et d'en acquérir de nouveaux.

Bien que les Américains se soient émancipés de la mode durant la guerre et soient imbattables dans le *sportwear*, ils succombèrent à la fascination de la haute couture qui ne se préoccupait guère de l'aspect pratique et du coût raisonnable mais qui, en échange, offrait une véritable fête pour les sens. Cela combla totalement les attentes du sélect magazine de mode *Harper's Bazaar* qui, à la fin de la guerre, regardait l'avenir avec optimisme : « Nous attendons des oiseaux de paradis, pas des petites poules marron. » Toutefois, les plumes colorées se firent encore attendre. C'était comme si l'imagination était bridée. Même les jeunes couturiers se sentaient obligés d'être raisonnables dans cette difficile période d'après-guerre et n'osaient pas l'extravagance.

On se nourrissait du souvenir de la créativité artistique d'une Elsa Schiaparelli et du glamour des stars hollywoodiennes habillées par Gilbert Adrian.

LA SURRÉALISTE :
Elsa Schiaparelli

10/09/1890
–
13/11/1973

« Pour le Sport » écrivit Elsa Schiaparelli sur la porte de son premier magasin de mode à Paris. Toutefois, ce ne sont pas les vêtements pour le sport qui la firent entrer dans l'histoire de la mode, mais ses créations les plus extravagantes de tous les temps.

Elle voulait habiller la femme moderne telle qu'elle l'avait rencontrée en Amérique, et celle-ci n'avait pas besoin de vêtements sur mesure compliqués, mais de pièces uniques fonctionnelles qui pouvaient toujours être assorties de façons différentes. Les collections en tricot d'Elsa Schiaparelli furent les précurseurs du prêt-à-porter qui n'existait pas encore à l'époque. Son premier succès fut un petit pull-over pratique qui se différenciait des autres uniquement par le fait que sur le fond noir était tricoté un gros nœud blanc faisant l'effet d'un papillon. Il fut en fait acheté par une femme active : Anita Loos qui était devenue célèbre avec le roman *Les hommes préfèrent les blondes*. Par chance, elle travaillait à Hollywood où son pull seyant ne passa pas inaperçu. Le grand magasin américain Strauss commanda immédiatement 40 exemplaires à Elsa Schiaparelli, et bientôt la moitié d'Hollywood fit partie de ses clients : Katharine Hepburn, Joan Crawford ou encore Greta Garbo, pour ne citer qu'elles.

Et arriva ce qui devait arriver : un jour la femme pratique voulut quitter les vêtements de travail et entrer dans une robe du soir. En 1933, Elsa Schiaparelli conçut une première robe longue, une étroite colonne en crêpe de Chine blanc complétée par un frac dont la basque se croisait dans le dos. Le modèle eut un immense succès et fut le départ de la carrière d'Elsa Schiaparelli dans la haute couture.

Les cinq années entre l'ouverture de sa maison de couture place Vendôme face au Ritz et le début de la Seconde Guerre mondiale furent la grande époque d'Elsa Schiaparelli. Des clientes influentes telles que Nancy Cunard et Daisy Fellowes, des héritières de grosses fortunes, passèrent de Coco Chanel et Jean Patou à Elsa Schiaparelli. La presse louait sa créativité, son courage, son caractère unique et des artistes se sentaient attirés par elle comme par magie. Elsa Schiaparelli mit le surréalisme à la mode en appliquant à ses collections le principe d'arracher des objets courants hors de leur environnement habituel pour les montrer dans un contexte totalement différent. La chaussure avec sa semelle rouge effrontément tournée vers le haut et transformée en chapeau ou bien les gants dotés d'ongles en or sont célèbres. Tout comme la robe-haillon, une longue robe du soir dont les motifs suggéraient une usure importante. La cape allant avec s'ornait de véritables lambeaux de tissus et fit scandale, comme quarante ans plus tard la mode punk.

Avec une distance critique

Elsa Schiaparelli présentait souvent une réserve aristocratique vis-à-vis des étrangers, comme lors de ce portrait de Horst datant de 1937. C'était une généreuse amie des artistes, mais ses collaborateurs redoutaient les colères de l'Italienne pleine de tempérament.

Inspirée par l'art

Le baron de Meyer, qui en 1933 mit en scène de façon théâtrale sa cape rouge surpiquée Peking, était le photographe préféré d'Elsa Schiaparelli. Son ami Salvador Dali lui fournit les modèles pour la robe « déchirée » avec son foulard qui, en 1938, préfigurait la mode punk, et pour l'appétissante robe du soir ornée d'un homard datant de 1937. Cocteau dessina deux profils qui forment un vase rempli de roses. Et Marcel Vertès peignit des types des années 1890 pour une robe du soir nostalgique.

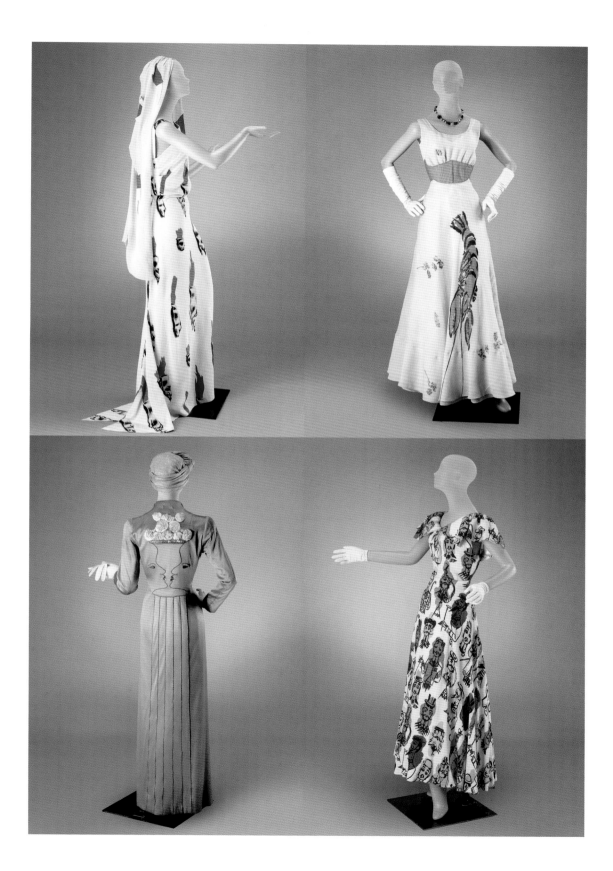

*Le goût de « Schiap » pour les gags surréalistes et **son plaisir à choquer** en firent une partenaire idéale des artistes.*

Salvador Dali aida à la réalisation des tissus « déchirés » ; il conçut également pour Elsa Schiaparelli un sac en velours noir ayant la forme d'un téléphone avec un cadran doré brodé dessus. Et il peignit le homard géant avec lequel « Schiap », comme ses amis l'appelaient, décora une robe du soir blanche. Son sens des gags surréalistes et son plaisir à choquer firent d'Elsa Schiaparelli une partenaire idéale de tous les artistes. Picasso lui inspira l'idée d'imprimer des tissus avec des articles de journaux, et Jean Cocteau dessina des modèles poétiques pour les broderies. L'entreprise Lesage satisfaisait toutes les exigences de Schiap quant à l'art de la broderie, et c'est ainsi que naquirent des pièces de musée.

Entourée par les artistes les plus passionnants de son époque qui savaient l'admirer pour la mode, Schiap se sentait inspirée pour les collections les plus audacieuses. Et cela non seulement dans ses modèles, mais également dans ses présentations : elle transformait chaque défilé en un spectacle théâtral tels qu'ils furent à nouveau mis en scène bien plus tard par Kenzo, Jean-Paul Gaultier et John Galliano. Pas surprenant que Schiap devint la coqueluche de la presse, au grand dépit de Coco Chanel qui était en concurrence avec elle concernant la faveur des clientes les plus riches et la reconnaissance des meilleurs artistes.

En raison de ses origines, Elsa Schiaparelli avait un certain avantage. Elle était née à Rome, deuxième fille d'une famille ayant une bonne situation et bien éduquée, avait étudié la philosophie et écrit un recueil de poèmes. Puis, elle put partir à l'étranger. En 1914, à Londres, la « vieille fille » tomba amoureuse du mystique et douteux comte William de Wendt de Kerlor et l'épousa à la hâte contre la volonté de ses parents. Ces cinq années ne resurgirent pas dans la biographie d'Elsa Schiaparelli. Certainement a-t-elle perdu quelques illusions et toute sa dot durant cette période. On sait seulement qu'Elsa Schiaparelli se rendit tout d'abord à Nice avec le comte Kerlor qui n'avait pour ainsi dire pas de revenus propres, puis à New York où en 1919, dans les conditions les plus difficiles, elle mit au monde son unique enfant, sa fille Yvonne, surnommée Gogo. Son mari entama une relation adultère avec la danseuse Isadora Duncan et Elsa Schiaparelli divorça.

Après une brève relation avec un ténor italien qui mourut brusquement d'une méningite, Elsa se retrouva seule avec sa fille et ses difficultés. En juin 1922, une amie l'aida à aller à Paris et le grand maître Paul Poiret l'encouragea à faire elle-même de la mode. De son mentor admiré, Elsa Schiaparelli reprit le goût des couleurs. Elle appela rose shocking le rose criard qu'elle utilisait pour les emballages et les rouges à lèvres, et même jusque sur les capes du soir richement brodées.

Elle voulait choquer à tout prix, c'est pourquoi sa dernière collection en 1952 s'appela Shocking élégance et sa biographie en 1954 *Shocking life*. Son parfum ayant eu le plus de succès fut mis sur le marché en 1938 et elle le baptisa tout naturellement Shocking. Elle fournit immédiatement une anecdote commerciale : l'artiste Leonor Fini aurait dessiné le flacon en forme de torse féminin d'après un buste de tailleur aux dimensions de la star hollywoodien Mae West qui se trouvait dans l'atelier de Schiap. Mae West le lui aurait soi-disant envoyé au lieu de venir en personne pour les essayages, et Elsa Schiaparelli aurait utilisé ce cadeau à sa façon…

Rien n'était impossible chez Elsa Schiaparelli. Chez elle l'aspirine devenait un collier, du plastique, des coléoptères et des abeilles servaient de matière à des bijoux fantaisie, des

Mise en scène de la lumière
Dans ses photographies de mode, Horst P. Horst mettait une certaine distance avec l'objet ce qui convenait bien à la mode d'Elsa Schiaparelli et à sa posture. Lors de cette prise de 1940 à New York, son célèbre éclairage est entièrement dirigé sur le nœud décoratif placé dans le dos.

Complètement Dada

Avec son idée de mettre une chaussure sur la tête, Schiap fit fureur chez les surréalistes, tout comme le judas et les sourcils en diamant pour la casquette du soir. D'autres trouvaient ses modèles dadaïstes, tel que ce bibi en tulle qui rappelle une résille ou ces bijoux fantaisie en plumes de pintade, seulement choquants. Par conséquent elle baptisa Shocking son parfum dont le flacon avait été réalisé d'après le buste de Mae West.

Les boutons sont ennuyeux
sauf si on les transforme en **minuscules sculptures.**

fermetures éclair ordinaires décoraient des robes du soir haute couture, et des robes entières étaient réalisées avec les nouvelles matières artificielles, la cellophane et la rhodophane. Les boutons ennuyaient Schiap, elle en fit donc de petites sculptures : grillons, chevaux de cirque, trapézistes, couronnes ou petits morceaux de sucre. La richesse de son imagination était inépuisable mais sa plus grande prestation fut peut-être « d'avoir révolutionné la mode entre 1930 et 1940 » sans aucune connaissance préalable, comme l'écrivit dans ses mémoires l'actrice Arletty qui avait travaillé à une époque comme mannequin chez Elsa Schiaparelli.

Malgré les effets des défilés qui tiraient toute l'attention sur elle, la mode de Schiap était en vérité simple et portable. Ses costumes et tailleurs-pantalons stricts, souvent dotés de vestes boîte, rappelaient la coupe des uniformes, mais les lignes étaient arrondies et plus douces. En outre, un détail amusant était toujours ajouté. Ses célèbres boléros étaient bien plus qu'un simple accessoire luxueux : ils protégeaient la poitrine et les épaules, selon Schiap les endroits les plus sensibles du corps féminin.

Lorsque la guerre éclata, Elsa Schiaparelli se réfugia aux États-Unis. En 1945 elle revint en France. Elle eut de plus en plus de mal à surmonter ses problèmes financiers car elle ne voyait pas pourquoi elle devrait mettre des limites à son imagination pour des raisons financières. Cependant, sa créativité surréaliste ne semblait plus être adaptée à l'époque. Elle se retira donc en 1954 en tant que styliste, juste l'année où sa plus ancienne concurrente, Coco Chanel, revint à Paris après quinze ans d'exil.

Elsa Schiaparelli ne lui envia pas sa nouvelle carrière. Elle possédait ce que Coco Chanel n'avait jamais obtenu dans sa vie : une famille. Sa fille Gogo avec son deuxième mari, d'origine italienne comme Schiap, et ses deux petites-filles s'occupèrent tendrement d'elle. Elsa Schiaparelli vécut et mourut avec la certitude que « La naissance n'est pas le commencement et la mort n'est pas la fin. »

Son sens de la beauté, de l'art et du style vit toujours à travers sa petite-fille Marisa Berenson qui est admirée dans le monde entier en tant que mannequin, actrice et icône de la mode.

Caprices et singeries
Elsa Schiaparelli aimait épicer sa mode de plaisanteries. Cela n'était pas toujours aussi évident que pour les chaussures en poils de singe ; cela ne sautait pas aux yeux que le coquet col blanc, les bas et même les gants avaient été faits au crochet.

LE GRAND COUTURIER AMÉRICAIN :
Gilbert Adrian

03/03/1903
–
13/09/1959

Alors qu'à Paris on se disputait pour savoir qui de Chanel ou Elsa Schiaparelli était la plus grande créatrice de mode, un homme dans le lointain Hollywood surpassait toute la haute couture française par son influence : Adrian Adolph Greenburg, qui depuis ses dix-huit ans ne s'appelait plus lui-même qu'Adrian, devint le plus prisé et le plus cher couturier des stars du cinéma. Ce qu'il créait pour les déesses en celluloïd fut vendu des millions de fois et, en outre, copié dans le monde entier. Ce dont Paris ne pouvait que rêver, l'usine à rêves le fit.

Les costumiers étaient rarement connus en dehors du milieu. Ils ne se contentaient pas de copier les maîtres parisiens mais, au contraire, transformaient chaque modèle jusqu'à ce qu'il semble appartenir à une star précise, comme une seconde peau. Et cela au sens littéral du mot. Lorsqu'Adrian adapta la grande robe blanche, bien plus appropriée pour le cinéma que la petite robe noire, pour Jean Harlow, il la colla sur son corps, au sens propre du terme. On ne pouvait la détacher de la peau qu'à l'aide d'un fer à repasser. Les sous-vêtements ? Néant ! Les petites robes de jour coupées en biais qu'Adrian créa pour cette beauté blonde et qui partaient en grande quantité dans le commerce, moulaient également toutes les courbes de son corps.

Le metteur en scène George Cukor disait à propos du travail d'Adrian : « Si l'actrice a une belle silhouette, alors grâce à Adrian tous ses atouts sont mis en valeur. » Visiblement Adrian découvrait également des atouts là où personne d'autre n'en voyait. Ainsi pour Joan Crawford, il conçut un style qui soulignait les épaules de façon extrême. Les initiés croyaient qu'il voulait ainsi créer un équilibre avec les larges hanches de l'actrice. Mais en vérité, il était tout simplement impressionné par sa morphologie inhabituelle : « Vous avez les mêmes épaules que Johnny Weissmüller », disait-il avec admiration, et il l'habillait comme si, en fait, elle était le premier Tarzan de l'histoire du cinéma, seulement de façon beaucoup plus féminine. Pour le film *Letty Lynton*, il entassa ruchés sur ruchés sur ses épaules, et ce tableau de pâte feuilletée blanche en organza passa tellement bien auprès du public que 500 000 copies à 20 dollars furent vendues par le grand magasin Macy's. Pour Joan Crawford, Adrian créa le *power suit* qui en fit une icône de la mode et qui, dans les années 1980, revint encore une fois en force. Mais surtout, il décela quelque chose qui jusqu'ici avait été peu osé : les défauts physiques peuvent être cachés par les vêtements ; mais on peut aussi les souligner et alors ils deviennent une force personnelle, parfois même une nouvelle tendance. Les costumes d'Adrian soulignant les épaules se vendirent tellement bien dans les années 1930 et 1940 qu'il plaisantait lui-même : « Qui aurait pensé que toute ma carrière reposerait sur les épaules de Joan Crawford ? »

Le roi secret de la mode

Le costumier Adrian Adolph Greenburg, qui fit carrière sous le nom d'Adrian, eut plus d'influence que tous les couturiers européens car toutes les spectatrices voulaient se vêtir comme les grandes stars hollywoodiennes qu'il habillait.

La robe à millions

Un demi-million de femmes furent tellement enthousiasmées par ce modèle en organza avec ses manches à ruchés qu'elles en achetèrent une copie. Adrian l'avait conçue en 1932 pour Joan Crawford pour son rôle dans *Letty Lynton*.

La deuxième peau
Jean Harlow qui fit carrière à Hollywood en tant que beauté blonde platine dut une partie de son succès à Adrian :
il moulait son corps parfait dans des robes en soie fluide qui ne laissaient aucune question en mystère.

Il stylisa Greta Garbo en Divine,
des huit stars du film The Women *il fit des icônes*
*de la **mode souvent copiées.***

Adrian avait repris à Elsa Schiaparelli l'idée des épaulettes, qui font paraître encore plus étroite une taille bien marquée. Il connaissait bien le milieu français de la mode car, en 1922, il avait fait sa deuxième année d'apprentissage à Paris. Les grands couturiers français n'arrivaient pas à prendre pied à Hollywood, même pas Coco Chanel. Le problème avec les grands couturiers c'est qu'ils se stylisaient eux-mêmes comme des stars, alors que les costumiers devaient être entièrement au service des stars.

Adrian comprit cela mieux que personne. Il conçut ses premiers costumes en 1925 pour Rudolph Valentino à la demande de sa femme Natascha Rambova. Celle-ci avait poussé tellement loin les accoutrements de son mari que bientôt le grand Rudolph Valentino fut l'objet de moqueries. C'est Adrian qui, grâce à des vêtements appropriés, rétablit la réputation de Rudolph Valentino de « tombeur à prendre au sérieux ». Il montrait encore plus de faculté d'identification avec les stars féminines. De Mae Murray, Norma Shearer, Marion Davies et Joan Crawford jusqu'à Greta Garbo, beaucoup lui doivent une partie de leur réputation. Il habillait chaque actrice de façon à ce que ses atouts soient soulignés tout en exprimant simultanément le caractère du personnage du film. Il gagna ainsi la confiance totale des patrons de la MGM qui mirent à sa disposition un budget quasi illimité.

Adrian devint un culte avec le film *The Women* de 1939 pour lequel il habilla Joan Crawford, Norma Shearer, Rosalind Russel, Joan Fontaine, Paulette Goddard et Hedda Hopper. Dans cette magnifique comédie de George Cukor, tout tourne autour des hommes et des vêtements, et il semble souvent plus important de savoir avec quel homme une femme obtient la bonne robe, plutôt que l'inverse. Le film fut tourné en noir et blanc, mais une séquence grandiose fut montrée en couleur : le défilé de mode avec de vraies créations d'Adrian, des saisissantes robes du soir jusqu'aux maillots de bain qui étaient bien trop glamour pour qu'on se baigne avec.

Adrian montra un véritable génie avec le style minimaliste qu'il mit au point pour Greta Garbo. Il protesta violemment contre les gadgets kitchs dont la MGM voulait affubler la Suédoise : « Rien de faux ne doit détourner l'attention de cette noble créature ! ». Il aida ainsi la beauté androgyne à enfin percer, car jusqu'ici elle n'avait tout simplement pas réussi à être mise en valeur par les frusques surchargées d'Hollywood. Le chapeau à large bord qu'il lui fit porter en 1930 avec un trench-coat resta inoubliable. C'est une tenue que la Divine conserva dans sa vie privée et qui est toujours considérée comme moderne de nos jours.

Adrian, qui épousa en 1939 l'actrice Janet Gaynor, avait le don rare de pouvoir aussi bien créer des costumes historiques que des vêtements de mode qui pouvaient se porter dans la vie de tous les jours. En 1937 90 millions d'Américains allaient chaque semaine au cinéma pour admirer et imiter leurs stars. C'était les créations d'Adrian qui étaient le plus souvent demandées et vendues par les grands magasins. Que signifiait la haute couture française face à cela ?

C'est ainsi qu'au service des stars il devint lui-même une superstar, célèbre, riche et même légèrement excentrique. Dans tous les cas, il se construisit une sorte de trône dans son atelier. Et lorsque son mentor George Cukor refusa pour la première fois ses projets de costumes pour des raisons financières, Adrian en tira les conséquences. Il s'agissait tout de même de Greta Garbo

Derrière chaque star se cache Adrian

Que ce soit Rudolph Valentino adoré par Nita Naldi
et des millions d'autres femmes, la Divine Greta
Garbo, les huit stars de la comédie à succès de
George Cukors *The women* ou Norma Shearer,
qui préférait les jupes longues, tous étaient vêtus
à leur avantage par Adrian. La jeune actrice Janet
Gaynor (ci-dessous, à droite) épousa même le très
prisé costumier. Il réalisa le souhait de son amie
Greta Garbo de concevoir lui-même un chapeau
– elle rit ici dans le rôle de Ninotchka.

Envie de changement

Change, c'est ainsi qu'Adrian appela cet ensemble en soie créé pour Joan Crawford, car le mot « changement » était déjà en 1946
une bonne promesse électorale. Il revint régulièrement, tout comme les larges épaulettes.

qui pour *La femme aux deux visages* devait soudain porter des pulls bon marché. « S'il n'y a plus de glamour pour Garbo », aurait-il dit, « alors je n'existe plus non plus. » Il se retira d'Hollywood en même temps que Greta Garbo.

En 1942, il fonda sa maison de couture à Beverly Hills où de nombreuses stars continuèrent de se faire habiller par lui. À côté, il développa une ligne de prêt-à-porter qui n'était vendue que dans les boutiques les plus exclusives d'Amérique. Il ne put savourer son succès en tant que grand couturier américain que pendant dix ans ; il mourut en 1952 à seulement cinquante-neuf ans.

Ils marquèrent leur époque

Jacques Heim	Marcel Rochas	Mainbocher	Nina Ricci

En 1923, Jacques Heim (1899-1967) reprit le commerce de fourrure de ses parents et seulement deux ans plus tard il fit sensation à l'exposition des Arts décoratifs avec sa mode jeune et sportive. Avec Sonia Delaunay qui mettait la couleur et la lumière au centre de son art abstrait, il mit au point une mode colorée aux motifs sévères, qui correspondait tout à fait à l'esprit de son époque. Il était en avance sur celle-ci avec l'invention, en 1946, du bikini que Brigitte Bardot rendit populaire.

Elsa Schiaparelli n'était pas la seule à faire avancer la mode avec des folies. Marcel Rochas (1902-1955) était également original : ses robes portaient des rouges-gorges empaillés sur les épaules ou bien de minuscules livres étaient imprimés. Au lieu de l'acceptable pyjama du soir en soie, il conçut, en 1932, un tailleur-pantalon en flanelle grise pour la journée et, avec la silhouette bien moulée qu'il mit au point pour l'actrice Mae West, il anticipait le style de la mode d'après-guerre.

Il fut d'abord illustrateur, puis journaliste de mode et enfin le premier Américain à installer en 1930 sa propre maison de haute couture à Paris. Malgré la crise économique, Mainbocher (1890-1976), qui s'appelait Main Rousseau Bocher, prit immédiatement le chemin du succès. Son style minutieusement féminin le prédestinait à devenir le couturier d'une certaine Wallis Simpson qui, en 1937, épousa le duc de Windsor. Mainbocher découpa en biais la robe de mariée en soie gris tourterelle.

La couturière italienne Nina Ricci (1883-1970) qui s'installa à Paris en 1932, aimait les motifs et les couleurs douces. Elle ne provoquait ni ne choquait avec de nouvelles tendances, elle voulait faire paraître les femmes belles, féminines, élégantes. Son élégance discrète était ce qu'il fallait en période de crise, et c'est ainsi que Nina Ricci, qui avait commencé avec quarante employés, put engager dès 1939 450 couturières. La maison Ricci est une des rares de cette époque à exister encore de nos jours.

La femme
sur son

trente et un

1947

Les années 1950 furent la dernière grande décennie de la haute couture avant qu'elle ne s'allonge sur son lit d'hôpital qu'elle n'a toujours pas quitté à ce jour, que ce soit morte ou vive. Jamais auparavant et plus jamais après il y eut autant de grands couturiers indépendants. Ils prirent une telle importance qu'ils pouvaient influencer la mode populaire avec leurs extravagants modèles exclusifs, Christian Dior, qui en 1947 créa le new-look, encore plus que tout autre.

L'époque était prête à un changement profond dans la mode. Après les vêtements austères et trop étroits durant la guerre, les femmes rêvaient de lignes douces et de profusion de tissu, même si la raison s'y opposait. Bien sûr, ainsi que les critiques le disaient avec justesse, il était inutile et même scandaleux de fabriquer une robe d'une valeur de 40 000 francs alors que la majorité des femmes ne pouvaient même pas acheter du lait pour leurs enfants affamés. Les féministes telles que la députée du parlement anglais Mabel Ridealgh, virent immédiatement que la nouvelle ligne n'apportait aucune évolution : « Le new-look rappelle la situation d'un oiseau dans une cage dorée. »

Mais c'est justement ce que voulaient être de nombreuses femmes après les horreurs de la guerre : choyées, protégées et également responsables de rien. C'est pourquoi le style new-look s'imposa, même s'il exprimait plutôt une explosion de désirs réprimés que le réel commencement d'un avenir meilleur. Le new-look symbolisait l'optimisme et l'opulence, et ce qui lors de sa première présentation en 1947 put paraître cynique à nombre de gens, sembla aller totalement de soi quelques années plus tard. Le miracle économique étouffa tous les doutes subsistants. Peut-être par le biais du plan Marshall qui avait été créé en 1947, la même année que le new-look, et qui apporta un boom économique général. Certes, le style new-look soulignait les différences de classe car il n'était accessible qu'aux très riches, mais il fut compris comme une promesse de prospérité, d'élégance et de joie de vivre pour tous, et il servit aussi de motivation à l'ascension sociale. Ainsi, il fut le déclencheur du développement d'une toute nouvelle couche sociale : la classe moyenne. Les femmes qui avaient retiré les rideaux usés du black-out pour coudre dedans la première robe longue large dans la nouvelle ligne ne pouvaient plus être arrêtées dans leur quête de beauté.

Ton sur ton jusqu'à la perfection
De la tête aux pieds, des cheveux à la fourrure, la femme du monde coordonnait ses apparitions en public. Le blond de la femme de cette photo se retrouve dans le tailleur au col de vison de Paul Parnes, et même le lévrier afghan est assorti à l'élégante palette de couleurs.

Sans cérémonie pour les loisirs

Les Américains prouvèrent qu'une femme pouvait être présentable en associant simplement une petite veste à côtes en laine
et une jupe en tricot couleur tourterelle. L'essentiel, c'est l'allure (jamais sans cigarette !) et les accessoires adéquats.

Ma maison, ma voiture, mon téléphone

Dans les années 1950, rempli de fierté, on présentait l'aisance nouvellement acquise (en partant d'en haut à gauche dans le sens des aiguilles d'une montre) : la robe en lin vert irlandais assortie au bungalow doté d'un jardin exotique ; le maquillage parfait, rouge à lèvres et vernis à ongle rouge vif Revlon, avec une petite veste brodée de perles ; la cigarette vous accompagnait partout, y compris le soir avec un long manteau à carreaux sur une robe argentée à paillettes ; le service à café Form 2000 de Rosenthal en 1953 à l'aspect très new-look ; manteau en mohair, robe en gaze de soie et plusieurs rangs de perles dans les tons les plus clairs et les plus luxueux ; avec une étole en zibeline devant la Lincoln Premiere dans la couleur à la mode, le rose.

Cinéma, courbes et carrière

La superbe Ava Gardner était la star aux côtés de Clark Gable dans *Mogambo*, alors que Grace Kelly, future princesse de Monaco, avait le second rôle. Elizabeth Taylor passa de l'enfant star à la femme aux courbes généreuses, et put poursuivre sa carrière, en haut à droite à l'âge de dix-huit ans. Le bikini était la « tenue de travail » de Brigitte Bardot (ci-contre) et l'Italienne Sophia Loren (en bas, à gauche) présentait la silhouette idéale du sablier. Depuis *Gilda*, Rita Hayworth était considérée comme la « Love-Godess » avant qu'elle épouse le prince Ali Khan. Jayne Mansfield était et resta « la star à la belle poitrine » (en bas, à droite). Mais pas de règle sans exception : la garçonne Audrey Hepburn devint une star dans *Drôle de frimousse* aux côtés du mannequin Dovima (page ci-contre) et bien sûr dans le rôle de Holly Golightly dans *Diamants sur canapé*.

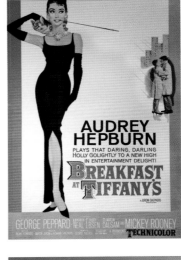

Le mode de vie des dieux du cinéma se rapprochait
tangiblement du commun des mortels –
Loué soit le miracle économique !

Et il était beau le nouveau monde ! Le visage sévère du moderne, dans lequel la forme suivait la fonction, laissa la place à un charmant design qui, comme la mode, servait à séduire. La morphologie sablier du style new-look se retrouvait aussi bien dans l'architecture que dans le moindre objet courant, en passant par la décoration d'intérieur. Tables en forme de haricot, sièges en forme de coquille, verres tulipe, lampes tulipe, vases cintrés et cendriers arrondis en verre – tout reflétait les lignes sculpturales du new-look. Même le nom « new-look » fut repris par l'entreprise Rosenthal en 1955 pour son nouveau service à café « organique ». Pas surprenant donc que Christian Dior s'écria en voyant les réactions à son idée stylistique : « Qu'ai-je fait ? Mais pour tout l'or du monde, qu'ai-je fait ? »

Il avait saisi l'esprit de l'époque et dans les années 1950, pour la première fois celui-ci n'était pas limité à un pays, à une couche sociale. Ce que beaucoup considérèrent comme une révolution prit sa source dans un besoin de restauration. Il fallait que les choses soient comme avant, lorsque les rôles de l'homme et de la femme étaient encore clairement définis ; sauf que maintenant tout le monde voulait avoir une vie agréable et la double morale de la classe possédante. Les années 1950 ne connurent pas de soulèvements sociaux, la convoitise primait encore nettement. Les grands magasins, les fibres synthétiques et la confection permirent à de larges couches de la société de copier le style des riches. Les idées de la haute couture arrivèrent ainsi jusque dans la rue.

C'est Hollywood qui servait le plus de modèle. Personne mieux que la magnifique Grace Kelly ne personnifia l'idéal de perfection des années 1950. Son comportement était aristocratique bien avant qu'elle ne devienne princesse par son mariage avec le prince Rainier. Le metteur en scène Alfred Hitchcock, qui la rendit célèbre dans le monde entier avec trois films mondialement connus, *Le crime était presque parfait*, *Fenêtre sur cour* et *La main au collet*, la considérait comme l'une des femmes les plus désirables qui « dans le salon sont des dames, mais des putains dans la chambre ». Au niveau de la mode, nous devons à Grace Kelly le look de la « femme bon chic, bon genre », avec le collier de perles porté sur un twin-set complété par de courts gants d'un blanc éclatant et, bien sûr, par le sac Kelly d'Hermès.

Audrey Hepburn symbolisa l'éternelle adolescente de la décennie : innocente, aux yeux de biche, possédée par la danse. *Vacances à Rome*, *Sabrina* et surtout *Drôle de frimousse* en firent un modèle de mode pour toute la jeune génération. La frange et les épais sourcils de l'actrice, son pull à col roulé noir, son pantalon corsaire ainsi que ses ballerines furent copiés des millions de fois.

La nouvelle ère des déesses sexys commença juste après-guerre, avec Rita Hayworth dans *Gilda* et Ava Gardner dans *Les tueurs*. Pour cela, elles n'avaient pas besoin de beaucoup plus qu'une robe du soir noire laissant les épaules dénudées, de longs gants et des cigarettes tenues de façon lascive ; cela suffisait à déclencher l'imagination des hommes qui revenaient depuis peu de la guerre.

Marilyn Monroe réunissait l'aura de l'innocence à l'apparence d'une vénus, et c'est ainsi qu'elle devint l'idole de ceux qui ne pouvaient pas se décider entre la « gentille jeune fille d'à côté » et la vamp excitante. Liz Taylor avait également une place bien à elle : tout d'abord enfant star, puis du jour au lendemain une féminité endiablée. Quant à Brigitte Bardot, elle offrait un mélange explosif d'enfance et de volupté ; elle rendit populaire le bikini inventé en 1946.

Les vénus avaient la silhouette sablier du new-look et correspondaient aux aspirations des soldats qui après une période très difficile, recherchaient généralement la mère et la maîtresse. C'est ainsi que des deux côtés de l'Atlantique, des actrices aux courbes généreuses devinrent des stars : Jane Russel, Jayne Mansfield, Kim Novak, Sophia Loren, Gina Lollobrigida et Anita Ekberg.

Sur les écrans, on célébrait un style de vie qui soudain sembla accessible à tous. Les réfrigérateurs, les voitures, les voyages touristiques, les fêtes : l'homme lambda s'offrait une pâle imitation du grand monde. Même si cela était éreintant. Non seulement il fallait travailler dur pour le miracle économique, mais celui-ci apportait avec lui de nouvelles obligations pour lesquelles beaucoup ne se sentaient pas à la hauteur. Lorsqu'on était monté une fois sur le manège de la consommation, il fallait toujours tourner plus vite, toujours avoir le dernier mot et, pire encore, il fallait savoir quoi, quand et où. La dictature de la terreur du « bon goût » causait à certains de nombreuses nuits d'insomnie : pourquoi les bungalows et les piscines en forme de haricot étaient bien, mais la balancelle et la nouvelle voiture avec les ailerons de requin ne l'étaient pas ? L'ascension sociale ne signifia nullement la fin de la société de classes, au contraire. Les différences furent seulement à la fois plus subtiles et odieuses. Face à cette incertitude, une moralité stricte apportait de l'aide : « Ce qu'on fait » fut bientôt la loi incontestable de tous ceux qui montaient dans la hiérarchie sociale.

« On » signifiait en premier lieu la femme. Dans les années 1950, elle fut de nouveau mise dans un corset étroit au sens propre comme au sens figuré. Après avoir remplacé les hommes pendant la guerre, les femmes voulaient maintenant être à nouveau féminines et pour cela, sans se douter de rien, elles cédèrent le terrain déjà conquis et retournèrent à leurs fourneaux. Cela était également trop tentant : l'homme comme maître et soutien incontesté, la femme comme protectrice d'une petite maison à la campagne aménagée de façon moderne et fonctionnelle dans des couleurs claires et gaies, facile à nettoyer, confortable, avec nombre d'assistants techniques lui facilitant la tâche. En échange, fidélité et propreté, ce n'était pas trop demander, ni que du matin au soir elle soit toujours parfaitement soignée. Cela semblait être un merveilleux troc – mais la femme paya pour cela.

L'écrivain féministe française Simone de Beauvoir, elle-même toujours élégante et au style affirmé, démasqua le nouveau culte de la féminité : l'élégance pour chaînes. Elle vit que la femme servait toujours uniquement de faire-valoir à son mari, ficelée dans de nouveaux corsets et de vieilles conventions. Mais la majorité des femmes n'avaient pas cette vision. Même si elles souhaitaient faire carrière ou bien devaient gagner également leur vie afin de maintenir le nouveau style de vie ou de l'améliorer encore, elles observaient les règles bien établies de la bienséance féminine. Celle-ci se manifestait le plus visiblement dans les vêtements : ainsi « on » ne sortait jamais sans chapeau, ni sans gants, on assortissait le sac et les chaussures, on choisissait des accessoires et du maquillage de la même couleur pour les yeux, on portait toujours des talons hauts et des bas nylon (excepté pour le sport), on montrait son décolleté seulement le soir et on choisissait les tissus selon le moment de la journée : jamais de brocard avant dix-huit heures ! Une dame de la société ne devait pas non plus s'acheter elle-

même des fleurs ou du parfum ; elle devait attendre qu'un homme les lui offre, certainement pour la récompenser de se faire toujours belle pour lui. Une femme ayant des obligations sociales de son côté, devait se changer six à sept fois par jour, y compris les accessoires, et adapter le maquillage et la coiffure.

Les journaux féminins « facilitaient » la vie de leurs lectrices en les aidant à choisir les bons vêtements pour chaque occasion. Pour le repas de midi chez soi, il fallait une robe en velours étroite et des bas et des chaussures en daim assorties. Si le repas devait avoir lieu à l'extérieur, il fallait alors un ensemble constitué d'une robe en flanelle grise et du paletot assorti, avec un petit chapeau, des gants en daim gris (conseil : à garder pour dire bonjour !), un sac à main vernis gris et un petit parapluie gris. Tels étaient les conseils, ou plutôt les directives et cela jusqu'au soir, avec une description de tous les détails, allant du col approprié jusqu'aux bijoux ou au parfum adaptés. Suivirent bientôt les règles du bon comportement et les listes furent de plus en plus longues.

La femme du miracle économique ne devait pas se montrer totalement sans maquillage, même devant le facteur et encore devant son mari bien évidemment. Elle préférait se lever une heure avant lui afin de mettre son maquillage digne d'un masque et de remonter ses cheveux, de les crêper et de les laquer jusqu'à ce qu'elle ne soit plus reconnaissable. Certains maris n'ont jamais vu le véritable visage de leur femme car elle se démaquillait seulement lorsqu'il était profondément endormi, ou bien, après de nombreux nettoyages, elle appliquait un maquillage pour la nuit, pour les heures d'intimité à deux. Cela coule de source que les ongles des mains et des pieds étaient parfaitement soignés et vernis, et que les vêtements, même pour les tâches ménagères, étaient toujours à la dernière mode.

Seules les femmes très riches pouvaient mener une vie aussi stylée sans stress car elles ne devaient pas à côté s'occuper des enfants et de la cuisine, des lessives et du repassage, des courses et du ménage. Mais elles se moquaient depuis longtemps de la folie de la perfection des « parvenus ». Comme toujours lorsque le peuple commence à imiter les coutumes des dirigeants, le gotha met rapidement en place de nouveaux standards. Maintenant assortir totalement les couleurs et les accessoires, ce qu'on faisait auparavant à

Rester toujours propre

La femme trouvait son rôle idéal chez elle à la campagne où la nouvelle cuisine aménagée lui facilitait la vie.
Ainsi même pour les tâches ménagères, elle pouvait toujours offrir une vision coquette et appétissante, en cas de visite surprise.

l'extrême, était soudain considéré comme petit-bourgeois ; on trouvait également beaucoup plus amusant d'assouplir toutes les règles. Le bon goût fut toujours quelque chose pour les petites gens, ceux d'en haut s'amusaient des ruptures de style.

C'est à Paris qu'il fallait aller chercher l'impulsion pour cela. De nouvelles clientes, principalement des Américaines, se pressèrent dans les maisons de haute couture. Les reines, véritables ou du grand écran, venaient chez Dior, le roi de la haute couture. Rita Hayworth, Ava Gardner, Marlène Dietrich, Ingrid Bergman et Lauren Bacall étaient assises serrées au premier rang tout comme la bégum, l'impératrice Soraya, Farah Diba, la duchesse de Windsor ou encore Barbara Hutton. Chaque fois, elles pouvaient voir un spectacle surprenant car Christian Dior faisait tout pour ne pas lasser l'intérêt du public pour la mode. En onze ans de règne, il présenta 22 lignes différentes, il monta et abaissa l'ourlet, mais seulement entre les genoux et les chevilles, et il donna à la morphologie féminine la forme d'un 8, d'un H, d'un A ou d'un Y, puis finalement la cacha dans une robe-sac. Et les femmes suivaient ses idées ; pas seulement ses clientes, toutes les femmes.

Il ne restait rien d'autre. Car bien qu'il y eût de très nombreux couturiers différents, la ligne était étonnamment similaire : Christian Dior donnait le ton, et les autres suivaient volontiers. Même le prêt-à-porter, nouvellement introduit en France d'après le modèle américain du *ready-to-wear* de Lempereur et Weill, suivait sans hésiter la tendance de la saison. L'intense échange de biens et d'idées au sein de la société américaine fit encore d'avantage pour la démocratisation et l'internationalisation de la mode : pour la première fois les femmes de tous les pays se rassemblèrent volontairement sous un seul dictat de la mode.

Le new-look et la ligne qui en découla se caractérisaient par des épaules rondes et tombantes, des hanches arrondies et des tailles extrêmement fines. Ce n'est que vers la fin de la décennie que les formes géométriques réapparurent rappelant les années 1920, et que les ourlets montèrent vers le haut juste en dessous du genou. Ces nouvelles silhouettes minces furent baptisées « haricots verts » par la presse, allusion à la grande cuisine française.

Les chaussures de la décennie étaient étroites, se terminaient en pointe et étaient dotées de talons au minimum de taille moyenne, mais de préférence très hauts, toujours plus étroits jusqu'à devenir les fameux talons aiguilles. Les pointes « coupées » étaient une variante qui faisait que la chaussure se terminait par un carré plus ou moins large. Le soir, on portait des sandales en soie ou en brocard, dont la grande valeur était encore soulignée par des bijoux, par exemple des barrettes en strass. Le plus prisé des chausseurs était Roger Vivier qui créa toutes les collections de Christian Dior. Pour le couronnement de la reine Elisabeth d'Angleterre en 1953, il créa une paire de sandales en cuir doré, sur les talons desquelles étaient « cloués » des rubis les uns à côté des autres. En 1955, Roger Vivier introduisit le talon choc qui était tellement incurvé vers l'intérieur qu'on avait l'impression qu'il allait bientôt se casser, une mauvaise surprise que de nombreux talons aiguilles avaient réservée aux femmes qui les portaient.

Les chapeaux étaient toujours de forme petite et plate, même lorsque les bords étaient larges. Mais ils se transformèrent de plus en plus en petits bibis qui, en tant que fleurs, voilettes ou plumes, enserraient la tête et la coiffure soigneusement remontée ou placée. Parfois, le chapeau n'était plus qu'un large bandeau en soie doté le soir d'une longue plume qui penchait beaucoup vers l'avant, ce qui tenait l'interlocuteur à distance.

Au cours des opulentes années 1950, les loisirs étaient tellement importants qu'une mode spécialisée se développa. Personne n'aurait porté une quelconque vieillerie confortable, les passe-temps étaient bien trop chics pour cela : on allait à des garden-partys et à des cocktails, on jouait au tennis et au golf et dès qu'on pouvait se le permettre, on partait sur la Côte d'Azur, à Capri, voire même à la Jamaïque. Pour cela, on s'habillait jeune et dans des couleurs vives.

L'explosion de couleurs est caractéristique des années 1950 en réaction aux sinistres années de guerre. On connaît le célèbre rouge optimiste de Dior ; toutefois, il était encore timide comparé aux *blot-designs* multicolores qui furent inspirés aux fabricants de tissus par la peinture moderne. Le peintre Jackson Pollock, Jack the Dripper, était la star et le héros de la scène artistique. Il répartissait ses couleurs grâce à de grands mouvements corporels apparemment arbitraires au-dessus d'immenses toiles posées sur le sol. Sa courte vie mouvementée qui s'acheva en 1959 lorsque, conduisant en état d'ivresse il quitta la route, fit de lui un personnage culte, tout comme James Dean qui à vingt-quatre ans eut un accident mortel au volant de sa Porsche, ou encore le beatnik Jack Kerouac qui vécut et écrivit *Sur la route*.

La jeunesse était fascinée par les héros tragiques américains. En Europe, c'était le théâtre absurde de Samuel Beckett et d'Eugène Ionesco ainsi que l'existentialisme de Jean-Paul Sartre et d'Albert Camus qui faisaient contrepoids à l'image ennuyeuse de l'homme BCBG des années 1950. De jeunes intellectuels manifestaient leur mépris en adoptant les vêtements noirs des beatniks et des existentialistes, dont la muse Juliette Gréco devint le modèle en matière de mode.

Personne ne pouvait savoir que l'apparition de Marlon Brando en t-shirt dans *Un tramway nommé désir* déclencherait une vague qui, dix ans plus tard, balaierait l'ancien ordre social. À l'époque, le rôle du « jeune homme en colère » semblait seulement être à la mode. Mais les t-shirts blancs, les vestes en cuir noir et les blue-jeans que portaient Marlon Brando dans *L'équipée sauvage* et James Dean dans *La Fureur de Vivre* devinrent un uniforme exprimant une certaine attitude : insatisfaction et vide total. Ce sentiment s'exprimait également dans le film allemand *Les demisels* avec Karin Baal et Horst Buchholz. Sur le long terme, l'accessibilité apparemment illimitée à la consommation ne pouvait pas soigner les maux de la jeunesse déçue.

Le rock'n'roll tout d'abord exporté par Bill Haley puis par Elvis Presley dans le monde entier, ne fut qu'un des premiers signes avant-coureurs des événements qui allaient bientôt se produire. Tant que la jeunesse se défoulait sur les pistes de danse, le monde restait en ordre. À ce moment-là, tout cela n'était qu'un effet de mode, ce n'est qu'une décennie plus tard qu'on arriva à la révolte. Engourdie par la consommation et intimidée par la guerre froide qui caractérisa tout autant cette décennie de contradictions que la foi en une croissance illimitée, cette nouvelle caste d'adolescents se montrait essentiellement chic et élégante, mais surtout décente. Les jupons et le pelotage conduisaient dès que possible à l'objectif premier de toutes les créatures féminines de cette époque : le mariage. La plus jeune mariée célèbre fut Ira de Fürstenberg qui, à l'âge de quinze ans, épousa à Venise le Prince Alfonso de Hohenlohe. Des mariages de rêve de cette sorte nourrissaient les aspirations romantiques. En 1953, Jacqueline Bouvier, qui sous le surnom de Jackie devait devenir une des icônes de la mode de notre siècle, épousa John Fitzgerald Kennedy, alors sénateur et futur président des États-Unis. En 1956, la star hollywoodienne Grace Kelly devint une princesse de conte de fée en épousant le prince Rainier de Monaco. Grâce à la haute couture de Balenciaga, la timide Espagnole Fabiola était de toute beauté lorsqu'elle se présenta devant l'autel afin de devenir la reine de Baudouin de Belgique. En épousant le shah d'Iran, la belle métisse allemande Soraya devint quant à elle impératrice.

Tout semblait possible. Tout était possible : des filles issues des conditions les plus basses devenaient des stars parmi les mannequins, telle Dovima, fille d'un policier polonais, qui était considérée dans les années 1950 comme la femme majestueuse, irréprochable et bien élevée par excellence. Dans le film *Drôle de frimousse* avec Audrey Hepburn comme actrice principale, Dovima jouait son propre rôle. Elle n'aurait pas pu en obtenir de meilleur, car en tant que mannequin célèbre elle avait déjà comblé tous ses rêves. Il ne manquait plus que le bon mari. Pour les mannequins, pas de problème, elles avaient l'embarras du choix. Eliette devint madame Karajan et son amie Simone Bicheron épousa Curd Jürgens. Fiona Campbell Walter s'engagea auprès du Baron Hans Heinrich von Thyssen-Bornemisza, Anne Gunning devint Lady Nutting, Anne Cumming, en revanche, fut duchesse de Rutland et le mannequin star de Balmain, Bronwen Pugh, épousa Lord Astor.

1957

Tradition et rébellion

Même les femmes ayant du succès, telles que
l'actrice de cinéma Grace Kelly (en haut, au centre)
ou la photographe de presse Jacqueline Bouvier
(en haut, à droite), étaient à la recherche d'éminents
époux. Elles trouvèrent respectivement le prince
Rainier de Monaco et le président des États-Unis
John F. Kennedy. La chanteuse de variété et muse
des existentialistes Juliette Gréco (en haut, à gauche)
et l'intellectuelle la plus connue de France, Simone
de Beauvoir, (en bas, au centre) persévérèrent dans
leur propre carrière. Chez les hommes, seuls les
rebelles étaient intéressants : Marlon Brando en
maillot de corps, Elvis Presley avec la mèche, James
Dean avec la cigarette en tant qu'artiste précoce
et Jack Kerouac, l'auteur de *Sur la Route*, livre culte
d'une génération. Le sac Kelly (page précédente)
d'Hermès baptisé d'après Grace Kelly est également
devenu un objet culte que les femmes du monde
veulent toujours posséder de nos jours.

LE DOUX DICTATEUR :

Christian Dior

21/01/1905 – 23/10/1957

Le 12 février 1947 Christian Dior présenta sa toute première collection de haute couture et alors qu'il faisait moins 13°C dehors, les esprits s'échauffèrent dans le salon de l'avenue Montaigne : quand avait-on vu pour la dernière fois des formes aussi arrondies, des tailles aussi fragiles et des jupes à la largeur prodige ? À la Belle Époque ! Cependant, aujourd'hui, deux guerres mondiales plus tard, cette ligne paraissait d'une provocante nouveauté et d'une rafraîchissante féminité. C'est Carmel Snow, la rédactrice en chef du *Harper's Bazaar* qui donna à ce style le nom avec lequel il entra dans l'histoire de la mode : « *It's quite a revolution, dear Christian* », complimenta-t-elle le timide couturier. « *Your dresses have such a new look.* »

Ainsi à partir de la ligne Corolle comme Christian Dior l'avait baptisée, apparut le new-look, et l'inconnu Christian Dior devint du jour au lendemain le roi incontesté de la haute couture.

Qui était l'homme qui avait révolutionné la mode en restaurant des vertus datant de la fin du XIXᵉ et du début du XXᵉ siècle ? Lorsque les fans de mode se pressèrent dans les coulisses après le défilé, ils rencontrèrent un homme chauve et trapu de quarante-deux ans, ayant un petit sourire triste et qui faisait penser à un « régisseur en pâte d'amande rose », comme l'a dit un de ses amis.

Le timide français fut ému jusqu'aux larmes par de tels éloges émanant de toutes parts. Carmel Snow déclara « Christian Dior a sauvé Paris, comme Paris a été sauvé lors de la bataille de la Marne. » En vérité, la haute couture, qui avait été laissée en jachère durant la guerre, s'épanouit à nouveau du jour au lendemain grâce à Christian Dior.

La collection automne-hiver que Christian Dior présenta au mois d'août de la même année offrit des robes dont les jupes faisaient jusqu'à 40 mètres de circonférence, et elle fut tout aussi applaudie. Ce fut le grand art de Christian Dior de déclencher cette sorte d'extase deux fois par an pendant toute une décennie. En 1949, Christian Dior assura à lui seul 75 % de toutes les exportations françaises de mode.

Comment ce Français modeste est-il parvenu à cela ? Ce grand couturier n'était pas plus doué que ses collègues. Cristóbal Balenciaga considéré comme le maître absolu de son époque, en général particulièrement discret concernant son point de vue, avoua qu'il trouvait horrible la façon dont Christian Dior utilisait les tissus : ces doublures superposées en coutil, en lin amidonné ou en tulle, au lieu « de laisser parler le tissu par lui-même », selon le credo de Cristóbal Balenciaga.

Retraite créative

Deux fois par an, Christian Dior, très angoissé, se retirait et s'enfermait dans une de ses maisons de campagne afin de concevoir une nouvelle ligne. Dès qu'il réapparaissait avec ses dessins, ses collaborateurs respiraient et se mettaient au travail.

New-look et pas de pause
Le tailleur Bar (page précédente) était un prototype du new-look : des épaules tombantes, une taille étroite, des hanches matelassées et une jupe large. Plus tard, la jupe devint étroite, et en échange la partie supérieure prit du volume avec une étole complémentaire.

Élégance légère

Le photographe des cours Cecil Beaton photographia pour *Vogue*, la « bible de la mode », le très célèbre new-look qui enveloppait les femmes dans une immense profusion de tissus. Tous les modèles de la sensationnelle collection automne-hiver de Dior en août 1947 se caractérisaient par une silhouette très féminine avec une taille très marquée et des jupes légères tombant sur les mollets. Gants et petits chapeaux étaient les accessoires obligatoires.

*Derrière de nombreux grands couturiers se cache **une mère élégante et inaccessible** – Christian Dior ne fait pas exception.*

La critique la plus dure vint toutefois de Coco Chanel : « Dior ? Il ne voit pas les femmes, il les capitonne. »

La vérité est que le nom « new-look » est le grand malentendu de l'histoire de la mode. Qu'y avait-il de nouveau dans le fait de mettre les femmes sur leur trente et un, telles des objets sexuels et des symboles du statut social de leur mari ? Le new-look était une contre-révolution qui ramena directement les femmes à la Belle Époque. Il prit sa source dans le souhait de Christian Dior de faire revivre la « tradition du grand luxe » dans la mode française. Et c'est justement là que se trouvait le secret de son succès.

En outre, aussi réservé qu'il paraisse, c'était un génie du marketing. Il introduisit une façon totalement innovante de présenter les défilés de haute couture qui n'avaient plus rien à voir avec les spectacles posés et calmes des années d'avant-guerre. Les mannequins de Christian Dior apparaissaient de façon très théâtralisée, passaient majestueusement devant les spectateurs, agitaient leurs larges jupes de façon provocante et se changeaient à un rythme à couper le souffle. Ce spectacle pouvait durer deux heures sans qu'on s'ennuie un seul instant. L'idée de Christian Dior de propager une nouvelle tendance à chaque saison y contribuait. Il fut le premier grand couturier qui, d'une collection à l'autre, modifiait radicalement la longueur des ourlets, voire même la ligne dans son ensemble. Vu qu'il faisait en sorte que sa mode soit rapidement démodée, il était à la une des journaux et dopait le chiffre d'affaires.

Christian Dior est né le 21 janvier 1905 à Granville en Normandie. C'est l'un des cinq enfants de Maurice Dior, important fabricant d'engrais. « Ça sent Dior aujourd'hui », remarquaient souvent les habitants du village. Plus tard, cette réflexion n'était plus exprimée que dans les salons les plus huppés où les femmes sentaient Miss Dior ou Diorissimo. Christian Dior s'intéressa à la mode dès l'enfance. Il éprouvait une profonde affection et une grande admiration pour sa très élégante mère. Lorsqu'au début des années 1930, son père perdit toute sa fortune à cause du crash boursier et de quelques mauvais placements, l'enfant gâté dut subvenir lui-même à ses besoins. Bientôt ce génie artistique trouva un emploi fixe en tant que dessinateur de mode chez Robert Piguet.

En 1939, il dut interrompre sa carrière débutante et partir à la guerre, mais dès 1941 il revint à Paris et eut la chance d'être embauché comme styliste par Lucien Lelong. Quelques années plus tard, il sut éveiller l'intérêt de Marcel Boussac, richissime fabricant de textile, qui fut séduit par l'idée de Christian Dior d'une ligne luxuriante nécessitant beaucoup de tissu. C'est ainsi que la maison Dior fut fondée au 30 de l'avenue Montaigne, où elle se trouve encore de nos jours.

Christian Dior était un « fils à maman », gentil, doux, craintif et rêveur. Tous ceux qui ont travaillé avec lui le décrivent comme modeste et poli. Même devant sa plus jeune apprentie, il s'inclinait et se rangeait sur le côté afin de lui céder le passage dans l'ascenseur. L'attention qu'il portait à ses centaines d'employés était remarquable : il passait des mois pour trouver pour chacun d'entre eux le cadeau de Noël adéquat.

Christian Dior aimait les repas riches et il détestait être seul. Il était toujours entouré d'un petit cercle d'amis intimes parmi lesquels Jean Cocteau, Christian Bérard, les compositeurs Georges Auric et Francis Poulenc et sa directrice Raymonde Zehnacker. Sa plus grande faiblesse

Une raison pour faire la fête
Quoi qu'inventât Christian Dior, la presse et les clients l'accueillaient avec enthousiasme. Par ses changements perpétuels, il était le maître de cérémonie des années 1950. Il fallait fêter cela ainsi que son propre miracle économique : avec vison et champagne, quoi d'autre ?

Le changement crée le besoin

Christian Dior se mettait lui-même sous pression avec ses perpétuelles modifications de ses lignes. Quelle soit en X ou en H, en Y ou en A, aiguë ou arrondie, pour chaque saison il imaginait une nouvelle ligne. Et avec le mètre à ruban et des petites tiges de bambou (page ci-contre), il veillait rigoureusement à ce que les volumes prônés par lui soient strictement respectés. Il travailla aussi longtemps que nécessaire pour d'éminentes clientes, telle que la star d'Hollywood Jane Russel (en haut, à droite) dont la carrière reposait sur son tour de poitrine, jusqu'à ce qu'elles soient convaincues par le « look plat ». Quant à la princesse d'Angleterre Margaret (en bas, à centre), elle était conquise par le modeste couturier. Ce sont toutefois ses mannequins qui l'admiraient le plus (ci-dessous).

Toujours l'angoisse devant la feuille blanche, jusqu'à ce que l'inspiration vienne et qu'une collection soit dessinée.

était la superstition. Il ne prenait aucune décision sans consulter sa chiromancienne, madame Delahaye. C'est elle qui lui recommanda de fonder la maison Dior avec Maurice Boussac ; elle le conseillait même pour les fleurs fraîches qui décoraient continuellement ses pièces.

Deux fois par an, avant chaque collection, Christian Dior faisait une grosse dépression. Il s'enfermait dans son cabinet de travail dans une de ses maisons de campagne près de Fontainebleau ou en Provence, et ne laissait personne l'approcher, excepté son domestique qui lui apportait ses repas. Assis à son bureau, Christian Dior esquissait des modèles provisoires sur un grand bloc, se perdait dans des hiéroglyphes rêveurs et des gribouillages, jusqu'au moment où l'inspiration venait soudain et que lui apparaissait la silhouette de sa nouvelle collection. Pendant ces jours d'angoisse, une demi-douzaine d'assistantes était dans la maison et attendait nerveusement son apparition. Lorsque Christian Dior émergeait enfin des centaines de feuilles à la main, elles criaient de joie et se mettaient à la confection soignée des esquisses.

La gentillesse de Christian Dior et ses angoisses d'artiste cachaient facilement qu'il était un talentueux homme d'affaires. Dès sa première visite en Amérique en 1947, il vit que ce marché offrait des possibilités insoupçonnées et créa le droit de licence qui lui accordait un pourcentage sur chaque reproduction de ses idées. Cela fit que pour la première fois le lancement d'accessoires et de parfums devint véritablement rentable.

Vu que Christian Dior ouvrit rapidement ses propres salons à Londres, New York et Caracas et qu'il aspirait à satisfaire individuellement les besoins de chaque pays, il devait fournir environ 1 000 modèles par an. Il avait pour ambition de créer un nouveau look à chaque saison. Ce plan de production était par conséquent éreintant pour lui. La santé de Christian Dior était chancelante, au milieu des années 1950 il montra des signes de stress. Parfois ses nerfs étaient tellement tendus que sa chiromancienne et son chauffeur Perrotino, un amant de sa jeunesse, devaient lui faire faire plusieurs fois le tour du pâté de maison avant que Christian Dior trouve le courage d'affronter ses collaborateurs. La directrice de la maison de couture, Madame Raymonde, était parfois réveillée au milieu de la nuit par son patron qui pleurait comme un enfant.

Seul Perrotino connaissait le secret de Christian Dior : il avait déjà fait deux infarctus. Il avait aussi un autre secret : depuis des années, Christian Dior était malheureux en amour. De nombreux beaux jeunes hommes avaient refusé de lui accorder plus que leur amitié. En 1956, la vie amoureuse de Christian Dior fut enfin partagée par un beau jeune homme d'origine nord-africaine, Jacques Benita. Pour lui, Christian Dior voulait être particulièrement désirable et décida à la fin de l'été 1957 de faire une cure d'amaigrissement à Montecatini.

Mi-septembre, sa chiromancienne madame Delahaye vit de mauvais présages dans les cartes et l'enjoignit de modifier ses plans. Pour la première fois il ne voulut pas l'écouter. Christian Dior emmena son chauffeur, sa directrice et sa jeune filleule avec lui en cure en Italie. Le dixième jour de son séjour, dans la soirée du 23 octobre 1957, Christian Dior s'effondra peu après avoir terminé une partie de canasta. À seulement cinquante-deux ans, un des plus influents grands couturiers de tous les temps mourut d'un infarctus.

Un peu de chat sauvage

Christian Dior aimait la fourrure qu'elle soit tachetée ou rayée, qu'elle soit véritable ou synthétique. Avec ce manteau new-look très ceinturé en velours vert doté de galons imprimés, il limita l'apport animal aux larges poignets et au bibi en léopard.

L'ARCHITECTE SÉVÈRE :
Cristóbal Balenciaga

21/01/1895
–
24/03/1972

Le monde entier parlait de Christian Dior et de son new-look mais les initiés savaient que le véritable innovateur s'appelait Cristóbal Balenciaga. Le photographe de mode Cecil Beaton disait à son sujet : « Il a fondé l'avenir de la mode. » Même Christian Dior, le chouchou des médias, témoignait une admiration sans limite à Cristóbal Balenciaga et le nommait « notre maître à tous ». Lorsqu'en 1948 Cristóbal Balenciaga, souffrant d'une profonde dépression, voulut fermer sa maison de couture après la mort de son ami Vladzio d'Attainville, Christian Dior le supplia de continuer.

Sans aucun doute, Cristóbal Balenciaga, comme Christian Dior et d'autres, aurait pu faire de sa maison de couture une entreprise internationale. Mais après être allé en Amérique et avoir appris à connaître la confection outre-Atlantique, il était évident pour lui qu'il n'utiliserait jamais de machines. Même les offres très bien payées de l'industrie ne purent rien changer à cela : « Je ne me prostitue pas », répondit Balenciaga. Il appliquait courageusement ses idées.

Fils d'un pêcheur et d'une couturière, Cristóbal Balenciaga vit le jour dans le village de Guetaria, à l'ombre de l'élégante station balnéaire de Saint-Sébastien. Son père mourut tôt et Cristóbal, le plus jeune des trois enfants, dut rapidement aider sa mère. Sa meilleure cliente, la marquise de Casa Torres, décela l'habileté du petit Cristóbal et l'encouragea. Elle ouvrit son armoire et l'autorisa à emmener un modèle pour le copier. Le gamin y arriva étonnamment bien. Il n'avait pas seulement du talent, mais également une énorme confiance en lui. Une fois, il arrêta la marquise dans une ruelle du village car il voulait la dessiner à cet endroit précis. À la question « Pourquoi ? », il répondit simplement et précisément : « Parce que je peux le faire. » Il pouvait faire tout ce qu'il entreprenait car il était prêt à travailler jour et nuit pour cela.

À vingt-quatre ans, il ouvrait déjà sa propre maison de mode à Saint-Sébastien où, grâce à sa grande bienfaitrice la marquise de Casa Torres, il put compter la famille royale parmi sa clientèle. Quelques années plus tard, il ouvrit d'autres salons à Madrid et à Barcelone. La guerre civile espagnole l'obligea à abandonner ses trois magasins mais en 1937, avec le soutien d'amis espagnols, il put fonder une maison de haute couture à Paris.

Pour sa première collection, la presse ne mentionna qu'une manche : la moitié était coupée avec le devant du manteau et l'autre moitié avec le dos. C'était « la manche en tant que telle » que Cristóbal Balenciaga prit comme point de départ de nombreuses variantes.

Fier Espagnol
Cristóbal Balenciaga se présentait à sa clientèle toujours tiré à quatre épingles.
Sur la photo, il a trente-deux ans et possède déjà trois magasins haut de gamme en Espagne.
Dix ans plus tard il ouvrit sa légendaire maison de couture à Paris.

Nouvelle perspective

La pose devant le miroir met déjà en valeur les manches melons de Cristóbal Balenciaga. Grâce aux nombreux plis, la largeur se terminait en un col étroit. Le souple velours de laine était particulièrement adapté à cette finition.

Des rubans et non des plumes

Ce qui semble être des plumes sont en fait des centaines de rubans en gaze de soie, cousus sur une robe fourreau.
Cette association de couleur est typique de Balenciaga : manteau noir avec une robe de cocktail marron.

La recherche de la manche parfaite
tourna à l'obsession, à laquelle Balenciaga sacrifia beaucoup, même certaines amitiés.

Toute sa vie, Cristóbal Balenciaga fut à la recherche de la manche parfaite. Lorsqu'elle ne suivait pas tous les mouvements sans déformer la silhouette, Cristóbal Balenciaga considérait le modèle dans son ensemble comme étant raté. Ses invités devaient souvent rentrer chez eux sans manteau car Cristóbal Balenciaga leur avait soudain arraché les manches afin de les améliorer dans son atelier. Une de ses victimes, Hubert de Givenchy, lui-même créateur d'une élégance irréprochable, s'inclina plein d'admiration devant le diktat du maître.

« *La manga, la manga !* » résonnait comme un cri de guerre chez l'Espagnol habituellement réservé. Pendant des journées entières, il pouvait bricoler sur une manche, de la coupe (sur une planche courbée installée sur ses genoux) aux coutures les plus complexes qu'il réalisait lui-même à la main. La liste de ses variantes de manches est longue : raglan, kimono, fleur, chauve-souris, ballon, melon... Un tailleur en piqué noir de 1951 portait même le nom Les Manches, car toute l'attention visait leur forme excentrique de lampions.

À Paris, Cristóbal Balenciaga connut immédiatement le succès. Toutes les femmes qui à l'époque apparaissaient sur la liste annuelle des femmes les mieux habillées, étaient ses clientes : Mona von Bismarck, Barbara Hutton, Gloria Guinness, Pauline de Rothschild, la duchesse de Windson, Marella Agnelli et bien sûr des actrices telles que Marlène Dietrich et Ingrid Bergman. Avec ces adeptes solvables, lui, le couturier considéré comme le plus cher, surmonta la guerre sans perte. Il put même rouvrir ses magasins espagnols.

Les années 1950 furent la grande décennie de Cristóbal Balenciaga. Il faisait avancer la mode avec des idées toujours nouvelles. En 1951, la presse se montra choquée par ses tailleurs « à moitié finis » dont les vestes ne suivaient la silhouette que sur l'avant et avaient le dos lâche. Seule Carmel Snow, la clairvoyante rédactrice en chef du *Harper's Bazaar*, y décela la rupture définitive avec le new-look étroit et les prémices d'un nouveau style décontracté : « Cette forme réveillera la mode ».

L'année d'après, Cristóbal Balenciaga transforma la marinière en haut de tailleur décontracté doté d'une jupe étroite qui fit sensation et fut copié à l'infini. Les femmes l'aimaient car il contournait tous les points critiques. Comme Cristóbal Balenciaga l'avait si bien dit lui-même de façon ronflante : « Une femme ne doit être ni parfaite ni belle pour porter ma mode, mes vêtements règlent cela pour elle. »

Il tint également cette promesse avec la tunique qu'il lança en 1955. La silhouette était allongée, étroite et souple comme un fin fleuret, et même les femmes les plus matures semblaient être « précieuses comme des lys », du moins c'est ce que pensa Carmel Snow qui se fit souvent photographier dans une tunique en lin rouge.

Les décolletés que Cristóbal Balenciaga mit au point pour les tailleurs et les manteaux furent aussi un cadeau pour les femmes. L'icône de la mode Gloria Guinness disait avec enthousiasme : « Il laisse les femmes et leurs perles respirer. » Pas surprenant donc que le flatteur petit col chemisier était surtout choisi par les épouses voulant montrer discrètement l'importance et la fortune de leur mari. Toutefois Cristóbal Balenciaga avait moins pensé aux perles qu'au fait qu'il valorisait ses clientes ; en effet, ce col faisait paraître leur cou plus long.

Silhouette magistrale
Cristóbal Balenciaga aimait jouer avec les différentes longueurs et travaillait souvent avec des traînes comme cet hybride entre la robe de cocktail et celle du soir datant de 1967. Le tissu est du gazar de soie noir, un tissu de soie lâche à la fois brillant et solide.

*Son atelier avait l'austérité **d'une cellule monacale**
et il passait des nuits entières à coudre à la main
une « petite robe noire ».*

Dans sa recherche de la perfection, l'esthète issu d'un milieu modeste ne perdit jamais son sens du pratique. Son ambition était tout simplement de tout faire bien. D'où le rituel de fabriquer entièrement une « petite robe noire » de ses propres mains pour chaque collection. Avec ce fétiche, Cristóbal Balenciaga se prouvait à lui-même une nouvelle fois qu'il était le maître dans toutes les disciplines de l'art de la haute couture. Et bien sûr, il n'utilisait que le noir le plus intense dans le monde de la mode, à côté tous les autres paraissent presque gris, dans tous les cas légèrement poussiéreux.

De son pays, Cristóbal Balenciaga avait pris le goût du drame, du mysticisme et de la rigueur ; à Paris s'ajoutèrent la modernité, l'extravagance et l'élégance. Les robes de Cristóbal Balenciaga étaient idéales pour les grandes occasions, elles entouraient celles qui les portaient tel un cadre grandiose. Cela provenait également des coûteux tissus inhabituellement serrés et rigides, si bien qu'ils restaient statiques dans les silhouettes conçues par Cristóbal Balenciaga. Tel un architecte dans sa recherche de la forme pure, il construisait les proportions parfaites tout autour du corps féminin. Il transformait ainsi les femmes en beautés inaccessibles d'une élégance intimidante.

Et à plus forte raison au fur et à mesure qu'il avançait dans l'âge. Sa technique se peaufinait d'année en année et sa mode était de plus en plus sobre. À la fin, ses robes ressemblaient à des sculptures minimalistes et, bien des années plus tard, elles furent considérées comme des chefs-d'œuvre. Elles ne correspondaient pas à l'esprit de l'époque. Les acheteurs des grands magasins américains venaient de moins en moins et la presse fêtait de nouveaux rois tels qu'André Courrèges qui avait appris son métier chez Cristóbal Balenciaga, tout comme Emanuel Ungaro.

Le monde de la mode ne comprenait plus Cristóbal Balenciaga et il ne comprenait plus le monde. La révolution de mai 1968, le culte de la jeunesse, l'arrivée de nombreux stylistes, concevoir la mode de la rue ; non, ce n'était plus son époque. Cristóbal Balenciaga ferma ses ateliers cette même année, déçu par une mode qui, à son avis, était prescrite par la production de masse et la vulgarité. Ses clientes le regrettèrent beaucoup. Mona von Bismarck, en larmes, resta au lit pendant trois jours se demandant comment, à partir de maintenant, elle pourrait maintenir ses critères élevés.

Cristóbal Balenciaga se laissa persuader de couper encore une fois une robe. Ce fut en 1972 pour le mariage de la duchesse de Cadix. Son tout premier contrat en 1919 avait également été une robe de mariée. Le cycle de son œuvre se termina ainsi conformément à son rang. Finalement, la robe de mariée est toujours la fin et le point culminant d'un défilé de haute couture. Cristóbal Balenciaga mourut d'un infarctus fin mars 1972.

La femme porte des bijoux
Le petit col évasé mettait en valeur les bijoux des clientes de Cristóbal Balenciaga, de préférence des perles. Cela était même valable pour les manteaux comme ce modèle beige en grosse laine que le mannequin Hiroko présenta à Londres en 1961.

Seulement à moitié finie ?

D'aucuns ne comprirent pas la collection Semifitted de Cristóbal Balenciaga dans laquelle la taille n'était marquée que sur l'avant.
Mais Carmel Snow, la rédactrice en chef du *Harper's Bazaar*, acheta ce tailleur en lin rouge coquelicot.

Ils marquèrent leur époque

Jacques Fath

Avec son sens des affaires et du marketing, Jacques Fath (1912-1954) était très en avance sur son temps. À côté de la haute couture, il faisait de la confection peu coûteuse et fut le premier Français à concevoir une collection pour le marché américain. Sa popularité auprès des gens du cinéma fit qu'il fut longtemps considéré comme un « poids plume » par la sérieuse presse de la mode. Ce n'est qu'au milieu des années 1940 qu'il commença à être célèbre. Sa mort prématurée d'une leucémie empêcha que son grand talent puisse totalement s'épanouir.

Pierre Balmain

Pierre Balmain (1914-1982) fit sa formation chez Lucien Lelong aux côtés de Christian Dior. Les deux amis voulaient fonder ensemble une maison de haute couture. Mais Christian Dior hésita trop longtemps. Par conséquent, Pierre Balmain devint indépendant en 1945. En particulier la noblesse se sentait attirée par son élégance luxueuse. Sa plus célèbre cliente fut la reine Sirikit de Thaïlande. Pierre Balmain aimait les volumes excessifs, les couleurs douces, les broderies chargées de fioritures et la fourrure.

Hubert de Givenchy

Personne n'osa si jeune : à seulement vingt-cinq ans, Hubert de Givenchy (né en 1927) ouvrit sa propre maison de haute couture après avoir dirigé la ligne boutique de Schiaparelli. Il rénova la haute couture avec des modèles amusants et des couleurs fraîches mais bientôt, comme son modèle Cristóbal Balenciaga, il devint un garant de la haute couture classique élevant la coupe et les finitions au niveau de l'art. Il habilla la star hollywoodienne Audrey Hepburn, aussi bien au cinéma que dans le privé.

Charles James

L'Anglais qui ouvrit sa maison de haute couture à New York en 1940 est qualifié de « sculpteur de la mode ». Perfectionniste maniaque, Charles James (1906-1978) travaillait souvent des mois durant sur un modèle. Pour ses silhouettes asymétriques, il privilégiait des tissus difficiles tels que la faille de soie ou le satin duchesse ainsi des combinaisons de couleurs inhabituelles comme l'abricot et l'aubergine ou le rose et le beige. En 1958, il ferma son salon après avoir perdu toute perception des réalités du monde de la mode.

Culte de la jeunesse et

haute couture

Les *Swinging Sixties* furent vraisemblablement la décennie la plus fringante du siècle dernier. On en veut pour preuve le fait que, aujourd'hui encore, les avis sont partagés sur cette époque. Les uns y voient l'âge d'or de la nouvelle liberté, alors que d'autres la considèrent comme une décennie sinistre, qui signa principalement la fin de la morale, de l'autorité et de la discipline. Il n'en est pas moins certain que tout ce qui eut alors lieu a, encore aujourd'hui, des conséquences sociales, politiques et culturelles.

Les porteurs de tous les espoirs de la société, les jeunes, en furent les initiateurs. Grâce au baby-boom, qui eut lieu tout de suite après la guerre, leur proportion dans la population avait énormément crû et jamais leur influence n'avait été aussi importante. Les teenagers, que l'on avait pour la première fois découverts et courtisés en tant que consommateurs en 1950, étaient devenus de jeunes rebelles qui remettaient en question tout ce que leurs parents portaient aux nues. La raison première en fut le miracle économique du début des années 1950, et dont les fruits étaient alors accessibles à presque tous. Mais un grand nombre de jeunes n'étaient pas prêts à payer le prix pour ça : adaptation, soumission et abnégation. Ils se rebellèrent contre l'autorité des parents, de l'Église et de l'État, et dénoncèrent une double morale qui permettait à chacun d'agir à l'encontre du discours officiel.

Les conflits de générations de ce type ont toujours existé. Mais ce qui était nouveau, c'était que la jeunesse ne se contentait pas de se révolter, elle créa une contre-culture et l'imposa avec une telle volonté que celle-ci ne se limita aux seuls initiés, mais se répandit dans toute la société. On pensa même un temps que l'idée d'un monde meilleur, plus authentique et plus humain parviendrait à s'imposer. C'est en tout cas le souhait qui fédérait tous les jeunes, que ce soit sur le plan des idées politiques, à travers un engagement pour la culture pop ou, très naïvement, dans l'espoir d'une vie pacifique et pleine de jouissances.

Ce fut la fin étouffante de la société bourgeoise, avec ses préceptes stupides de bonne tenue et d'étiquette, qui provoqua la résistance de la jeunesse. Il convient d'y ajouter l'obligation de résultats à laquelle la génération du miracle économique soumettait ses enfants : « ...tu devrais avoir une vie meilleure », étayée par l'éternelle menace : « Aussi longtemps que tu seras

1960

Étonnamment soigné
Les motifs des années 1960 faisaient « propres sur eux ». Les points, les rayures et les cercles dans des couleurs franches donnaient aux minijupes un air frais et bien élevé, les boucles créoles en plastique et la coupe de cheveux géométrique accentuaient la présentation graphique.

137

La jeunesse occidentale se réveille

Le point levé, comme sur l'affiche ci-dessus, les étudiants parisiens manifestaient en mai 1968 contre le capitalisme et le conservatisme (ci-contre). À Prague, les manifestations d'août 1968 réclamant davantage de démocratie en lieu et place du communisme furent écrasées par les chars soviétiques. En 1970, à Washington, la vedette de cinéma Jane Fonda tint un discours enflammé contre la guerre du Viêtnam (en haut, à gauche). La même année, la belle communiste Allemande Uschi Obermaier (ci-dessous), provoqua sciemment la police qui venait réprimer les manifestations étudiantes en marchant devant elle.

L'été sera bigarré

Le monde semblait encore tourner rond un an avant les troubles estudiantins qui touchèrent toute la planète. *Vogue*, la bible internationale de la mode montrait les couleurs de maquillage de l'été 1967, en faisant peindre sur un modèle des motifs totalement psychédéliques.

John Baez et Twiggy
Alors que la chanteuse
américaine John Baez devenait
le symbole de la jeunesse
révoltée, le top-modèle
Twiggy était l'idole de
toutes celles qui
voulaient réussir.

La pilule permit la *révolution sexuelle* – et libéra l'homme de ses responsabilités.

sous mon toit, tu feras ce que je te dis. » La conséquence en fut très souvent le rejet de cette pression, mais aussi de la famille, avec tout ce que cela implique, comme le couple, la fidélité et la répartition traditionnelle des rôles entre l'homme et la femme. L'obligation était devenue insupportable. Et si l'on ne se laissait plus rien dicter, si l'on se cherchait un partenaire aussi spontanément et naturellement que l'on choisit ses vêtements dans lesquels on ne veut, par ailleurs, plus voir un symbole de statut ? Aussitôt dit, aussitôt fait – la jeunesse se glorifia dans une liberté paradisiaque. Comme l'exprima la plus belle représentante allemande des communautés, Uschi Obermaier : « Tout était entièrement nouveau – mode, musique, philosophie. Et bien sûr, le mode de vie. Nous ne voulions pas connaître les relations qu'avaient connues nos parents et, au sein de la communauté, nous étions dans la famille que nous nous étions choisie. Nous vivions selon le principe du plaisir et essayions tout. »

La jeunesse fut encouragée dans ses expériences par l'invention de la pilule qui arriva sur le marché en 1961 et permit pour la première fois, simplement et en toute sécurité, d'éviter les grossesses. La révolution sexuelle n'aurait pas eu lieu sans cette petite merveille ronde. Reste toutefois à savoir si elle contribua réellement beaucoup à l'émancipation de la femme. Les hommes se sentirent principalement libérés de toute responsabilité alors que les femmes ressentirent bientôt la nouvelle nécessité d'être constamment prête pour le sexe. Rares sont celles qui, comme Uschi Obermaier, peuvent dire : « J'ai toujours fait ce que je voulais faire, mais ne me suis jamais considérée comme une féministe. » Un grand nombre de femmes étaient précisément montées sur les barricades féministes en raison des conséquences inattendues de la pilule et de la révolution sexuelle qui eut lieu à la fin des années 1960.

La liberté d'Uschi Obermaier reposait également sur son indépendance financière. Elle était en effet l'un des plus grands top-modèles de son époque, et elle pouvait tout se permettre. Et elle ne fut pas la seule qui, contre toute attente, gagna très jeune beaucoup d'argent. Le miracle économique était encore florissant et tous les jeunes entrepreneurs qui se mirent à leur compte dans le secteur de la musique, mais aussi des boîtes de nuit et des discothèques, des sex-shops et des magazines underground, profitèrent de ce

1961

boom. Le marché de la jeunesse était en grande partie entre les mains des jeunes, et ils gagnèrent beaucoup d'argent, parce qu'ils vendaient ce qui leur plaisait vraiment. Et la jeunesse était loin de s'abstenir de consommer, même si elle abhorrait le monde magnifique des produits des adultes. Elle dépensait son argent pour autre chose : pour une mode personnalisée, pour des voyages, de la drogue et le rock'n'roll.

La musique fut l'élément qui, au-delà des frontières, des différences de classe, de race et de sexe, fédéra les jeunesses du monde occidental. Bill Haley et Elvis Presley en avaient été les précurseurs. Ce fut bientôt au tour des Beatles, puis des Rolling Stones, The Who, The Kinks, Jimi Hendrix et Eric Burdon. Les mannequins et les filles de familles riches suivaient comme des groupies de luxe ces musiciens indomptables et contribuèrent au fait que cette période restera dans tous les esprits comme celle du « *Sex, Drugs and Rock'n'Roll* ».

Contrairement aux Rolling Stones, les Beatles ne se contentèrent pas d'une *Satisfaction* personnelle. Ils étaient davantage dans une quête intérieure. Lorsque, en 1967, ils se choisirent comme gourou Maharishi Mahesch Yogi, ils devinrent les précurseurs d'un mouvement qui se lança dans une quête des sens, de préférence en Extrême-Orient. Et ces *mods* au style sûr et à la coupe de cheveux caractéristique, qui se pliaient certes aux lois nouvelles, mais malgré tout identifiables de la mode, devinrent très rapidement des hippies, du moins aux yeux des médias de masse qui mettaient tous les « chevelus » dans un même panier. La jeunesse elle-même faisait pourtant une stricte distinction entre tous ceux qui était des *hip* (ou *hot* ou *in* ou *cool*) et les purs hippies qui étaient des marginaux ne s'intéressant pour ainsi dire qu'à la marijuana et au LSD. Cependant, l'aversion des hippies pour le « plastique » et leur profession de foi pour tous les matériaux naturels fut partagée par le plus grand nombre.

La fleur de plastique avec laquelle Mary Quant ornait sa mode sage pour Lolita devint, vers la fin de cette période, une fleur véritable et le symbole de la lutte pour la paix. La majorité des jeunes, mais également un grand nombre d'adultes, se montrèrent sensibles au mouvement *flower power* des hippies. Ils arboraient cette fleur dans les manifestations contre les différences sociales entre les classes, l'intolérance, le racisme et la guerre. C'est aux États-Unis que la jeunesse, dans un premier temps en quête de liberté personnelle, se politisa le plus avec la lutte de la race noire contre la discrimination raciale, et cette politisation trouva son apogée dans les manifestations contre la guerre du Viêtnam auxquelles se joignirent les étudiants européens. Mais il fallait également y voir un conflit idéologique avec le pouvoir établi. Notamment en France et en Allemagne, on assista à la formation d'une opposition étudiante qui se réclamait de Karl Marx et de Mao Tsé-Tung, et devint de plus en plus radicale. Son rejet du système politique, qui était à ses yeux méprisable, dégénéra dans les troubles estudiantins sanglants de 1968 – l'année au cours de laquelle les chars russes mirent en émoi le monde entier en broyant dans les rues de Prague la frêle fleur de la liberté.

En Amérique, en revanche, l'été 1968 fut un nouveau « *summer of love* », avec des concerts en plein air durant des jours entiers à San Francisco, dans le style des célèbres concerts pops *Love in* de Londres et de Los Angeles, en 1967. Le légendaire festival en plein air de Woodstock, en août 1969, dans l'État de New York, fut la dernière réunion pacifique de ce mouvement de la jeunesse. Ce festival entra dans l'histoire comme le plus grand *happening* de tous les temps. Le *flower power*, la pop et le rock semblèrent ensuite perdre de leur magie. Les concerts suivants s'achevèrent dans l'alcool, la drogue et la violence, et les différents groupes empruntèrent alors des voies distinctes. Les hippies se retirèrent dans leurs communautés ou leurs sectes orientales, les homosexuels s'engagèrent dans des mouvements homos, les femmes dans des mouvements féministes, un certain nombre devinrent des activistes de gauche, plus rarement des terroristes. Le rêve de « *peace and love* », qui avait semblé un temps à portée de main, éclata comme une bulle de savon ; rien n'était plus, et ne serait plus, comme avant.

Dans la mode également, Brigitte Bardot, l'idole des jeunes, rabroua vertement Coco Chanel qui voulait lui offrir gracieusement son élégance : « C'est pour les vieux, » décréta Brigitte Bardot qui lui préféra sa mode de prêt-à-porter non conventionnelle. L'élégance était bien le cadet des soucis des jeunes. C'était exactement ce qu'ils avaient vu porter par leurs mères dans les années 1950 et c'était donc dépassé. C'était désormais eux qui donnaient la tendance et, cette fois, ce furent les mères qui emboîtèrent le pas à leurs filles. Jusqu'à la limite de la pudeur.

On ne saura vraisemblablement jamais avec certitude qui de Mary Quant ou de Courrèges inventa la minijupe. Il est toutefois très probable que cette création révolutionnaire vienne de Londres, ne serait-ce que parce que c'est là que naquit le mouvement de la jeunesse dans les années 1960. Pour bien comprendre les sensations qu'éveilla la minijupe, aussi fraîche et innocente que les petites robes à bretelles pour les enfants, il faut se replacer dans le contexte des années 1950, alors que la femme se devait d'avoir des seins durs comme de la pierre et des talons aiguilles. Et voilà qu'arrivaient ces lolitas, avec leurs grands yeux et leurs fines et interminables jambes, la pointe juvénile des seins innocemment offerte au regard sous une légère étoffe transparente.

Twiggy, une toute jeune anglaise ne pesant que 45 kilogrammes, savait parfaitement se mettre en valeur, et était devenue l'incarnation du nouvel idéal. Trois années lui suffirent dans le monde de la mode pour devenir si riche qu'elle put, à dix-neuf ans, se retirer des podiums. Twiggy, que l'on peut traduire par quelque chose comme « frêle brindille », fut le premier mannequin à devenir une idole des masses. Sa présence provoquait les mêmes attroupements que celle des Beatles.

« À nous les petites anglaises » : Jean Shrimpton et Penelope Tree, l'une mignonne, l'autre d'une grande maigreur, firent des carrières de mannequins comme personne n'aurait osé l'imaginer, parce qu'elles ne répondaient pas aux canons conventionnels de beauté. C'est précisément ce qui inspira des photographes comme David Bailey et Richard Avedon.

Pour David Bailey, qui se moquait totalement de la mode (« Des fringues ne sont jamais que des fringues »), chaque prise était comme un acte sexuel, avec l'appareil photo comme pénis. Bailey inspira David Hemmings, le personnage principal de *Blow up*, le film à scandale de Michelangelo Antonioni de 1966, dans lequel le mannequin Veruschka joue son propre rôle. Dans ce film, un photographe de mode est le témoin involontaire d'un meurtre, et, lorsqu'il tente d'en savoir davantage sur ce crime, il se heurte au vide moral du « *swinging London* », où chacun se trouve dans un trip psychédélique et où personne ne s'inté-

Sex, Drugs & Rock'n'Roll

Sur l'affiche (ci-contre, gauche), la guitare et
la colombe symbolisent les thèmes de Paix
et Musique du célèbre festival de Woodstock,
en 1969, où Janis Joplin (ci-dessus) chanta,
et où des couples de hippies nus (en haut,
à gauche) montrèrent combien la vie pouvait
être facile. Au cours du même été, Jackie
Onassis, ex-Kennedy, jouissait de sa nouvelle
liberté, en tant qu'épouse du plus riche armateur
grec, en minijupe sur l'Acropole (ci-contre).
Trois films analysaient la joie de vivre de
l'époque : *Blow up*, avec David Hemmings
et le modèle Veruschka (en bas, à gauche),
Ausser Atem, avec Jean-Paul Belmondo (en bas,
au centre), et *Barbarella*, avec Jane Fonda (en bas,
à droite). Page précédente : les impressions
psychédéliques d'Emilio Pucci étaient le nec
plus ultra des années 1960 – ce sont de nouveau
aujourd'hui des motifs vintage très appréciés.

En tant qu'épouse du président Jackie Kennedy dut **renoncer** à la couture française pour s'habiller américain.

resse à la réalité. Avec ses costumes de l'ère spatiale et ses uniformes aussi fantaisistes que criards, nombre de gens estimèrent que le film d'Antonioni était dans la plus totale exagération. Les documents que l'on possède des boîtes de nuit londoniennes de l'époque prouvent toutefois sans ambiguïté que, dans la réalité, la mode était encore plus fantasque. Il n'est donc pas étonnant que Diana Vreeland, la rédactrice en chef exaltée de *Vogue* aux États-Unis, écrivit avec enthousiasme « Stop – Les Anglais arrivent ! », lorsque David Bailey arriva à New York avec son modèle préféré, Jean Shrimpton. Diana semblait vouloir dire « Stop – à partir de maintenant. Que du nouveau ! »

Et Paris ? La capitale de la mode ne pouvait pas s'endormir alors que le monde entier s'adonnait au culte de la jeunesse. La haute couture avait également son idole : Jacqueline, l'élégante femme de John F. Kennedy, élu président des États-Unis en 1960. Le couple présidentiel, jeune et charismatique, éveillait l'espoir d'une ère de renouveau. Mais on était en pleine guerre froide entre l'Est et l'Ouest : le mur de Berlin fut construit en 1961, et, un an plus tard, l'Union soviétique tentait d'établir une base militaire à Cuba, provoquant ainsi un blocus américain – le danger d'une guerre atomique était bien réel.

Le fait que Jackie renonça publiquement à la mode de Paris pour devoir choisir un couturier américain montre combien la mode est assujettie à la politique. Jackie Kennedy opta pour Oleg Cassini, qui n'appartenait certes pas à l'avant-garde, mais présentait l'avantage d'avoir été un temps fiancé à Grace Kelly, l'une des icônes d'élégance les plus irréprochables d'Amérique – en outre, il ne refusait pas de copier à sa demande les grands couturiers parisiens. Du moins selon la légende. Certains prétendent toutefois que Jackie arborait toujours la mode parisienne, mais que les maisons de mode new-yorkaises la commandaient pour elle, afin qu'officiellement, elle achète « américain ». Il est en revanche sûr qu'en 1961, lors de la visite d'État de Kennedy en France, elle portait – comme autrefois déjà – du Givenchy, et son air majestueux à son arrivée à l'Élysée lui valut d'être baptisée « *Son Élégance* » par la presse.

1963

L'assassinat de Kennedy, en novembre 1963, mit un terme à la période de gloire de Jackie. Mais même pendant les heures les plus sombres, Jackie, alors âgée de trente-quatre ans, fit bonne figure dans son

costume Chanel taché de sang qu'elle refusait d'enlever : « Le monde entier doit voir ce qu'ils ont fait à John. » Ce n'est que lorsqu'elle épousa le grand armateur grec Aristote Onassis que Jackie tomba de la première à la huitième place sur l'échelle de la popularité. Elle n'en continua pas moins à donner le ton concernant la mode. En 1966, lorsqu'elle porta pour la première fois une jupe qui lui découvrait les cuisses, le *New York Times* déclara que « l'avenir de la minijupe était désormais assuré ».

Le fait que Jackie passa d'un habillement correct, avec costume, chapeau et gants, au t-shirt assorti avec une minijupe ou un jeans a tout aussi vraisemblablement contribué au rajeunissement de la mode que le culte de la jeunesse en provenance de Londres. Un autre facteur décisif fut la conquête de l'espace qui, après une croissance sans limite, promettait un futur sans limite. Dès 1961, le Russe Youri Gagarine fut le premier homme à s'envoler pour l'espace, mais ce n'est qu'en 1969, avec les Américains Neil Armstrong et E. A. Aldrin, que l'homme marcha pour la première fois sur la lune. Une ère nouvelle sembla alors véritablement sur le point de commencer et le monde de la mode en fut modifié.

1969

En 1964, André Courrèges fut le premier à montrer une mode futuriste avec son look de l'ère spatiale. Pierre Cardin était également fasciné par les idées futuristes et il créa des modèles qui n'auraient pas détonné sur un robot. Le plus moderne d'entre eux fut toutefois Yves Saint Laurent, même si ses femmes ne ressemblaient pas à des astronautes. Il s'inspira de la rue plutôt que de l'espace et apporta subtilement l'esprit de l'époque sur les podiums, saison après saison, sous la forme de haute couture.

Le prêt-à-porter et la mode de prêt-à-porter furent les deux grandes nouveautés de la décennie. Les couturiers y contribuèrent en créant une, voire deux lignes secondaires, meilleur marché et plus jeunes que la haute couture. D'un autre côté, les propriétaires des boutiques devinrent des modistes avec lesquels il fallait compter, comme Mary Quant, en Angleterre, Jil Sander, en Allemagne, et Dorothée Bis, en France. C'est ainsi que les différences de classe se dissipèrent dans la mode et que, à la fin, il y régnait une totale liberté : la mini côtoyait la maxi, la robe le pantalon, les formes et dessins futuristes les designs folkloriques et psychédéliques. Beaucoup y virent la fin de la mode qui, selon eux, ne pouvait pas vivre sans diktat, comme semblait le prouver l'expérience de Dior dans les années 1950. Le grand chambardement n'eut pas lieu et la couture survécut au séisme provoqué par la jeunesse, tout comme la société elle-même – mais elle se modifia en intégrant lentement les nouvelles idées.

Le parcours de Jane Fonda (née en 1937) est représentatif des jeux de rôle expérimentaux de la femme : en 1967, sexy et chic dans son costume de cuir, avec bottes et pistolets – telle que l'homme terrestre rêvait de rencontrer la femme en orbite – elle présentait *Barbarella*. Pas étonnant lorsque l'on sait que le réalisateur du film n'était autre que Roger Vadim qui, dix ans auparavant, avait créé Brigitte Bardot selon son idée et qu'il entendait maintenant faire de l'Américaine l'idole sexuelle de l'ère spatiale. Mais Jane Fonda n'était pas faite de pâte à modeler et elle se rendit rapidement compte que *Barbarella* n'était pas le modèle d'une nouvelle femme. Elle quitta Vadim, retourna aux États-Unis, s'engagea contre la guerre du Viêtnam, pour la protection de l'environnement et pour les droits de la femme – et c'est précisément ce qui fit d'elle une authentique idole.

De même, Joan Baez (née en 1941) utilisa sa renommée pour donner davantage de poids à son engagement politique. Elle avait seulement dix-neuf ans lorsqu'elle enregistra avec son premier disque, qui fut l'un des plus grands succès jamais atteint par une chanteuse américaine. Elle s'engagea aux côtés de Martin Luther King pour le mouvement des droits civiques, elle protesta contre la guerre au Viêtnam et soutint la révolte estudiantine. Pacifiste convaincue, Joan Baez compta parmi les premiers membres d'Amnesty International, et elle est aujourd'hui encore une militante active pour la paix.

Jean Seberg (1938-1979) s'engagea également pour les droits civiques des Noirs en Amérique, ce qui lui valut une campagne de dénigrement orchestrée par la CIA. Un unique film fit d'elle le symbole d'une jeunesse en plein essor : *À bout de souffle*, le chef-d'œuvre de Jean-Luc Godard de 1960, dans laquelle l'Américaine à cheveux très courts interprétait une étudiante américaine aussi timide que violente à Paris, et qui trahit par peur de l'amour. L'amour appartenait, il est vrai, aux valeurs démodées auxquelles on ne voulait plus croire.

Janis Joplin (1943-1970) n'éleva la voix que pour se libérer elle-même du monde étriqué d'une petite ville bourgeoise. Mais quelle voix ! Elle « criait, bramait, haletait, susurrait et murmurait avec une intensité presque angoissante et simultanément une musicalité concentrée, » (selon Ulrich Olshausen, critique musical). Janis Joplin était considérée comme la meilleure chanteuse blanche de blues au monde, elle vivait à cent à l'heure et n'avait qu'un désir : « Ne pas être assise dans un fauteuil à soixante-dix ans devant la télé. » Elle mourut à vingt-sept ans d'une overdose d'héroïne dans une chambre d'hôtel d'Hollywood. Raison de plus pour elle de continuer à vivre comme légende, adorée par une jeunesse dont le leitmotiv était « *Hope I die before I get old*, » (« J'espère mourir avant de vieillir) » comme le déclamait le titre prophétique des Who.

Toutefois : la plupart des baby-boomers survécurent, la plupart d'entre eux firent carrière, souvent contre leur propre volonté, se conformèrent à une nouvelle forme de bourgeoisie et définirent – ne serait-ce qu'en raison de leur supériorité numérique – l'image politique et sociale, mais aussi la mode, des décennies à venir.

La mignonne crevette

Tout le monde connaît Jean Shrimpton, le modèle britannique et la concurrente la plus dangereuse de Twiggy, sous le nom de « crevette » (*shrimp*). Elle pose ici, en 1967, dans une minirobe Op Art avec des motifs floraux.

UNE LÉGENDE DE SON VIVANT :

Yves Saint Laurent

01/08/1936
–
01/06/2008

Personne n'a fait verser autant de larmes dans sa carrière qu'Yves Saint Laurent. Selon le *New York Herald Tribune*, sa toute première collection provoqua déjà « la plus grande orgie de sentiments dans l'histoire de la mode ». C'était le 30 janvier 1958, trois mois après le décès de Dior. Mu par une attente angoissante, le cercle international de la mode s'était rendu au 30 de l'avenue Montaigne pour y être le témoin de la fin ou de l'avenir de la haute couture. Cet « adolescent de vingt et un ans » saurait-il pérenniser l'éclat et la gloire du plus célèbre salon de couture du siècle et sauver ainsi l'économie française ?

Il s'en montra capable. Mieux même ! l'enthousiasme qu'il souleva fut encore plus grand que celui témoigné autrefois pour Christian Dior lors de la présentation du new-look. Cela ne tint pas uniquement à la ligne Trapèze de Saint Laurent qui enrichit d'une légèreté juvénile l'opulence et la technique de coupe raffinée du défunt roi de la mode – son apparence y contribua certainement aussi, qui fit que tout le monde voulut le serrer dans ses bras : si grand, si mince, si jeune, si timide et si désarmé.

La presse parisienne ne fut pas en reste : « La grande tradition Dior continue. » Mais d'énormes différences allaient bientôt apparaître dans la conception de Dior et de son héritage. En effet, Dior avait en ligne de mire une femme adulte, dont le charme reposait sur une élégance impeccable. Le jeune Yves Saint Laurent, en revanche, voulait créer pour une femme immergée dans la vie turbulente et anarchique des années 1960. Le Petit prince de la haute couture, comme l'appelaient volontiers les Français, commença rapidement à dépoussiérer la couture. « À bas le Ritz, vive la rue ! » dit le credo du prince héritier qui rajeunit la mode en conséquence, en lui intégrant des éléments de la culture de la jeunesse. Trois ans après son accession au trône de Dior, il bouscula volontairement les partisans conservateurs avec son look beatnik qui semblait surgir des boulevards animés pour envahir l'atmosphère feutrée du salon : blousons de cuir noir, pulls à col roulé et jupes très courtes, identiques à celles que portaient alors les étudiantes rebelles de

Un génie précoce
À vingt et un ans, Yves Saint Laurent devint l'assistant du grand Christian Dior. Il avait déjà tout du dessinateur de talent et les initiés virent aussitôt en ce jeune homme nerveux et hypersensible un créateur génial avec un grand avenir.

L'art et le commerce

Yves Saint Laurent fit la preuve de son talent de dessinateur sur une ardoise (en haut, à droite), en 1957, alors qu'il était un débutant, et, en 1961, sur une vitre (en bas, à gauche), en tant que directeur artistique chez Dior. C'était un amoureux des arts. En 1965-1966, il créa une robe inspirée du style Mondrian (page précédente) et des mini et maxirobes inspirées du pop art (en haut, à gauche). Ses robes de cocktail aux motifs lunaires (en bas, à droite) ont été exposées en 1983-1984 lors d'une rétrospective au musée d'Art moderne de New York.

Le prince timide

Yves Saint Laurent était entouré de jolies femmes, mais il ne se lia étroitement d'amitié qu'avec Catherine Deneuve (ci-contre). L'homme le plus important dans sa vie fut Pierre Bergé, qui fut longtemps son partenaire dans sa vie privée et pour toujours son partenaire en affaires. En coulisses, c'est lui qui tirait les ficelles (en bas, à gauche). Dans les années 1960, YSL eut pléthore d'idées : veste de cuir et cuissardes pour la tenue de castor, en 1963 (en haut, au centre), costume trois pièces à fines rayures (page ci-contre), en 1967, complet à pantalon avec bermudas et chemisier transparent, en 1968 (en haut, à gauche), et le complet de safari très correct, en 1969 (en bas, à droite). La fiancée russe avec chapeau de fourrure et bottes de 1976-1977 (en haut, à droite) fut à l'origine de la vague du folklore.

Un rêve de princesse

C'est en 1997, qu'Yves Saint Laurent créa
cette grande « robe du soir pour une infante »,
en moiré de soie rosé, avec des bordures de
broderie argentée. Elle fut très certainement
portée pour un mariage. La photographe
française Sarah Moon mit le modèle en scène
avec son art inimitable : nimbé dans le rêve,
intime et doté d'une grande puissance
poétique.

Après son premier grand succès,
Saint Laurent, timide maladif,
*alla se cacher **dans un placard.***

la rive gauche de la Seine. C'était plus que ne pouvait en supporter son patron. Le magnat du textile Marcel Boussac, dont la fortune avait facilité l'ascension de l'empire Dior, se sépara d'Yves Saint Laurent qu'il remplaça par un homme moins audacieux, Marc Bohan.

Bien que Dior regardât volontiers dans le rétroviseur alors qu'Yves Saint Laurent avançait à marche forcée, les deux hommes n'en avaient pas moins une certaine affinité dans les idées. Tous deux avaient grandi dans des familles bourgeoises et aisées, tous deux avaient rapidement pris conscience de leur homosexualité, et tous deux idolâtraient leur élégante mère. Ils étaient également des rats de bibliothèque, avaient une tendance à l'intellectualisme et étaient très versés dans l'art. De plus, ils étaient d'une timidité douloureuse. Ils montrèrent précocement un talent exceptionnel en tant que dessinateur de mode – Yves Saint Laurent remporta un prix lors d'un concours lancé par la chambre syndicale de la Haute Couture et fut embauché comme assistant par Christian Dior, qui était lui-même un dessinateur talentueux. Et tous deux étaient d'une très grande superstition.

Contrairement à Dior, Yves Saint Laurent fut heureux en amour. Peu après sa première présentation, il fit la connaissance de Pierre Bergé, un homme aussi instruit qu'habile en affaires. Ils fondèrent une entreprise de mode qui finit par nettement surpasser la maison Dior. Mais surtout, Pierre Bergé, de six ans son aîné, protégea constamment son fragile ami. Yves Saint Laurent, qui était déjà tombé en disgrâce en tant que successeur de Dior, fut incorporé dans l'armée en 1960. Il y subit de telles brimades en raison de son homosexualité qu'il s'effondra physiquement et psychiquement au bout de quelques semaines seulement. Le traitement médical primitif de l'époque, des électrochocs et des calmants, provoqua chez lui une addiction à vie à la drogue. Grâce à sa perspicacité, à son énergie et à son dévouement, Pierre Bergé parvint à faire libérer Yves Saint Laurent, et c'est également lui qui négocia une compensation de 100 000 dollars suite à la rupture par Dior du contrat. Les deux hommes fondèrent ensemble la maison Yves Saint Laurent Couture.

La maison ouvrit en janvier 1962, et l'affluence et l'attente furent plus importantes que pour toute présentation antérieure. La foule enthousiaste se jeta sur Yves Saint Laurent, et ce dernier en fut si effrayé qu'il se cacha dans un placard. À partir de ce jour, il subit l'honneur ambigu d'être une idole des masses, comme ne le sont normalement que les sportifs, les stars de cinéma ou les chanteurs de rock. Lui-même parla de cette célébrité spontanée comme du « piège de ma vie ».

La pression de devoir créer quelque chose d'entièrement nouveau chaque saison pesait également à Yves Saint Laurent. Persuadé de la fin prochaine de la haute couture, qu'il considérait comme anachronique – « Je continue uniquement parce que je ne peux moralement pas mettre 150 personnes à la rue. » – il mit en place une collection de prêt-à-porter relativement bon marché et introduisit même plus tard une troisième ligne dite Variation, encore meilleur marché. Il devait donc créer chaque année non pas deux, mais plusieurs collections, et cette pression mena maintes fois ce perfectionniste peu résistant à la limite de ses forces.

Hommage au cubisme
Yves Saint Laurent s'inspira régulièrement des thèmes de la peinture. Pour sa collection 1988, il détourna les colombes et les iris pour en décorer une cape bleu pétrole sur une robe longue du soir bleue.

Smoking forever

La petite robe noire de Chanel est le smoking de Saint Laurent pour la femme : un incontournable qui s'est inscrit à jamais dans la mode. YSL montra le smoking sous toutes ses variations : en 1994 sous la forme d'un costume court avec des bottes en crocodile mi-cuisse, en 1988, comme minirobe, en 1995, comme costume avec un chapeau orné de fourrure, en 1998, en costume de soirée avec un haut en dentelle, et dans la ligne classique et sobre du prêt-à-porter, en 1996, présenté par Claudia Schiffer (page ci-contre). Mais le très formel costume croisé de la garde-robe masculine fut également adapté comme complet pour la femme par Yves Saint Laurent, en 1971, couleur sable pour la haute couture et, en 1995, en Nadelstreifen sourds pour le prêt-à-porter.

Montrez ce sein…

Selon la légende, YSL aurait presque perdu connaissance lorsqu'il vit la poitrine d'une femme pour la première fois. Le choc fut visiblement salutaire, car il ne cessa ensuite de l'exposer, pour lui et pour son public, comme, par exemple, en 1991 et dans sa toute dernière collection, en janvier 2002 (page précédente). Il en agrémentait volontiers la vue avec des nœuds roses, sa couleur préférée, qu'il avait l'art subtil d'associer avec la couleur menthe et les nuances de violet les plus diverses.

Rien n'était plus érotique pour Saint Laurent *qu'un complet pour homme* sur la peau nue d'une femme.

Dans les années 1960, Yves Saint Laurent introduisit dans la mode féminine des éléments nouveaux, et désormais incontournables : les ensembles veste et pantalon, vestes de safari, robes transparentes, mais surtout le smoking pour les femmes auquel son nom est pour toujours associé. Comme Chanel, dont il admirait les idées pratiques, il s'inspira beaucoup de l'habit masculin, mais il parvint toujours à donner une touche d'érotisme au look féminin.

Catherine Deneuve, sa muse, le décrit ainsi avec une grande justesse : « Yves Saint Laurent crée pour les femmes qui mènent une double vie. Pendant la journée, ses vêtements lui permettent d'aller partout sans attirer l'attention. Le soir, quand elle peut choisir sa compagnie, ils l'aident à paraître séduisante. »

Pour ses habits de soirée, Yves Saint Laurent se complaisait dans les looks ethnos et rétros, comme les aimaient les hippies, mais il les rendait fréquentables. « Pour moi, confessa-t-il, le soir est l'heure du folklore. » Il entraîna successivement ses clientes dans des voyages en Chine ancienne, au Pérou, au Maroc et en Afrique centrale, ou bien encore dans le cadre distingué de la Venise de Casanova. Sa renaissance de la Russie tsariste, en 1976, avec une collection inspirée des Ballets Russes, fut saluée comme une sensation : « Une révolution [...] elle infléchira l'évolution de la mode dans le mode entier », prophétisa le *New York Times*. D'autres se montrèrent moins enthousiasmés par la « révolution russe » d'Yves Saint Laurent, à cette date, le show de couture le plus cher jamais monté à Paris : « trop nostalgique », « plus costume que mode », dit la critique. Yves Saint Laurent ne la considéra pas forcément comme sa meilleure collection, mais en tout cas pas comme la plus belle. Avec ses « magnifiques habits paysans », il put une nouvelle fois prouver qu'il était le couturier du siècle possédant la plus grande sensibilité pour les couleurs, et il conforta cette réputation avec la collection suivante, la collection chinoise, avec un luxe théâtral encore plus développé. Aucun autre n'aurait osé combiner le jaune avec le violet, ou l'orange avec le rose ou le rouge. Seul Yves Saint Laurent avait le talent pour choisir le ton juste.

Yves Saint Laurent ne partait pas uniquement « en chasse » dans les quartiers estudiantins (jupes de chiffons faite de blousons d'aviateurs), dans les pays lointains et dans des époques révolues (toge grecque du soir qui découvrait un sein), mais aussi dans l'art. Matisse, Picasso, Mondrian, Tom Wesselmann et son grand ami Andy Warhol – chacun d'eux vit des œuvres intégrées dans la mode d'Yves Saint Laurent. Et aucun n'eut le sentiment d'avoir été uniquement exploité : les créations d'Yves Saint Laurent étaient toujours un hommage personnel à l'artiste.

Même un talent moins vulnérable qu'Yves Saint Laurent aurait souffert des réactions changeantes du public qui allaient de l'éloge excessif à la critique destructrice. Yves Saint Laurent, qui ne s'était jamais entièrement remis de son effondrement à l'armée, combattit sa dépression et ses tendances suicidaires avec l'alcool et la drogue. Il ne faisait jamais un pas seul, mais avec son entourage composé de « hippies de luxe ». Parmi cette horde sauvage, qui passait de préférence son temps dans le palais de vacances d'Yves Saint Laurent et de Pierre Bergé à Marrakech, se trouvait Talitha, la séduisante femme de John Paul Getty junior, qui mourut d'une overdose d'héroïne. Loulou de la Falaise, l'une des femmes les mieux habillées du monde, la muse et la main droite

---

Pour la chasse au gros gibier dans la grande ville

Le look safari était un thème récurrent chez Yves Saint Laurent depuis qu'il l'avait présenté la première fois, en 1968. La veste de coton avec ses poches très pratiques était plus légère et plus éclectique que le blazer traditionnel, mais faisait tout aussi habillé et on pouvait la mettre en toutes circonstances, pour une excursion à la campagne ou des courses en ville. Ce modèle connut un tel succès qu'il fut repris, l'année suivante, dans la collection pour hommes.

*Yves Saint Laurent fut **le chouchou des Français,** parce qu'il incarnait l'idée romantique du génie vulnérable.*

d'Yves Saint Laurent, dut renoncer à l'alcool après une opération à l'estomac, et Betty Catroux, sa deuxième et maigre muse, fut également confrontée à des problèmes de drogue.

Au cours des dernières années, Yves Saint Laurent donna plusieurs interviews dans lesquelles il parla ouvertement de son addiction. Ses aveux publics ne ternirent pas son image, pas plus que les apparitions gravées dans les mémoires de cet homme autrefois si joli, bouffi, titubant et bafouillant des paroles incompréhensibles. Il n'en fut que plus aimé en France où l'on entretient l'idée romantique du génie vulnérable. En 1983 et 1984, Yves Saint Laurent fut le premier designer auquel, de son vivant, le Metropolitan Museum of Art de New York consacra une rétrospective. D'autres expositions et récompenses suivirent – à tout juste cinquante ans, Yves Saint Laurent fut placé dans l'Olympe, comme s'il ne faisait déjà plus partie de ce monde. En réalité, il renonça au milieu des années 1980 à la « mode engendrée par la mode » et lui préféra une évolution continue, telle qu'on la connaissait généralement avant la guerre – avant que Dior n'introduise ce rythme irrationnel des saisons. Lors de la présentation de 1997, le *New York Times* confirma que cela avait été une décision visionnaire : « Alors que le public regarde ailleurs sur le podium pour y découvrir quelque chose de nouveau, chez Yves Saint Laurent, il peut en toute quiétude voir ce qui durera. »

Lorsqu'en 1992 on donna une grande fête à l'Opéra de Paris à l'occasion du trentième anniversaire de la maison de couture Yves Saint Laurent, et que le maître, titubant mais heureux, regardait la parade des smokings qu'il avait lui-même créés, rien ne put arrêter le flot des larmes. Et tout le monde pleura de nouveau lorsque, en 1999, après avoir été racheté par Gucci, il abandonna le prêt-à-porter. Il resta néanmoins à la tête de la haute couture dont il avait pourtant dit, en 1971 : « Elle vivra peut-être encore cinq ou dix ans. » Yves Saint Laurent survécut à son propre pronostic et ce n'est qu'en 2002 qu'il se retira également de la haute couture – accompagné bien sûr par un torrent de larmes.

Et le monde de la mode pleura une dernière fois lorsque, le 1er juin 2008, Yves Saint Laurent mourut d'une tumeur au cerveau à son domicile parisien. Tous les experts s'accordèrent pour donner raison à Diana Vreeland, l'inoubliable rédactrice en chef de *Vogue* aux États-Unis, qui avait affirmé : « Coco Chanel et Christian Dior sont des géants, Yves Saint Laurent, lui, est un génie. »

Après la mort de ce béni des dieux si sensible, Pierre Bergé fit en sorte que ses dernières volontés soient respectées : les cendres d'Yves Saint Laurent furent répandues dans la roseraie du jardin Majorelle, dans sa villa de Marrakech. Début 2009, sa collection d'œuvres d'art, dont des Picasso, Matisse, Klee, Mondrian et Brancusi, fut vendue pour 373 millions d'euros, la plus forte somme jamais atteinte par une collection privée à Paris. Pierre Bergé, son veuf – ce compagnon de près d'un demi-siècle devint, peu avant le décès d'Yves Saint Laurent, son partenaire officiel – en investit la moitié dans la gestion de la succession et soutint avec le reste la recherche contre le sida.

Un dernier regard
Tous les couturiers suivent avec appréhension leurs défilés à partir des coulisses. En 1995, on put voir Yves Saint Laurent esquisser un sourire soulagé avant d'aller recueillir les applaudissements. Il monta sur le podium sept ans plus tard pour la dernière fois et se retira définitivement de la mode.

L'ODYSSÉE DE L'ESPACE :

André Courrèges

*1923

Certains divisent l'histoire de la mode en deux époques bibliques : BC et AC – *Before Courrèges* et *After Courrèges*. Cette expression fut bien sûr créée par les partisans de la nouvelle ère, convaincus que l'histoire de la mode doit être ré-écrite depuis André Courrèges.

Yves Saint Laurent, *a posteriori* le plus important parmi les dessinateurs de mode du XXᵉ siècle, le reconnut lui-même une fois : « J'étais engoncé dans l'élégance traditionnelle. Courrèges m'en a fait sortir. »

De son côté, il fallut quatre ans à André Courrèges pour s'affranchir de l'influence de Balenciaga, son maître auquel il vouait une grande admiration et le représentant le plus strict de la noblesse conservatrice. Pilote de chasse pendant la Seconde Guerre mondiale, Courrèges, qui était ingénieur des ponts et chaussées, rêvait d'un monde plus beau et postula chez Balenciaga. Il commença par dessiner des patrons et finit premier assistant. Au bout de onze années, il dit à son maître : « Vous êtes comme un chêne – rien ne peut pousser sous un aussi grand arbre. » Et il démissionna.

Avec Coqueline Barrière (*1935), qu'il épousa plus tard, il analysa le mode de vie de la femme moderne et imagina son évolution. Résultat : une couture futuriste, strictement minimaliste et sans référence à des époques passées. Avec ce concept, le couple se hasarda à fonder sa propre maison de couture – aidé en cela par Balenciaga qui leur consentit un prêt sans intérêt.

L'imagination de Courrèges ne donna pas naissance aux traditionnels Martiens, mais à des « filles de lune » aux longues jambes, qui, en 1964, défilaient sur les podiums en pantalons blancs et jupes courtes, reliées au sol par des bottes plates en cuir de chevreau. « Il aurait été impossible ne serait-ce que de rêver de quelque chose comme ça avant le premier vol dans l'espace, » s'étonna la presse, admirative devant la précision mathématique quasi effrayante de la coupe d'une grande simplicité. Courrèges travaillait avec des étoffes rigides, comme le whipcord et la gabardine, qui ne suivaient ni le corps ni ses mouvements : « Je voulais des vêtements dans lesquels on entre comme dans une coquille. » L'ingénieur des ponts et chaussées se conforma entièrement à la maxime « *form follows function* » du Bauhaus : sa mode devait simultanément protéger et offrir la plus grande liberté possible. Pour ce faire, il dessina ses coupes en architecte et les mit en forme en sculpteur.

En route pour l'avenir

La mode d'André Courrèges était imprégnée par la technique et le futurisme. Entre les hôtesses de l'air qui, en 1973, montrèrent à Nice diverses facettes de son Air Fashion, le créateur se comporta comme le mécanicien de bord.

Un monde beau et nouveau

Les modèles qui, en 1969, à New York, présentèrent en dansant la mode de Courrèges furent observés comme des extraterrestres.
C'était nouveau, jeune, insolent et libérateur. Par la suite, un grand nombre de femmes optèrent pour des vêtements loin du corps,
avec des jupes courtes et surtout des semelles plates. Ses combinaisons en satin blanc ornées d'accessoires en laiton (page précédente)
ou en tissu transparent bleu marine parsemé de paillettes éclipsèrent certaines robes longues du soir.

Courtes et coquines
Ces modèles sportifs quelque peu légers
offraient certaines vues et transparences
coquines. Mieux valait avoir un corps
parfait pour les porter.

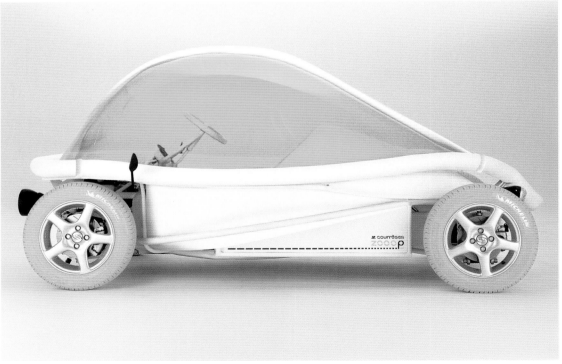

Un avenir propre
Courrèges créa ce costume de petit lapin jaune pour réchauffer les amateurs de sports d'hiver. Quiconque voulait en savoir plus sur la voiture de l'avenir devait essayer son concept car sur le salon de l'Automobile de Paris, en 2008.

L'apparition de la Reine des Neiges
Telle une sculpture, la Robe nuage, de 1997, conserve toujours sa forme imposée de ballon en organsin et coton.
Le modèle a su ici se mettre en scène dans cet esprit – fiancée ou reine de bal.

Un *romantisme galactique flambant* neuf
qui associe la froideur des matériaux high-tech aux motifs classiques de la broderie.

« Nous avons toujours mis de la doublure entre deux couches d'étoffes pour donner du volume, » expliquait Coqueline qui avait également appris le métier dans l'atelier de Balenciaga. Les épaules sont le point de départ de tous les modèles, elles en sont pour ainsi dire l'unique support, car elles n'ont ni pinces ni drapés, uniquement des lignes parallèles, horizontales ou verticales. La géométrie stricte est atténuée par les arrondis des poches appliquées et par les passepoils « protubérants ». Les surpiqûres rendaient visibles la construction du vêtement.

Les proportions devaient être redéfinies pour cette silhouette sobre. L'équilibre optique imposait un chapeau ou un bonnet haut pour prolonger la ligne. Le couple Courrèges se refusait en effet à adopter les talons hauts, ou même les jupes droites « On a suffisamment longtemps brimé les femmes avec ça, » déclara Coqueline. Cette danseuse avérée dut d'ailleurs apprendre à la plupart des mannequins à marcher normalement. « Le mouvement doit partir en puissance des cuisses et du postérieur, et ne pas surcharger les mollets. »

Et c'est ainsi que les modèles défilèrent sur les podiums, dansant et sautillant sur du jazz moderne, le défilé prenant ainsi des allures de démonstration de danse, inspirée des happenings. Courrèges, lui-même athlète, alpiniste, skieur et rugbyman, n'aurait pas pu montrer plus clairement le but qu'il poursuivait : « À l'avenir, la femme aura un corps sain et musclé et – d'un point de vue purement morphologique – elle le conservera jusqu'à un âge avancé. »

C'est la raison pour laquelle la minijupe sembla aussitôt être le vêtement approprié à la femme moderne – et elle fut la sensation qui rendit Courrèges célèbre du jour au lendemain. On se demande aujourd'hui encore qui de Courrèges ou Mary Quant inventa la jupe qui découvrait les cuisses, mais l'Anglaise a certainement raison quand elle fait remarquer qu'il n'y a pas de copyrights sur ce modèle dans la mesure où un grand nombre de jeunes filles anonymes envahirent soudain les rues de Londres avec des jupes qu'elles avaient elles-mêmes raccourcies. Le mérite de Courrèges est d'avoir osé introduire la minijupe dans la haute couture. Et c'est ainsi que cette courte chose mise au monde à coups de ciseaux devint un vêtement raffiné et calculé dans le moindre détail. Avec sa minijupe en forme de triangle, Courrèges permit à la femme de se mouvoir librement – sa jupe ne collait pas, ne glissait pas vers le haut, la femme pouvait monter en voiture, voire à une échelle, sans offrir une vue fâcheuse. Dans un premier temps, Courrèges dessina des shorts adaptés à cette mini, puis des combinaisons, qu'il intégra dans son fonds de garde-robe.

Les critiques parlèrent de vêtements pour enfants et il est vrai que certains modèles de Courrèges semblaient tout droit sortis de « La coupe pour enfants » de 1946 : la petite robe Baby Doll, bien sûr, avec ses shorts et bloomers assortis à la tunique, mais également les mignonnes socquettes blanches et les chaussettes montantes assorties aux demi-bottes, tendres comme ne l'étaient alors que les premières chaussures pour bébés. Mais – et les critiques étaient unanimes sur ce point – Courrèges s'était élevé dans l'art de la couture et avait ainsi créé la première ligne résolument moderne.

Seule Coco Chanel, la grande dame d'un âge certain, trouva à redire : « Cet homme s'acharne à détruire la femme, à en anéantir les formes, pour en faire une petite fille. » Ce à quoi Courrèges répondait avec décontraction : « J'ai rajeuni la femme de vingt ans, sans l'aide d'un

---

Protection du visage
Quand un vent glacial balaye les rues, la guérilla urbaine apprécie de porter des vêtements comme celui-ci : combinaison tricotée, tunique garnie de fourrure, bottes à semelles plates et capuche avec une fente pour les yeux. Courrèges, collection 1997.

*Courrèges voulut créer une **mode** pour l'an 2000 – ses idées l'entraînèrent au-delà.*

scalpel. » Dans la foulée, il confiait son secret : il laissait systématiquement 3 centimètres entre l'étoffe et la peau. Le corps pouvait ainsi respirer et l'air circuler, et ce, sans trahir quoi que ce soit de la silhouette, la taille elle-même n'étant pas marquée.

Son look spatial révolutionnaire fit de Courrèges le couturier le plus plagié de son temps. Il accusa la presse d'en être responsable et la boycotta pendant deux ans. Il se retira dans son propre cosmos, un studio équipé de haute technologie, sobre, entièrement en blanc et argenté. Courrèges était en quête de brillant, de froideur et de pureté, autant de thèmes qui le préoccupaient.

Dans les années 1960, les matériaux synthétiques envahirent le marché, et Courrèges fut le premier à les ennoblir par la haute couture. Le rhodoïd, solide et transparent, l'inspira tout particulièrement. « Nous coupions les éléments typiques des dentelles travaillées à la main de Saint-Gall, » raconte Coqueline, « et nous les doublions avec du rhodoïd. » On obtenait ainsi un effet de romantisme galactique.

Et ce, pas uniquement pour les dix mille plus grosses fortunes. En 1968, Courrèges créa sa deuxième ligne, Couture future, avec des bodys jambes longues grossièrement tricotés et ressemblant à des grenouillères pour adultes. Il était persuadé de faire ainsi évoluer l'ensemble veste et pantalon unitaire des Chinois : « Dans trois ou quatre ans, toutes les femmes se promèneront ainsi dans la rue. » Son idée ne fut pas appliquée aussi rapidement et radicalement, mais le principe du sous-vêtement comme vêtement apparent s'imposa. Leggings et autres léotards envahirent les garde-robes.

« Je me sentais inspiré par l'an 2000 » dit Courrèges au début de sa carrière. Il se trompait. Il était surtout davantage en avance sur son temps qu'il ne le supposait lui-même. Lorsque les Japonais arrivèrent à Paris et montrèrent des personnages semblant venir d'une autre planète, Courrèges lui-même parut soudain abominablement ringard. Quatre décennies plus tard toutefois, au creux de la plus importante crise financière depuis la Seconde Guerre mondiale, de jeunes designers montrèrent à New York, pour la collection automne-hiver 2009, une mode digne d'une *Space Odyssey* : des vêtements de protection minimalistes d'une simplicité monacale. Bien moins exubérants et plus tendres que dans les « sauvages années 1960 », il émanait d'eux le même optimisme et la même atmosphère de commencement qu'autrefois.

André Courrèges n'eut qu'un doux sourire face à cette satisfaction tardive. Il avait depuis longtemps abandonné la mode aux soins de sa femme et était parti pour d'autres horizons. Il s'était fait un nom dans le cercle des arts en tant que sculpteur, notamment grâce à l'exposition de 2008 dans le parc André Citroën. Il avait également persévéré dans son ancienne passion qu'était la technique, et, depuis des années, il bricolait avec sa femme à une voiture du futur. Le premier modèle ronronna dès 1969 sur le podium de la maison de couture. Le couple mit au point d'autres modèles entre 2002 et 2004, et, en 2008, il convainquit les spécialistes avec la troisième version de la Zooop, leur voiture électrique. L'avenir dira pour laquelle de ses activités la maison Courrèges passera à la postérité.

Une géométrie parfaite
Cinquante ans après la proscription du corset, André Courrèges et sa femme, Coqueline, (page ci-contre, en bas, à droite) ont affranchi le corps féminin de son carcan. Courrèges construisait sa mode sur la planche à dessin, en tenant compte de son aspect pratique et l'œil rivé vers l'avenir. Sa femme, une danseuse, testait personnellement chacune de ses créations : la femme pouvait-elle se mouvoir dedans sans entraves ? Les vêtements transparents de Courrèges rayonnaient d'innocence et leur fraîcheur aurait convenu à de jeunes enfants.

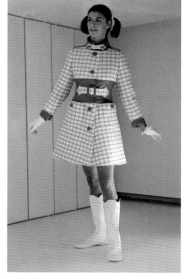

Un nouvel air
En 2000, Courrèges créa ce costume fait de CD et de cuir artificiel : il protégeait et découvrait simultanément le corps,
loin des tenues traditionnelles des discothèques. Ce modèle marque le tournant de Courrèges de la mode vers la sculpture.

Ils marquèrent leur époque

Rudi Gernreich

Paco Rabanne

Mary Quant

Pierre Cardin

Pour le danseur d'origine viennoise Rudi Gernreich (1922-1985), les seins nus étaient aussi naturels que le tanga à découpe haute qui découvrait les fesses. Il ne connaissait que des corps bien entretenus et voulait les mettre en valeur avec sa mode. D'aucuns trouvèrent scandaleux son monokini, le célèbre maillot de bain dont le haut était exclusivement constitué de deux bretelles élastiques et Gernreich inventa également le *no bra bra* et la combinaison en polyamide élastique couleur chair. En Californie, où il avait émigré en 1938, il fonda son propre label de mode et montra des modèles aussi futuristes que l'avant-garde à Paris, par exemple des vêtements avec des éléments de plastiques et des chemisiers transparents.

Paco Rabanne commença sa carrière de dessinateur de mode en 1966, avec 12 modèles de « vêtements importables » en panneaux de plastique. Son expérience suivante porta sur des vêtements en aluminium, en association avec du cuir et des plumes d'autruche. Il avait réussi : ses vêtements « extraterrestres » furent adoptés et adorés par les stars. De Françoise Hardy à Audrey Hepburn en passant par les James bond girl et Jane Fonda, dans le rôle de Barbarella, toutes les héroïnes modernes portaient les cottes de mailles de Paco Rabanne (*1934) qui n'étaient pas « cousues » avec du fil et des aiguilles, mais avec des crochets, des œillets et des pinces. Paco Rabanne se retira de la mode en 1999 pour se consacrer pleinement à l'ésotérisme.

Mary Quant (*1934), à qui l'on doit la popularisation de la minijupe, les coupes de cheveux géométriques et les collants de toutes les couleurs aux motifs variés, était au cœur du « *swinging London* ». Elle avait débuté en 1955, avec sa boutique Bazaar de King's Road, où elle vendait de simples robes à bretelles cousues par ses soins, et qui, dans les années 1960, devait se développer en un empire mondial pour lequel elle dessina des modèles, des accessoires et du maquillage, tous dans un ton jeune, simple et vif. Elle fut la première à intégrer du PVC dans ses manteaux et ses bottes, à créer des sacs à longues bandoulières, ainsi qu'un look spécial pour les adolescents. Elle est considérée comme la fondatrice de la mode de prêt-à-porter.

Né à Venise en 1922, Pierre Cardin fonda sa maison dans les années 1950, l'âge d'or de la couture, dans l'esprit de ses maîtres Schiaparelli et Dior. Il fut exclu de la corporation des couturiers lorsqu'il osa créer une confection commerciale pour les grands magasins Le Printemps – mais il revint en grâce lorsqu'il devint évident que la mode de la nouvelle ère devait être aussi accessible aux masses. Cardin se rallia à l'avant-garde enthousiasmée par l'espace et il se révéla le maître du marketing moderne. Il fut le premier à vendre au Japon et en Chine et il y céda plus de licences que tous les autres dessinateurs de mode.

LES JAPONAIS
Les maîtres de l'inachevé

REI KAWAKUBO

YOHJI YAMAMOTO

ISSEY MIYAKE

KENZO TAKADA

La première apparition des deux dessinateurs de mode japonais Rei Kawakubo et Yohji Yamamoto, en 1981 à Paris, fit l'effet d'une bombe. Ils formaient autrefois un couple dans le privé et détrônèrent toute l'élite des designers.

« La mode française a trouvé son maître : les Japonais, » titra *Libération*. Le journaliste Michel Cressole décréta : « La mode qu'il propose pour les vingt années à venir est beaucoup plus convaincante que celle que Courrèges et Cardin présentèrent en 1960 pour l'année 2000 et qui, aujourd'hui, paraît dépassée. »

Il est un fait que l'influence de Kawakubo et Yamamoto, bien qu'ils aient pris des voies différentes, est toujours aussi forte et donne la tendance dans ce nouveau millénaire. Ils font défiler sur les podiums des êtres sans âge et modernes, ni japonais ni européens, mais étranges comme des poétesses venues d'une autre étoile. Des artistes, des danseuses, des écrivains et des excentriques ont aussitôt identifié le potentiel des habits asymétriques, visiblement inachevés, et elles les ont adaptés comme des enveloppes libératrices. D'autres ont mis plus longtemps.

Susy Menkes, la critique très influente du *Herald Tribune* se sentait certes « intellectuellement attirée par les Japonais, mais physiquement livrée aux Français ». Au début des années 1980, les designers occidentaux étaient attirés par le mauvais goût criard et les exagérations ostentatoires. On en veut pour exemple les épaulettes, les paillettes et les leggings ! La vision sombrement ascétique des maîtres d'Extrême-Orient se déchargea comme un orage purificateur. Leur mode tendait vers des tailles exagérément grandes et la coupe de sac, et elle dissimulait sciemment le corps au lieu de le mettre en scène. Pour beaucoup de femmes, ce fut un choc. Elles ne témoignèrent aucun intérêt pour le Hiroshima Chic, qui voulait donner d'elles l'image de clochardes des villes. Les Japonais parvinrent toutefois à s'imposer. Rei Kawakubo, née à Tokyo en 1942, était très radicale : « Chez moi, les femmes n'ont pas besoin d'avoir de longs cheveux et une grosse poitrine pour se sentir féminines. » Et encore moins de talons hauts, accessoire que la dessinatrice de mode abhorrait depuis toujours. Elle dissimula le corps sous plusieurs couches d'étoffe. Ses vêtements symétriques niaient les idées anciennes de la mode occidentale, ils n'étaient pas décoratifs et ne courtisaient pas davantage la silhouette féminine. Cette marginale parvint toutefois à percer dans le

Défilé aux lampions
Les robes plissées de la collection de Miyake, Flying Saucer, de 1994, évoquent les lampions en papier pliables que font les enfants.

milieu de la mode : sa mode était destinée à une femme dont on ignorait encore l'existence dix ans auparavant – une femme qui revendiquait son indépendance personnelle et financière et qui, pour ce faire, n'avait pas besoin d'un *powersuit* (tenue de *working girl*) à larges épaules.

REI KAWAKUBO, qui avait étudié la littérature avant de travailler comme styliste dans une agence de publicité, fut dès le début persuadée qu'elle pouvait faire aussi bien que les hommes. Ce n'est d'ailleurs pas un hasard si, en 1969, elle baptisa sa collection Comme des garçons. L'une de ses plus grandes provocations fut le pull noir plein de trous qu'elle présenta pour la saison d'hiver 1982-1983. Pour les Européens, il était bon pour la benne – pour la philosophie orientale, il représentait un idéal. Avec sa célèbre formulation « *When too perfect*, Dieu pas content », le vidéaste Nam June Paik, né en Corée, mais qui avait étudié et enseigné en Allemagne, en donna une bonne explication. Rei Kawakubo opposa l'ironie à l'irritation des Européens : « Si vous saviez combien il a été difficile d'apprendre à une machine de sauter des mailles à intervalles irréguliers... » En 1997, Kawakubo remit en question les proportions du corps en le rembourrant aux endroits les plus improbables, le corps paraissant alors comme déformé : absurde et monstrueux, comme si les mannequins avaient des malformations. On pouvait bien sûr enlever les rembourrages et on avait alors, comme toujours chez Kawakubo, des vêtements

parfaitement étudiés – mais on était amené à réfléchir sur le corps et sur la façon de vouloir le présenter. Kawakubo avait le chic pour mettre son public en émoi avec des détails. À peine le noir avait-il été décrété comme « la » couleur des Japonais, qu'elle brisait cette règle non écrite, en 1994, avec une collection bariolée. Elle parut elle-même en rouge fluorescent. Six mois plus tard, elle présenta sa collection sans musique de fond – une attention soutenue régna dans cette cathédrale de silence. De même, Rei Kawakubo ne tolère aucune fioriture dans les magasins. Comme des garçons est commercialisé dans des espaces sans décoration, qui rappellent la froideur esthétique des galeries d'art ; des artistes comme Cindy Sherman y ont d'ailleurs exposé leurs œuvres. La dessinatrice de mode réalisa ainsi un vieux rêve : établir une véritable symbiose entre la mode et l'art.

Beaucoup de gens considèrent YOHJI YAMAMOTO comme un « conceptionaliste » : comme dans l'art conceptuel des années 1960 et 1970, tout tourne pour lui autour de l'idée – est-ce bien nécessaire de passer à la réalisation ? Un grand nombre de ses modèles n'ont d'ailleurs sciemment pas été achevés. Yamamoto les réduit au minimum, à la vision abstraite. Cette approche tient de la tradition japonaise du *Sabi*, de l'esthétique de l'inachevé. Yamomoto ne voit pas les racines de son travail dans sa patrie : « Le hasard a voulu que je naisse au Japon. Mais je ne me suis jamais servi de cette étiquette. » Il naquit en 1943 d'une mère veuve de guerre

Contrastes
Yamamoto nous a habitués au noir et au strict, mais il aime aussi surprendre avec du rouge et du mouvement.

Plastron moderne
Pour sa collection TAO de 2006, Rei Kawakubo s'est inspiré des tenues féminines avec des jabots brodés. Son plastron, magnifique et coûteux, n'est pas totalement innocent.

Revival

En hommage au célèbre bustier en plastique de Miyake, avec lequel Grace Jones fit fureur en 1980, Naoki Takizawa, son successeur qu'il intronisa lui-même, présenta en 2006 une nouvelle version de ce corps en plastique, dans un matériau plus souple.

et se rendit rapidement compte de la rigueur du système avec ses buts programmés à l'avance et son code rigide de l'honneur. Poussé par sa mère, il fit des études universitaires, mais, au lieu d'embrasser comme prévu une carrière de juriste, il préféra travailler dans l'atelier de cette dernière qui, 16 heures par jour, œuvrait comme couturière. Elle accepta, mais à une condition qu'il étudie dans la célèbre école de mode Bunka, où il fut l'unique garçon, mais également le plus âgé de sa promotion.

En 1969, Yamamoto participe à un concours et gagne un voyage à Paris. Pendant huit mois, il survit sans argent dans la capitale française en travaillant chez divers designers. De retour à Tokyo, il crée, en 1972, sa propre société qui dévoile sa première collection en 1977. En tout, Yamamoto fondera huit sociétés, dont Y's for Wo-men et Y's for Men, ses deuxièmes collections. Sa collaboration avec Adidas est un succès et il lance son propre parfum, mais il ne se considère pas comme un homme d'affaires.

Dans le monde de la mode, il est considéré comme un poète et un artiste, mais aussi comme un philosophe et le plus intelligent de tous les créateurs. On lui consacre des livres et des expositions, et Wim Wenders tourne avec lui, en 1989, *Carnets de notes sur vêtements et villes*. Depuis, le cinéaste ne porte plus que du Yamamoto : des vestes aux épaules étroites et tombantes, de petits revers et trois boutons, avec des pantalons larges au niveau des hanches et étroits aux genoux. L'ensemble est complété par une vaste chemise blanche, souple et d'une grande décontraction.

Le caractère noble et sérieux de ses vêtements, qui violent toutes les règles de la séduction, évoque toujours le kimono, cette « chose pour s'habiller », selon la traduction littérale du terme. Yamamoto affirme toutefois tirer son inspiration des photographies d'Allemands anonymes prises par August Sander entre les deux guerres mondiales : ils portaient des habits de travail aux couleurs sourdes, austères et lourds. Les premiers vêtements de Yohji Yamamoto sont également faits dans des tentes éloignées du corps, qui le cachent et le protègent. Lors de leur conception, Yamamoto part de deux points sur le plexus : « C'est de là que l'étoffe tombe le mieux. Quand on lui permet de rester vivante. » Ce n'est que quand il se met en mouvement que le personnage vêtu aussi légèrement révèle sa beauté. Yamamoto fait depuis longtemps l'objet d'un culte. Ses créations sont de plus en plus légères, et ses affirmations en pèsent d'autant plus lourd chez les spécialistes.

Dès le début, ISSEY MIYAKE veut établir un lien entre l'Est et l'Ouest, il n'a pas renié ses racines, mais est simultanément en quête de nouveauté. En 1979, son manifeste des deux cultures prend la forme d'un show, East meets West. Son but principal est de trouver le *Mâ*, l'intervalle entre l'accompli et l'inachevé. Ce peut-être l'espace entre le vêtement et la peau, et, chaque personne possédant sa propre silhouette, le *Mâ* est systématiquement unique. En Europe, Miyake est souvent considéré comme le Fortuny moderne, et ce pas uniquement parce qu'il donna, avec des couleurs

et des fibres synthétiques, une seconde vie aux plissés sensationnels Fortuny, qui, au début du XXᵉ siècle, étaient, bien sûr, en soie. Comme Fortuny, Miyake possède une multitude de talents et d'intérêts, la technique occupant chez lui le même rang que l'artisanat et l'art – comme tous les Japonais, il ne fait aucune différence entre les beaux-arts et les arts appliqués. Il n'établit pas davantage une hiérarchie entre les matériaux, synthétiques ou fibres naturelles, qui peuvent être travaillés aussi noblement les uns que les autres. Cette absence de préjugés lui procure une énorme liberté dans la conception de ses vêtements, et il réfute le terme de « mode ». Né en 1938 à Hiroshima, Miyake obtient son diplôme en arts graphiques à Tokyo, puis part pour Paris où il étudie la haute couture et travaille chez Laroche et Givenchy. Il apprend à New York, où il monte sa première collection en 1971, les conditions de création du prêt-à-porter. Si depuis 1973 Miyake expose ses modèles à Paris, les étoffes et les vêtements sont fabriqués au Japon. Il ne se laissa jamais influencer par la manie occidentale de créer un « style » : « Mon style trouve son origine dans la vie. Et non dans le style. » Il opta donc pour des habits légers, lavables et transformables, adaptés à une vie moderne et mobile.

À Paris, il remarque une différence fondamentale entre la mode occidentale et la mode asiatique : « La coupe du vêtement occidental s'inspire du corps, alors qu'au Japon, on s'inspire du tissu. » Il n'est donc pas étonnant qu'il consacre beaucoup de temps à la recherche de nouvelles étoffes, et que 100 usines japonaises ne travaillent que pour lui.

Ses créations nient le corps, mais lui laissent une absolue liberté. Le Ballet de Francfort, qui apparut à diverses reprises dans les collections de plissés de Miyake, en fit une démonstration éclatante sous la houlette de William Forsythe. Depuis 1988, la série Pleats Please est constamment complétée et développée, et elle est devenue pour les intellectuels et les artistes quelque chose comme un uniforme, avec un prestige comparable à celui des jeans de Levis. Les éléments individuels, en partie dans des coloris étonnants, peuvent être indifféremment combinés les uns avec les autres. Depuis 1999, Miyake se consacre principalement au A-POC (A Piece Of Cloth), associant les techniques informatiques de pointe et la pratique traditionnelle du tricot. Les tissus aux tailles non définies sont livrés sous la forme de cylindres tricotés, avec des lignes de séparation déterminées. Chacun peut ainsi confectionner sa propre collection, des vêtements longs aux chaussettes. Ainsi, la confection donne naissance à un vêtement individuel. Comme tous les designers japonais, Miyake se soucie de sa succession, et il a formé son propre successeur.

Depuis 1999, NAOKI TAKIZAWA, qui s'occupa pendant six ans de la collection masculine, est également responsable de la mode féminine. Takizawa, né à Tokyo, en 1960, pérennise le label dans l'esprit de Miyake : avec des matériaux expérimentaux comme du papier imbibé d'huile, du Jersey métallique repassé et doublé de papier au dos, des matières synthétiques chiffonnées et le célèbre plissé élastique. En 2011, finalement, la

His Master's Mind
Takizawa conserva l'esprit de la ligne de Miyake, son maître, mais ses plissés sont moins rigides et adoptent plutôt des formes plus libres.

Flower power

Pour fêter le printemps, Kenzo fit décorer le célèbre Pont Neuf de Paris (en haut) avec une avalanche de fleurs. Sa collection d'adieu, en 1999 (page ci-contre), fut aussi placée sous le signe des fleurs. Kenzo aimait aussi le folklore bigarré (ci-dessus). Son successeur, Antonio Marras se révèle être également un maître dans les associations de motifs floraux (ci-dessous, en 2008).

mode féminine fut confiée à Yoshiyuki Miyamee, lui aussi collaborateur de longue date de Miyake.

KENZO TAKADA, né en 1939, est le premier Japonais qui parvint à conquérir Paris avec sa mode. Il étudie dans un premier temps dans la célèbre école de mode de Tokyo, Bunka, dont il est l'un des tout premiers élèves. Kenzo arrive en France dès 1965, et, contrairement à ses patriotes plus tard, il est accueilli à bras ouverts. En effet, sa mode, qu'il met en valeur à partir de 1970 avec des shows spectaculaires, est aussi simple et joyeuse que lui-même, et elle est aussitôt comprise. Elle évoque les inoubliables *Sommer of Love* des années 1968 et 1969, lorsque la jeunesse d'un grand nombre de pays s'unit autour des thèmes de la paix et de la liberté. Le designer japonais devient célèbre du jour au lendemain grâce à son « enfant fleur » en robe Kenzo sur la couverture somptueuse d'un numéro de *ELLE*. Le fait d'avoir conçu ses premiers vêtements dans des étoffes peu coûteuses acquises sur les marchés aux puces, une démarche très dans l'air du temps, contribue au succès de ce nouveau venu dans le monde de la mode. Sa boutique Jungle Jap devient vite le point de rencontre d'une clientèle cosmopolite qui, comme cet homme sans cesse en mouvement, aime les voyages lointains et adopte volontiers les idées de tous les pays. « Je suis un homme très visuel », explique, avec son éternel air radieux, Kenzo, que le cercle de la mode ne connaît que sous son prénom. « Le voyage est la source de

magnifiques influences, j'aime toutes les cultures. J'en savoure les souvenirs. Puis je dessine. » De son pays, il apporte la coupe sobre du kimono, qu'il associe toutefois avec des éléments d'Amérique du Sud, d'Orient et de Scandinavie. Il appelle lui-même « couture déstructurée » ce mélange de motifs et de styles à couches multiples, et il dit s'inspirer des tableaux de Gauguin et de Matisse, ainsi que des films romantiques. Tel un réalisateur, il met en scène ses défilés de mode, comme par exemple lors du défilé de 1978 et 1979, sous un immense chapiteau de cirque, lorsqu'une écuyère apparut dans un uniforme transparent et qu'il arriva en personne sur le dos d'un éléphant. En 1993, Kenzo vend sa marque au consortium de biens de luxe LVMH et, six ans plus tard, à soixante ans, il se retire entièrement des affaires, fait inhabituel chez les créateurs de mode qui se cramponnent normalement autant à leur crayon à papier qu'un chef d'orchestre à sa baguette. « Trente ans de carrière me suffisent. Je veux voyager et avoir du temps pour mes amis, » dit-il alors. Au printemps 2009, il fait un autre pas décisif : il vend sa maison près de la Bastille, dans laquelle il avait vécu vingt ans. Son jardin typiquement japonais en faisait un motif de prédilection pour les magazines d'architecture. Son importante collection de statues chinoises, de masques africains et de poupées indiennes, évaluée à plus d'un million et demi d'euros, est vendue aux enchères. À soixante-dix ans, Kenzo décide de « tourner la page » et il déménage dans un appartement de 200 mètres carrés dans le centre de Paris.

Depuis 1962, le directeur artistique
ANTONIO MARRAS, né en Sardaigne
en 1962, apporte sa fraîcheur
à la mode de Kenzo. Tout comme
ce dernier, il aime la tradition
et l'artisanat, mais surtout la
déconstruction : trous de brûlure
dans des étoffes de grande valeur,
ourlets non achevés et étoffes
millésimées, rapiécées, tachées
et couvertes de croûtes par endroits.
Le résultat est chaque fois différent,
et c'est ainsi que l'on obtient des
pièces uniques dans une collection
de prêt-à-porter.
De tous les successeurs d'une maison
de couture, JUNYA WATANABE, né
en 1961 à Tokyo, est celui qui exerça la
plus grande influence. Rei Kawakubo
le prend sous son aile à sa sortie du
Bunka Fashion College. Il débute
comme coupeur chez Comme les
garçons. Trois ans plus tard, il se voit
confier la responsabilité de la ligne
Tricot. Il présente sa propre
collection à partir de 1992, mais fait
toujours partie de Comme des
garçons. Watanabe est parvenu
à tracer sa propre voie, malgré
les exigences pressantes de Rei
Kawakubo. Son style repose sur
des techniques très élaborées de
coupe et de drapage, ainsi que sur des
matériaux innovants. En 1999, il fait
pleuvoir sur le podium pendant tout
le défilé pour prouver que son étoffe
fonctionnelle en microfibre
« n'abandonnerait personne sous
la pluie » : le tissu ne laissa pas filtrer
la moindre goutte. Sa robe du soir
gris argenté de la collection hiver
2000-2001 a dès le premier regard
une touche presque historique :
un tuyau de velours orné de grands
chiffons froncés couleur ivoire,
comme on trouvait souvent aux
XVIᵉ et XVIIᵉ siècles. Une si vaste ruche

Poésie et géométrie

Tao Kurihara est réputé pour ses drapés et ses motifs (ci-dessus), alors que son maître, Junya Watanabe est considéré comme l'austère prince héritier des Japonais (ci-dessous).

qui englobe complètement les épaules et le tronc ne peut toutefois être réalisée qu'en chiffons de polyester, car un organsin se serait affalé. Le velours est bien entendu lui aussi en polyester – mais le tout a été assemblé à la main, dans la grande tradition de la couture. Un exemple typique du talent singulier de Watanabe qui parvient ainsi à conférer une légèreté aérienne à des créations sculpturales. Les avant-gardistes sont enthousiasmés par la « techno-couture » de Watanabe. Tout à fait dans la tradition du maître et de l'élève, dont il a lui-même profité grâce à Rei Kawakubo, Watanabe prend sous son aile une jeune collaboratrice, TAO KURIHARA. Après ses études au Central Saint Martins de Londres, en 1997, elle débute chez Watanabe qui l'encourage à présenter sa première collection, en mars 2005, à Paris. Elle aussi travaille sous le toit protecteur de Comme les garçons, avec tous les avantages – financiers et logistiques – que procure une grande entreprise.

JUN TAKAHASHI, né en 1969, est également un protégé de Rei Kawakubo qui lui confie, en 2004, une collection de chemisiers qui est mise en vente dans les vitrines de Comme des Garçons à Tokyo. Étudiant, Takahashi fonde son propre label, Undercover, qui compte entre-temps plusieurs lignes. Il commence avec des t-shirts et des modèles pour la rue comme il en porte lui-même avec ses amis musiciens. Ces créations qui semblent si simples au premier coup d'œil sont en fait des associations raffinées de violence et de poésie, comme ces étoffes lacérées, « raccommodées »

avec de la dentelle fine. Takahashi est considéré comme un couturier talentueux et plein d'avenir.

HIROSHIGE MAKI, né en 1957, fait parler de lui en tant qu'élève de Yohji Yamamoto. Sa marque de fabrique réside dans des vêtements en caoutchouc, d'où le nom de son label : Gomme. Des bandes de caoutchouc parcourent le corps et le suivent dans chacun de ses mouvements.

ATSURO TAYAMA, né en 1955, est aussi un élève de Yamamoto dont il partage la timidité. Loin du tumulte de la mode, il crée des modèles très élégants qui ne se préoccupent guère du confort. Comme la plupart des Japonais, il aime les matériaux modernes, comme le rayon et le polyester, avec lesquels il fabrique des robes cache-cœur et robes à fronces, ce qui lui vaut le titre de Fashion's Mr. Twister. En 1999, il fonde sa propre marque Green Label, nom sans signification écologique, puisque, outre les matières synthétiques, Tayama utilise souvent de la fourrure.

KOSUKE TSUMURA, né en 1959 au Japon et ancien élève du Miyake Design Studio, créa un Final Home, une dernière demeure : dans une atmosphère de fin du monde, il conçut, en 1994, un manteau de nylon avec plus de 40 poches, parfait pour les voyageurs ou pour les SDF qui peuvent bourrer les poches de papier journal et affronter ainsi le froid des grandes villes. Après utilisation, son propriétaire peut le rendre pour qu'il soit recyclé. C'est bien la première fois que l'on ne recycle pas uniquement les idées dans le monde de la mode...

Dinosaure

L'art de Yamamoto est simultanément ancré dans les origines et le futur. Ses femmes sont d'une autre planète, d'une autre ère – elles sont intemporelles.

Sexe, Drogues
LE TRIOMPHE DU MAUVAIS GOÛT
et Rock'n'Roll

Les cheveux piqués de fleurs, des sandales aux pieds et le sourire aux lèvres, les jeunes idéalistes des années 1960 entrèrent en traînant la savate, mais satisfaits, dans la septième décennie du siècle dernier. Leur utopie semblait vouloir se réaliser : l'avenir appartenait à la jeunesse et à sa philosophie du Peace & Love – l'âge de vote en France est passé de vingt et un ans à dix-huit ans en 1974. De fait, on entretint le culte de la jeunesse, mais les jeunes, qui l'avaient eux-mêmes créé, prirent de l'âge. La nature, dont le sein avait nourri leurs envies et leurs inspirations, se retournait contre eux. Ces tendres hippies à la barbe et aux cheveux longs eurent bientôt l'air très vieux et on dit alors d'eux : « Ne fais jamais confiance à quelqu'un de plus de trente ans. » Entre chômage, inflation et ennui, la jeunesse qui lui succéda accumula les inconvénients d'être née plus tard – et en outre, être jeune n'était pas automatiquement synonyme d'optimisme et d'idéalisme.

« Nous voulions nous rebeller, » explique Vivienne Westwood, « nous sentions que le mouvement des hippies était retombé et les vêtements qu'ils portaient ne nous avaient encore jamais plu. » Avec Malcom McLa-

ren, son compagnon, cette ancienne institutrice ouvrit une boutique à Londres, Let it Rock, et elle remit au goût du jour la culture underground de la jeunesse des années 1950 – avec le rock'n'roll et les pantalons tuyaux de poêle. Ceux-ci cédèrent ensuite la place au cuir, au latex et au bondage, jusqu'à ce que Vivienne Westwood devienne la « mère du grunge ». Elle porta dès le début des t-shirts avec des affirmations comme « Destroy », des années avant qu'une autre Britannique, Katharine Hamnet, ne devienne célèbre avec ses slogans politiques imprimés sur ses t-shirts. Son apparition devant Margaret Thatcher avec l'inscription *« 58 % don't want Pershing »* est restée dans les mémoires. La Premier ministre britannique ne s'en émut pas outre mesure et fit remarquer avec raison que les armes de dissuasion dont disposait l'Angleterre pour la guerre froide étaient des missiles Cruise, et non des Pershing.

Le mouvement féministe n'était pas davantage à l'abri des faux pas. Les féministes ne purent que constater que « féminité » n'était pas, de même que « jeunesse », une garantie pour un monde meilleur. Certaines femmes pacifistes choisirent la violence pour imposer leurs idées politiques, comme la journaliste Ulrike Meinhof qui, en tant que membre

Trop chic pour être hippy
Lorsque l'industrie de la mode s'appropria les vêtements des « enfants des fleurs », elle les dépouilla de tout leur potentiel contestataire. Ce couple avec des bijoux indiens sur des vestes en patchwork et un chapeau jaune en feutre fait tout ce qu'il y a de plus civilisé.

Le rock glamour chamboule la scène des clubs

Avec le personnage de Ziggy Stardus, David Bowie (page précédente) créa un être « extraterrestre », libre de toute inhibition sexuelle. Son ami Iggy Pop (en haut, à gauche) l'aida à surmonter une crise de drogue, alors que Garry Glitter (ci-contre) sombrait dans les scandales. En dansant en costume blanc dans *Saturday Night Fever*, en 1977, John Travolta (au centre, à gauche) lança une vague disco. Des vedettes, comme Roy Halston, Bianca Jagger, Andy Wahrol (ci-dessous) et Liza Minelli, et, plus tard, la playmate Bebe Buell (en bas, à gauche) ou l'actrice Jennifer Jason Leigh (en bas, à droite), se rencontraient au Studio 54. Johnny Rotten (en bas, au centre), le chanteur des Sex Pistols, s'installa comme musicien à Los Angeles.

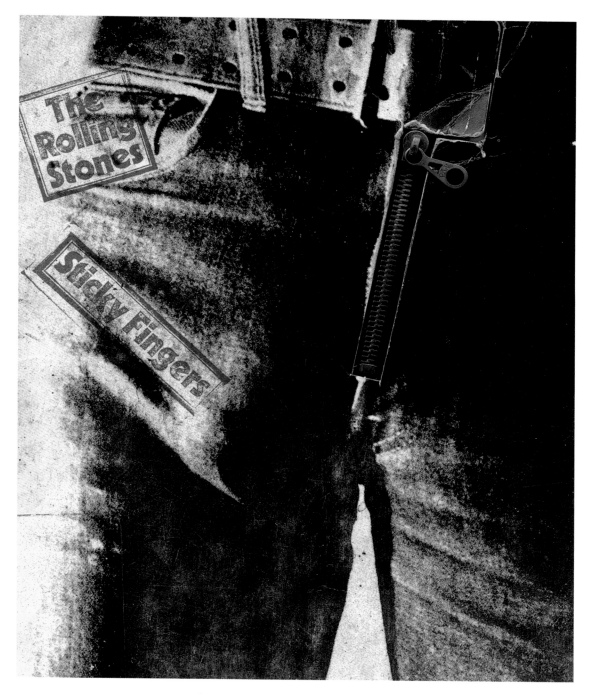

**Le meilleur goût est du plus bon goût
– lui seul attirait l'attention.**

En 1971, les Rolling Stones attirèrent le fantasme des acquéreurs dans une direction bien précise avec le titre de leur disque Sticky Fingers, une idée d'Andy Warhol. La pochette originale était pourvue d'une fermeture éclair. Les costumes du groupe suédois ABBA, considéré comme l'incarnation du mauvais goût, exercèrent également une grande influence sur les masses. Des habits de hippy au style western, en passant par les chaussures à semelles compensées, le lurex, l'argent, les coupes à la Jimmy Hendrix et les knickers, Agnetha, Anni-Frid, Benny et Björn ne se privèrent de rien de ce qui pouvait les faire remarquer sur scène. L'Abbamania dura dix ans, jusqu'à la dissolution du groupe, en 1982. Les musiciens noirs, en revanche, misèrent sur une élégance extrême, comme par exemple les danseurs de Soul Train, en 1974, à Los Angeles. La passion des femmes pour les semelles compensées fut à l'origine d'un certain nombre d'accidents de la circulation.

dirigeant de la RAF, se livra à des attaques de banque et à des attentats à la bombe en Allemagne. Alice Schwarzer opta pour une autre arme, le mot. En 1971, elle parvint à convaincre 374 femmes d'avouer publiquement « Nous avons avorté », et, avec son livre *La petite différence et ses grandes conséquences*, elle fut à l'initiative d'un débat mondial sur le féminisme. En 1977, elle fonda son propre magazine, *Emma*, l'« organe central » du mouvement féministe en Allemagne. Un grand nombre de femmes souhaitaient alors conquérir un pouvoir auparavant mal considéré. En 1979, Margaret Thatcher remporta les élections en Angleterre et elle se révéla une authentique femme à poigne. Elle fit table rase d'une économie à la dérive et d'une jeunesse « à l'abandon », qui, pendant deux décennies, avait fait de l'Angleterre le centre du renouveau.

Alors que les années 1960 restent dans l'histoire comme la grande époque de la révolte de la jeunesse, les années 1970 présentent un profil flou, peu homogène. Elles n'en furent pas moins très agitées, et c'est alors seulement que les bouleversements se firent ressentir à une grande échelle. Libération sexuelle, objection de conscience, expérimentations avec les drogues et exigences de la reconnaissance des droits de la femme n'étaient plus seulement au programme des minorités, mais elles étaient acceptées et pratiquées par les masses. Le pacifisme entretenu à la drogue douce des hippies céda souvent la place à un activisme politique exacerbé par les drogues dures. Pour les Black Panthers aux États-Unis, la RAF en Allemagne, l'IRA en Irlande du Nord et le PLO au Moyen-Orient, la fin justifiait désormais les moyens. Les actions terroristes faisaient partie du quotidien. Mais les groupes politiques ne furent pas les seuls à tenter d'imposer leurs idées. Les individus opprimés – et notamment les femmes – entendaient eux aussi se réaliser, et souvent des familles entières restèrent sur le carreau. Les anciens modes de vie avaient été déclarés irrecevables, restaient à en inventer de nouveaux. Il en résulta une grande incertitude et, dans un premier temps, les idées se concentrèrent sur le Moi. C'est avec grande justesse que le journaliste américain Tom Wolfe parla des années 1970 comme de la « Me-decade », la décennie du Moi. Pour le célèbre photographe Horst P. Horst, Tom Wolfe, l'écrivain en vogue de la scène pop américaine, était un « play-boy

de province en costume blanc ». Contrairement à Horst, artiste décadent européen, ce dernier savait toutefois parfaitement ce qui se tramait sous cette opulence et cette charité apparentes américaines : pour son reportage sur les bienfaiteurs blancs et les combattants de la liberté noirs de 1970, il choisit le titre de *Radical chic*. Plus tard, il écrivit un best-seller mondial, *Le Bûcher des vanités* — et, comme il ne vivait pas retiré dans la tour d'ivoire des esthètes, il connaissait bien son sujet. La guerre du Viêtnam s'achevait péniblement dans une atmosphère traumatisante, et l'hiver 1972-1973 fut également celui du choc pétrolier et de la chute du dollar. Il en était dans un premier temps fini de l'euphorie économique qui avait commencé dans les années 1950, et les années 1970 semblaient vouées à l'échec. Chez les jeunes, l'optimisme céda la place au cynisme. Et ils arborèrent un horrible visage. Ce n'est pas sans raison que cette décennie est considérée comme celle du mauvais goût. Semelles compensées et shorts très courts, pantalons à pattes d'éléphant et chemises en polyester, disco scintillant, kitsch rétro et punk « *no future* » – on essaya, mélangea, rejeta et se resservit de tout cela. On pourrait y voir l'expression d'une simple protestation, mais cette tendance cachait une force créative libératrice dont on ressent, aujourd'hui encore, les effets. C'est au cours de ces années que commencèrent à s'imposer le postmoderne et son style éclectique, et, avec eux, la véritable révolution dans la mode.

Tout avait pourtant commencé en douceur. La naïve classe moyenne s'était entiché des goûts des hippies et optait de plus en plus souvent pour des matériaux naturels, comme la laine, le coton et la soie. Les motifs et couleurs psychédéliques et criards furent suivis d'une gamme plus douce, avec des motifs plus souples et des petits imprimés, comme on les trouve sur les vêtements de style rural et ethnique. À l'appel du « Retour à la nature » fit écho une phase de beige : des couleurs neutres, comme le kaki, le sable, le taupe ou le rouge brique se laissaient combiner entre elles avec bonheur, et le nouvel art de l'habillement s'en trouva facilité. Car la mode, comme la vie elle-même, ne répondait plus à des règles établies, chacun devait choisir ce qui lui convenait le mieux. Se constituer une garde-robe à partir d'éléments individuels, comme on le fait avec naturel aujourd'hui, est également un

Le renoncement au bon goût généra *une **force créative libératrice** qui engendra des formes individuelles.*

héritage des hippies qui avaient, de cette façon, affirmé leur individualité.

En 1976, une femme révolutionna le commerce de la beauté : Anita Roddick, la petite-fille d'un immigré italien, fonda son Body Shop à Londres avec quatre milles livres qu'elle avait empruntées. Son idée consistait à concurrencer, avec des recettes secrètes de femmes, une gigantesque industrie qui misait sur les préparations chimiques. Le principe fonctionna. En quelques années, Body Shop devint le symbole d'une cosmétique exclusivement naturelle et respectueuse de l'environnement, et dont les produits étaient fabriqués selon des méthodes traditionnelles par des femmes dispersées aux quatre coins du monde. Et toutes étaient rémunérées selon le principe du *Fair Trade*. Anita Roddik devint millionnaire quasiment du jour au lendemain, mais elle n'oublia jamais son idée de départ : produire d'authentiques produits cosmétiques dont les utilisatrices et les productrices devaient profiter dans une même mesure.

Alors que la classe moyenne développait avec empressement une nouvelle conscience pour l'environnement, qu'elle fondait avec Greenpeace la première organisation internationale de protection de l'environnement et qu'elle s'appliquait à faire tout correctement — elle préparait ainsi le terreau du *Political Correctness* des années 1990 – la haute couture s'empara avec habileté des utopies des hippies : son rôle n'était-il pas de se dédier à la réalisation des rêves ? Et si, dans la réalité, le nouveau monde multiculturel, égalitaire et harmonieux se faisait attendre, il existerait au moins sur les podiums. Yves Saint Laurent, notamment, accorda la bénédiction de la haute couture aux habits exubérants issus du folklore, ainsi qu'aux blousons de cuir noir du mouvement anti-création, permettant ainsi de les porter à une clientèle de millionnaires qui, en toute beauté, voulait être « anti ». Opium, le capiteux parfum avec lequel Yves Saint Laurent couronna cette période, appartenait également à cet arsenal chic-et-choc qui donnait le sentiment excitant de l'insouciance de la jeunesse. Peut-être l'attirance soudaine des salons de couture pour la pompe orientale était-elle également une révérence devant les princesses du « pétrodollar », qui, après le choc pétrolier furent souvent les clientes les plus dépensières et, surtout, le dernier recours. Sans ces beautés orientales et les ventes de plus en

plus nombreuses de licences pour des accessoires de toutes sortes, un grand nombre de maisons de mode n'auraient en effet pas survécu à la récession des années 1970.

Le nouveau mot-clef était antimode. Tout était permis, que ce soit avec les vêtements bon marché en coton ou avec les costumes de haute couture, aussi longtemps que cela ne ressemblait pas à un look normal. Dans le doute, on optait pour le jeans, qui était devenu l'uniforme des non-conformistes – et qui n'aurait pas voulu en faire partie ? Ce n'est d'ailleurs pas un hasard si Levi Strauss obtint en 1971 le Coty Award, le prix de l'industrie de la mode aux États-Unis. On portait ces pantalons bleus en toutes circonstances, les femmes comme les hommes, les homosexuels et les lesbiennes, les pauvres et les riches. On les portait aussi bien au bureau qu'à la faculté, sans reprises ni broderies, bien sûr, mais délavés comme si on les portait depuis des années. Et de fait, leurs propriétaires semblaient ne jamais se changer, ce qui était pour eux une façon de démontrer qu'ils se moquaient de la mode, qu'ils avaient mieux à faire et à penser. Cette mode unisexe n'apporta pas l'égalité des sexes, mais une façon uniforme de se comporter : femmes et hommes avaient l'air aussi triste et désolant l'un que l'autre, sans un gramme de frivolité. Et la mode risquait encore moins de provoquer une révolution. Pas plus qu'Andy Warhol, avec la couverture si provocante du nouveau disque des Rolling Stones, *Sticky Fingers*, avec un zoom sur un entrejambe masculin vêtu d'un jeans avec une véritable fermeture éclair – depuis que le jeans avait été accepté parmi les vêtements corrects, il avait précisément perdu de l'entrejambe. Il fallut attendre le rock glamour pour que le jeu des sexes reprenne des couleurs et qu'un certain potentiel révolutionnaire réinvestisse la mode. Garry Glitter, Marc Bolan et surtout David Bowie arborèrent un maquillage élaboré et une élégance chatoyante, contre le laisser-aller ambiant et en faveur d'un retour à l'esthétique. Ils démontrèrent qu'unisexe n'était pas uniquement synonyme de « toutes les femmes deviennent monochromes » – les hommes s'appropriaient la couleur. Leur message était clair : si on met en doute la virilité, cela ouvre de nouvelles possibilités, et les bisexuels ont tout simplement le plus grand choix, également dans la mode. Les fans, filles et garçons, furent

Tout ce qui fut créé dans les années 1970 n'était pas forcément horrible

Shorts très courts et bottes blanches Gogo étaient de véritables non-sens – mais sur une belle silhouette, même cette tenue possédait un charme juvénile. Des femmes mûres, comme Diane von Fürstenberg, préférèrent créer leur propre mode. « *Feel like a woman, wear a dress* », vanta-t-elle sa robe portefeuille en jersey, en 1972. Elle se vendit à cinq millions d'exemplaires en quatre ans et est depuis le « coup sûr » pour toutes les femmes qui veulent une tenue à la fois sexy, confortable et chic. Cette habituée des réceptions sortie du Studio 54, dont Andy Warhol fit le portrait, se révéla être, après la séparation avec le prince Egon von Fürstenberg, une créatrice de mode à prendre au sérieux. La Britannique Zandra Rhodes, dont le manteau imprimé à la main en feutre jaune chromé fut présenté par l'actrice américaine Nathalie Wood (ci-contre), avait également une prédilection pour les tenues très féminines, souvent spectaculaires au premier coup d'œil. Zandra Rhodes, qui se teignait volontiers les cheveux en vert ou rose fluo, fut considérée comme une punk à ses débuts. Elle s'inspirait de la nature et des formes organiques pour ses motifs voyants.

Punks ou féministes –
les femmes s'émancipèrent

Le comportement d'un grand nombre de femmes fut une
provocation plus tenace que les excès de tous les groupes
de rock réunis. La punk Nina Hagen, la reine du fitness Jane
Fonda, le leader féministe Alice Schwarzer, la militante noire
des droits civiques Angela Davis, le précurseur de la cosmétique
organique Anita Roddick ou Jane Birkin, qui haletait des textes
osés en duo avec Serge Gainsbourg, toutes contribuèrent
à ce que la femme sorte de plus en plus souvent des clichés
traditionnels. Le slogan publicitaire pour les jeans Calvin Klein,
dit par Brooke Shields, quinze ans, brisa les derniers tabous :
« Savez-vous ce qu'il y a entre mon Calvin et moi ? Rien ! »
Il était trop étroit pour cela…

*Chacun pouvait devenir **une star pendant cinq minutes** – il suffisait de croire à Andy Warhol et au pouvoir des paillettes de discothèque.*

conquis par l'idée, et Londres fut bientôt envahi par une horde de clones de Ziggy Stardust.

Aux États-Unis, la mode connut des impulsions similaires émanant des musiciens noirs. Issus des ghettos, ceux-ci n'étaient pas en quête de harde, ils voulaient connaître le succès et tentaient leur chance dans des tenues éclatantes. Ils portaient des chemises à jabot, d'étroits pantalons italiens en jersey de soie, des cols roulés noirs, des manteaux de cuir et, à l'exemple des rockers glamours, des bottes « surélevées ». Les semelles compensées pouvaient mesurer jusqu'à 6 centimètres et le talon, 15 centimètres. Aucun matériau n'était trop beau. Les patchworks en peau de serpent de toutes les couleurs étaient le nec plus ultra. Le tout avait une connotation érotique : les semelles compensées et les larges jambes de pantalon guidaient le regard le long de la jambe jusqu'à l'endroit où le jersey de soie moulait étroitement le corps.

Le soir, même les honnêtes travailleurs, qui pendant la journée portaient des gris et beiges sobres, se livraient à tous les excès. Ils se libéraient dans les discothèques des frustrations des vêtements corrects imposés au travail. Chemises bariolées en polyester, combinaisons en lycra, hauts à décolleté américain avec des shorts très courts en lurex argenté, petite robe d'été en soie artificielle des années 1940, vêtements de cocktail des années 1950, robes longues à fleurs de grand-maman ou robes du soir modernes avec des fentes à la limite de l'attentat à la pudeur – on se mettait en valeur avec tout cela, au besoin avec la peau nue, mais, bien sûr, artistiquement peinte. Les discothèques, à l'origine considérées comme des lieux pour les homosexuels, devinrent la scène de tous ceux qui croyaient au credo d'Andy Warhol, selon lequel chacun pouvait être une star pendant cinq minutes. Le pape de la pop et ses camarades de Factory étaient au centre du Studio 54 qui ne resta certes ouvert que deux ans, jusqu'à ce que le fisc le ferme, mais n'en devint pas moins légendaire. La faute en revenait aux « *beautiful people* » qui y dansaient et s'y bourraient de cocaïne jusqu'à l'inconscience. Cette vague de la disco fut encore favorisée par des films comme *Saturday night fever*, *Grease* et *Fame*. On imitait John Travolta et Olivia Newton-John jusque dans les coins les plus perdus, dans d'anciennes galeries d'art reconverties en palais de danse étincelants. Toujours est-il qu'on se mettait sur son trente et un pour aller danser – mais la notion

1977

de trente et un avait beaucoup évolué. Proportions improbables et impossibles compositions de couleurs et de matériaux étaient le top : « *The best taste is the bad taste* » (« Le mauvais goût est le meilleur goût »).

Et c'est précisément le kitsch ironique et flamboyant de la vague disco, qui ne représentait qu'une partie de la mode de cette période, qui revint au goût du jour au seuil du nouveau siècle. Le Studio 54 passa alors à la postérité avec le film *The last days of disco*.

Ce phénomène n'était d'ailleurs pas dû au hasard ; un irrépressible besoin de fioritures baroques se fait visiblement ressentir chaque fois que la mode est dominée par des éléments minimalistes et basiques. À cette époque, Roy Halston fut le premier designer américain à créer une ligne moderne et décontractée de robes tubes et de combi-pantalons en jersey de soie, de complets à pantalons et de twin-sets en cachemire – à architecture réduite, sans motifs, le plus souvent en blanc, beige ou tons pastel. Si le design de Halston était minimaliste, son style de vie était aussi excessif qu'on pouvait le supposer chez le dandy préféré du Studio 54. Il fit faillite en 1984 et mourut du sida en 1990. Sa marque fut de nouveau commercialisée en 1999, dans le sillage du revival des années 1970 – mais Tom Ford avait depuis longtemps surexploité l'héritage de Halston pour Gucci, avec ses pantalons moulants aux hanches et ses chemises de jersey. Le label Halston connut toutefois une renaissance en 2008, quand Marco Zanini, l'ex-bras droit de Donatella Versace, en assuma la direction artistique.

Dans les années 1970, la génération disco combattait la cellulite, mais elle ne le faisait pas uniquement dans une atmosphère de « *saturday night fever* ». Elle s'imposait également une visite quotidienne à la salle de fitness. La collection Super mince lancée par Halston et reprise par d'autres créateurs, qui moulait le corps et en révélait les moindres détails, requerrait une ligne haricot vert. Le corps devint l'objet d'un culte et on l'entretenait à grands coups de fitness et de régimes. Les vêtements n'en devinrent que plus étroits. À la fin de la décennie, les femmes devaient s'allonger sur le sol pour parvenir à fermer la braguette de leurs jeans. Elles portaient en revanche les chemisiers ouverts jusqu'à la taille afin de bien montrer que leurs seins se dispensaient de soutien-gorge – inventant ainsi le premier décolleté profond que l'on pouvait arborer pendant la journée. Le blazer des hommes devint aussi un accessoire féminin érotique, dès lors que la femme le portait directement sur la peau nue.

Mais ces petites libertés n'étaient rien comparées à ce que les punks se permettraient quelques années plus tard ! En effet, ils enveloppèrent leurs corps rasés, tatoués et transpercés de piercings dans tout ce qui pouvait être considéré comme horrible : sacs poubelle, t-shirts déchirés, accessoires fétichistes en cuir, lurex étincelant, motifs léopard, ou encore vêtements militaires et bottes du Docteur Martens... Dans leur manque de goût cultivé, ils n'étaient en fait pas très différents de la génération précédente de la disco. Mais alors que les trentenaires trouvaient en toute conscience charmantes et amusantes leurs horreurs et stupidités, les punks en firent une amère provocation. Ils avaient le regard mauvais, découvraient le « *no future* » et entretenaient la haine envers la génération précédente, avec ses chichis de *flower power* et de retour à la nature. Les punks détournèrent le « *Peace & Love* » en « Violence & Sexe », et tout ce qui était naturel céda la place à des accessoires d'une artificialité criante. À bas le coton, vive le plastique ! On ne porta plus ensemble que ce qui n'allait pas ensemble : crêtes iroquoises vert et rouge sur des visages juvéniles blafards, chaînes de

chasse d'eau, tampons et épingles de sûreté en décoration sur des blousons de cuir portés avec des dessous érotiques achetés dans les sex-shops. Avec leur improbable cohabitation d'accessoires criards, ces associations sauvages arboraient souvent une qualité surréaliste qui évoquait le dadaïsme. Et ce pas uniquement sous la houlette habile de Vivienne Westwood qui sut si bien adapter le mouvement punk à la mode. Cette dernière comprit également quand il fut temps de s'en affranchir pour passer à autre chose. Westwood ne participa pas au revival punk, contrairement à d'autres designers, comme Versace et Gaultier, qui se mirent dans son sillage et en tirèrent une gloire inattendue. Les filles punks des années 1970 ne l'auraient vraisemblablement jamais cru si on leur avait dit que leurs épingles de sûreté défileraient sur les podiums – Liz Hurley, une actrice britannique jusque-là inconnue, obtint un contrat publicitaire de plusieurs millions avec Versace pour les cosmétiques d'Estée Lauder, mais également le statut de personnalité internationale, après avoir défilé avec la désormais célèbre *Safety pin dress*.

Alors que, en Angleterre, les impulsions décisives émanaient de la rue, en France, en Italie et en Amérique, un nombre croissant de créateurs prit pignon sur rue avec leur boutique et leur ligne. Tous les stylistes qui, jusque-là, avaient œuvré anonymement dans une grande maison de mode tentèrent de se faire un nom. Plusieurs de ces marques disparurent aussi vite qu'elles étaient apparues, mais certains de ces stylistes de base devinrent également de grands créateurs. Ce sont par exemple, en France, Claude Montana, Thierry Mugler et Jean-Paul Gaultier. En 1973, Pierre Bergé, le partenaire d'Yves Saint Laurent, et Jacques Mouclier, le président de la chambre syndicale de la Haute Couture, imposèrent une nouvelle règle accordant aux jeunes créateurs le droit de montrer leurs collections en public. Contrairement aux maisons de haute couture, dont les défilés ont lieu devant un public choisi, le plus souvent dans des salons privés, en janvier et en juillet, ceux-ci présentent depuis leur prêt-à-porter en mars et en octobre, devant un public plus important, mais malgré tout choisi, dont des clients, des journalistes et des personnalités. Thierry Mugler et Kenzo furent les premiers à faire de leurs défilés d'impressionnants spectacles auxquels se pressent quatre fois plus de monde qu'aux défilés de haute couture.

L'appel à l'anarchie

Avec sa tournée, le groupe punk des Sex Pistols, dirigé par Malcolm McLaren et habillé par son ex-petite amie Vivienne Westwood, voulait provoquer un soulèvement comparable à celui de mai 1968 à Paris.

LA MODE PUNK NÉE D'UNE FEMME :
Vivienne Westwood

*08/04/1941

Vivienne Westwood ? C'est bien celle qui s'est présentée devant la reine, sans culotte sous une jupe qui ne s'est pas soulevée uniquement par hasard... Cette Anglaise qui vous perce les oreilles, qui, alors qu'elle était punk provoquait et portait des fringues indigestes en latex et en cuir. Le grand public n'a pas retenu grand-chose d'autre de ses trois décennies de labeur dans la mode. Et pourtant, Vivienne Westwood est tout, sauf une cruche à scandales. Son évolution tient d'une classique histoire d'émancipation, c'est le conte d'une femme qui quitta la maison, et le punk, pour devenir une dame.

Vivienne, qui est l'aînée de trois enfants, grandit dans un lotissement entre deux villages, loin de tout glamour. Adolescente, elle copia le new-look de Dior auquel elle voue, aujourd'hui encore, une grande admiration. Ses parents déménagèrent pour Londres alors qu'elle avait dix-sept ans. Elle souhaitait alors devenir créatrice de bijoux. Doutant toutefois de pouvoir accéder au milieu de l'art en tant que fille d'ouvrier, Vivienne Westwood opta pour un métier aux revenus assurés, institutrice, et elle finança elle-même ses études en travaillant dans une usine. Elle rencontra son premier mari, Derek Westwood, à vingt et un ans, mais se sépara de lui peu après la naissance de Ben, leur unique enfant commun.

En 1965, elle rencontra l'homme de sa vie, Malcom McLaren. Bien que de cinq ans son cadet, celui-ci n'en avait pas moins une plus grande expérience qu'elle. Il avait fréquenté une école de comédiens, puis l'Académie des beaux-arts, était spécialiste de rock'n'roll et totalement fasciné par la mode : « Il me prit par la main et me forma de A à Z, » dit Vivienne à propos de celui qui vécut avec elle de longues années. Vivienne Westwood, à ses côtés, était coiffée en « hérisson » blond platine et portait des talons aiguilles assortis de petites socquettes, un pantalon velours à imprimé léopard ou une jupe qui tourne avec des pulls surdimensionnés en mohair sur des collants. Sa seule apparence attirait beaucoup de monde dans la boutique Let it Rock qu'elle avait ouverte dans la King's Road, à Londres, avec McLaren.

La boutique changea souvent de nom et, simultanément, de style de vêtements. Leur plus grand succès fut les t-shirts avec des messages politiques ou pornographiques. Le déclic se fit toutefois quand ils décidèrent de l'appeler tout simplement Sex, y vendirent des chaînes, des fermetures éclair, des costumes de latex et des accessoires pour pin-up. Ils lui donnèrent

---

Vive protestation des femmes activistes
Les t-shirts de Vivienne Westwood véhiculent depuis toujours ses messages politiques. Lorsque le gouvernement britannique émit, en 2005, une loi antiterroriste, elle protesta avec un « cri du cœur » : « Merci de ne pas m'arrêter. »

Retour vers le futur
Pour sa collection automne-hiver 2006-2007, Westwood proposa une robe d'inspiration médiévale sur un pantalon étroit.
Pour celle de printemps-été 2009, en revanche, elle montra une femme en brillante guitariste de rock.

Comme bon lui semble

Vivienne Westwood ne se lasse jamais de surprendre : avec le mannequin Carla Bruni en manteau de fourrure et string assorti,
avec des chaussures vernies dignes d'un musée, à semelles surdimensionnées et ornées de balles, ou en détournant la haute coiffe
des bobbies britanniques – puis elle présente de nouveau un modèle en tissu écossais, des impressions artistiques hautes en couleurs
(page ci-contre) et même un chemisier orné d'une bouche qui tire la langue.

*C'est en puisant dans les **coffres à vêtements du xixᵉ siècle** que Vivienne Westwood se projeta dans le futur.*

finalement le nom de Seditionaries (agitateurs) et devinrent le point de rencontre des punks. Pendant toutes ces années, Vivienne Westwood fut celle qui fit tourner la boutique avec son opiniâtreté, son travail personnel et ses idées. Elle ne se voyait toutefois pas en designer de mode.

Ce n'est qu'au début des années 1980, à quarante ans, que Westwood s'aperçut qu'elle avait développé un style propre. « Jusque-là, » dit-elle, « je ne m'étais pas considérée comme une créatrice de mode ; pour moi, j'avais tout simplement participé aux projets de Malcom. » Le couple, qui, en 1967, avait eu un enfant, Joseph Ferdinand Corre, se sépara. Vivienne, l'institutrice avide de connaissances, fit d'intenses recherches sur les styles, coupes, formes et étoffes du passé dans le fonds artistique de la bibliothèque du Victoria and Albert Museum. Il en naquit la collection Pirates, qui, au printemps 1981, fut la première collection à défiler sur un podium sous le label Vivienne Westwood.

Deux ans plus tard, le Victoria and Albert Museum acheta l'un des costumes néo-romantiques de Pirates, et Vivienne Westwood, peu de temps auparavant considérée comme « infréquentable », en fut très fière. Fini la rébellion ! Elle en avait marre des couleurs mornes et du « look tunnel », ses pirates plastronnaient avec leur or et leurs costumes à fronces. Vinrent alors les sauvages, avec la collection Savage, la peinture sur corps, les cheveux badigeonnés de boue et autres éléments primitifs ; c'était une approche tiers-mondiste de la mode. Malcom McLaren n'était plus en couple avec elle, mais il se montrait toujours un compagnon protecteur.

Vivienne Westwood s'aventura à Paris où elle présenta, pour la collection printemps/été 1983, Punkature, une évolution de ses anciennes modes punks : à partir de simples carrés, elle fit des vêtements qui furent bientôt copiés dans la rue, avec l'épingle de sûreté et les boutons en couvercles de Vim. Seules les étoffes avec des reproductions de scènes de Blade Runner étaient trop chères pour les jeunes. Contrairement aux autres couturiers, Westwood était contente d'être beaucoup plagiée. Encore fallait-il que celui qui s'inspirait d'elle le fît à sa façon, comme sa collègue londonienne Zandra Rhodes. Son idée la plus copiée fut celle de la jupe cylindrique bon marché en jersey qui se portait avec décontraction, le ventre nu.

Westwood laissa ensuite définitivement tomber l'épingle de sûreté pour se consacrer à son ascension sociale. « Le punk appartient définitivement à mon passé » dit-elle dans une interview. Mais elle expliqua également pourquoi elle le voulait ainsi : « Je croyais qu'il fallait enfoncer une porte mais, entre-temps, je sais qu'il n'y a pas de portes. Il n'y a que des obstacles sur mon chemin. »

Son plus gros obstacle fut vraisemblablement le charismatique Malcom McLaren qui fit carrière dans la musique en tant que manager et soliste hyperactif multitalent et omniprésent. Westwood était une femme sous influence lorsqu'elle vivait à ses côtés, et elle le resta des années après leur séparation. Ce n'est qu'en 1985 qu'elle parvint à trouver sa propre voie.

Vivienne Westwood découvrit la féminité. Le tournant décisif chez elle fut la Criniscule : une collection inspirée du corset et de la crinoline, ces accessoires qui avaient sculpté la ligne des femmes au cours du siècle précédent. Westwood créa une nouvelle crinoline à partir de coton et d'un tweed léger, maintenue par un assemblage de fausses baleines qui s'escamotaient lorsque

Un ange sur la mauvaise voie
En 2009, Vivienne Westwood adopta comme muse et modèle Pamela Anderson.
En mars, la blonde à forte poitrine évolua sur le podium parisien en robe de soie
rouge avec un tutu relevé comme des ailes et des chaussettes de footballeur.

L'important, c'est la chaussure

Vivienne Westwood n'accorda pas toujours de l'importance aux pantalons, que ce soit dans son sex-shop, en 1976 (ci-dessous), ou devant la reine, en 1992 (page ci-contre, en haut à droite). En revanche, même le mannequin nu qui clôtura le défilé parisien en 1994 portait des chaussures. Un an auparavant, Naomi Campbell fit une chute spectaculaire sur des chaussures démesurément hautes. Westwood, qui débuta aux côtés de Malcolm McLaren, devint l'une des créatrices de mode les plus influentes. Avec son troisième mari, Andreas Kronthaler (page ci-contre, en haut à gauche), elle associa dans la mode les motifs traditionnels (ci-dessus et page ci-contre, en bas à gauche) et les éléments punks (photos de la colonne de droite).

*Tissu écossais, tweed et twin-set firent de **l'ex-punk une lady** qui donna un nouvel élan à la tradition britannique.*

la femme s'asseyait, si bien qu'elle pouvait la porter même dans un métro bondé. À une époque où les costumes se voulaient dominateurs, avec de larges épaules, donnant aux hommes comme aux femmes une silhouette en Y, elle fit défiler des mannequins avec des rondeurs marquées. La Criniscule est vraiment mise en scène avec des chaussures à grosses semelles compensées et elle procurait le même effet que chez une danseuse en tutu et chaussons de danse – impossible de savoir quel mouvement inattendu livrerait des aperçus inédits.

La Criniscule était une sorte d'hommage à Dior qui, lui aussi, rembourrait et sanglait les femmes. Le talent de Dior consistait à couper les formes exagérément féminines dans une étoffe résolument masculine. Westwood s'appropria l'idée et elle consacra sa collection d'hiver suivante à une étoffe typiquement anglaise, le Harris Tweed. L'une de ses vestes cintrées, qui devint un classique et fut sans cesse remise au goût du jour, fut baptisée Savile, du nom de la rue où se situent les meilleurs couturiers pour hommes.

Au cours des dix années suivantes, Westwood resta fidèle à sa ligne Harris Tweed que l'on pourrait considérer comme une aimable parodie de la garde-robe traditionnelle anglaise de l'aristocratie provinciale, avec ses robes rouges bordées de velours noir, façon chasseur, mais aussi les twin-sets très sages que les femmes respectables portaient à l'heure du thé, et, bien sûr, les divers imprimés écossais. « J'ai adopté ici le vocabulaire de la maison royale, » expliqua Westwood qui n'a jamais hésité à indiquer ses sources d'inspiration. « J'ai détourné le conventionnel pour en faire quelque chose de non conventionnel. »

Westwood, qui contribua à la diffusion internationale de cette étoffe très résistante qu'est le tweed et de la mode anglaise, reçut en 1988 le Queen's Award for Export Achievement. Ce n'était qu'un début : en 1989, John Fairchild, l'influent éditeur du WWD *(Women's Wear Daily)*, la classa en tant qu'unique femme parmi les six dessinateurs de mode les plus créatifs de la planète ; en 1990 et 1991, elle est nommée créatrice de mode de l'année en Grande-Bretagne ; en 1992, elle est récompensée par le titre d'Officer of the British Empire, puis, en 2006, elle est élevée au rang de Dame Commander of the Order of the British Empire. Deux ans auparavant, elle avait obtenu le World Fashion Award.

La jeune fille de province a donc réussi à saper la création de l'intérieur : « J'ai tourné le dos au code de l'habillement de la classe moyenne et de l'underground. L'underground est désormais suspect à mes yeux... il ne dispose d'aucun statut. L'important, pour moi, est la qualité de vie, et on ne peut l'améliorer qu'en portant des habits qui impressionnent les gens. »

Malgré tous les prix et toutes les récompenses qu'elle a obtenus, rien ne laisse prévoir que la créatrice rebelle s'en tiendra là. Sa mode gagne constamment en perfection, elle-même reste une marginale. Avec son troisième mari, Andreas Kronthaler, qui est plus jeune qu'elle et qu'elle a connu alors qu'elle enseignait à Vienne, elle développe une mode dont on peut tout attendre.

L'esthétique de Vivienne Westwood est en adéquation avec celle de la haute couture, où l'exagération est un artifice à part entière. Elle-même est convaincue qu'une bonne mode ne peut qu'être le fruit d'une fusion entre l'artisanat d'art britannique et le raffinement français. Tout le reste ne l'intéresse plus.

Innocent comme l'agneau qui vient de naître
En 1995, Vivienne Westwood habilla le modèle à scandales Kate Moos avec un kilt court en tweed, un corsage de soie et une veste twin-set, et elle lui mit un lapin angora dans les bras – l'image même de l'innocence.

LE TALENT PROVOCATEUR :
Jean-Paul Gaultier

*24/04/1952

Qu'est-ce qui est beau ? Qu'est-ce qui est laid ? Qu'est-ce qui est élégant et qu'est-ce qui est vulgaire ? Et surtout : qu'est-ce qui est masculin et qu'est-ce qui est féminin ? Jean-Paul Gaultier souleva de telles questions à chacun de ses défilés et il obtint souvent des réponses spectaculaires. Alors que les autres créateurs de mode font défiler les plus belles femmes de monde, il choisit des femmes fortes, des femmes d'âge mûr, des avec des piercings ou des tatouages – d'« authentiques » êtres humains – pour présenter ses créations. Gaultier, qui défend avec le même engagement la cause des femmes et celle des homosexuels, a gommé la frontière entre les modes masculine et féminine, et il montre les deux collections simultanément – sans que l'on sache vraiment qui va porter la jupe et qui va fumer le cigare. Son duo hétéroclite peut aussi bien s'amuser à échanger les rôles que paraître comme des jumeaux dans des tenues identiques. En 1985, la jupe pour les hommes fut le morceau de choix de sa collection pour les hommes « Et Dieu créa l'homme », mais elle ne parvint pas à s'imposer. Seul Gaultier porte volontiers son association préférée de jupe écossaise et de pull marin quand il vient recueillir les applaudissements à la fin d'un défilé.

Car il est applaudi. Pour ainsi dire contre toute attente, car, dès le début, Gaultier chercha la confrontation. Son style est une provocation ironique envers la bourgeoisie française. À l'instar de sa collègue britannique, Vivienne Westwood, il chercha son inspiration dans la rue, et ce à Paris comme à Londres, les punks étant avec leurs tenues exaltées ceux qui l'impressionnaient le plus. Mais il voulait également provoquer lui-même, raison pour laquelle ses parades étaient le plus souvent de pures parodies : c'est ainsi qu'il habilla l'une de ses modèles d'un costume de Chanel, le symbole de l'élégance française, coupé dans une fourrure synthétique bon marché. Il dota la « femme libérée » de tous les attributs de la séduction féminine : courbes, taille, talons et dessous. Il montra l'homosexuel, qui, dans les années 1970, célébrait son coming-out, comme un objet du désir, avec des allures de macho, une montagne de muscle en collants. L'exagération est stimulante, et c'est ainsi que Gaultier contribua davantage que nombre d'autres artistes à l'élargissement des critères de beauté, et œuvra davantage pour la tolérance que la plupart des hommes politiques.

Jean-Paul Gaultier est né en banlieue parisienne. Sa grand-mère, esthéticienne et voyante, exerça une grande influence sur son éducation. Le jeune homme quelque peu efféminé ne s'intégra

---

Un sac de Gaultier
Jean-Paul Gaultier se montrait volontiers en jupe et col roulé, mais, pour ce clin d'œil à Yves Saint Laurent, qui avait posé nu pour une publicité de sa propre maison, il se fit photographier vêtu d'une grossière toile de sac.

Voyage autour du monde

La prédilection de Jean-Paul Gaultier pour les motifs ethniques apparut au grand jour lors de la rétrospective pour le trentième anniversaire de sa marque. Ses inspirations sont très éclectiques : mantille espagnole, tatouages indigènes, constructivisme russe, fourrures et peintures mongoles ou, tout simplement, pull à rayures du marin breton. Il innova beaucoup dans la haute couture, comme le montrent la robe fuschia avec son manteau à garniture de fourrure, et le costume avec une petite crinoline.

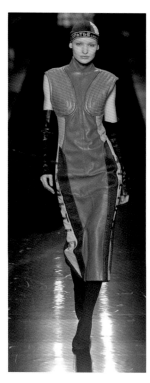

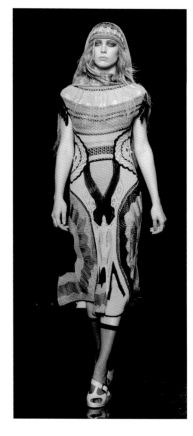

*On peut faire des **choses magnifiques avec n'importe quoi** – telle est la leçon que Gaultier tira de ses expériences passées.*

que difficilement dans son école. Sa « personne de référence » était son ours en peluche qui est, aujourd'hui encore, sa mascotte. Vers sept ans environ, il vit à la télévision – de nos jours encore son passe-temps préféré – des danseuses de boîte de nuit en bas résille et avec des accessoires en plume. Elles le fascinèrent tant qu'il les dessina. Il fit l'erreur d'emporter ses esquisses à l'école. Pour le punir, l'instituteur lui colla l'un de ses dessins dans le dos et l'obligea à aller ainsi de classe en classe. Ce ne fut pas le chemin de croix attendu : à sa grande surprise, tous les élèves lui sourirent. C'était la première fois que Jean-Paul Gaultier ressentait une telle manifestation de sympathie à son égard et il comprit ce à quoi il était destiné : ses talents de dessinateur lui permettraient de conquérir l'amitié et l'amour des autres.

Jean-Paul Gaultier quitta l'école à quatorze ans et commença à envoyer des dessins de mode à tous les couturiers de renom. Impressionné par ce talent juvénile, Pierre Cardin lui donna sa chance. C'est d'ailleurs de Cardin que Gaultier reprendra le leitmotiv : « Tout est permis, rien n'est définitif. » Il apprend également que l'on peut faire des choses magnifiques à partir d'un bout d'étoffe trouvé dans la rue. L'idée est importante, pas le matériau. Gaultier conservera toute sa vie cette approche de la mode. Les marchés aux puces, dont il y a légion à Paris, deviennent de véritables mines pour lui, mais aussi une source d'inspiration. Récupérer, modifier, mélanger – tels sont les principes de sa mode. Et ce sont entre autre les punks – qui l'ont inspiré lors de ses nombreux voyages à Londres dans les années 1970 – qui lui ont ouvert les yeux.

En 1971, Gaultier passe chez Patou où il reste trois ans, le temps de s'approprier les finesses de son art. Il se sent alors fin prêt à affronter le marché de la mode où, depuis l'introduction du prêt-à-porter, en 1973, les jeunes créateurs poussent comme des champignons. À vingt-quatre ans, il présente sa première collection au palais de la Découverte, à Paris. Son talent fait l'unanimité. Deux ans plus tard, il fonde sa propre maison de couture et, depuis, il participe régulièrement aux défilés parisiens. L'étiquette d'« enfant terrible » lui colle à la peau – et elle lui va toujours aussi bien, bien qu'il ait maintenant largement dépassé la cinquantaine.

Comme Yves Saint Laurent, auquel il porte une immense admiration pour son glamour, son érotisme cru et son « choc-appeal », Jean-Paul Gaultier parvient constamment à déconcerter un public pourtant blasé. Il met littéralement la mode sens dessus dessous. Les corsets et les collants deviennent chez lui des vêtements à part entière qui mettent le corps en valeur. Selon le Kyoto Costume Institute, cette volonté d'utiliser un vêtement dans un but diamétralement opposé à celui auquel il est destiné, se réclame du post-moderne. De nouveaux tissus, qui moulent élastiquement le corps, le lui permettent. Ses bodies moulants, inspirés par Richard Lindner, peintre américano-allemand, et portés avec des bottes à lacets ringardes, donnent chez lui une esthétique fraîche, libre et joyeuse, mais pas vulgaire. Dans le même temps, il crée des vêtements romantiques en tulle de coton démodé que la femme arbore avec un corset et des jarretières (inutiles) par-dessus la jupe – il réalise ainsi sa vision d'une Jeanne d'Arc aussi innocente que belliqueuse.

Un camouflage tout relatif
Bien que cette dame porte une robe de chiffons aux couleurs de camouflage militaire, elle n'en est pas moins bien en vue. Gaultier créa un flacon de parfum ayant la forme d'un torse masculin (en haut) ou féminin – une référence à Schiaparelli.

L'éternel enfant terrible fut invité à faire de la haute couture – et est considéré depuis comme **le plus grand talent français**.

C'est la star de la pop, Madonna, qui, en portant du Gaultier pour sa tournée 1990 Blond Ambition, mit le mieux en valeur le potentiel provocateur des corsets du créateur. On garde notamment en mémoire son corset rose saumon avec des corbeilles coniques aux piqûres en spirale. Madonna fut émerveillée de voir comment une poitrine en ogive rembourrée avec du velours pouvait transpercer une veste stricte à fines rayures. Pour elle, c'était « la fusion idéale entre les puissances masculine et féminine » — et l'avenir de la mode. Les costumes excitants de Gaultier étaient non seulement coupés pour son corps, mais aussi pour sa personnalité, et Madonna commanda chez cet extravagant français sa garde-robe pour deux autres tournées mondiales, comme, par exemple, pour Confessions Tour, son show sadomasochiste de 2006.

Sa collaboration avec Madonna fut largement commentée par la presse, mais elle valut également à Jean-Paul Gaultier un préjugé des plus tenaces : aujourd'hui encore, on dit de lui qu'il crée une mode bizarre, pratiquement immettable. Les titres de ses collections y contribuèrent également beaucoup : Latin Lover », Femmes entre elles, La concierge est dans l'escalier, Le charme discret de la bourgeoisie ou Forbidden Gaultier étaient destinés à exciter les fantasmes inavouables et à troubler la clarté du regard sur le vêtement. Les nombreuses influences ethniques, telles qu'elles furent intégrées dans ses collections 1994-1995, Les Mongols, Le grand voyage et surtout Tatouages, en déconcertèrent plus d'un. Alors que les Mongols arboraient de somptueuses décorations et de magnifiques fourrures, les Tatoués apparurent pratiquement nus, ou du moins en donnaient-ils l'impression. Les motifs typiques des tatouages semblaient appliqués directement sur la peau, alors qu'ils l'étaient en fait sur des combinaisons et des leggings de nylon qui adoptaient la structure de la peau humaine.

Si l'on affranchit les tenues éclectiques de Jean-Paul Gaultier de leurs accessoires de spectacle, on obtient alors des vêtements drôles, intelligents et aptes à l'utilisation. La chambre syndicale de la Couture confirma qu'ils étaient en outre travaillés dans les règles de l'art en invitant, en 1997, l'éternel enfant terrible à exposer sa couture. Gaultier est depuis considéré comme le plus grand espoir de la haute couture, que l'on dit d'ailleurs agonisante depuis des décennies. Son esprit artistique, comme sa prédilection pour les gags dadaïstes, évoque fortement Elsa Schiaparelli. Gaultier en reprit sans ambages l'idée d'un flacon de parfum ayant la forme d'un tronc humain. Que ce flacon était recyclable est toutefois sa propre contribution à l'esprit de l'époque.

Gaultier adore Paris et tout ce qui évoque le seuil du XXᵉ siècle. Il partage également l'avis des touristes, pour lesquels rien ne vaut les si folkloriques bals musette, et son héroïne favorite est l'accordéoniste Yvette Horner. Hermès, l'une des plus anciennes maisons de tradition parisienne, qui détient 35 % de son entreprise, lui proposa en 2003 d'assumer en tant que chef designer la responsabilité de ses propres collections pour les femmes ; ce fut l'intronisation de ce drôle d'oiseau si bigarré dans le monde de la grande bourgeoisie.

Inspirations lointaines
Pour son défilé d'anniversaire, Gaultier présenta un mannequin vêtu comme une Mongole venue d'une autre planète, avec des fermetures éclair et des manches démesurées sur une tenue en fibre synthétique. Derrière, lui, une Japonaise dans une robe-cage de 1989.

L'ambition faite blonde
Madonna commanda à Gaultier les costumes de sa tournée Blond Ambition, en 1990. Le couturier était si enthousiasmé
par sa cliente et son potentiel de bombe sexuelle qu'il n'en finit pas de dessiner.

Ils ont marqué leur époque

Thierry Mugler

Claude Montana

Franco Moschino

Betsey Johnson

La femme comme fétiche – on pourrait réduire à cette formule le travail de création de Thierry Mugler (*1948). Ses épaules rembourrées et ses tailles sanglées, en cuir ou en vinyle, furent considérées comme misogynes dans les années 1970, puis comme avant-gardistes dans les années 1980. Cet ancien chorégraphe abandonna la mode en 2003 pour se consacrer à la mise en scène, de la chorégraphie aux effets scéniques en passant par les costumes. Il est aussi conseillé artistique pour, entre autre, les tournées mondiales de Beyoncé Knowles, la très féminine diva de la pop.

Tout comme Thierry Mugler, Claude Montana (*1949) met l'accent sur des épaules larges et une taille de guêpe – mais avec une coupe géométrique précise, plus agressive que celle de son collègue. Ses partisans virent dans la silhouette stricte les principes de l'abstraction futuriste, alors que ses opposants trouvaient vulgaires ses costumes à pantalon de cuir avec des cols démesurés, ses jupes droites ou ses pantalons et les talons aiguilles. Montana fut contraint de vendre son entreprise, avec son nom, en 1997, suite à des procès, de la malchance et une vie de débauche.

Au départ, Franco Moschino (1950-1994) voulait démasquer le monde établi de la mode, mais il fut accueilli à bras ouverts par ceux qu'ils parodiaient. Avec les yeux du peintre professionnel, l'Italien détourna les vêtements à coupe conventionnelle en des clous de défilé ambulants : que ce soit avec des œufs sur le plat à l'ourlet ou sa veste Chanel piquée de capsules de bouteille – sa marque s'appelait Cheap & Chic. Son œuvre la plus connue est le manteau de fourrure fait d'ours en peluche. Moschino est décédé en 1994, mais sa maison de couture continue à vivre sous la houlette créative de Rossella Jardini.

L'Américaine Betsey Johnson (*1942), s'établit dans les années 1970 en tant que spécialiste des motifs imprimés on ne peut plus bigarrés et qui mettent de bonne humeur, même si on n'en apprécie pas le goût. Cette ancienne chorégraphe se fit un nom comme créatrice de mode le jour où Julie Christie porta sa célèbre robe avec un col extensible de 30 cm. Ce n'est toutefois qu'en 1999 que les critiques la couronnèrent enfin pour son *Timeless Talent* — une raison de plus pour Betsey de faire la roue, chose qu'elle fait depuis toujours à la fin des défilés.

Le nouveau glamour

QUAND LA MODE S'EST DÉBAUCHÉE

En 1980, alors âgé de 69 ans, Ronald Reagan fut élu président des États-Unis, et c'en fut fini du culte de la jeunesse, même si, cette année-là précisément, Karl Lagerfeld tenta de revivifier la minijupe. Le monde occidental redevint conservateur.

En revanche, le glamour fit son entrée à la Maison Blanche. L'ancien acteur Reagan et son épouse très mince Nancy resplendissaient dans une mode de styliste, et celui qui le pouvait les imitait. Le nouvel idéal était le « yuppie » *(young urban professional)*, qui faisait carrière dans la branche informatique ou médiatique, ou jouait avec succès à la bourse et qui avait la main légère pour dépenser l'argent si rapidement gagné.

Comme par exemple Ivana Trump qui, avec « *big boobs* » et « *big lips* » et « *big hair* », démontra que plus, c'est simplement plus. Personne mieux que l'ex-épouse du roi de l'immobilier Donald Trump ne représenta les idéaux de cette décennie : amasser de l'argent et le montrer. Elle faisait penser à un personnage de ces séries télévisées populaires telles que *Dallas* et *Denver*, dans lesquelles on s'exerçait à la « *good life* ».

En 1980, dans le monde entier, en fait 300 millions de spectateurs tournaient régulièrement le bouton quand *Dallas* arrivait à l'écran. Il ne pouvait pas y avoir de meilleur objet d'étude pour la mode et le sens de la vie des années 1980. J-R., Bobby, Pamela et Sue Ellen Ewing de *Dallas* montraient comment on pouvait se rendre la vie agréable avec beaucoup d'argent dans un ranch luxueux appelé Southfolk.

La ville de Dallas, devenue riche grâce au pétrole, fut l'un des meilleurs marchés pour Escada, cette firme de mode munichoise temporairement considérée comme la plus importante du monde. Créée en 1976 par Margaretha et Wolfgang Ley, Escada comprit exactement le goût de l'époque : ce qui est cher doit avoir l'air cher ! Ainsi n'économisait-on pas les applications exubérantes et les boutons dorés. Il n'est pas étonnant que Margaretha Ley, l'ancien top-modèle suédois, ait pu recevoir comme plus haute distinction en 1987 le Dallas Fashion Award.

Home, sweet home
En 1986, l'hôtesse Ivana Trumpf organisa un repas entre amis comme une cérémonie d'État : grand couvert, plan de table diplomatique, habit de soirée étaient de rigueur. Après tout, on se trouvait chez le roi de l'immobilier Donald Trump.

La nouvelle direction

En tant que couple présidentiel, l'ancien acteur Ronald Reagan et sa femme Nancy apportèrent du glamour à la Maison Blanche. En Angleterre, le mariage du prince Charles avec Lady Diana déclencha une nouvelle vague de romantisme, et le Premier ministre Margaret Thatcher développa un penchant pour le « *powerdressing* ». L'idéal de toutes les ascensions était la série TV *Dallas* (en haut, à droite) et, avec *Material girl* (ci-dessous), Madonna démontra lors de la tournée Virgin qu'une jeune fille n'a pas besoin d'être née d'hier. Les utopistes ambivalents prirent Prince et Boy George comme modèles riches en couleurs.

Splendeur et misère

Tandis que *Miami Vice* et *Denver* montraient à la télévision comment on pouvait vivre dans le chic avec de l'argent, la jeunesse noire comme Run DMC luttait à l'aide de parures tape-à-l'œil pour attirer l'attention. Là où il y a beaucoup d'éclat, il y a aussi beaucoup d'ombre : en 1986, l'accident de réacteur de Tchernobyl choqua tous ceux qui croyaient en l'avenir, et le meurtre de Gianni Versace sous le symbole de la tête de méduse à Miami toucha au cœur le business de la mode, tout comme l'épidémie de sida.

Ascension et chute

Les années 1980 furent la décennie la plus fructueuse pour la marque de mode munichoise Escada, de Margaretha et Wolfgang Ley (page ci-contre, en haut, à gauche). Même la « reine des cœurs », Diana, se montrait en Escada (ci-dessus). Peu avant le tournant du siècle, l'envie de luxe se raviva brièvement (page ci-contre, en bas), puis la griffe qui avait été la plus importante du monde partit en vrille. La belle Indienne Megha Mittal (page ci-contre, en haut, à droite) acheta en 2009 l'entreprise en faillite.

« *Fashion victim* » est le nouveau terme pour tous ceux qui ne peuvent pas résister aux **multiples tentations de la mode**.

Mais bientôt, les modèles surchargés de la marque munichoise ne correspondirent plus à l'esprit de l'époque. Même la brève renaissance du glamour des années 1980 dans la première décennie du troisième millénaire ne pouvait plus arrêter la chute : en 2009, Escada fit faillite. L'Indienne Megha Mittal, alors âgée de 33 ans, a racheté l'entreprise qu'elle veut ramener à son ancienne splendeur.

Le pendant masculin des dames décorées dans *Dallas* se trouvait dans la série télévisée *Miami Vice*. Les vestes en lin froissées aux manches retroussées avec les pantalons à plis, présentés par Don Johnson et Philip-Michael Thomas avec une telle décontraction, venaient de Nino Cerruti. Dans les années 1980, l'Italien charismatique était le styliste le plus occupé d'Hollywood, il habilla aussi Richard Gere pour son rôle dans *Pretty Woman*.

À Miami, le destin frappa un autre Italien : c'est là que Gianni Versace fut abattu sur les marches de sa luxueuse villa en juillet 1997. Sa mort fut aussi énigmatique que sa vie fut glamour. En quelques années, le fils d'une couturière était devenu le styliste italien le plus important à côté d'Armani. Contrairement à son concurrent, il évitait toute modération. Versace choisit comme blason une tête de méduse dorée, il ne reculait devant aucun excès de couleurs ni aucune combinaison de matières insolites, et il ne craignait pas de mettre en scène le corps de manière telle qu'il frôlait de très près la limite du pubis.

Rien de surprenant à ce que Madonna ait aimé les vêtements de Versace. L'icône de la pop chanta l'hymne de la décennie : « *I am a material girl, and I am living in a material world.* » Les fans de Madonna eurent du mal à suivre son changement d'image. De la putain à la sainte, Madonna montra qu'une femme peut être chaque femme si seulement elle se sert du bon label. Madonna ne devait pas être innocente dans le phénomène « *fashion victim* » : depuis les années 1980, on appelle victime de la mode toute femme qui achète sans aucune critique ce qu'annoncé dans l'espoir que l'éclat de Madonna déteigne sur elle. Ou peut-être même de changer toute sa vie. Le modèle préféré de toutes les rêveuses fut Lady Di qui, puéricultrice timide, fut choisie par Charles, héritier du trône britannique, pour devenir sa princesse. La robe fabuleuse qu'elle portait au mariage en juillet 1981 fut copiée des millions de fois, et le mariage,

encore décrié comme petit bourgeois dans les années 1970, revint aussi à la mode. Celle qui ne pouvait pas se présenter devant l'autel portait au moins une robe du soir dans le style néoromantique. L'imagination et l'utopie devinrent très en vogue, renforcée par des vedettes efféminées : Boy George et Prince se montraient dans de pimpants vêtements de velours avec des chemises à ruches. La mégastar des années 1980, Michael Jackson, se réfugia complètement dans un monde imaginaire, et cela également au niveau vestimentaire.

L'élite parisienne de la mode n'était nullement à l'abri des excès. Christian Lacroix aussi, dauphin de la haute couture porté en triomphe, n'était pas avare de costumes féeriques. Mais il présentait le luxe avec humour et raffinement, la richesse d'imagination correspondait à la richesse du matériau. « Des vêtements d'une telle splendeur et d'un luxe aussi provoquant », écrivit la journaliste Julie Baumgold après les débuts de Lacroix aux États-Unis en 1987, « ont probablement été vus en dernier lieu au XVIIIe siècle quand, dans des charrettes cahotantes sur le pavé, des aristocrates français prenaient le chemin de la guillotine. » Lacroix non plus n'en sortit pas indemne. Son parfum C'est la vie ! fut un échec, et comme aucune maison de couture ne peut vivre sans les recettes qui proviennent de parfums et d'accessoires, il rencontra des difficultés financières. En 2009, la maison Lacroix se déclara en faillite.

À ce moment, Bernard Arnault s'était déjà depuis longtemps séparé de Christian Lacroix qu'il avait aidé autrefois à créer sa propre maison de couture. Et sans Arnault, la mode n'allait plus du tout. Avec LVMH (Louis Vuitton Moët Hennessy), le Français né en 1949 acheta dans les années 1980 le plus grand groupe de luxe du monde, et depuis c'est lui qui désigne celui qui, en tant que créateur, a un potentiel de réussite sur le marché global. Arnault plaça l'Anglais théâtral Richard Galliano sur le trône de Dior et amena l'Américain Marc Jacobs chez Vuitton : il laissa tomber Lacroix, qui ne voulait pas se plier aux lois du marketing international.

On a tort de croire que seuls les yuppies ont marqué les années 1980 avec leur argent. Une fois encore, ce fut également la culture de la jeunesse, et particulièrement celle des Noirs. Le slogan du Black Movement des années soixante redevint d'actualité : « Black is

232

beautiful » se rapportait maintenant avant tout à la musique et à la mode des Noirs. Les discothèques des années soixante-dix à New York et Los Angeles étaient des lieux où se développèrent la *street fashion* et les *street sounds* ainsi que le hip-hop. À cela s'ajouta également un nouveau style de danse, le break dancing. Et pour ce break dancing artistique, on avait besoin de vêtements confortables : du sportswear, avec des baskets naturellement. Tout à fait dans le sens du fétichisme des marques des années 1980, il fallait pour les danseurs de hip-hop que ce soient des Reebok, des Nike, et avant tout des Adidas. En 1985, Run DMC chanta un rap : « My Adidas and me, close as can be, we make a mean team, my Adidas and me. » Et quand Run DMC donna un concert dans Madison Square Garden devant 20 000 fans et demanda au public qui portait des chaussures Adidas, 20 000 jeunes levèrent leurs baskets Adidas.

Pour Adidas, entreprise de sport d'Allemagne du Sud, ce fut le sauvetage. Il est incroyable qu'Adidas se soit trouvée devant la ruine et que, grâce à l'idée géniale de la commercialisation du *street basketball*, elle ait connu une nouvelle prospérité en tant que

chaussure de basket numéro un, et ce surtout aux États-Unis.

Le style local des jeunes du ghetto noir était les pantalons baggy, les baskets et les casquettes de baseball. Avec, on portait de grosses chaînes avec des emblèmes, celui de Mercedes par exemple, car il fallait du brillant. La jeunesse blanche s'enthousiasma rapidement pour ces vêtements et essaya d'être encore mieux que l'original.

Au milieu des années 1980, un autre style de musique noire s'établit, la house music, qui avait ses racines également dans la musique disco des années soixante-dix, mais qui fit aussi des emprunts au jazz et à la musique latino. Les artistes de la house portaient volontiers des costumes à la Miami Vice. La variante de la house music qui se développa en Angleterre, l'acid music, trouva son expression dans la mode sous forme de tops fluorescents dans un mix de tissus imprimés de motifs africains et de sportswear en lycra qui rappelait les sixties. Même si beaucoup de ces excroissances de la mode n'arrivèrent pas jusqu'à la haute couture, de la même manière que les stylistes japonais, elles influencèrent durablement la mode. Dans les années 1980, l'obsession de la danse et du sport, avec leurs stars, a finalement associé musique et mode plus étroitement que jamais.

À partir de 1985 cependant, l'ambiance de fête se mit en sourdine. Le sida fut officiellement classé comme épidémie par l'Organisation mondiale de la santé. Pour beaucoup, ce fut un mauvais réveil, et dans tous les cas, le sida montrait ses limites à l'hédonisme des années 1980. La menace globale suivante s'éleva véritablement dans le ciel : en 1986 eut lieu l'accident de réacteur à Tchernobyl. Le monde entier en fut bouleversé : c'était la première fois que les dangers de la politique atomique étaient aussi visibles. Par ailleurs, les informations se multipliaient à propos de la couche d'ozone qui grandissait jour après jour. Les personnes les plus réceptives développèrent lentement une nouvelle conscience de l'environnement.

La fin du culte yuppie et de la culture du luxe fut scellée quand, en octobre 1987, la bourse s'effondra. Les derniers enlevèrent leurs vêtements glamours et agressifs et préférèrent se ranger dans la masse de ceux qui s'habillaient de manière réservée, ceux qui, avec leurs *powersuits*, avaient pris le pouvoir depuis longtemps.

Le tireur de ficelles
Dans les années 1980, Bernard Arnault commença à racheter une maison de mode après l'autre, jusqu'à ce qu'il ait fait de LVMH le plus grand groupe de mode du monde. Le pianiste amateur doué fit preuve de doigté dans le choix des forces créatives pour ses marques.

UN NOCEUR AVEC LE SENS DE LA FAMILLE :
Gianni Versace

02/12/1946
–
15/07/1997

La mode de Versace n'était pas faite pour celles qui font tapisserie. « Je ne veux habiller que des personnalités », disait-il avec suffisance. Si l'on voulait se faire remarquer, on était bienvenu, surtout si l'on était célèbre. Avec prédilection, il stylisa les stars en objets sexuels épris de luxe car, pour lui, la mode était un aphrodisiaque : « Nous nous habillons pour que quelqu'un veuille nous déshabiller. »

À dire vrai, pour la plupart des vêtements Versace, il ne fallait pas beaucoup d'imagination pour se représenter nue celle qui les portait. Personne n'osait des décolletés plus profonds et des fentes plus hautes, et ce qui devait absolument être couvert, Versace l'enveloppait de préférence dans des tissus fluides qui étaient comme une deuxième peau. Pour la saison 1982-1983, il présenta pour la première fois des robes faites d'un tissu métallique à mailles serrées qui érigeait le corps en statue luisante. Douze ans plus tard, avec du PVC « ordinaire », il produisit comme par enchantement des robes d'une luminosité éclatante, qui étaient souvent brodées en plus avec du cristal et des perles. Son travail faisait penser à Elsa Schiaparelli, qui, dans les années 1930, avait fait des expériences avec de la cellophane. Si le matériau était incroyablement moderne, l'effet était pourtant classique. C'était typique de Versace, adepte fanatique du classicisme, qu'il mélangeait avec insouciance au faste de couleurs de la Renaissance et à la richesse de décor du baroque. En tant que coloriste intrépide, il fit imprimer les soies les plus coûteuses avec des motifs sauvages qui rappelaient des mosaïques byzantines ou des tatouages actuels, ou qui montraient 50 fois le portrait de Marilyn Monroe sur un même vêtement. L'économie n'était pas son affaire, il s'exerçait constamment dans l'art de l'outrance.

Beaucoup trouvaient cela vulgaire, mais les adeptes de Versace aimaient sa manière de briser les tabous, car c'était une garantie d'attirer l'attention qu'ils convoitaient. Pour Elton John, par exemple, il créa des costumes de scène qui étaient couverts de haut en bas de diamants ou de cristaux Swarovski. Grâce à la robe de Versace fermée par des épingles de sûreté, Liz Hurley, actrice inconnue à l'époque, devint célèbre en une nuit, et riche car elle reçut par la suite un contrat publicitaire grassement payé par le groupe fabricant de cosmétiques Estée Lauder. Madonna portait sa mode en privé et professionnellement, et elle se produisit dans la publicité pour Versace pour laquelle, à ce qu'on dit, elle reçut des millions.

Versace ne se faisait jamais tirer l'oreille. Il se présentait comme un prince et payait princièrement. Quand, au milieu des années 1990, les super-modèles tirèrent trop sur la corde avec leurs exigences, beaucoup de maisons de mode se dispensèrent de leurs prestations.

Changer le monde

En 1990, Gianni Versace se présenta dans sa bibliothèque, tel un conquérant d'ancienne tradition. Mais ses stratégies pour assujettir le monde étaient nouvelles et non sanglantes.
Il fit porter sa mode par les plus beaux modèles et les artistes les plus couronnées de succès.

Aucune crainte de la concurrence

Le top-modèle Naomi Campbell ne redoutait pas la comparaison avec l'idole du sexe, Marilyn Monroe, dont elle portait le portrait une centaine de fois sur le corps, tandis que sa collègue Helena Christensen passait sur le podium en minirobe à bretelles multicolore.

Déesses modernes

Gianni Versace se plaisait à façonner les matières les plus modernes comme le plastique ou le métal, qui exigeaient beaucoup de l'art de la coupe. Les top-modèles Karen Mulder et Nadja Auermann y faisaient l'effet de souveraines extraterrestres.

Le beau monde du luxe

À partir de 1989, sous le nom Atelier Versace, Gianni Versace montra de la haute couture à Paris. Pour cela, il travailla des tissus d'or et d'argent fait de fils métalliques des plus délicats et de cuir des plus fins (photos du haut). Même des tenues de jour comme le trois-pièces présenté par Claudia Schiffer (page ci-contre) étaient si richement et habilement brodées qu'elles devenaient elles-mêmes une œuvre d'art. Avec des imitations dorées des épingles de sûreté ordinaires des punks, il confectionna la robe à succès de Liz Hurley (ci-contre). Elton John (à droite) devint frère d'esprit et ami le plus proche. Pour la popstar à voix de fausset, Gianni Versace créa de luxueux costumes de scène. L'équipement de sa maison à Miami fut mis aux enchères après sa mort, depuis les tasses avec des ailes dorées, des lampes avec le faste de la méduse, jusqu'aux canapés aux innombrables coussins (photos du bas).

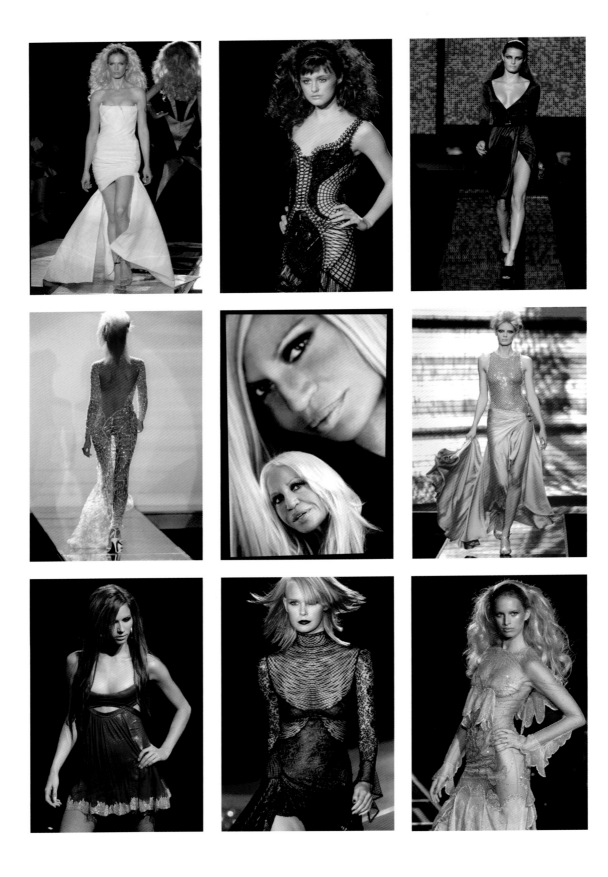

Tout reste dans la famille : le talent, l'affaire et, bien sûr, le secret aussi.

Mais pas Gianni Versace : il apporta encore son obole et retint tous les top-modèles à la fois en exclusivité. Car il savait que Linda, Christy, Claudia, Cindy et les autres avaient depuis longtemps un statut de stars, et c'était la splendeur dans laquelle il aimait baigner.

La seule qui résista à l'offre alléchante de Versace (par obligation sans doute) fut Lady Di : il aurait voulu la payer un million de livres pour une apparition sur son podium. Mais elle faisait déjà de toute façon de la publicité gratuite pour lui car, depuis qu'elle portait ses vêtements, Lady Di, que l'on avait plainte d'être une épouse trompée, était considérée comme une icône du style, et comme une femme séduisante que l'on croyait tout à fait capable de liaisons diverses. Probablement Anna Wintour, directrice du *Vogue* américain, avait-elle raison avec sa thèse : « Armani attire l'épouse, Versace la maîtresse. » Lady Di avait opté pour Versace.

Son astuce était l'exacerbation de la féminité ou de la virilité. Il habillait volontiers les deux sexes en cuir noir, avec des rivets et des chaînes, et pourtant, chez lui, cela ne semblait pas agressif, mais simplement sensuel, voire élégant, car il savait utiliser chaque matière avec justesse. Déjà dans l'atelier de couture de sa mère, Gianni avait développé cette sensibilité. Au lieu d'achever ses études d'architecture, il préférait acheter des tissus pour l'atelier maternel et, peu après, il se lança comme styliste indépendant à Milan. Quand il ouvrit sa propre maison de mode en 1978, en Italien du Sud, il en fit une entreprise familiale : son frère, Santos, se vit confier la direction de l'affaire, sa sœur, Donatella, s'occupait du marketing. Audacieux, Gianni choisit comme logo la tête de Méduse qui, selon la mythologie, inspirait la frayeur. Cela lui porta chance. Sa marque se développa si rapidement en entreprise à succès que beaucoup se demandèrent si cela se passait dans la légalité : en une seule année (1996), sa maison de mode encaissa 38 millions de bénéfice net.

Depuis que Gianni Versace a été abattu en juillet 1997 devant sa propriété à Miami – son « rêve fiévreux de tropiques », comme *The New Yorker* appelait la fastueuse villa –, les rumeurs ne se sont jamais tues : était-ce la revanche d'un amant, était-ce en relation avec une infection par le sida, ou était-ce même une vengeance de sang de la mafia ?

*02/05/1955   DONATELLA VERSACE, la petite sœur capricieuse de Gianni, recueillit son héritage en tant que tête créative. C'est facile à concevoir, puisqu'elle passait pour être sa muse et sa plus étroite collaboratrice. Beaucoup craignaient cependant que ses empreintes soient trop grandes pour elle. Mais elle se défendit valeureusement, ses modèles étaient tout aussi sexy et glamour que ceux de son frère, et elle y introduisit une nouvelle note de féminité moderne. Pourtant, elle avait présumé de ses forces : Donatella, qui avait toujours été une fêtarde avide de consommation, avait maintenant besoin d'encore plus d'alcool et de drogues pour résister à la pression du public. En 2004, le chiffre d'affaires s'effondra et Donatella s'écroula. Elle trouva refuge dans une clinique de désintoxication dans le désert d'Arizona.

À partir de ce moment, les affaires allèrent mieux. Ses innombrables amis du show-business, solidaires, se placèrent à côté de Donatella, dont Courtney Love, Lady Gaga et beaucoup de rappeurs. Tous venaient aux shows et aux fêtes de Donatella et portaient sa mode de manière démonstrative. Jennifer Lopez et Madonna, Milla Jovovich et Halle Berry signèrent des contrats de publicité pour Versace. Et tout à coup, tout le monde fit l'éloge des créations de Donatella. En ayant traversé l'enfer et en l'ayant avoué publiquement, elle put enfin secouer l'ombre surpuissante du frère. L'entreprise familiale est aujourd'hui à nouveau exempte de dettes, et Donatella en est la directrice de création.

Petite sœur, grand talent
Ce qui convenait à Gianni est trop simple pour Donatella : de préférence, elle façonne des tissus transparents en robes courtes ou hauts fendus, qui ne laissent aucune question en suspens.
Sa haute couture consiste en chiffons légers comme la plume et en broderies éclatantes.

LE DAUPHIN RENVERSÉ :
Christian Lacroix

*16/05/1951

Qu'est-ce que l'esprit du temps comparé à l'esprit ? Beaucoup doivent se l'être demandés quand, avec Christian Lacroix, un chérubin joufflu venu de province conquit la scène de la mode parisienne. Le timide jeune homme aux bonnes manières était un corps étranger dans la multitude agitée et hystérique des jeunes créateurs qui se surpassaient pour le plus nouveau, le plus piquant, le jamais vu. Christian Lacroix, en revanche, était à la recherche du temps passé, un rêveur à la Proust qui pouvait puiser à jamais dans son enfance riche de beauté.

Fils d'une famille aisée d'ingénieurs ayant grandi dans le sud de la France, à Arles, Christian Lacroix devint un enfant posé qui, dans le grenier de ses parents, fouinait pendant des heures dans des magazines de mode jaunis et, dès l'âge de trois ans, il commença à dessiner tout ce qui lui plaisait, les gitans aux Saintes-Maries-de-la-Mer, les toreros dans l'arène, et aussi son grand-père, qui faisait doubler ses costumes avec de la soie verte et peignait sa bicyclette avec de la peinture dorée : « Il était très arrogant, il se présentait comme un acteur », se rappelle son petit-fils. Ce qui le fascina cependant le plus depuis son plus jeune âge fut le théâtre. Les spectacles amateurs sur la foire annuelle et, bientôt, les pièces pour enfants dans le vrai théâtre éveillèrent en lui le désir de créer des costumes. Étudiant en histoire de l'art à Paris, il esquissait tous les costumes après chaque visite au théâtre et les transformait selon son imagination. Un jour, il montra ses croquis à son amie Françoise Rosensthiel, et elle y reconnut non seulement un grand talent, mais aussi des similitudes avec la mode récente. La rousse Françoise – gracieuse, vive, indépendante et extravagante – le bouleversa complètement et le détourna de la voie toute tracée.

En réalité, après son travail de doctorat sur le vêtement dans la peinture du XVIIe siècle, Christian Lacroix voulait devenir conservateur de musée, mais l'amie de six ans son aînée et leur ami commun Jean-Jacques Picard, tous deux actifs dans la presse de la branche du luxe, le poussèrent vers une carrière dans la mode. Ils le placèrent d'abord chez Hermès, où il apprit tous les secrets du métier. En 1981, Picard réussit à convaincre la maison de prestige Patou que personne mieux que l'« apprenti magicien » Lacroix ne pouvait ranimer la haute couture en friche. Le miracle promis réussit : en 1986, Lacroix remporta pour Patou le Dé d'or, la plus haute distinction française pour la couture. Paris le célébra comme le dauphin qui, sur les traces de Dior et d'Yves Saint Laurent, donnerait un nouvel éclat au plus français de tous les arts. En conséquence, Lacroix fonda à l'âge de 36 ans seulement, avec son partenaire Picard, sa propre maison de couture : la première depuis 25 ans, depuis qu'Yves Saint Laurent avait pris son indépendance.

Intronisé
Entouré de ses mannequins préférés, Christian Lacroix parut en 1988, après deux collections seulement, en couverture du magazine américain *Time* : un honneur qui, avant lui, n'avait été fait qu'à Dior et à Giorgio Armani et qui équivalait à un couronnement.

Voici la mariée

La robe de mariée est le point final et l'apothéose de tout défilé de haute couture, et personne n'a eu plus d'idées sur ce thème que Christian Lacroix. Les robes de mariage étaient le noyau de son entreprise car, pour le plus beau jour de leur vie, même des femmes plutôt timides par ailleurs ont le courage de faire une grande entrée en scène. Lacroix combinait le blanc virginal, souvent d'une délicatesse transparente, avec des broderies d'or et des tons pastel, avec une touche de bleu ou un ruban rouge à l'endroit décisif, et toujours avec de luxueuses couronnes qui étaient pour le voile un support spectaculaire. Ses mariées pouvaient donner une impression d'austérité monacale, ressembler à des damoiselles moyenâgeuses ou aussi avoir l'air mondain et à l'aise en société, avec un chapeau rouge. Sa dernière mariée, en été 2009, était entourée d'un rayonnement doré, un symbole de l'espoir (page précédente).

La danse du torero

En 1988, Christian Lacroix avait toutes les raisons d'être fou de joie : pour sa collection inspirée par la corrida et le sud de la France haut en couleur, il avait reçu pour la deuxième fois le Dé d'or. À sa droite, sa muse aux cheveux gris, Marie Seznec.

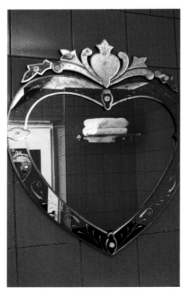

Le « pouf », cette jupe ballon très courte, marque *le début et la fin de la couture Lacroix*

L'argent nécessaire (huit millions de dollars) fut donné par Bernard Arnault qui, avec LVMH, monta le plus grand groupe de luxe de France. Ses arrières étant couverts, Lacroix déploya un luxe et une opulence carrément scandaleux, qui furent accueillis d'autant plus triomphalement qu'ils n'étaient pas du tout à la mode. Avec sa première collection personnelle de haute couture en juillet 1987, il éleva à la Provence, tant affectionné, un monument étincelant de couleurs, où il mélangea avec insouciance des tons aussi lumineux que le rouge écarlate, le fuchsia, le violet, le pourpre et le jaune soleil, rehaussant encore leur richesse avec des dentelles, des broderies, des bordures et des passementeries, des perles et des garnitures dorées. La croix de la Camargue était brodée en fil d'or sur des vestes de velours noir, qui s'accompagnaient de minijupes en forme de ballon, les « poufs », qui devinrent l'insigne de la marque Lacroix. Les tailles étaient étroitement ajustées et les décolletés profonds, mais selon l'ancien usage arlésien, enveloppés dans un châle. Le point final et l'apogée étaient constitués par la robe de mariée, dont la courte veste noire était brodée dans le dos d'un cœur flamboyant blanc et rouge sang d'après un modèle d'ex-voto.

Les créations de Lacroix ressemblaient à des costumes de scène, et c'était précisément l'inconvénient. Seules ses robes de mariées furent un succès durable. Souvent, toute l'assemblée du mariage, des enfants d'honneur jusqu'à la mère de la mariée, se faisait parer, ce qui produisait d'un seul jet une mise en scène pleine de style.

Lacroix s'y entendait en entrées en scène réussies. Il continuait à travailler également pour le théâtre, créait des costumes pour le ballet de Mikhail Barichnikov à New York, les opéras de Nîmes et de Paris et pour diverses revues, mais aussi pour le spectacle de corrida non sanglant en Camargue. Une autre passion était toujours l'architecture. Comme il le prouvait déjà avec la configuration de son salon de couture, ici aussi, c'était le slogan « plus est plus » qui valait pour lui. Contrairement à d'autres maisons de mode, dans lesquelles on trouve du beige pâle et de petites chaises dorées, Lacroix décora ses espaces avec des tons riches d'orange et de rouge, entourés de flammes peintes en noir : un séduisant purgatoire. Lacroix procéda de la même manière quand, ces dernières années, il réaménagea plusieurs hôtels parisiens, avec un grand succès auprès de la presse et des voyageurs.

Il eut moins de chance avec sa mode. Même si, comme tous les autres, il s'occupait de prêt-à-porter et de sportswear, il ne fit jamais beaucoup d'argent. Son « deuxième job » en tant que directeur de création de la marque Emilio Pucci, à laquelle le groupe LVMH de Bernard Arnault prenait part à 70 %, prit fin au bout de trois ans. Au même moment – en 2005 –, Arnault, baron du luxe, était navré par les chiffres rouges et il vendit la maison Lacroix aux trois frères Falic d'Hollywood. Fin mai 2009, la maison Lacroix se déclara en faillite : en 22 ans, elle n'avait fait aucun bénéfice.

Pourtant, Christian Lacroix est considéré comme le dernier grand couturier. Étant donné qu'il a étudié le passé, son vocabulaire est beaucoup plus riche que celui de ses contemporains, il connaît toutes les astuces et possibilités, prend des éléments de périodes et de cultures lointaines et les réunit de manière tout à fait nouvelle. C'est ainsi qu'il a développé toute son histoire. Peut-être connaîtra-t-elle encore un *happy end*.

Riche palette de couleurs

Le pouf, la courte jupe ballon, devint l'insigne de la marque de Christian Lacroix, tout comme les couleurs lumineuses qui associaient un mélange de motifs de carreaux et de pois dans une ivresse de couleurs du sud. En 2007, il réaménagea l'hôtel parisien Le Petit Moulin.

LE MAÎTRE DES ROBES ROUGES :
Valentino

*11/05/1932

D'emblée, Valentino misa sur le rouge car c'est cette couleur qui fait le plus d'effet sur scène, comme il s'en était aperçu lors de ses nombreuses visites au théâtre. Pour lui aussi, tout jeune Italien qui voulait faire son chemin à Paris, capitale mondiale de la mode, il fallait attirer l'attention. Il risqua donc le rouge, et gagna. À côté, il ne pouvait plus y avoir selon lui que du noir et du blanc. C'est ainsi que, pendant ses presque 50 années de carrière, Valentino préféra ce triple accord. Mais tout ce qu'il savait en faire ! Aucun néobaroque, aucun conte oriental, aucune ivresse de couleurs psychédélique ne pouvait être plus splendide.

Valentino doit son nom singulier à l'engouement de sa mère pour Rudolf Valentino, la star du cinéma muet, considéré en son temps comme le plus bel homme du monde. En réalité, originaire de l'Italie du Nord, industrielle, il s'appelait Valentino Clemente Ludovico Garavani, mais il comprit vite que les sommités de ce monde s'en sortent avec un prénom. Son talent, c'était le dessin. Après le baccalauréat, il s'inscrivit dans la ville proche de Milan à un cours d'illustration de mode, et la voie était tracée. Quand il apprit qu'un Italien n'avait encore jamais réussi à connaître le succès à Paris avec la couture, son ambition fut éveillée. À dix-huit ans, il s'inscrivit à la chambre syndicale de la Couture. Son talent lui valut très vite la victoire dans un concours du secrétariat international de la laine, et ce fut le début de sa carrière – comme, quelques années plus tard, Karl Lagerfeld et Yves Saint Laurent.

Valentino reçut une proposition de l'atelier Jean Dessès et il y resta cinq ans. Lorsque Guy Laroche, son collègue du département des esquisses, prit son indépendance en 1957, Valentino le suivit. Maintenant, le côté créatif n'était plus la seule de ses attributions, le côté commercial aussi lui incombait. Bientôt, il se sentit suffisamment au point pour fonder sa propre maison de mode. Pour ce faire, il repartit en Italie. En novembre 1959, à 27 ans, avec le soutien financier de son père, il ouvrit son propre salon à Rome qui, après la Seconde Guerre mondiale, était devenu le centre de l'*alta moda* italienne. Et du cinéma ! C'est dans les studios de Cinecittà que virent le jour les plus importants films européens et aussi beaucoup de grandes productions hollywoodiennes. Par exemple *Cléopâtre*, avec Liz Taylor dans le rôle principal. Elle fut l'une des premières clientes de Valentino, et elle resta toujours fidèle à l'élégant Italien.

Les Américains aimaient Rome, et ils aimaient la mode de Valentino. L'une et l'autre offraient tout ce qu'ils se figuraient de la beauté classique, et à cela s'ajoutait encore ce sens piquant de la *dolce vita*. Dès l'après-midi, il y avait des occasions de grandes entrées en scène. C'est précisément pour cela que Valentino créa la robe de société, plus courte que la robe du soir, mais tout aussi coûteuse. Et le pantalon palazzo en soie, coupé large, le plus italien de tous les vêtements de fête.

En été 1962, dans le salon Pitti à Florence, Valentino montra vers quoi tendait le cirque de la mode avant de finalement s'installer à Milan. Là, les acheteurs étrangers découvrirent que la renommée qui précédait le jeune styliste italien était justifiée.

Un homme qui voit rouge

Valentino occupera une place d'honneur dans l'histoire de la mode rien que par ses robes du soir rouges. Elles étaient l'apogée de chaque collection et particulièrement appréciées des stars, qui pouvaient ainsi se mettre en scène sans passer inaperçues.

Noble rigueur
Le travail de l'architecte et décorateur Josef Hoffmann, cofondateur des ateliers viennois, influença la collection de haute couture de Valentino pour l'automne-hiver 1989-1990, entièrement conçue dans un modern style noir et blanc.

Luxe intemporel
Le charme propret de la grande bourgeoisie avait charmé Valentino. Pour cette clientèle, il créa une couture d'une élégance retenue,
faite de dentelle et de velours, avec de petites vestes à coupe très ajustée, et jamais il ne manquait d'y avoir une fente.

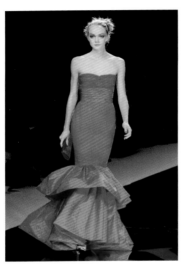

Valentino nage dans le luxe, mais il se dispense de fourrures pour le bien des animaux.

Les Américains en particulier étaient contents d'avoir trouvé une alternative aux Français trop chers selon eux, et ils commandaient, plein d'enthousiasme. En 1968, Valentino fit fureur avec sa Colezione Bianca, une série de robes blanches qui portaient toutes ce V typique qui fut désormais sa marque de fabrique. La même année, pour son mariage avec Onassis, Jacqueline Kennedy commanda sa robe chez Valentino, ce qui fit de lui une star aux États-Unis. Avec des jupes mi-mollet en soie raffinée et en dentelle, il mit même fin en 1970 au spectre de la mini, dans les milieux de la couture en tout cas. Des critiques écrivirent à l'époque que seul cet Italien pouvait réussir à côté du génie Yves Saint Laurent.

Naturellement, les courants du moment ne passaient pas à côté de Valentino. Il était tout à fait impressionné par le succès de la jeune mode londonienne et reconnut que lui aussi avait besoin d'une ligne meilleur marché pour que sa mode ne s'éteigne pas avec les rares clientes de la haute couture. Il fut soutenu dans ces réflexions par Giancarlo Giammetti, un étudiant en architecture qu'il fit venir en 1960 dans son entreprise et qui devint son compagnon dans le métier comme dans la vie. Giammetti était un habile gestionnaire, et c'est avec son aide qu'en 1970, Valentino démarra sa ligne de prêt-à-porter et introduisit en même temps des accessoires. Cinq ans plus tard, il se rendit à Paris avec le prêt-à-porter et fut le premier Italien qui réussit à s'y imposer durablement. En 1989, il montra aussi pour la première fois à Paris sa collection de haute couture et fut accueilli avec de grands applaudissements dans la société fermée des maîtres de la mode.

La couture était le véritable élément de Valentino : là, il pouvait nager dans le luxe, il pouvait parsemer des paillettes dorées, du strass, des plumes, des broderies insolites en argent ou en nacre et des imitations de vison de couleur rose. Il n'est pas surprenant que les années 1980 aient offert à la maison Valentino un nouvel apogée. La richesse démonstrative était à nouveau de mise, et les vêtements de Valentino l'irradiaient même quand ils étaient d'une coupe très sobre. En 1989, il réussit une collection spectaculaire entièrement en noir et blanc, qui était un hommage aux ateliers viennois et à l'architecte et décorateur autrichien Josef Hoffmann.

Toutefois, à une époque de conscience croissante de l'environnement, il renonça aux fourrures : « Aujourd'hui, nous avons de si bonnes techniques à disposition qu'il ne doit plus y avoir de massacres d'animaux. » Dès 1962, il avait inventé l'aspect faux zèbre, puis il fit tisser des motifs tigre, léopard et girafe. Cette petite touche animale préservait de l'ennui son élégance affichée, exactement comme le *rosso Valentino*, qui pourvoyait au feu.

Valentino aimait le déploiement de luxe non seulement dans la mode, mais également personnellement. Il aménagea de manière féerique ses villas à Capri, Rome, New York, Londres, Gstaad, et son yacht de 50 mètres. Jamais il ne voyageait sans maître d'hôtel et cuisinier, et jamais il ne se séparait de ses carlins, dont il possédait par moments cinq exemplaires.

En 1998, l'épicier italien HdP investit pour 270 millions d'euros dans l'entreprise de Valentino, mais la marque glissa pourtant trois ans plus tard dans la zone des pertes. En octobre 2007, l'homme aux carlins de 75 ans fit ses adieux à la scène de la mode, avec de nombreux dîners de gala et d'expositions, un opulent volume de photos et le film documentaire *Valentino : The Last Emperor*.

L'éclat des jours anciens

Valentino évitait le glamour excessif, ses créations répandaient un éclat discret, comme la robe d'amazone avec une épaule dégagée que portait Cate Blanchett pour recevoir son Oscar en 2005. Que ce soit une tenue de jour ou une robe du soir, que ce soit du prêt-à-porter ou de la haute couture, Valentino misait sur l'élégance, jamais il ne dénuda celle qui les portait. Et il ne sacrifia pas non plus d'animaux : ce qui ressemble à du vison rose est en fait du chiffon de soie froissé.

L'OISEAU DE PARADIS CHATOYANT :
John Galliano

*28/11/1960

Une clé rouillée ouvrit à John Galliano la porte du succès. Elle menait à une propriété parisienne délabrée du XVIIIᵉ siècle, dans laquelle le jeune créateur de mode, à deux doigts de la faillite, put montrer sa collection suivante. John Galliano, qui avait déjà dû remettre une saison à cause de problèmes financiers, sut saisir de la chance. En l'espace de deux semaines seulement, il conçut et produisit 17 tenues, toutes en noir car il n'avait ni le temps ni l'argent pour acheter des tissus luxueux, et il écrivit l'histoire de la mode.

Du reste, ce n'était pas la première fois. Avec sa collection primée à la fin de ses études au Central Saint Martin, l'école de mode londonienne, Galliano fit sensation comme aucun étudiant avant lui. Les huit tenues unisexes qu'il présenta à l'époque sous le titre Les Incroyables étaient inspirées de la France post-révolutionnaire. Le tout était à la fois romantique et théâtral, un style auquel Galliano resta fidèle. La première collection fut totalement reprise par la maison Brown's, qui vendit toutes les pièces tellement encensées dans la presse et dans les milieux de la mode.

Cela ressemble vraiment au début d'une magnifique carrière. Mais le héros devait encore passer une série d'examens. Pour une courte période, Londres était devenu un centre de mode où, dans les tenues les plus tapageuses, des quantités d'extravagants se produisaient dans les clubs adaptés. La scène préférée des oiseaux de paradis était le club Taboo, dans lequel il n'y avait rien de tabou, et où toute drogue et toute orientation sexuelle étaient acceptées. John Galliano, qui se renouvelait semaine après semaine, faisait partie des piliers. « Sincèrement, il fallait deux jours pour être prêt », avoua-t-il.

Il avait le costume dans le sang. Après tout, il était né à Gibraltar et, petit garçon, il devait chaque fois passer par Tanger pour se rendre à son école en Espagne. Les souks et marchés marocains, avec leurs étoffes et tapis colorés, les nombreuses herbes et odeurs, le mode de vie méditerranéen marquèrent son sens de la beauté. De plus, il était chaque matin affublé par sa mère de vêtements fraîchement repassés. Après le déménagement de la famille en Angleterre, où son père travailla comme plombier, il sortit totalement du cadre connu. À l'école, il se sentit tout aussi étranger. C'est seulement quand, à 16 ans, il changea pour un collège de design qu'il rencontra des gens qui lui ressemblaient. Mais il ne se sentait chez lui qu'au National Theatre, où il gagnait un peu d'argent en tant qu'aide habilleur. Là, auprès des comédiens célèbres, il se fit rapidement un nom en tant que repasseur ! Au Central Saint Martins également, où il s'inscrivit finalement en design de mode, il était bien vu par les professeurs et les étudiants. Il resta toutefois un outsider timide qui, il est vrai, exerçait un grand charme sur les autres.

Aucune crainte du grand show

Ce qui, chez d'autres couturiers, est la mariée, est chez Galliano… Galliano. Il se met lui-même en scène comme point final de tous les défilés. Lors de sa collection pour hommes en 2006, en patchwork coloré, il se présenta comme modèle d'un contre-courant de la mode.

Avec une magie féerique

Galliano donne à une nomade moderne, qui se déplace en trench-coat, une parure de visage archaïque, et il équipe celle
qui se rend à une fête comme un guerrier samouraï prêt à se défendre et avec la somptuosité de couleurs d'une princesse mongole.

Au début était la transparence

Le premier défilé personnel de Galliano en 1991 à Paris était déterminé par la dentelle et le filet (ci-dessus et en bas, à droite). En 2002, il inventa la nomade citadine, qui, avec un visage bleu indigo comme une Touareg, trace son chemin avec assurance. Il fit présenter les tenues de soirée pour l'automne-hiver 2007-2008 par les mannequins les plus maigres du moment (au centre, de haut en bas). Tulle et ruché définirent l'été 2000 (en haut, à droite).

Les coiffures outrancières (à droite) sont un must dans chaque défilé de Galliano, il les fait réaliser par le Britannique Stephen Jones, tout aussi génial, et il aime les « doubler » encore avec de fausses mèches de cheveux de couleurs lumineuses. Depuis 2008, Galliano crée aussi des bijoux opulents qu'il emploie généreusement, par exemple en guise de bouton sur un manteau du soir (page ci-contre).

La haute couture Dior comme fête de l'imagination

Avec chaque défilé, Galliano entraîne dans un autre pays, une autre époque.
Que ce soit en Égypte, chez les pharaons avec leurs masques de dieux,
à la cour de Versailles avec des broderies d'un prix outrancier et des
décolletés outrageusement profonds, chez les amazones et les dominas
dans un bordel de luxe à la Hollywood ou dans un monde imaginaire
peuplé d'êtres fabuleux et mythiques. Après avoir voyagé en Asie et avoir
étudié les costumes chinois et les kimonos japonais, il réalisa les robes
les plus volumineuses qui aient jamais parcouru un podium, parfois
couronnées de plumes de marabout en hommage à Mum, la reine
d'Angleterre. Il emprunte souvent couleurs et motifs aux anciens maîtres
de la peinture, mais il ne dédaigne pas davantage les fleurs en plastique
de format XXL. Chaque modèle n'a qu'une seule présentation, il est mis
en scène à l'avenant par Galliano, de façon théâtrale.

Derrière la mascarade, il y a un travailleur sérieux, qui promeut la mode

Il était extrêmement beau, un peu exotique, il avait un sourire audacieux et des yeux d'une clarté étincelante irrésistible. De plus, il disposait manifestement d'un réservoir d'idées inépuisable. Mais la véritable raison de son succès auprès des autres et dans la mode était son énergie qui ne tarissait jamais. John Galliano – de son vrai nom Juan Carlos Antonio Galliano Guillén – était un fou de travail qui, pendant des heures, dessinait et débroussaillait livres, musées et archives. Pour lui, la mode c'était du sérieux.

Tous ceux qui formaient bloc autour de lui volontairement pour prendre part à sa magie devaient le reconnaître. « C'était un bon dictateur d'équipe », se souvient Lady Amanda Harlech, qui abandonna son travail de rédactrice de mode pour devenir jeune fille à tout faire chez Galliano. Elle resta douze ans et passa chez Chanel comme muse de Karl Lagerfeld uniquement parce qu'elle avait besoin de sécurité financière après son divorce. Galliano ne connaissait pas les horaires de travail et les revenus réguliers.

En l'espace de cinq ans seulement, deux de ses bailleurs de fonds se retirèrent. « Génial, mais pas professionnel », fut la sentence. Les coupes de Galliano étaient inhabituelles et pas (encore) adaptées à la production de masse. Par ailleurs, il dépensait facilement deux fois plus que ses collègues pour ses défilés qui n'avaient plus rien à voir avec les présentations usuelles de vêtements. Il s'agissait plutôt de mises en scène imposantes avec des décors de cinéma, et toujours avec une histoire. En témoignent déjà les titres de ses collections, comme Fallen Angels, Forgotten Innocents ou Napoleon and Josephine. Il y avait des critiques qui voyaient les recherches de Galliano dans l'histoire comme de la copie facile. Comme si l'on accusait de plagiat un peintre qui réinterprète les œuvres de maîtres anciens !

En 1991, Galliano décida de se rendre à Paris où il continua à travailler, glorifié mais sous-financé. Deux ans plus tard, son associé se retira aussi, et Galliano dut souvent dormir par terre chez des amis, jusqu'à ce qu'il puisse montrer sa collection sortie du sol, Princess Lucretia, dans le palais du mécène Sao Schlumberger. La presse écrivit : « Cela ne peut se comparer qu'avec de la haute couture. » Cet hommage fit entrer en lice Bernard Arnault, le grand patron de LVMH, le plus grand conglomérat du luxe dans le monde. Les maisons de couture Dior, Givenchy et, la plus récemment fondée, Lacroix appartenaient à son groupe. En juillet 1995, il nomma John Galliano directeur de la création de Givenchy, mais il eut bientôt pour lui des projets encore plus importants : en octobre 1996, il plaça Galliano sur le trône le plus élevé que la haute couture française ait à offrir : John Galliano devint directeur de création chez Dior.

Il présenta sa première collection pour la maison de tradition presque au jour près, 50 ans après les débuts légendaires de Christian Dior et avec le même éclat. Depuis, il n'a pas cessé de surprendre le monde de la mode, tirant avec chaque défilé un nouveau feu d'artifice. Il ne pouvait supporter la pression de ses propres exigences qu'à l'aide de drogues et d'alcool, ce qui conduisit à un scandale au début de 2011 : dans un restaurant parisien, Galliano, en état d'ébriété, jeta à des clients des injures antisémites. Là-dessus, la maison Dior prit congé de lui. En avril 2012 lui succéda Raf Simons, qui avait auparavant poursuivi avec succès le style minimaliste de la collection pour femmes de Jil Sander : vraiment un changement radical chez Dior.

Solo pour Galliano
L'entrée en scène du styliste à la fin de chaque show est un moment d'émotion d'où émane une grande fascination. Autrefois, il fallait deux jours à Galliano pour se parer avant de se rendre dans un club : aujourd'hui, visagistes, coiffeurs et stylistes s'occupent de tout.

Oscar de la Renta

Bill Blass

L'aristocrate né en 1932 à Saint-Domingue était le premier Américain nommé directeur artistique par une maison de couture française. Pendant presque une décennie, de 1993 à 2002, il rendit à la marque Balmain l'éclat des années 1950. Ce n'était pas son premier séjour à Paris : jeune homme, Oscar de la Renta avait déjà travaillé pendant quatre ans pour Lanvin. Auparavant, il avait appris le métier chez l'un des plus grands, Cristobal Balenciaga, encore à Madrid à l'époque. Tout à fait dans le style de son maître, Oscar de la Renta créa des vêtements élégants avec des coupes raffinées et des matières nobles, comme si elles étaient faites pour des entrées en scène représentatives. Pas surprenant que les épouses des présidents américains se soient fait habiller par lui, de Jacky Kennedy en passant par Nancy Reagan jusqu'à Barbara Bush et Hillary Clinton. Depuis 1965, la marque Oscar de la Renta est établie en Amérique, mais elle a aussi été présentée à Paris dans les défilés de prêt-à-porter, comme on peut le voir sur les photos en haut avec la robe de cocktail noire et l'ensemble minijupe rouge et manteau à carreaux de 1991. Oscar de la Renta, amoureux des jardins, marié avec la millionnaire américaine Annette Reed, est considéré, après le retrait de Givenchy, comme le dernier gentleman dans un business de la mode qui s'agite de plus en plus sur un marché tapageur.

L'Américain né à Fort Wayne en 1922 parvint même à habiller ses clientes de manière glamour dans les années 1970 sans éclat. En 1975, il réussit à relancer la robe de cocktail. Mais son plus grand succès, c'est dans les années quatre-vingt qu'il l'obtint, quand il devint le styliste favori de Nancy Reagan et que, tout à fait dans le style de l'époque, il la vêtit de manière luxueuse, haute en couleur et décorative. Dès l'école, ce fils de tailleur esquissait dans ses cahiers des croquis de mode, ses modèles étant les robes des stars d'Hollywood. À quinze ans, il commence à coudre des robes du soir qu'il vend 25 dollars la pièce à une entreprise new yorkaise. À dix-sept ans, il a épargné assez d'argent pour étudier la mode à Manhattan, à la Parsons School of Design, où il décolle complètement, et fut le premier homme à gagner le prix Mademoiselle. En 1970, il achète la griffe Maurice Rentner, pour laquelle il avait travaillé à partir de 1959, et il lui donne son propre nom. Par l'intermédiaire d'un mannequin qui avait des relations mondaines, Bill Blass put entrer dans ces milieux privilégiés qu'il voulait habiller. Blass était réputé pour rendre le sportswear américain portable et élégant, et il dominait en même temps la « grande entrée en scène ». En 1999, il vendit son entreprise de mode pour 50 millions de dollars. Ce fumeur invétéré mourut en 2002 d'un cancer du larynx.

Romeo Gigli

L'Italien Romeo Gigli, né en 1949, a développé un genre de glamour très personnel. Ses modèles n'étaient ni des femmes de pouvoir ni des déesses du sexe, mais des beautés préraphaélites et byzantines. Il conçut des cocons en forme de poire pour des madones paisibles, mais sûres d'elles, qui cherchaient la fleur du romantisme. Sur des pantalons collants ou des jupes à taille haute, souvent en stretch, elles portaient des blouses entrelacées d'or avec des cols en forme de calice et des épaules étroites et tombantes. Elles se paraient de châles précieux, de luxueux colliers ethniques et de longues boucles d'oreilles à l'orientale. Les manteaux de Gigli étaient des enveloppes protectrices en velours voluptueux, aussi richement brodées que si l'on avait pillé pour ce faire les coffres au trésor d'un antique royaume. Il affûta son sens des couleurs assourdies, mais somptueuses, lors de voyages dans les coins les plus reculés du monde. Cet ancien étudiant en architecture rapportait de partout costumes, ornements et objets ; il avait hérité la passion de la collection de son père et de son grand-père qui faisaient tous deux du commerce d'antiquités, et lui léguèrent une richesse culturelle. À la fin des années 1990, Romeo Gigli dut vendre sa marque ; en 2012, il prit un nouveau départ avec une collection pour la boutique en ligne Joyce.

Emanuel Ungaro

En se basant sur la technique de coupe rigoureuse qu'il avait apprise pendant six ans chez Cristobal Balenciaga, Emanuel Ungaro présenta d'abord dans sa maison de mode, fondée en 1965, des combinaisons rigoureusement modernes qui rappelaient parfois son contemporain Courrèges. Bientôt pourtant, le Français d'ascendance italienne, né dans le sud en 1933, développa son propre style, basé sur un mélange hardi de couleurs et de motifs. Ses créations aussi somptueuses que sexy étaient surtout achetées par des Américaines, beaucoup de ses clientes venaient de Dallas. Ungaro, l'un des rares couturiers à non seulement aimer habiller les femmes, mais à les aimer aussi en privé, façonnait sa mode directement sur le corps. Sur un fond de musique classique, il drapait, modelait, tiraillait, fixait, lissait et plissait les étoffes sur un mannequin jusqu'à ce que la silhouette élégante lui convienne : étroitement resserrée à la taille et aux hanches, jaillissant du dessous en ruchés, souvent garnie de rubans aux points stratégiques. Il choisissait volontiers des tissus brillants, souvent dans des couleurs lumineuses. Plus longtemps que d'autres, Ungaro put diriger sa maison en toute indépendance, et ce n'est qu'en 2006 qu'il la remit à de nouveaux propriétaires. Depuis, aucun des divers stylistes n'a réussi à continuer à développer de manière convaincante le style optimiste et sensuel de sa mode.

Dress for Success

Le luxe pour tous, telle était la promesse des années 1980. Elle se trouva être la condamnation à mort de la haute couture. Les maisons de mode, autrefois si exclusives, se transformèrent de plus en plus en magasins qui lançaient sur le marché tout ce qui promettait des bénéfices, de l'eau de toilette aux lunettes de soleil. Et ce qui était jusque-là recherché par une élite devint une consommation de masse. La marque se fit plus importante que la mode, la chasse au bon logo prit la place du bon goût. Ce qui se demandait, c'étaient des symboles de statut, la qualité était accessoire. La formule magique pour les ambitieux : « Dress for success ».

1979 Le best-seller portant ce titre parut en 1979 et devint la bible des ambitieux. Progressivement, la carrière des femmes gagna du terrain. Les employées féminines utilisaient tout aussi aisément que leurs collègues masculins la technologie du *personal computer* (PC) nouvellement introduite par Apple d'abord, et le portable et le Filofax, cette combinaison géniale d'agenda et de carnet d'adresses, devinrent leurs accessoires préférés, soulignant plus que tout autre accessoire féminin l'importance de la femme d'affaires. De manière générale, les femmes apprirent à se servir des vêtements pour leur réussite professionnelle. Le tailleur pantalon devint la tenue de travail standard des employées dirigeantes. Mais à peine les femmes eurent-elles progressé dans les échelons supérieurs qu'un code vestimentaire strict leur fut imposé. Si elles voulaient jouer dans la section des hommes, il leur fallait enlever les pantalons et enfiler à nouveau des jupes. Faisait alors fureur la robe de soie foncée couvrant le genou qui, avec le blazer obligatoire, remplacé à une heure plus tardive par des bijoux, habillait bien la femme active, du bureau jusqu'à la réception du soir. Mais c'était déjà vraiment avant-gardiste. En général, la femme qui réussissait portait un tailleur avec jupe, accompagnée d'un chemisier de soie avec la « cravate », des collants couleur chair, des chaussures à petits talons et de discrets bijoux dorés. C'est en tout cas ce qui était recommandé dans *Dress for Success*.

Seul le new-look de Dior avait connu une telle expansion dans les années 1950, et il avait été développé pour « la femme à son côté », qui devait clairement montrer le succès de l'homme. La carriériste, en revanche, restait le plus souvent célibataire et sans enfant. Sa féminité, elle la vivait cachée : avec des dessous de soie très coûteux sous le costume strict.

Placée sur le podium
Toujours parfaitement vêtue, la carriériste des années 1980 était enviée et admirée. Elle semblait avoir tout atteint. Mais, une décennie plus tard seulement, elle était bonne pour le musée : regardée avec inquiétude par les générations suivantes, qui avaient d'autres rêves.

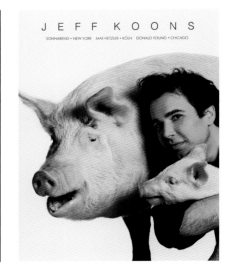

L'art de la commercialisation

La clique d'artistes new-yorkais apprit par Andy Warhol comment on se mettait en scène, sa photo (ci-dessus) montre Francesco Clemente (à gauche en haut), Julian Schnabel (à côté), Jean-Michel Basquiat (en bas, à droite) : trois étoiles filantes. Keith Haring (page ci-contre), qui vendait de l'art en masse dans sa pop shop, faisait lui aussi partie du cercle étroit. Jeff Koons était encore plus compétent en affaires : en haut à droite avec des cochons roses qu'il réussit à commercialiser avec son art trivial. Les femmes actives essayaient de recevoir plus d'argent en suivant le conseiller *Dress for Success*. Avec le premier concert Live Aid, en 1985, au profit des populations souffrant de famine en Afrique, la pop star Bob Geldof (ci-contre) remit en mémoire qu'il pouvait peut-être y avoir plus important dans la vie que la mode. L'Allemagne s'éleva dans une euphorie de la fraternité quand, en 1989, le mur tomba entre l'Est et l'Ouest (en bas, à droite).

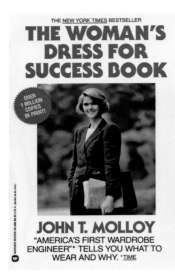

Au-dessus et en dessous

La tenue d'Oscar de la Renta, avec jupe de flanelle grise et courte veste de velours, complétée par une blouse de soie blanche, correspondait au code vestimentaire strict de la femme carriériste. Sous le costume du pouvoir, c'était plus séducteur : lingerie de soie de Shu-Ba.

Avec le soutien de personnalités

Giorgio Armani savait comme personne enthousiasmer les stars pour sa mode : David Beckham posa pour sa publicité de sous-vêtements, Cate Blanchett, Michelle Pfeiffer et Glenn Close se montrèrent en public dans ses créations et, pour sa star favorite Jodie Foster, le maître se chargea même personnellement de l'épinglage. Pour Armani, l'organisation du mariage de son ami Tom Cruise avec Katie Holmes en 2006 marqua son début dans la haute couture : depuis, deux fois par an, il présente à Paris Armani privé.

Le rêve d'une vie meilleure

La femme carriériste choisissait toujours une version élégante des symboles de statut comme le téléphone mobile et le Filofax (ci-dessous). Sa tenue de travail venait de stylistes comme Ralph Lauren, dont le style fut rendu populaire par Diane Keaton avec le film *Annie Hall* (en haut, à gauche). La robe rose portée par Gwyneth Paltrow pour l'attribution de l'Oscar était un modèle de Lauren. Il conçut des aménagements intérieurs, luxueux pour un appartement, rustique pour un chalet (photos du milieu). Armani aussi créa un life style complet, de la mode jusqu'aux meubles, tantôt d'une élégance cosmopolite, tantôt d'inspiration asiatique (photos du bas).

Avec des *méthodes de marketing à l'américaine,* les stylistes européens conquirent Hollywood et l'ensemble du marché des États-Unis.

Pour qui ? Pour les fouilles draconiennes à l'aéroport : « Le seul contact corporel que nous connaissons encore », se plaignit une femme manager.

À la place des collants couleur chair, l'Européenne préférait les collants noirs épais, qui avaient exactement le grain d'érotisme encore raisonnable dans la vie professionnelle. Sa jumelle américaine, en revanche, s'habitua à porter des baskets pour aller au travail et en revenir, afin d'avancer suffisamment vite dans le trafic new-yorkais ; elle emportait avec elle dans son porte-documents les obligatoires chaussures à talons. Personne mieux que l'Italien Giorgio Armani ne répondit à l'exigence « Dress for success ». Il donna à la tenue monotone associée à la carrière un nouveau visage, qui ne valait pas seulement pour les fourmis travailleuses de ce monde. Armani transforma même la notion hollywoodienne du glamour, il enseigna aux stars l'élégance discrète de la bourgeoisie. Ce furent d'abord des stars masculines qui portèrent son smoking pour l'incontournable rendez-vous des Oscars, comme Martin Scorsese, Ben Affleck ou Matt Damon, puis ce fut au tour des stars féminines, de Glenn Close à Annette Bening, de se laisser séduire par la sobriété d'Armani.

Le coup de génie d'Armani consista à retirer de la veste doublure et renforcements, ce qui en supprimait la masculinité univoque. Ses costumes légers, fluides, rendaient les hommes plus doux et les femmes plus énergiques, et ce fut le premier style unisexe acceptable. À cause des épaules très larges qui signalaient le pouvoir de s'imposer, ce type de tenue fut considéré comme *powersuit* : avec ses costumes d'Adrian dans les années 1940, Joan Crawford était très largement dépassée…

Armani connut aussi un succès éclatant parce qu'il était un fin stratège du marketing. Dans les années 1990 et 1991, il porta un coup exceptionnel : lors de l'attribution des Oscars, tous les metteurs en scène, acteurs, stars féminines ainsi que les présentateurs célèbres portaient de l'Armani, généreusement équipés par sa boutique de Beverly Hills, qui fournit aussi les accessoires nécessaires et s'occupa des modifications. Et tous les grands du petit écran disaient gentiment dans chaque micro à qui ils devaient leur élégante présentation. C'est ainsi qu'Armani devint rapidement le styliste le plus réputé d'Amérique. Là-dessus, naturellement, d'autres maisons de mode

proposèrent également aux stars et starlettes des offres et des cadeaux, mais toutes ne procédèrent pas aussi adroitement dans le choix de leurs « ambassadeurs maison » qu'Armani, qui veilla rigoureusement à ce que l'image d'une star coïncide avec l'image de sa maison, comme ce fut le cas pour Jodie Foster, la seule à qui Armani fournit également des vêtements pour ses tournées de promotion.

Le culte de la célébrité fit que beaucoup de journalistes américains ne se donnaient plus la peine de se rendre à Paris aux défilés autrefois si convoités et assiégés. Et pourquoi l'auraient-ils fait ? On pouvait mieux étudier ce que serait la mode de demain auprès des célébrités américaines, qui recevaient, livré à domicile par les stylistes, le meilleur et le plus récent d'Europe. Seule la mode qui portait pour ainsi dire un sceau « *star-proof* » était vendue. C'est ainsi qu'un styliste comme Armani put occuper les surfaces de vente les plus étendues dans tous les grands magasins importants, tandis que pour les couturiers français, il n'y avait presque plus que leurs parfums qui passaient sur le comptoir. La campagne hollywoodienne massive de la maison Dior n'y changea rien non plus. Certes, Nicole Kidmann se laissa convaincre de porter sur le tapis rouge les créations exaltées de John Galliano, mais cela n'eut pas de répercussion sur les chiffres de vente. Le jugement de l'acheteur américain sur la

Engagement demandé
Des top-modèles comme Nadja Auermann ont prouvé qu'ils n'étaient pas uniquement superficiels et cupides et, sur des affiches spectaculaires, ils ont risqué leur propre peau pour protester avec l'organisation de protection des animaux PETA contre le port de fourrures..

plupart des stars françaises du stylisme, de Mugler à Gaultier en passant par Montana, était écrasant : « Trop artistique, coupé trop juste, simplement inadapté pour une vie moderne. »

Les Américains savaient mieux comment envelopper cela. En effet, ils ne vendaient pas de vêtements, mais un style de vie. Le meilleur du genre était Ralph Lauren : il fit miroiter aux Américains une tradition qu'ils n'avaient pas en affinant tellement les bottes des héros de western, leurs jeans et leurs vestes de cuir frangées, qu'ils furent purement et simplement considérés comme l'« *american look* ». Cela n'avait rien à voir avec la mode au sens classique (européen). « Je n'aime pas la mode, dit Ralph Lauren. J'aime les vêtements qui n'ont jamais l'air démodé. » L'Amérique mythique de Ralph Lauren montrait aux nouveaux riches à quoi pouvait ressembler l'argent, qu'il soit ancien ou nouveau. Le pivot de son esthétique était le statut social. Il aménagea ses boutiques comme des clubs traditionnels avec des fauteuils de cuir, des revêtements d'acajou et des accessoires de cuivre. Ainsi éveilla-t-il chez les ambitieux tous les désirs possibles qui avaient un rapport avec le prestige, la prospérité et un mode de vie raffiné. Et il réussit à les satisfaire, et il vendit bientôt des meubles, de la literie, des lampes, des encadrements, des bougies et des parfums d'ambiance, en bref, tout ce qui rend la vie agréable.

Ralph Lauren et Giorgio Armani, qui a élargi son empire autour de la décoration intérieure jusqu'aux fleurs et aux chocolats, sont considérés comme les deux seuls designers à avoir créé une marque mondiale personnelle. D'autres, comme LVMH et le groupe Gucci, ont acheté ensemble leurs conglomérats du luxe, Armani et Lauren les ont montés successivement, ce qui a l'avantage que chacun de leurs produits correspond à leur propre goût et est ainsi facile à identifier par les consommateurs. Entre-temps, un très grand nombre de designers ont ajouté à leur assortiment des accessoires d'intérieur, connus dans la branche comme « mode bougies-et-coussins »,. Mais seuls Armani et Ralph Lauren ont créé un monde personnel complet de manière conséquente, du tapis aux couverts en passant par la literie.

Tout comme les couturiers ont mis sur le marché leur univers personnel, les artistes ont également commencé, dans les années 1980, à développer un style en marque pour mieux se vendre. Le post-maître

pop Jeff Koons, qui avait travaillé pendant six ans à la bourse comme courtier et était rompu au marketing et à la vie économique, engagea même un conseiller en image. Ainsi parvint-il en 1986 à faire nommer sa sculpture Bunny, en acier miroitant, symbole de l'art du XXᵉ siècle finissant. La mise en scène de sa propre personne connut son apogée avec la série *Made in Heaven*, qui établit dans des scènes pornographiques de mauvais goût son union maritale avec l'actrice de films pornographiques italienne Cicciolina. Le mariage ne dura pas, mais Jeff Koons se catapulta à la pointe des artistes contemporains les mieux payés, avec des recettes allant jusqu'à 23 millions de dollars pour l'une de ses œuvres triviales.

L'artiste du graffiti Keith Haring apprit, en imitant son ami et modèle Andy Warhol, comment un artiste doit se vendre dans le monde moderne. Aux minauderies élitistes des galeries, il opposa en 1986 sa Pop Shop dans la Lafayette Street new-yorkaise, où ses œuvres et lithographies étaient vendues au public tout venant. À partir de 1987, il fit don d'une partie de ses revenus pour des actions de lutte contre le sida, avant que la maladie soit diagnostiquée chez lui. Keith Haring est mort en 1990.

La maladie immuno-dépressive qui emporta tant d'artistes éveilla dans de larges cercles l'impulsion de ne plus se soucier uniquement de la carrière. La popstar Bob Geldof organisa le 13 juillet 1985 Live Aid, le plus grand concert de pop et de rock qui ait jamais été diffusé à la télévision dans le monde entier. Le bénéfice équivalent à 102 millions d'euros alla aux victimes de famines en Éthiopie et dans d'autres pays pauvres d'Afrique. Depuis, certaines grandes marques – dont Armani – font don d'un certain pourcentage de leurs recettes pour les enfants et les femmes malades du sida en Afrique.

Cette nouvelle conscience se traduisit dans de nombreux domaines. En effet, à la fin des années 1980, les mannequins mondialement connus Naomi Campbell, Claudia Schiffer, Christy Turlington ou d'autres célébrités encore manifestèrent contre les tortures infligées aux animaux et se refusèrent à porter des fourrures sur le podium.

Quand, à la fin de 1989, avec la chute du mur de Berlin, ce fut le symbole le plus fort de la guerre froide entre l'Est et l'Ouest qui tomba, toutes les portes semblaient ouvertes sur un monde meilleur.

1987

L'ÉMINENCE GRISE :
Giorgio Armani

* 11/07/1934

Qui aurait cru que ce serait le veston d'homme qui révolutionnerait la garde-robe féminine ? Parmi tous les couturiers, l'Italien Giorgio Armani se glorifie, après Paul Poiret et Coco Chanel, d'avoir fait le plus de choses pour les femmes, et probablement a-t-il raison : « Je m'imagine un vêtement qui tombe sur le corps d'une manière étonnamment naturelle. » Pour le concevoir, Armani « maltraita » le veston classique, arracha la doublure et aussi la garniture, modifia les proportions, arrondit les épaules, déplaça les boutons, élargit les revers, puis il recomposa le tout avec des tissus qu'aucun tailleur n'aurait pris en considération : toile à gros grains, coton indien, tissu de chanvre, velours ou peau chamoisée.

Il en résulta un veston poids plume, confortable comme une chemise et agréable sur la peau, raison aussi pour laquelle beaucoup de femmes préféraient porter les costumes d'Armani directement sur le corps. Lui-même privilégiait le plus souvent des tops délicats en tissus transparents ou en soie, et des sandales plates ou des mocassins brodés. Jamais il ne lui serait venu à l'idée de combiner hauts talons et chemises strictes avec ses costumes. L'homme qui est considéré comme le père du *powersuit* a en réalité créé un *softsuit*, qui était justement utile aux femmes dans leur carrière parce qu'elles ne ressemblaient pas à des hommes déguisés. Elles avaient l'air sûres d'elles et à l'aise dans le monde, fidèles au slogan d'Armani : « Ne jamais se faire remarquer, mais toujours rester dans la mémoire ».

Giorgio Armani, né le 11 juillet 1934 en Italie du Nord, voit la clé du succès dans le fait que ce n'est pas à la mode qu'il réfléchit, mais sur les gens et leur style de vie. Après des études de médecine interrompues, il travailla pendant huit ans dans le grand magasin milanais La Rinascente, d'abord comme photographe, puis comme décorateur de vitrine, et finalement dans le département achat pour la mode masculine. Il était de plus en plus surpris que les hommes achètent les costumes empesés, en forme de boîte, du prêt-à-porter : il devait quand même être possible de fabriquer des vêtements de confection confortables. À 30 ans, il commença un apprentissage chez Cerruti, où il se mit déjà à faire des essais avec des vestons. Bientôt, il s'engagea comme styliste free-lance auprès de diverses entreprises de mode. Mais c'est seulement quand il rencontra Sergio Galeotti que l'idée lui vint qu'il pouvait fonder sa propre entreprise. Le partenaire dans la vie devint aussi partenaire en affaires. Avec un capital de 10 000 dollars US au départ, Armani et Galeotti s'établirent en 1975.

Un siège confortable

En tant que designer de mode, Giorgio Armani était depuis longtemps arrivé à l'Olympe quand, en 2006, il présenta aussi des meubles à la foire de Milan. Sa collection d'inspiration asiatique était de forme rigoureuse, de dimensions opulentes et de couleurs osées.

Variations sur un thème

Giorgio Armani révolutionna le veston d'homme et en fit le vêtement préféré des femmes. Même quand il fait partie d'un costume à rayures (en haut, Cruise Collection 2010), il se montre ostensiblement féminin. Depuis 30 ans, Armani démontre avec chaque collection la diversité du veston… et la sienne. Longues ou courtes, strictes ou asymétriques, ses vestes flattent toujours la silhouette féminine. Depuis longtemps, elles ne se combinent pas seulement avec des pantalons, mais de plus en plus avec des robes.

Le côté privé d'Armani

Dans sa ligne de haute couture Armani privé, le grand maître italien se montre souvent d'une frivolité surprenante. Pour l'été 2006,
il présenta une robe bustier très colorée avec minisac assorti et petit chapeau de cocktail en rubans multicolores. Dans les rues de Naples,
l'une de ses combinaisons pantalons classiques, haut fermées, a été photographiée, démonstration de ce que la dame d'Armani
est intouchable, et tout de même désirable.

La *richesse sensuelle* de la mode réservée d'Armani se révèle quand on la porte.

En juillet, Armani présenta sa nouvelle silhouette pour hommes : des costumes déstructurés, qui enveloppaient le corps sans être incommodes. Trois mois plus tard, il présenta des costumes analogues pour la femme. Les réactions furent partagées et violentes : les uns qualifiaient Armani de rénovateur génial, les autres de raseur fade. Par chance, Fred Pressman, propriétaire visionnaire de Barneys à New York, fut si impressionné qu'il s'assura les droits exclusifs pour l'Amérique. Bientôt, ceux qui passaient pour être des précurseurs dans les affaires de mode ne se déplaçaient plus qu'en Armani, en particulier les metteurs en scène, les producteurs et les publicitaires. Pas surprenant qu'il ait attiré l'attention du cinéma : en 1979, il fut chargé de couper les costumes pour Richard Gere dans *American Gigolo*. Ce fut la percée et dès lors, de manière subtile, les hommes comme les femmes se trouvèrent sexy quand ils portaient de l'Armani.

La presse de mode pouvait tranquillement reprocher à Armani de ne connaître qu'une couleur, à savoir le grège, ce mélange indéfinissable de gris et de beige. Lauren Hutton, mannequin vedette et partenaire de Richard Gere au cinéma, regarda de plus près : « Armani emploie sept tons différents pour produire une couleur. »

Chez lui, le luxe n'est jamais ostentatoire. Cela s'explique déjà par son enfance modeste dans la localité industrielle de Piacenza. Né le deuxième de trois enfants, Giorgio Armani connut l'horreur et la pauvreté de la guerre. Malgré tout, à l'époque déjà, il était contre toute abondance. Quand sa mère décorait la table pour le repas de Noël avec un surtout et beaucoup de petits vases pour des fleurs, il protestait : « Soit l'un, soit l'autre. »

Jamais il n'a changé de conception. Ce qui ne veut pas dire que, depuis trente ans, ses créations se ressemblent. Prenons son veston, la pièce centrale de sa mode : tantôt jusqu'à la taille, tantôt jusqu'au genou comme une veste d'équitation, parfois il a des revers, parfois un col châle, parfois il porte même des basques ou des ruches, mais au premier coup d'œil, on reconnaît toujours un Armani. Cela tient à la palette de couleurs assourdies et aux tissus doux. Ce qui paraît d'abord sobre, simple et austère dévoile en regardant de plus près – d'autant plus en le portant – une richesse sensuelle. Armani a pris beaucoup d'inspiration à l'Extrême-Orient, mais contrairement à certains collègues, il ne s'est jamais laissé séduire par des collections trop nettement folkloriques. Il s'agit plus pour lui de qualité spirituelle.

En 1985, son ami Galeotti mourut après avoir été malade pendant plusieurs années. Armani se précipita davantage dans le travail, se chargeant aussi de la partie commerciale. De manière très ciblée, il misa sur des stars pour être les ambassadeurs de la maison, car ce qu'elles portaient, la majorité de la classe moyenne aisée voulait l'avoir. L'une des premières nominées qui parut à un gala des Oscars dans une robe Armani fut Glenn Close, et elle resta dès lors fidèle au maître. « En Armani, je me sens plus belle, mais pas déguisée. Sa mode me met en valeur », déclara la star qui, en privé, ne porte que des jeans et des t-shirts.

Ce furent les stars qui amenèrent Armani à risquer une ligne de haute couture. Quand Tom Cruise épousa Katie Holmes en 2006, il équipa le couple en Armani privé et, depuis, l'Italien montre régulièrement à Paris les plus exclusives et les plus exigeantes de ses collections. C'est la nièce d'Armani, Roberta, qui se charge des stars : elle travaille dans l'entreprise depuis 1997 et elle est considérée comme « héritière du trône ».

L'avenir est beau

Pour le 25ᵉ anniversaire en juillet 2000, Roberta présenta la mode de son oncle (page ci-contre, au centre). Depuis, elle est considérée comme l'héritière du trône. C'est avant tout la jeune ligne de haute couture (photos de gauche) qui continue aussi à lier les stars internationales à Armani.

Donna
Karan

*02/10/1948

Sept choses simples catapultèrent Donna Karan en 1985 au firmament de la mode. C'était la première collection sous son propre nom, elle s'appelait Seven Essentials et lui valut aussitôt la décoration convoitée du Council of Fashion américain en tant que designer de l'année.

Auparavant, Donna Karan, née le 2 octobre 1948 à Long Island, n'était déjà pas une inconnue. La fille d'un tailleur sur mesure et d'un mannequin de showroom grandit dans la branche de la mode. Toute petite déjà, elle acquit les connaissances et les contacts nécessaires et, par chance, elle avait en plus hérité du talent. Elle commença sa formation à la Parsons School of Design, à Manhattan, mais elle demeura sans diplôme car, après un job de vacances chez la « Queen of Sportswear » Anne Klein, on lui proposa de commencer comme assistante styliste. Après la mort prématurée de Klein à 51 ans, Donna reprit en 1974 avec son collègue Louis Dell'Olio la direction de la création de l'entreprise. Ensemble, ils relevèrent le niveau et le chiffre d'affaires des collections, employèrent du cachemire, du satin et des broderies de paillettes pour une garde-robe plus urbaine.

Au bout de trois ans, ce fut l'échec du premier mariage de Donna avec Mark Maran, dont elle eut en 1974 une fille, Gabrielle, nommée Gaby. Avec son deuxième mari, le sculpteur Stephan Weiss, elle se risqua à franchir le pas de l'indépendance. Elle glissa alors tout ce qu'elle avait appris auprès de son mentor Anne Klein dans un concept cohérent. Avec sa première collection, elle produisit une belle création, sensuelle, en jersey et en crêpe de laine, en bas noirs épais et bijoux sculpturaux de Robert Lee Morris. Donna Karan avait imaginé sept choses avec lesquelles une femme active était parfaitement habillée vingt-quatre heures sur vingt-quatre. La base était le body noir, qui pouvait être porté avec des pantalons ou des jupes ou sous des vestes, et qu'elle fut la première à concevoir déboutonnable à l'entre-jambes. Selon le même modèle, elle réalisa des bodys chemisiers blancs, qui avaient l'avantage de ne jamais glisser de la ceinture de la jupe ou du pantalon. La coupe de ses manteaux était suffisamment ample pour laisser de la place aux *powersuit* à large carrure des années 1980, mais aussi à des pull-overs épais ou des robes du soir flottantes. Ses jupes étaient drapées comme des sarongs, ce qui adoucissait la silhouette des tailleurs, mais surtout, les « zones à problème » au milieu de l'abdomen – que Donna Karan ne manquait pas de connaître – étaient avantageusement escamotées. Elle proposa des variantes en stretch sans repassage, en crêpe de laine, twill, cachemire et dentelle, qui se révélèrent une bénédiction pour la femme carriériste qui voyage beaucoup.

Que des jouets

Donna Karan se sent comme une petite fille au paradis de la mode dans le showroom de sa seconde ligne DKNY (Donna Karan New York), plus récente et moins coûteuse. Elle rassemble d'innombrables coupures de journaux à partir desquelles elle réalise des collections d'actualité.

Entre amies

C'est en compagnie d'autres femmes que Donna Karan se sent le mieux, que ce soit dans le « fatras scintillant » des années 1980 avec Anna Wintour, rédactrice en chef du *Vogue* américain et la styliste concurrente Carolyn Roehm (ci-contre) ou sa meilleure amie, la star hollywoodienne Demi Moore (à droite), avec laquelle Donna partage aussi une prédilection pour les exercices de yoga. L'échange constant avec des femmes conduit à des collections qui offrent une liberté de mouvements même quand elles soulignent le corps de très près (ci-dessus). Le plus souvent, les modèles de Donna sont souplement retroussés, parfois flottants et fluides (photos du bas). Typiquement new-yorkais : l'affiche géante de Donna Karan pour sa jeune ligne DKNY (en haut, à droite). Des drapés flatteurs en jersey de soie sont le nec plus ultra de la collection pour l'automne 2010 (page ci-contre).

Les vêtements de Donna Karan sont bienveillants pour les femmes : ils flattent les **formes féminines**.

Dans ses ensembles, les standards du sportswear des années 1940 – hauts et jupes portefeuilles, bodysuits, larges ceintures de cuir – font partie d'une garde-robe faite des parties d'un puzzle diversement combinables, une touche nouvelle et agressive. Ce qui, chez les classiques américains comme Claire McCardell et autres, avait encore l'air d'un habillement ludique, devint, dans le sexy souverain de Donna Karan influencé par des stylistes parisiens aérodynamiques comme Thierry Mugler et Azzedine Alaïa, la tenue de combat pour la bataille autour du fauteuil de chef. Avec habileté, elle enveloppa sa mode dans des histoires féministes de réussites. Dans une campagne publicitaire photographiée par Peter Lindbergh, le top-modèle Rosemary McGrotha, qui paraissait très grand avec des rondeurs féminines, réalisa en tant qu'alter ego de la styliste le rêve d'un premier président féminin des États-Unis, une pierre blanche dans le marketing, mais une vision qui ne pouvait pas se réaliser aussi vite.

En 1988, DKNY, la deuxième gamme à meilleur prix de Donna, arriva sur le marché, conçue pour les loisirs et le week-end et, dans l'ensemble, pour une clientèle plus jeune – sa fille Gaby servit paraît-il d'inspiratrice. Jupes en jean, combinaisons, t-shirts, pantalons et vestes de loisirs étaient vendus dans un emballage bon marché. Ici aussi, la règle de Donna était de mise : « Ne figure dans la collection que ce qui est pratique, ce qui me donne l'air plus grand, plus mince et cultivé sans demander beaucoup de travail. »

À la fin des années 1990, Donna Karan se montra plus douce, paisible et sensuelle, et non plus ostensiblement forte et sexy. Ses coupes se firent plus larges, ses couleurs plus claires. Et de cette façon aussi, elle a touché juste les besoins des femmes qui – comme elle – sentaient leur pouvoir renforcé grâce à leur carrière. Avec ses amies, parmi lesquelles Barbra Streisand, pour laquelle elle créa la robe de mariée, et Demi Moore qui, après son mariage avec Bruce Willis, passa par un changement de personnalité, Donna chemina sur des sentiers spirituels et se retira plus souvent dans des retraites pour pratiquer le yoga. À propos de sa boutique porte-drapeau à New York, elle dit : « Il s'agit de soupe et de tout ce qui réchauffe. » De fait, dans sa brochure publicitaire saisonnière, elle ne publiait pas seulement un aperçu de ses collections, mais aussi des recettes pour la saison, des exercices de yoga, des trucs de voyage et autres conseils fraternels.

Dans les années 1990, l'histoire à succès fut ombragée. Le parfum lancé en 1992, Donna Karan à New York, dont son mari Stephan Weiss était responsable, fut un flop. Si la mode pour hommes qu'elle créa pour lui fut récompensée par des prix, elle ne fut pas un succès de vente. En 1995, on diagnostiqua un cancer du poumon chez Stephan Weiss, avec qui Donna était unie non seulement par le mariage, mais aussi par une « parenté d'âme ». Il se retira de l'entreprise de mode pour se consacrer de nouveau à sa sculpture. L'introduction en bourse de 1996 n'apporta pas le succès escompté, et Donna Karan fut obligée de se retirer du négoce opératoire.

En 2001, elle vendit son entreprise pour 643 millions de dollars à LVMH, le groupe de luxe français de Bernard Arnault. La même année, son mari mourut, et Donna fuit dans la solitude jusqu'à ce qu'elle se sente à nouveau suffisamment forte pour se présenter au public.

Depuis, elle ne conçoit plus les collections elle-même mais, en tant qu'instance conseillère supérieure, elle veille à ce que le style particulier de Donna Karan, qui eut sur toutes les femmes un effet psychologique international, soit maintenu.

Family first
Page ci-contre, au centre à droite : Donna Karan avec son second mari Stephan Weiss, la fille de celui-ci et sa propre fille Gaby (tout à gauche). Depuis la mort de Stephan en 2001, elle ne travaille plus que comme conseillère et veille à ce que son style soit maintenu.

UNE ASCENSION COMME AU CINÉMA :

Ralph Lauren

*14/10/1939

Tout comme Armani, Ralph Lauren commença lui aussi avec la mode pour hommes. C'est peut-être la raison pour laquelle l'un et l'autre n'ont jamais été tentés de créer des formes imaginaires, et se sont occupés de vêtements avec lesquels on pouvait vivre le quotidien. Les meilleures conditions pour cela se trouvaient en Amérique. « La mode évolue dans notre direction, déclara Ralph Lauren. Notre style de vie est plus moderne, nous voyageons, nous sommes sportifs, nous nous remuons. Nous sommes connus parce que nous avons toujours fait des vêtements pratiques, nous sommes meilleurs en cela que tous les autres. »

Son analyse était juste. À la fin des années 1980, les défilés étaient plus importants à New York qu'à Paris, Londres et Milan. Le géant endormi s'était définitivement levé, et il avait plus à offrir que le seul sportswear. Ralph Lauren créa un monde de rêve, mais l'un de ceux qui paraissaient aux Américains aussi familiers que s'ils revenaient dans leur paradis perdu. Il fit revivre le mode de vie traditionaliste des Anglais de la campagne, vers lequel la classe blanche dominante d'Amérique s'était toujours orientée, de la confortable veste de tweed jusqu'à la vie de famille bien entretenue. Ses séries d'annonces photographiées par Bruce Weber sont inoubliables, montrant plusieurs générations d'une famille aussi aisée qu'heureuse dans ses activités de loisir privilégiées avec chiens et chevaux dans sa propriété de campagne. En même temps, il fit des jeans, des vestes de cuir et des bottes de cow-boy des premiers colons la tenue américaine classique. Il conquit ainsi non seulement ses compatriotes, mais aussi la middle class aisée d'âge moyen dans le monde entier, partout où l'on aspirait à une position sociale assurée et en même temps à un peu d'aventure à la façon « Ouest sauvage ».

Le couturier le plus couronné de succès d'Amérique est né sous le nom de Ralph Rueben Lifschitz le 14 octobre 1939 à New York, cadet des quatre enfants d'immigrants judéo-russes. En cinéphile enthousiaste, il s'orienta vers le style de stars comme Fred Astaire ou Cary Grant et, dans son école, il était considéré comme un dady élégant en pantalon de velours côtelé et vestes de tweed, avec des pull-overs négligemment posés sur les épaules. Quand, à la fin de ses études, on lui demanda ce qu'il voulait devenir, il répondit : « Millionnaire. »

Il débuta comme vendeur chez les traditionalistes Brooks Brothers. En 1967, il leur racheta les droits de la marque Polo et, un an plus tard, il prit son indépendance avec un commerce de cravates appelé Polo Fashion. Son changement de nom de Lifshitz en Lauren marqua le début de son ascension de jeune homme pauvre du Bronx à tête de file sur le marché sur Seventh Avenue.

The Great Gatsby
Le célèbre roman de F. Scott Fizgerald fut pour Ralph Lauren un modèle et une stimulation, et la possibilité de créer les costumes pour la version cinématographique de son livre préféré fut un point culminant de sa carrière, qui correspond complètement au rêve américain.

Histoire empruntée

Avec sa mode et ses aménagements intérieurs, Ralph Lauren apporta une tradition qui n'avait jamais existé ainsi en Amérique.
Avec des photos de famille et des tableaux, il crée une atmosphère de prospérité naturelle et assurée.

Hérité et gagné

La famille américaine self-made n'a pas besoin de se cacher derrière la vieille noblesse européenne, ses goûts sont tout aussi coûteux, à commencer par les tweeds et autres vêtements traditionnels classiques, jusqu'à une élégance légèrement excentrique. La photo ci-contre montre (en partant de la gauche) Dylan, la fille, Ralph et Ricky Lauren et les fils Andrew et David. Autrefois, la famille, en autochtone, se présentait le plus souvent en jeans, de fiers Américains ; aujourd'hui, il faut que ce soit souvent du velours et de la soie, même pour les plus jeunes clients déjà (en bas, au centre). Au lieu de s'orienter vers l'Ouest sauvage, la créativité de Ralph Lauren se tourne vers la noblesse d'argent new-yorkaise, qui veut s'entourer de choses précieuses et porter de la haute couture (page précédente et photos du bas). Mais il propose encore des créations rustiques ou sportives (en haut).

*Chaque boutique de Ralph Lauren se présente comme une île au **mode de vie élitiste**.*

« Ralph Lauren ne rêvait pas de devenir designer : il est devenu designer pour réaliser ses rêves », a écrit son biographe Jeffrey Trachtenberg.

Il y parvint plus vite qu'il ne l'escomptait. Ses cravates, deux fois plus larges et deux fois plus chères que celles de ses concurrents, partaient comme des petits pains, et il ne tarda pas à confectionner chemises et costumes appropriés. Il suffit d'une année pour que son fabricant lui accorde un crédit de plus de 50 000 dollars afin qu'il puisse aussi mettre sur le marché une collection pour femmes. Que signifie sur le marché ? Ralph Lauren mit en scène sa mode dans un environnement de style en aménageant sa propre boutique dans chaque grand magasin. Ce n'était pas l'habituelle *shop-in-shop*, c'était une île au mode de vie élitiste, où certains de ses clients auraient aimé habiter. Ainsi Ralph Lauren éveilla-t-il de nouveaux désirs, se dépêchant de les réaliser aussitôt. Pour la maison de campagne qui devait faire l'effet d'un héritage, il fournit commodes sculptées, fauteuils clubs en cuir, fourrures, tapis et tissus à motifs indiens jusqu'à des portraits encadrés des premiers habitants. Pour l'appartement en ville, il fit confectionner lampes modernes et tapis, façonner argent, cristal, porcelaine fine et glands de soie. Et pour chaque ambiance, il habillait naturellement de façon appropriée toute la famille, jusqu'au chien. Ses adeptes le suivaient volontiers, et n'achetaient également bougies, parfum d'ambiance et peinture murale – particulièrement demandée les dernières années – que dans le vaste monde marchand de Ralph Lauren.

« J'ai élevé le goût des Américains », dit le self-made-man avec assurance. Avec sa femme Ricky, qu'il épousa en 1964, et leurs trois enfants, il montrait à ses compatriotes un idéal qui semblait sorti d'un film hollywoodien. Pas surprenant qu'il ait créé les costumes pour *The Great Gatsby*, où il était question du sens de la vie dans les années 1920, nostalgique et élégant, et du rêve américain de liberté et de réalisation de soi, qui tournait souvent en aspiration à la richesse.

« Je ne me compare pas à des couturiers comme Saint Laurent ou Ungaro, dit un jour Ralph Lauren, je fais quelque chose de très personnel, et j'en suis fier. »

Beaucoup ne voient sa contribution à l'histoire de la mode que dans un marketing génial. Il est vrai qu'au premier coup d'œil, on ne reconnaissait pas ses créations comme « typiquement Ralph Lauren ». Sous le signe du logo de son joueur de polo, il rattacha des inspirations historiques à un classicisme utopique qui, du style country d'un Gary Cooper à la nonchalance androgyne de Katharine Hepburn, réunissait tout ce que l'héritage culturel d'Amérique avait à offrir comme

potentiel de glamour. En donnant par exemple à la chemise polo, produit de masse, une légère patine, et en garnissant ses vestes de tweed avec de véritables boutons en corne, il les raffina. D'un autre côté, il donna à la tenue de soirée un aspect négligé en transformant le typique peignoir de bain en velours en robe de velours, et le pull-over de cachemire en robe longue. Certains trouvaient ses classiques modernes un peu ennuyeux à cause de leur rayonnement de propreté. Des stylistes conseillent de combiner ses élégantes robes du soir en satin avec des bottes, et de porter ses pantalons rustiques avec des hauts talons. Mais c'est dans un environnement riche que les créations intemporelles de Ralph Lauren sont le mieux mises en valeur : avec comme accessoire une course de chevaux ou une superbe Oldtimer.

Le meilleur, évidemment
Ralph Lauren a emprunté son logo au sport noble qu'est le polo, et il crée aujourd'hui encore avec prédilection pour les loisirs, par exemple une tenue de tennis impeccable, comme sortie des années vingt du siècle dernier. Qu'il s'agisse de pull-overs, de chemises polos, de bichon ou de sundowner : tout dans le monde de Ralph Lauren est présenté avec style.

L'ARTISTE DU TRICOT :
Sonia Rykiel

* 25/05/1930

S'il existe une mode typiquement féminine et typiquement parisienne, c'est celle de Sonia Rykiel. Personne n'a davantage placé au centre son bien-être personnel et sa propre silhouette que la Française à la peau transparente, aux cheveux roux flamboyants et aux yeux noircis de khôl. Cela commença avec les tout premiers projets qui virent le jour uniquement parce que, pendant sa grossesse, elle ne pouvait pas trouver des pull-overs assez extensibles pour son volume croissant tout en étant jolis. Elle prit donc des aiguilles et de la laine et tricota elle-même. Depuis, elle a surpris le monde avec « tout ce que l'on peut faire avec un fil ».

Ce furent d'abord les amies, puis de plus en plus de femmes, qui voulurent avoir les pulls moelleux et les tuniques légères de Sonia. Mais les choses ne démarrèrent vraiment que lorsqu'elle eut mis au monde sa fille Nathalie en 1962, et qu'elle ne pensa plus à la mode pour femme enceinte, mais à s'habiller le plus près du corps et le plus sexy possible. Son premier fut le « pull de pauvre garçon » : noir et aussi serré que s'il était devenu trop petit. Jusqu'à aujourd'hui, ce modèle est sa pièce préférée.

Sonia Rykiel vendit d'abord ses petites collections de tricot aux boutiques de mode de son mari Simon Bernstein. En 1968, elle ouvrit sa propre boutique rive gauche, précisément pendant l'année et dans le quartier où les émeutes des étudiants modifièrent le visage bourgeois de la France. Et Sonia, née à Paris le 25 mai 1930, profita de l'aspiration à la liberté des jeunes femmes qui ne voulaient rien savoir de la haute couture très glorifiée, mais trouvaient drôles et confortables les vêtements en tricot de Rykiel, surtout parce qu'ils avaient souvent l'air d'être « non finis ». Car Sonia anticipa le « déconstructivisme » en renonçant aux ourlets ainsi qu'à la doublure dans la confection de ses pièces de tricot et en tournant les coutures vers l'extérieur.

Au début, les concurrents masculins se moquèrent de la « tricoteuse », mais Sonia Rykiel leur prouva vite qu'elle pouvait prendre part au marché de la mode. Elle construisit rapidement sur le software du tricot un empire entier : une entreprise familiale, comme si souvent dans la branche de la mode, où il s'agit de partager des sensibilités similaires. Son époux Simon, ainsi que sa fille Nathalie à partir de 1975, aide Sonia dans l'entreprise. En 2012, la firme chinoise d'investissement Fung Brands a toutefois repris 80 % de parts. Mais Sonia en demeure l'âme.

Ce sont ses rayures de couleur et ses lacets coquets qui devinrent le signe de la marque. Sa mode se prête remarquablement aux loisirs, non pas dans le sens américain de sportswear, mais dans un style typiquement français qui incite à une élégante oisiveté. Sa gamme est fluide et le plus

Telle mère, telle fille
Ce qui est souvent un problème dans d'autres entreprises s'est produit tout naturellement chez Sonia Rykiel : sa fille Nathalie se consacre à la mode en tricot avec le même talent que sa mère aux cheveux roux, et elle porte l'entreprise familiale vers l'avenir.

S'il existe quelque chose comme un *érotisme de la maille*, Sonia Rykiel sait comment le créer

souvent étroite, une suite de la mode jersey des années 1930 telle que Chanel l'a d'abord lancée – partant toujours, exactement comme Sonia Rykiel, de ses propres besoins et préférences.

Ce ne serait pas un plaisir pour Sonia Rykiel de ne faire que des vêtements pratiques. « J'espère que mes créations apportent un peu de joie », dit-elle à propos de son objectif de travail. D'où les couleurs lumineuses sur fond noir et les surprenants cœurs scintillants sur de simples pull-overs. Ses capes reçurent des ruches, et ses robes se firent de plus en plus étroites et courtes. Elle devint la reine de l'érotisme de la maille.

Cela eut aussi un succès particulier chez les femmes carriéristes des années 1980, qui en avaient assez de la sobre tenue de business. Lors d'une visite à Paris, elles voyaient dans la boutique de Sonia Rykiel que des vêtements confortables pouvaient aussi avoir « le petit quelque chose ». Au diable la grisaille de la correction ! Sonia Rykiel leur montrait que l'on pouvait devenir un entrepreneur à succès tout en étant complètement femme. Mais celle qui ose porter une crinière rouge crêpée et fumer de gros cigares peut se permettre beaucoup de choses sans être sous-estimée en tant que femme.

Cinq ans seulement après le démarrage de sa « mode de boutique », la styliste autodidacte fut nommée vice-présidente de la chambre syndicale du Prêt-à-porter et, dans cette fonction, elle s'occupa pendant vingt ans des intérêts des jeunes créateurs. Elle étendit sa propre entreprise au parfum, à la collection de lunettes, la ligne de cosmétiques et la mode pour hommes. Mais tout cela ne suffisait pas. Sonia Rykiel écrivit aussi plusieurs livres et s'occupa intensément d'aménagement intérieur. C'est ainsi qu'avec l'hôtel Crillon, elle décora l'un des plus luxueux hôtels parisiens et donna à la vénérable maison une touche explicitement féminine. Elle a même déjà chanté et fait un disque avec Malcolm McLaren. Bien sûr, elle s'est souvent heurtée à la résistance ou même la moquerie, mais l'expérience l'a instruite : « Ce qui me blesse me rend plus forte aussi. »

Pour toutes ses activités, elle a besoin de beaucoup d'espace libre personnel, car « ce sont toutes des activités solitaires ». C'est précisément pourquoi il est important pour elle que famille et équipe soient toujours à sa proximité. « Je suis souvent anxieuse et j'ai peur de toutes les mauvaises choses du monde. C'est pour cela que j'aimerais pourvoir à un peu d'insouciance. Au fond, il s'agit quand même d'aimer et d'être aimé. »

Elle se qualifie elle-même de voleuse qui passe dans les rues avec les yeux et les oreilles ouverts, aspire tout et le réutilise dans le travail. Cela lui fait découvrir des variantes toujours nouvelles de la beauté : « Parfois classique, parfois excentrique ou intellectuelle : le principal, hors du commun et surprenante. »

Lorsque la maison Sonia Rykiel a fêté en 2008 son 40e anniversaire, tous les grands collègues lui ont rendu honneur avec un défilé de mode. En hommage, 30 stylistes, parmi lesquels Giorgio Armani, Vivienne Westwood, Karl Lagerfeld, Christian Lacroix et Jean Paul Gaultier, avaient chacun créé une tenue Rykiel. La création de Martin Margiela était particulièrement originale : une robe que garnissait la crinière bouclée rouge feu de Sonia qui, depuis, est presque devenue son image de marque.

Dans la maison Rykiel, l'avenir semble assuré : sa fille Nathalie lui a donné trois petites-filles, on va donc probablement continuer à tricoter.

Riche palette

Pour son 40e anniversaire, la maison Rykiel présenta en 2008 une coupe transversale dans sa création : colorée et gaie. Des collègues comme Martin Margiela et Jean Paul Gaultier envoyèrent en hommage des créations amusantes (photos du bas, à gauche et à droite) sur le podium, dans l'esprit de Rykiel, qui n'a jamais reculé devant la plaisanterie et l'ironie.

Missoni

Gianfranco Ferré

C'est au couple italien Missoni que revient l'honneur d'avoir été le premier à libérer les vêtements en tricot de toute apparence bourgeoise. En 1966, deux ans avant que Sonia Rykiel entre en lice à Paris, Ottavio, né en 1921, et Rosita, née en 1931, présentèrent leur première collection à Milan, avec un succès éclatant : un enivrement de couleurs sans pareil fit monter les larmes aux yeux de tous. C'était nouveau, c'était jeune, c'était plus un événement artistique qu'un défilé de mode. Effectivement, les motifs excitants rappelaient l'op art et le folklore africain. Les vagues ou les pointes insolites naissaient d'une combinaison compliquée de plusieurs fils colorés. Les couleurs isolées provenaient à leur tour d'un grand nombre de passages de teinture. Le couple mit aussi au point de nouvelles techniques pour fabriquer du patchwork ou tricoter des pull-overs à la verticale. Les sportifs surtout trouvaient Missoni décontracté, que ce soit en bikini sur la plage ou en veste dans la neige. Les stylistes étaient eux-mêmes sportifs : Ottavio était athlète dans une équipe nationale, et son premier geste de styliste fut de lancer en 1948 des costumes de training en laine pour les participants italiens aux Jeux olympiques.

Depuis 1997, leur fille, Angela Missoni (photo du bas à droite) est chef styliste de la maison et responsable de l'entreprise avec ses deux frères.

Le colosse barbu a pris une place particulière dans la mode : il n'a pas lancé de mode, il n'en a pas suivi non plus. En fait, Gianfranco Ferré, né en 1944, avait étudié l'architecture, mais il préféra voyager en Inde plutôt que de rester assis devant la planche à dessin. C'est là qu'il développa son sens pour les couleurs éclatantes, les étoffes précieuses et l'élégance intemporelle. De retour à Milan, il créa d'abord des meubles, puis de la mode pour d'autres et, en 1978, il présenta sa première collection pour femmes, nettement marquée par ses impressions orientales. Il était intéressé par les « vraies femmes », au nombre desquelles des célébrités comme Nan Kempner et Sophia Lauren, et des épouses de présidents comme Bernadette Chirac et Claude Pompidou. Ce fut peut-être la raison pour laquelle Bernard Arnault fit appel à lui en 1989 comme directeur artistique chez Dior : ce n'était pas une mission simple car les vêtements structurés et luxueux de Ferré ne correspondaient pas au goût français pour le « petit tailleur chic ». Cependant, il réussit à augmenter le chiffre d'affaires et la réputation de la maison de tradition empoussiérée. En 1997, il abandonna Dior pour des raisons de santé et se consacra de nouveau complètement à sa propre marque. Ces chemisiers blancs aux manchettes hyperlongues et aux cols multiples étaient célèbres. Après sa mort, différents stylistes reprirent la direction de la création de l'entreprise, qui fut achetée en 2012 par le preneur de licences arabe Paris Group de Dubaï.

Norma Kamali

Michael Kors

L'ancienne hôtesse de l'air qui, lors de ses voyages en Europe, avait surtout fureté dans les boutiques londoniennes comme Biba, prit son indépendance comme créatrice de mode après son divorce en 1978 sous le titre-programme OMO (On My Own). À partir de là, Norma Lamali, née en 1945, fut toujours en pas en avant sur son époque. Sa toute première collection déjà, intitulée Parachute, devint une légende. Norma utilisait de la soie de parachute dont elle produisait comme par enchantement des créations volumineuses qui étaient contrôlées par des tirants. Le coup suivant, ce furent ses manteaux Sleeping Bag, interprétés d'après le sac de couchage qu'elle avait mis autour d'elle pour se protéger du froid dans un camping. Le modèle poids plume piqué est toujours un favori. Dans les années 1980, elle fit sortir du gymnase dans la rue la matière du sweatshirt et, avec des épaulettes, elle en fit un *powersuit* : une idée qu'elle reprit et développa en 2006. Elle fit aussi ressusciter sous une forme futuriste brillante les leggings et les justaucorps du fitness center. Ses baskets à talons plateaux étaient immortelles. Mais ce qui fut et demeura le plus grand succès de Kamali, ce fut la mode pour le bain, de l'érotique glamour au sexy minimaliste. Elle fut naturellement aussi la première à vendre par internet et, à l'avenir, elle ne veut plus procéder que de cette manière.

Le styliste né en 1959 à New York est tout à fait dans la tradition de l'« *american sportswear* » qui est souvent rejeté comme « vêtement ennuyeux du quotidien » par les Européens. Mais c'est précisément le succès de cette mode, seyante du matin au soir sans être compliquée. Ce n'est pas sans raison que le puissant patron de LVMH, Bernard Arnault, a fait, en 1999, de l'Américain quasiment inconnu en Europe à l'époque le directeur de création de Céline à Paris. Michael Kors garda ce poste jusqu'en 2003. En Amérique, on avait reconnu son talent bien plus tôt : dès 1996, le *Vogue* américain le qualifiait déjà de styliste le plus influent de son temps. C'était exactement son but : « Nous voulons montrer notre vision de la jet-set et d'un style de vie luxueux aux femmes et aux hommes tout autour du monde. » C'est ce qu'il fait avec des gammes différentes, des accessoires à la mode pour le bain, des lunettes et des montres aux parfums, avec une simplicité ciblée. Ceci n'est pas étonnant car ce fils de mannequin chez Revlon avait été élevé pour faire carrière dans le show-business et avait déjà figuré enfant dans plusieurs spots publicitaires. Il préféra toutefois des études de mode, qu'il interrompit pour se consacrer à la pratique du métier dans la boutique branchée Lothar's. En 1981, il créa sa propre griffe qu'il vendit aussitôt aux grands magasins de luxe. Aujourd'hui, il possède ses propres boutiques dans le monde entier.

LES ANVERSOIS

Poètes rebelles des Flandres

DRIES VAN NOTEN

À peine les Parisiens avaient-ils appris à accepter l'invasion de la mode japonaise qu'en 1987 s'annonçait déjà dans le Londres lointain la révolution suivante : « Les Six d'Anvers », Ann Demeulemeester, Dries Van Noten, Dirk Bikkembergs, Walter Van Beirendonck, Dirk Van Saene et Marina Yee présentèrent ensemble leurs collections et acquirent la réputation de « jeunes sauvages ». En vérité, comme le formula Martin Margiela, que beaucoup comptent faussement au nombre des Six d'Anvers, même si, à l'époque, il travaillait déjà à Paris chez Jean Paul Gaultier, « nous sommes les enfants de stylistes japonais, les enfants de Rei Kawakubo et Yohji Yamamoto ». Avec leur esthétique du non-fini, ils reprirent le sceptre de l'avant-garde des Japonais et le portèrent jusque dans les années 1990. En dehors du fait que tous avaient passé leur examen final à la sévère Académie royale d'Anvers, ils ne sont liés que par l'intérêt de l'exemplaire unique avec lequel chacun peut entreprendre ce qu'il veut : « Il ne s'agit pas pour nous de créer un look total », déclare Dries Van Noten.
L'appellation impressionnante « The Antwerp Six » fut inventée par la presse anglaise parce qu'elle ne pouvait ni prononcer, ni écrire les noms belges des jeunes stylistes talentueux. Le modèle était les pseudonymes des bandes de criminels comme « Les quatre maoïstes », mais aussi les livres pour enfants d'Enid Blyton appréciés dans les années 1950, comme *Le club des Cinq* ou *Le clan des Sept*. En tout cas, les stylistes inconnus d'Anvers profitèrent de ce titre honorifique qui leur est resté jusqu'à aujourd'hui. Avant leur entrée en scène, on aurait cru qu'il y avait des mondes entre les mots « Belgique » et « mode ». C'est pourquoi les anciens élèves de la Royal Academy, qui avaient été formés par Linda Loppa, furent aussi contraints de s'associer pour pouvoir se présenter le plus favorablement possible au show des stylistes britanniques à Londres. Ensemble, ils louèrent une camionnette de livraison, la garèrent sur une place de camping et, avec le peu d'argent qu'ils avaient, ils firent autant de publicité que possible. Journalistes et gens de mode trouvèrent cela très tortueux, comme la mode avant-gardiste des Six d'Anvers. Depuis, la Belgique a une place solide sur la carte géographique de la mode.

WALTER VAN BEIRENDONCK

DIRK VAN SAENE

MARINA YEE

DIRK BIKKEM-BERGS

Agréable comme héritage
Les vêtements de Dries Van Noten n'ont pas l'air neuf, ce sont des pièces que l'on aimerait transmettre, comme cette combinaison de 2002.

ANN DEMEULEMEESTER

Sport et sexe

Coupe rigoureuse et rationalité sont à la base de ses collections que Dirk Bikkemberg montre à Milan. Pour l'été 2005, il ajouta de la couleur pour le sportswear et une touche de sexe pour la collection pour femmes.

DRIES VAN NOTEN, né en 1958, est celui des Six d'Anvers qui connaît le plus de succès ; peut-être parce qu'il n'est pas un révolutionnaire. Il a tout simplement développé l'affaire familiale : l'arrière-grand-père était tailleur, le grand-père vendait de la mode pour hommes, le père avait ouvert dans le plat pays le premier *store* avec de la mode internationale. Pendant les vacances, Dries Van Noten accompagnait ses parents aux salons de la mode en Allemagne et en France. Mais la vente ne le captivait pas, c'était la création de mode qui l'intéressait, c'est pourquoi il fréquenta l'académie des Arts d'Anvers, devenue célèbre depuis (surtout grâce à lui).

Dries Van Noten a été le premier de l'année 1985 à prendre son indépendance. Il garde toujours son emplacement dans la ville flamande que beaucoup tiennent par erreur pour la capitale de la Belgique, ce qui irrite Bruxelles. Mais quand il s'agit de mode, grâce aux anciens élèves de l'Académie royale, Anvers est effectivement plus important.

Soit une collection convainc, soit pas. Chaque année depuis 1993, Dries Van Noten prend ce risque deux fois par an à Paris. Il ne présente que des pièces qui sont vraiment à vendre plus tard, contrairement à d'autres stylistes qui, lors du défilé, montrent des exemplaires particulièrement photogéniques qui ne sont conçus que pour la presse, mais pas pour la vente. De manière tout aussi conséquente, il se refuse à passer une seule annonce. Pourtant, son succès grandit d'année en année. Cela tient entre autres au fait que sa mode ne vieillit pas. Chacune de ses pièces semble avoir déjà une vie derrière elle. « Je m'efforce de créer

des vêtements qui ressemblent à des objets hérités », affirme Dries Van Noten. Cela fait partie de sa conception de l'*honest fashion*, de la « mode franche », qui produit des valeurs durables.

Le point de départ est toujours la matière que Dries Van Noten fait fabriquer en Italie et en Espagne selon ses propres idées. À cette occasion, il ose les assemblages de couleurs et combinaisons de motifs les plus insolites. Il est intéressé par les types de tissage, les procédés d'impression et la mode d'autres continents. Il aime le Proche- et l'Extrême-Orient, les broderies, les châles, les jupes portefeuilles sur des pantalons, les sarongs légers comme un souffle sous des vestes et, naturellement, le sari. Ses créations sont souvent brodées ou décorées de perles selon des techniques traditionnelles d'Inde ou du Maroc. Ainsi naissent des objets précieux multiculturels qui trouvent leurs amateurs parmi les nomades modernes. Certes, sa mode est inhabituelle, voire unique, et elle passe pourtant pour être la plus portable parmi les créations des Six d'Anvers. « Mon objectif est de créer une mode qui, d'une certaine façon, est neutre, déclare Dries Van Noten, chaque personne peut y glisser sa propre personnalité. »

ANN DEMEULEMEESTER, née en 1959, ne tolère ni couleur ni motif, contrairement à son collègue Van Noten, et pourtant sa mode aussi offre à celle qui la porte toute liberté pour un style personnel. Et elle aussi est l'ennemie de l'habituelle foire de la presse. Pour Ann, la manière dont sa mode est ressentie est plus importante que le marketing : elle

Noir – quoi d'autre ?

Toutes les créations d'Ann Demeulemeester semblent avoir été taillées pour son idole, la poétesse rock Patti Smith. Toujours noires, jamais monotones.

Message coloré
Livre pour enfants, costume de film ou collection de mode : Walter Van Beirendonck aime les dessins, la fantaisie et l'optimisme. Le personnage de science-fiction du pull rouge de 1998 se poursuit sur la jupe.

Pas piqué des vers
Dirk Van Saene a travaillé pour l'été 2009 cette robe en papier, on peut la laver et la repasser, le tout pour le prix de 60 euros.

l'essaye sur son propre corps. Et c'est pourquoi elle n'emploie presque que des matières naturelles comme le cuir, la laine et la flanelle. Au début, beaucoup la trouvaient sévère et androgyne, mais les techniques de portefeuille et de drapé qu'elle a imaginées ainsi que la combinaison de tissus délicats et fermes créent une féminité très moderne. Dès le début, son grand modèle a été Patti Smith, et il y a toujours un peu de rock'n'roll et de rébellion dans sa mode, qui est peut-être la plus personnelle parmi tous les stylistes belges. C'est sûrement pour cette raison que tant d'adeptes peuvent s'y identifier. « J'aime les silhouettes simples, dit-elle. J'aimerais habiller les femmes comme j'habillerais une table. » Ann Demeulemeester est souvent qualifiée de créatrice du look grunge car elle retournait ses coutures vers l'extérieur, n'achevait aucun ourlet et, dans l'ensemble, aspirait à donner une impression de non-fini, émule en cela des grands Japonais. Mais les critiques de mode ont reconnu de bonne heure la poésie fragile derrière son entrée en scène martiale, et ils ont toujours donné de bonnes notes à Demeulemeester et à son « déconstructivisme ». En 1985, Demeulemeester fonda son propre label avec son mari, le photographe Patrick Robyn. Depuis 1996, elle crée aussi de la mode pour hommes. Désormais, elle vend dans plus de 30 pays et elle a des succursales à Tokyo, Hongkong et Séoul, en Asie donc, là où son esthétique est le mieux comprise. Elle vit et travaille à Anvers dans une maison conçue par Le Corbusier, la seule que le grand architecte ait jamais dessinée pour la Belgique.

WALTER VAN BEIRENDONCK se présente volontiers comme épouvante du bourgeois, mais derrière l'apparence excentrique avec coupe à l'iroquoise, barbe et bijoux ethniques se cache un créateur tout aussi humoristique que méditatif. À côté de la mode, le Belge né en 1957 s'occupe d'art, de musique et de littérature, il a fait des livres et des costumes pour le théâtre et le cinéma et confectionne des vêtements pour des groupes musicaux comme U2, mais aussi pour les enfants. Depuis 1985, il travaille comme inspirateur à l'Académie royale d'Anvers où lui-même a étudié autrefois. Il encourage ses étudiants à saisir leurs chances malgré le sida et l'indifférence : « Il est l'heure de quitter la terre mère ? Non, luttez ! Luttez et croyez en un avenir ! » Van Beirendonck aime décorer ses vêtements de tricot biscornus, du pull au bonnet de laine, avec des mises en garde « Safer Sex » très graphiques. Il ose aussi des motifs sauvages et des couleurs vives. De 1993 à 1999, il fut responsable du design de la marque provocante Wild & Lethal Trash. Mais il a aussi travaillé de façon très commerciale et lancé des collections pour Scapa Sport. Grâce à son professorat, son activité de commissaire lors de grandes expositions et ses déclarations politiques souvent équivoques, son influence sur le monde de la mode est bien plus grande que ne le laissent supposer ses créations de mode. Van Beirendonck vend la marque qui porte son nom exclusivement dans son magasin anversois Walter, qu'il dirige depuis 1998 avec son associé Dirk Van Saene.

DIRK VAN SAENE, né en 1959, n'avait pas l'intention au départ de concevoir des collections complètes mais, après avoir terminé ses études à l'Académie royale en 1981, il ouvrit aussitôt sa petite boutique Beauties and Heroes à Anvers, où il vendait des créations cousues par lui-même. Cela lui permit de recueillir l'un après l'autre presque tous les prix du concours pour le Fuseau d'Or. Finalement, pour le show légendaire de 1987 à Londres, il se rallia à ces camarades d'études qui entrèrent ensemble comme les Six d'Anvers dans l'histoire de la mode. Pourtant, sa voie fut loin de conduire tout droit au succès. Ses collections sont trop éclectiques pour cela, il semble sauter d'un thème à l'autre et pose des problèmes à la presse pour lui donner une étiquette. On trouve chez lui le « déconstructivisme » typique pour les Japonais comme pour les Belges, qui fait penser qu'on a oublié les finitions et les ourlets. Puis à nouveau, il surprend avec un *finish* parfait, tel qu'on ne le connaît que dans la haute couture. Tantôt il façonne des tissus traditionnels, tantôt il prend du latex et des torchons de cuisine.

La présentation de ses collections à Paris depuis 1990 est chaque fois nouvelle et différente. Tantôt il dit : « J'aimerais bien devenir hype aussi un jour », puis il prétend à nouveau : « Stop avec le hype ! Maintenant, c'est pour ma belle apparence que je veux devenir célèbre. » Cette attitude irrationnelle tient en éveil l'intérêt du public, mais fait obstacle à une fidélité d'adeptes. Mais cela ne le gêne pas. Il se sent inspiré par les gens qui poursuivent leur idée de la beauté sans se laisser déconcerter, même si le monde sombre autour d'eux.

Le cachet de DIRK BIKKEMBERGS réside dans les doubles coutures, qui durent une éternité. D'abord, elles ne décoraient que les chaussures, car c'est par là que, né en 1959, le fils d'un Belge et d'une Allemande commença sa carrière dans le design. Depuis, la double couture se trouve comme une sorte de logo sur toutes ses créations à succès : collections pour hommes et pour femmes, jeans et sportswear. Petit déjà, par ses parents qui travaillaient pour l'armée, Dick était familier des uniformes, avec leur coupe stricte et leur rationalité. Il a transcrit ces éléments sur ses propres créations, et ajouté une portion d'érotisme ostentatoire, le plus souvent par des fétiches de cuir. « Santé, sport et sexe » sont les choses qui l'intéressent, et c'est par les footballeurs qu'il les trouve le mieux représentées. Tandis que les autres « Anversois originaux » se présentent de préférence à Paris, Bikkembergs s'est installé à Milan et habille aussi depuis 2003 un club de football italien qui porte son nom. Étonnamment, il a très bien réussi à transférer sa glorification de la force brute sur la mode féminine sexy.

MARINA YEE, a des racines chinoises, mais elle a grandi en Belgique et a passé son diplôme au début des années 1980 à Anvers. Après le retrait de Martin Margiela, elle a pris sa place dans le groupe des Six d'Anvers et profité d'abord du succès commun. Financée par un investisseur japonais, elle put présenter en 1986 une collection personnelle, mais elle ne voulait pas se plier à la pression commerciale et se retira du monde de la mode. Après la naissance de son fils Tzara en 1992,

Aide pour vivre
Pour le projet Aid for Live, Marina Yee a réalisé en 2005 une collection de t-shirts artistement brodés de « réseaux sanguins ».

elle risqua un retour. Depuis, elle s'emploie en première ligne à la remise en valeur de vieille mode (seconde main), où elle aime combiner matériau grossier et tissu raffiné comme du satin dans des couleurs lumineuses. D'un autre côté, elle a livré un projet futuriste pour l'aménagement intérieur de l'hôtel Royal Windsor à Bruxelles, dans lequel elle expérimente 11 tons de blanc différents, des formes organiques, de nouveaux matériaux, la lumière et l'espace : « Un refuge pour des personnes qui sont constamment en mouvement. » Les Six d'Anvers sont depuis longtemps une légende, ils ont préparé la voie pour une deuxième génération de jeunes designers qui profite de la réputation de leurs prédécesseurs. Car depuis, la Belgique a une bonne renommée, et pour celui qui y est né ou du moins a été formé à Anvers, les portes du monde de la mode s'ouvrent plus facilement que pour d'autres.

BERNHARD WILLHELM est né en 1972 à Ulm, en Souabe, et il fut le premier Allemand à choisir Anvers comme lieu de formation. Pendant ses études à l'Académie royale, il fit un stage chez Vivienne Westwood et Alexander McQueen. Quand il eut terminé, il resta en Belgique et créa son propre label avec Jutta Kraus. Déjà sa première collection, qu'il présenta en 1999 à Paris, était complètement dans la tradition encore jeune du design flamand, marqué d'humour audacieux et de goûts très personnels – dans son cas, des impressions avec des mains d e singes et des couteaux de cuisine, et des nouvelles interprétations du costume régional féminin de la Forêt

Tous les temps !
Avec un éclat métallisé sur les bottes en caoutchouc, AF Vandevorst rend la pluie supportable : le vêtement de dentelle semble d'autant plus élégant.

Jamais sans bottes
Pour Bernard Willhelm, la solidité est importante
(hiver 2010), même si c'est avec des motifs et des
couches au-dessus et au-dessous..

Noire. Que ce soient les jeux vidéo, le football américain ou les dinosaures, tout peut lui servir de point de départ pour une collection, sauf une chose : « Il faut qu'il y ait cinq jupes... » D'un autre côté, il y a cinq choses qui sont essentielles pour lui : des matériaux doux, des choses qui sont déjà lavées, de bons sous-vêtements, des bottes – et tout ce qui est masculin : « En ce moment, je pense que nous devrions porter des jupes à nouveau. » Des stars excentriques comme Björk aiment sa mode. Parce qu'elle n'est pas coupée près du corps, mais qu'elle est généreuse, qu'elle travaille avec des bouffants, des drapés, des découpages et réassemblages, et qu'elle mélange sans frein des motifs comme des losanges, des rayures et des carreaux.

RAF SIMONS n'a pas étudié la mode, mais il a cependant été fortement influencé par Linda Loppa, la « mère » des Six d'Anvers. Le Belge né en 1968 la rencontra après avoir terminé ses études de design industriel et avoir travaillé comme créateur de meubles et décorateur d'intérieur, sur quoi il décida de céder à son goût pour la mode. Sans être influencé par des professeurs et des modèles, il produisit en 1995 une ligne pour homme avec une silhouette extrêmement mince, en matières classiques : « L'art de la couture croise la culture de la jeunesse », définit-il lui-même. Bien que cela lui apporte aussitôt un grand succès, il prit en 1999 une année sabbatique pour revenir ensuite avec un look radicalement nouveau. En 2000, l'amateur acquit une réputation de chargé de cours à l'université des Arts appliqués à Vienne.

À partir de 2005, il eut la responsabilité en tant que directeur de la création non seulement de la ligne pour hommes, mais aussi de la ligne pour femmes chez Jil Sander et il l'aida à retrouver son ancien éclat. En 2012, il fut nommé chez Dior pour succéder à Richard Galliano.

VÉRONIQUE BRANQUINHO a produit ses collections comme un journal personnel et, de la même manière, ce sont toujours les mêmes thèmes qui réapparaissaient dans sa mode : leggings, cols roulés, blazers, pantalons et jupes. Des vêtements non spectaculaires, mais intelligents, tantôt féeriques, tantôt sombres, adaptés à l'ambivalence des silhouettes de femmes modernes. Née en 1973, cette diplômée de l'Académie royale d'Anvers dessina d'abord pour de grandes marques belges, mais dès 1997, à 24 ans, elle put prendre son indépendance et, trois ans plus tard, lancer en plus une ligne pour hommes. Mais 2008, année de crise, marqua la fin de sa griffe, après onze ans d'exercice. Véronique Branquinho s'est engagée comme designer pour la marque traditionnelle de cuir belge, Delvaux.

AF VANDEVORST c'est le nom qu'ont choisi pour leur entreprise les époux An Vandevorst, née en 1968, et Filip Arickx, né en 1971. Le duo s'est rencontré à l'Académie d'Anvers. An travaillait d'abord chez Dries Van Noten et Filip chez Dirk Bikkembergs et comme designer free-lance. En 1997, ils se sont associés pour composer « à quatre mains » une collection pour dames qu'ils présentèrent un an plus tard à Paris. An joue le rôle plus méditatif, plus intellectuel, tandis que Filip apporte

Ficelé
Pour l'été 2009, Raf Simons associe le legs
de Jil Sander, qu'il gère de façon appropriée,
et l'art d'une Madeleine Vionnet.

un élément de joie de vivre, de l'insouciance. Ensemble, ils créent un univers de mode pour leur propre génération : sexy, cool et plein d'assurance. Tenues d'équitation, kimonos, blousons bombers, tout est adapté à l'esprit du temps « avec humour et applications de cuir ». Tantôt ils présentent des vêtements dans des tons amortis, tantôt ils font exploser les couleurs, ou bien ils se fixent des thèmes insolites comme Abeilles ou Retour à la civilisation. Ils racontent aussi des histoires avec leur ligne de lingerie Nightfall, et naturellement, chaussures et accessoires font également partie de leur production.

STEPHAN SCHNEIDER, né en 1969 à Duisbourg, finit ses études à Anvers en 1994 comme meilleur de la classe et put présenter sa collection d'examen à Paris. À sa propre surprise, il reçut des commandes : il lui fallut déjà créer son entreprise. Mais il ne se considère pas limité dans sa créativité par ses tâches d'homme d'affaires. Au contraire, en « Allemand typique », il se sent stimulé par les obligations : « Les vêtements sont mieux quand on doit penser non seulement au design, mais aussi à la production et à la livraison en temps et en heure. » Dans son travail, Stephan Schneider s'arrange avec la vraie vie, l'utopie et les extravagances ne l'intéressent pas. Il sait combien il est difficile de faire de la mode pour des gens tout à fait normaux avec une vie quotidienne tout à fait normale. Il veut continuer à suivre cette stabilité

avec passion. Il habille hommes et femmes avec les mêmes étoffes, seules les coupes sont plus sévères dans la mode féminine, sa mode masculine un peu plus douce. Ses créations unisexes offrent des liens élastiques à des pantalons classiques et des ceintures avec des chemises larges. Le Japon est pour lui le plus gros marché : en 2001, il a ouvert à Tokyo sa deuxième boutique porte-drapeau après Anvers.

HAIDER ACKERMANN a été célébré dès sa première collection, en 2002, comme le plus grand espoir de la mode belge. Son esthétique d'une élégance nonchalante, faite de couleurs assourdies et de drapés habiles, semblait complètement nouvelle : pas étonnant, puisque des idées venues de nombreux pays y étaient glissées. Haider Ackermann est né en Colombie en 1971 et il a été adopté par une famille française qui, pour des raisons professionnelles, voyageait à travers le monde. Il grandit en Éthiopie, au Tchad, en Algérie, en France et aux Pays-Bas et après l'école, il décida d'étudier la mode à Anvers. À cause de difficultés financières, il dut interrompre au bout de trois ans la formation qui en durait quatre, bien qu'il ait toujours eu un job pendant ses études, surtout chez Galliano à Paris. En 1998, il fut engagé comme assistant chez son ancien chargé de cours Wim Neels et il fit des économies pour son avenir. Des amis comme Raf Simons l'aidèrent, et c'est ainsi qu'il put présenter pour la saison automne-hiver 2002 sa première collection personnelle pour femmes à Paris. Deux semaines plus tard seulement, il commença comme directeur de création chez Ruffo Research, ce

Pour tous les jours
La seule ambition de Stephan Schneider est d'équiper pour le quotidien garçons et filles de la même façon avec des vêtements confortables. On ne trouve pas de futilités dans ce qu'il présente, ce qu'apprécient particulièrement les Japonais.

Comme si c'était une partie d'elle-même
Véronique Branquinho ne conçoit qu'une mode qu'elle porterait aussi elle-même, comme ce pull-over avec minijupe, genouillères et bottes.

fabricant de maroquinerie qui a déjà rendu possible le départ de bien des nouveaux venus – dont pas mal de Belges ! – dans le business de la mode. En même temps, Haider Ackermann continue à travailler à sa propre ligne, qui enveloppe celles qui la portent de nombreuses couches des matériaux les plus délicats et qui, grâce à des drapés raffinés et des bouffants aux bons endroits, met la silhouette en valeur malgré toute enveloppe. Ou bien il met des smocks irréguliers faits à la main pour donner aux pantalons de tous les jours une note festive. Avec des coupes asymétriques, des étoffes fluides et du cuir très souple, il crée des silhouettes qui, malgré tout ce luxe, ne semblent jamais ostentatoires, mais toujours naturelles – même quand il les décore de brillants. Haider Ackermann crée pour une femme « qui est assise seule et attend dans l'arrière-fond d'un bar… Elle a l'air taciturne et donc d'autant plus fascinante et plus belle. » La presse et les acheteurs considèrent Haider Ackermann comme le plus grand talent qui, après les célèbres « Antwerp Six », est sorti de la forge de l'Académie royale. Il pourrait gagner autant d'influence que Martin Margiela, qui a certes été formé à Anvers, mais qui a créé un univers de mode très personnel : peut-être le seul modèle tourné vers l'avenir pour une branche des futilités et des incertitudes (*voir* chapitre 10, « LES MODERNISTES »).

Savoir faire

Chez Haider Ackermann, les fermetures à glissière n'ont pas l'air ennuyeuses et les longues jupes de soie ne semblent pas importables, mais étonnamment modernes.

Dress

LE MESSAGE, C'EST : SEXE

to
kill

Longue vie au lycra ! Sans cette fibre synthétique extrêmement élastique, un grand nombre des vêtements les plus érotiques des dernières décennies n'aurait jamais vu le jour : il suffit de penser à la mode souple près du corps d'Azzedine Alaïa, qui soutient tout en étant flatteuse et seyante. Le lycra fut mis au point dès la fin des années 1950, mais ce n'est qu'à partir des années 1980 que la fibre, qui avait en fait été conçue pour de la corseterie, a entamé sa marche triomphale. Le lycra se travaille aussi bien avec des fils naturels et synthétiques : son élasticité permet d'offrir des créations en taille unique et de réaliser des formes qui auraient autrefois exigé des coupes compliquées. Si toutefois quelqu'un est un maître de la technique de coupe, comme Azzedine Alaïa, il en résulte des prodiges qui élèvent chaque silhouette en sculpture.

C'est la raison pour laquelle tous les super-modèles ne juraient que par Alaïa. Avec sa mode, elles pouvaient démontrer clairement pourquoi elles étaient « super » et pas seulement mannequins, et elles s'en mettaient plein les poches en conséquence. « Pour moins de 10 000 dollars par jour, Christy et moi, nous ne nous réveillerons même pas. » Ce commentaire de Linda Evangelista, devenu mondialement célèbre en 1991, marqua l'apogée de l'ère des soi-disant super-modèles et, en même temps, le début de la fin : ces paroles arrogantes prononcées par quelqu'un de 26 ans amorcèrent le boycott du « triumvirat », comme on appelait les trois top modèles Linda Evangelista, Naomi Campbell et Christy Turlington dans le milieu de la mode. Ce même milieu qui les avait aidées à compter parmi les femmes les plus célèbres et les mieux payées du monde se détournait à présent avec dégoût. Les super-modèles étaient devenus des monstres qui mettaient dans l'ombre tout ce qui les entourait et, avec raison, elles affirmaient qu'elles étaient plus importantes que le produit qu'elles devaient vendre. Elles avaient atteint un statut de star et elles surpassaient

Avec chapeau, charme et rien d'autre
Même quand on est comme Naomi Campbell qui, pour de bonnes raisons, se maintient en tête des super-modèles depuis plus de vingt ans, on se sert de quelques accessoires pour séduire : ici, c'est un chapeau transparent avec des guirlandes et des mules avec des rubans.

Amour, sexe et badinage

Dans une période de libéralisme, il y a eu des femmes qui ont marqué, comme Sharon Stone dans *Basic Instinct*, qui savait exactement comment (et quand) se croiser les jambes, ou comme Uma Thurman qui, dans *Pulp Fiction*, jouait la dangereuse séductrice (photos de gauche). Les héroïnes de chair et de sang furent surpassées par une héroïne virtuelle, la superstar du jeu vidéo Lara Croft (page de gauche). Sexe par-ci ou par-là, l'amour l'emporta dans les films qui connurent le plus de succès comme *Pretty Woman* avec Julia Roberts et Richard Gere (en haut à gauche), *Titanic* avec Kate Winslet et Leonardo di Caprio (en haut au centre) et *Cours, Lola, cours !* avec Franka Potente (en haut à droite). Si l'on ne trouvait pas de partenaire, on se procurait un « Tamagotchi » (en bas à gauche) et on jouait à la petite fille comme les Spice Girls, qui furent invitées au Royal Gala par le prince Charles.

Une héroïne virtuelle et un mouton cloné soulevèrent de **nouvelles questions d'éthique et de morale** : *l'homme avait-il le droit de tout faire ?*

même les célébrités d'Hollywood, qui trouvèrent chic tout à coup de courir sans se faire remarquer, comme la fille d'à côté, en jogging et baskets. Les super-modèles en revanche savouraient leurs nouvelles possibilités, dansaient parées à chaque soirée et se faisaient fêter comme des déesses. Sans compter qu'elles gagnaient une fortune qui, chez les plus réputées, frôlait des sommes en millions à trois chiffres. Ces jeunes femmes au-dessous de 30 ans symbolisaient la gloire, la richesse, le pouvoir et la beauté, elles étaient la quintessence du succès. Et tous les hommes voulaient coucher avec elles, toutes les femmes voulaient être comme elles.

Claudia Schiffer, Cindy Crawford et le triumvirat étaient les idoles d'une époque régie par l'image, le pouvoir et le glamour. L'expression super-modèle ne fut formée qu'à la fin des années 1980, quand la branche de la mode comme l'ensemble de l'industrie du luxe tombèrent dans le marasme. Les super-modèles aidèrent à dissimuler que la mode se trouvait dans une crise profonde, et elles maintinrent le glamour en vie. Les stylistes ne furent pas les seuls à les soutenir. Des photographes comme Steven Meisel et Peter Lindbergh, les rédacteurs en chef et stylistes des magazines de mode internationaux contribuèrent de manière décisive à faire des mannequins des icônes du millénaire finissant.

Seule une star d'Hollywood pouvait subsister comme sex-symbol à côté des super-modèles : Sharon Stone. En 1992, avec une séquence de film de deux secondes, elle se catapulta en l'espace de quelques semaines parmi les actrices les mieux payées et les plus demandées. C'était la scène du thriller psychologique **1992** *Basic Instinct*, dans laquelle, pendant l'interrogatoire, la présumée tueuse Catherine Tramell écarte les jambes et les croise à nouveau, montrant qu'elle ne porte rien sous sa robe. Au cours des années suivantes, Sharon Stone lutta en vain contre son image de vamp assassine, mais elle jouit en même temps de la réputation d'être la tête la plus futée d'Hollywood avec un QI de 154. Admirée de toutes parts pour sa beauté, son style d'habillement élégant et son sens de la repartie dans les interviews, elle célébra enfin, en 1995, dans Casino de Martin Scorsese, le succès si longtemps désiré en tant qu'actrice à prendre au sérieux.

Mais ensuite vint une femme qui avait encore mille fois plus de sex-appeal que toutes les célébrités vivantes,

et plus de force et d'impertinence en tout cas. En novembre 1996 naquit Lara Croft, la première idole virtuelle. Sans enfance, sans puberté boutonneuse, sans passé, elle était simplement là : une femme de pouvoir avec des courbes à couper le souffle, rarement **1996** vêtue d'autre chose que d'un bustier et de shorts serrés. Et avec une arme qui se balançait sur ses hanches dans une sorte d'armature. Elle se lançait à travers le monde, du pôle Sud sur le globe entier, à la recherche de trésors magiques qui devaient offrir à l'humanité pouvoir et richesse. Tout ce dont on avait besoin pour rencontrer ce personnage fascinant venu de mondes lointains, c'était une Play Station Sony ou un PC. Les jeux Tomb Raider avec la cyber-héroïne ont rapporté des millions à la firme de jeux vidéos Eidos. À la fin des années 1990, dans une étude sur les stars les plus riches du monde, le magazine économique Forbes a inscrit Lara Croft avec un chiffre d'affaires de 425 millions de dollars ; le journal culte Details l'a élue l'une des femmes les plus sexys de l'année 1998, et le groupe pop U2 l'a fait entrer en scène dans l'une de ses vidéos. Des entreprises de streetwear ont réalisé des collections entières dans le style Lara Croft, des millions de jeunes filles les leur arrachèrent, pleines d'enthousiasme. Elles aimaient filer sur des rollers à travers les grandes villes et se sentaient irrattrapables comme leur héroïne. Au site officiel de Lara succédèrent rapidement les sites cochons – non autorisés –, sur lesquels on pouvait aller voir la diva électronique « sans haut » ou dans des pauses sans équivoque.

La même année que Lara Croft naquit aussi le mouton Dolly, le premier mammifère cloné du monde. Soudain, tout semblait possible, et cela éveilla non seulement espoirs et convoitises, mais aussi des inquiétudes devant un monde dans lequel l'artificiel ne se distinguait plus du naturel. Des réflexions éthiques contre les êtres vivants clonés et l'alimentation génétiquement modifiée se firent entendre : l'homme avait-il le droit de faire tout ce qui lui était possible, ou devait-il se mettre lui-même des limites ? Et, somme toute, le citoyen moyen pouvait-il encore déchiffrer ce monde ? Les gens d'un certain âge avaient de plus en plus de difficultés à suivre l'évolution fulgurante des technologies modernes, tandis que les jeunes se servaient avec enthousiasme des nouvelles possibilités. Les Play Stations et les consoles Nintendo devinrent le jouet préféré des jeunes, le discman remplaça le

---

Lits séparés
Les interdits ont toujours augmenté l'envie de sexe : c'est ce que sait aussi Domenico Dolce, qui suggéra de faire photographier dans le style ancien la campagne publicitaire de 1987 pour la mode séductrice de Dolce & Gabbana en Sicile, sa patrie rigoureusement catholique.

Stretch et transparence

Tandis que le Tunisien Azzedine Alaïa modèle en stretch les corps des plus beaux super-modèles comme Linda Evangelista et Naomi Campbell (en haut), le Britannique Alexander McQueen mise sur la séduction d'étoffes transparentes qui sont abondamment brodées à des endroits stratégiques.

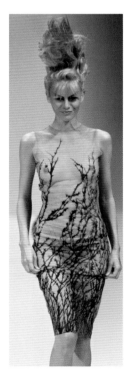

walkman, et on communiquait en première ligne par SMS *via* le téléphone mobile. Le World Wide Web rendit l'internet populaire et, à partir du milieu des années 1990, l'e-mail fit sérieusement concurrence au fax. Il y eut bientôt les premiers cafés internet, où chaque client, isolé des autres, surfait et chattait dans le monde virtuel : potins de bistrot et conversations appartenaient au passé.

L'animal domestique le plus populaire de l'époque n'était pas non plus un être de chair et de sang : il s'appelait Tamagotchi et c'était un jeu électronique venu du Japon. Il représentait un poussin dont on devait s'occuper à partir du moment de l'éclosion comme d'un véritable animal. Il n'avait pas seulement besoin de nourriture, mais aussi d'attachement : s'il se sentait négligé, il mourait. Ce sont précisément ces composants « humains » qui contribuèrent de façon décisive à son succès mondial. Les jeunes femmes célibataires surtout prirent affectueusement parmi leurs fétiches le poussin de 5,5 centimètres de haut et 4 centimètres de large.

Cela s'accordait parfaitement avec le « *girlielook* ». Des jeunes femmes vêtues comme des jeunes filles dissimulaient sous une naïveté apparente – et l'occupation innocente avec le Tamagotchi – qu'elles jouissaient d'une liberté maximale. Elles portaient des minijupes en satin au ras des fesses et des tops ajustés, des petites fleurs, parfois des chaussettes jusqu'aux genoux et des chaussures comme pour la première communion. Parfois elles ressemblaient à Baby Doll, parfois à Barbie. Leurs modèles étaient les Spice Girls.

Quand Geri Halliwell, Melanie Brown, Emma Bunton, Victoria Adams et Melanie Chisholm furent véritablement réunies au milieu des années 1990 pour former un groupe de filles, personne n'aurait cru que les cinq jeunes femmes de 19 à 25 ans deviendraient le *girlieband* connaissant le plus grand succès de tous les temps. En 1996, avec leur premier single, « Wannabee », les Spice Girls prirent déjà d'assaut les pop charts du monde entier et atteignirent en quelques mois la célébrité des Beatles. Un hit chassait l'autre, accompagné d'une machinerie publicitaire parfaite qui faisait que les filles remplissaient quotidiennement des centaines de colonnes de potins et étaient tellement demandées que même le prince Charles les invita pour le thé avec son cadet Harry. De San Francisco à Tokyo, des milliers de jeunes filles copiaient les cinq Anglaises : minijupes avec l'Unionjack, piercing sur la langue, queues de cheval, tatouages et tenues Adidas, combinés avec un maquillage vigoureux et une agressivité sexuelle.

Le styliste britannique de choc Alexander McQueen conçut en 1996 des pantalons taille basse particulièrement tombants sur les hanches, les « bumsters », et proclama le derrière comme nouveau décolleté. Aussitôt suivit une vague de tatouages innovante : il n'y avait pour ainsi dire pas de *girlie* sans tatouage bas du dos, cette décoration au niveau de la hanche placée directement au-dessus du string et bien visible grâce au bumster.

Avec l'internet, le business de la mode changea : à peine un couturier avait-il présenté sa collection sur le podium qu'en quelques secondes, des photos circulaient dans le monde entier, et les copistes se mettaient au travail. Les copies arrivaient plus vite – et moins cher de toute façon – sur le marché que les originaux des maisons de mode, prisonnières du système rigide de la production saisonnière. Ce fut le début d'un cycle étrange : les stylistes « piquaient » des idées dans la rue et les transformaient en couture, des copistes en faisaient de la marchandise de masse « créative », et tout atterrissait à nouveau instantanément dans la rue… De jeunes créateurs de mode en tirèrent les conséquences : toutes les six semaines, ils mettaient de nouveaux modèles sur le marché et faisaient en sorte que le carrousel de la mode tourne de plus en plus vite. Les entreprises établies en furent pour leurs frais. D'un autre côté, une mode inhabituelle qui, en raison d'une technique de coupe compliquée et de matières coûteuses, ne pouvait pas être si facilement copiée, prit une importance nouvelle. Mais il fallait que ce soit une couture moderne qui « s'adapte » en fonction du corps : après tout, les formes endurcies par le fitness ou à l'aide de la chirurgie plastique devaient être mises en valeur sans ornements qui feraient diversion. Le message était sans fioritures : « Dress for sex ».

À la télévision, le sexe devint également le sujet central qui dominait le « daily talk » : que Lady Di, trompée et trompeuse, fasse alors à un intervieweur compatissant des aveux intimes sur les problèmes du mariage royal, ou que Monica Lewinsky parle publiquement de ses stages chez Bill Clinton, rien ne semblait plus être tabou. Malgré les talk-shows quotidiens avec des révélations sur le sexe – en Allemagne, le premier show télévisé érotique s'appelait « Tutti Frutti » –, le film aussi reprit de l'importance.

Ce fut probablement grâce aux nouvelles salles multiplexes qui, après les États-Unis et la Grande-Bretagne, conquièrent aussi la France au début des années 1990. Ces grands centres de cinéma s'établissaient en centre-ville et proposaient sous un seul toit une multiplicité d'écrans. Ceci provoqua dans les années 1990 un net redressement du commerce souffreteux du cinéma. Les films qui ont fait le plus grand nombre d'entrées furent Pretty Woman et Titanic, mais des films d'outsiders aussi, comme Pulp Fiction de Tarantino avec Uma Thurman ou Cours, Lola, cours ! de Tom Tykwers avec Franka Potente, ont été de grands succès commerciaux. La rousse Lola a fait aux États-Unis les deuxièmes meilleures recettes qu'un film de langue allemande ait jamais atteintes.

L'héroïne virtuelle Lara Croft n'est venue au cinéma qu'en 2001, ressuscitée en chair et en os : Angelina Jolie lui donna visage et corps, et devint la « sexiest woman alive ». À côté du corps de killeuse (maintes fois tatoué) d'Angelina, les modèles maigres devenus entre-temps à la mode avaient l'air pitoyables, et les super-modèles à présent destitués durent attendre encore quelques années pour réussir un come-back.

Le « bas du dos »
Depuis qu'Alexander McQueen a érigé le derrière en nouveau décolleté, les pantalons tombent de plus en plus bas et font de la place à un nouvel ornement corporel. Le tatouage en vogue est appelé « bas du dos ».

BAD BOY BRILLANT :
Alexander McQueen

17/03/1969
–
11/02/2010

Ces Britanniques ! Ils choquent, provoquent et se mettent en scène si volontiers que leur véritable talent reste souvent caché d'abord : il suffit de penser à Vivienne Westwood et à son apparition « sans le bas » devant la reine, et à John Galliano avec ses travestissements carnavalesques. C'est toutefois Alexander McQueen qui a décroché la timbale. Aucun jeune styliste plus impertinent, plus agressif et plus arrogant ne s'est frayé un chemin. En 1995, au lieu de s'incliner courtoisement après le show, il baissa son pantalon sur le podium et se mit tout nu pour montrer son mépris à la presse rassemblée. Il gratifiait fondamentalement les critiques d'un dédaigneux « Fuck you », et il déclara aux Français que les broderies de la haute couture ressemblaient « à du vomi ». Quand, après quelques collections personnelles, il fut nommé inopinément directeur de la création de la haute couture chez Givenchy à Paris, il considéra cette promotion comme une évidence.

Naturellement, une Anglaise comme Isabella Blow, excentrique et sensible, reconnut aussitôt le talent d'exception qu'était cet Alexander McQueen. En 1992, elle acheta sa collection complète de fin d'études, « Jack the Ripper », à Central Saint Martins et, avec son influence de célèbre journaliste de mode, elle le fit rapidement connaître. Il travailla brièvement comme assistant chez Romeo Gigli à Milan et, dès 1994, il créa sa propre griffe. Il qualifia lui-même ses quatre premières collections de non commerciales : il voulait juste faire sensation.

Aujourd'hui encore, ses shows sont uniques, pleins d'émotion et d'innovation. Son thème du printemps-été 2010 s'intitulait « Plato's Atlantis » et, face au changement climatique, évoquait la ruine de l'humanité – en l'occurrence le retour dans l'eau (de fonte des glaciers) d'où nous sommes venus un jour. Sur écran géant, filmée par Nick Knight, il montrait Raquel Zimmermann nue en train de se battre avec des serpents et se retransformer en créature aquatique. La vidéo détourna plus d'un spectateur des modèles qui présentaient la collection sur le podium : des robes courtes avec des motifs de reptiles en impression digitale, chacune en soi une petite œuvre d'art en qualité couture. Mais les chaussures ! Inesthétiques comme des sabots grossiers pour les uns, poétiques comme des chaussons de danse pour les autres.

Désormais, plus personne ne doute de ses compétences, qui allient la précision de la coupe sur mesure britannique, la créativité de l'artisanat d'art français et le raffinement de la fabrication italienne. Mais de son goût ! Lorsque Dazed & Confused l'engagea comme rédacteur en chef invité, il réalisa en collaboration avec le photographe Nick Knight une série de photos qui montrent des handicapés dans une mode fabriquée spécialement pour eux. Pour la page de titre, Aimee Mullins, l'athlète amputée des jambes, fut photographiée avec le haut du corps nu et la question :

Qui a peur de Mc Queen ?
Pendant des années, Alexander McQueen a été considéré comme un vilain garçon, tellement il était agressif, trop gros et provocateur. Le succès l'a rendu plus calme et plus civilisé, il s'est conduit plus discrètement, mais sa mode a gardé l'ancien mordant.

Travesti et effiloché

Pour le printemps-été 2003, Alexander McQueen créa l'une de ses collections les plus spectaculaires : un harnais de cuir noir ou une « tenue de Méduse » aux ondulations diffuses, le modèle favori du designer.

De la tête au pied

Les « bumsters » de McQueen furent présentés par Kate Moss (en haut) avec un franc succès. C'est à Isabella Blow (page de droite à gauche en bas avec un « jardin japonais » sur la tête), qui lui a apporté son soutien, qu'il doit sa passion pour les chapeaux : elle lui a fait rencontrer Philip Treacy, qui conçut aussi le chapeau pour la tenue de McQueen portée par Sarah Jessica Parker pour la première mondiale de *Sex and the City* à Londres (en bas). Pour les obsèques de son amie écossaise Isabelle Blow, qui s'était suicidée avec du désherbant, McQueen portait un kilt original. Si ses sandales serpents avaient encore été accueillies favorablement, les boots furent raillés pour ressembler à des « pieds bots » (page de droite, à droite à l'extérieur). Ses créations strictement géométriques pour 2010 (à droite) ont été très bien accueillies, tout comme ses collections pour Givenchy, tournées vers l'avenir avec des motifs réfléchissants, de la fourrure et des casques métalliques ainsi que des diodes lumineuses (page de droite, rangée du haut).

Show et réalité

Le milieu du corps avait jeté un sort à McQueen : il dégageait toujours le diaphragme, comme pour cette tenue en cuir de 2006 avec des leggings et une veste raccourcie. Le couple britannique du haut montre que ses créations étaient tout à fait adaptées au quotidien.

McQueen ne recule devant rien – même devant la chasse aux sorcières et la magie noire

« *Fashionable ?* » La réponse fut un grand cri poussé par l'ensemble de la branche. Une fois encore, McQueen avait brisé un tabou. Mais comme toujours, c'était plus qu'un simple gag publicitaire. Sa styliste Katy England raconte que l'un de ses modèles, qui n'avait qu'un bras, avait été profondément touché en voyant ses photos : « Je n'aurais jamais pensé que je pouvais être si belle. »

McQueen avait démontré une fois de plus ce que la mode peut faire quand on n'accepte aucune limite. « Plutôt trivial qu'ordinaire », tel est son credo. Et comme objectif, il déclare très sérieusement : « Je veux réaliser des pièces qui sont complètement d'aujourd'hui mais qui dureront encore dans cent ans. »

Lee Alexander McQueen est né le 17 mars 1969 dans l'est de Londres comme benjamin des six enfants d'un chauffeur de taxi, ce qu'il corrigea plus tard sur les conseils de sa bienfaitrice Isabella Blow. À 16 ans, il commença un apprentissage chez le tailleur traditionaliste du prince de Galles dans la distinguée Savile Row. Il gribouillait soi-disant des obscénités dans la doublure des costumes de son altesse royale, mais c'est lui-même, pour renforcer sa mauvaise réputation, qui a diffusé cette légende et d'autres, comme celle selon laquelle il avait volé le tissu pour sa première collection.

Quand, en 1996, il présenta sa première collection pour Givenchy avec des robes blanches de déesses et des ramures dorées, Karl Lagerfeld le rejeta comme « artiste choc à la Damien Hirst », mais McQueen resta toutefois cinq années entières. À cette époque, il montrait chaque année six collections, quatre pour Givenchy et deux pour sa propre marque. Chaque show coûtait entre 200 000 et un million d'euros, beaucoup de responsabilité pour un jeune homme, mais McQueen grandit avec sa mission. Sa couture resplendissait par des coupes très affûtées. Mr. Pearl, le plus célèbre corsetier, fabriqua pour lui des corsets lacés qui produisaient des tailles de guêpe à la Diors New Look et soulignait tellement les épaules qu'elles paraissaient larges comme sur les costumes d'Adrian. Pour l'automne-hiver 1999, il fit comprimer un haut en cuir rouge qui ressemblait au moulage d'un torse nu, et qui rappelait le bustier en synthétique présenté par Issey Miyake en 1980. Des références que d'autres jeunes designers se permettent toujours, mais peu réussissent des interprétations modernes de manière aussi convaincantes que McQueen.

Sa propre griffe est associée pour toujours aux « bumsters », ces pantalons à taille très basse qui découvrent tangas et tatouages. Suivant le même principe, il coupa des « skousers » (mélange de jupe et pantalon) qui ne tenaient que par une chaîne passant directement par l'entrejambe. Il aime orner ses créations de judas aux endroits les plus insolites ; ses clientes apprécient ces décolletés qui mettent en valeur leurs tatouages intimes. Il fait porter les soutiens-gorge de cuir par-dessus la robe, il garnit le tour des chaussures avec des pointes, et ses impressions générées par ordinateur rappellent des effets déconcertants de trompe-l'œil à l'ancienne. Selon ses propres dires, il est tout particulièrement fier de sa « *jellyfish dress* », une robe méduse ondulante pour l'été 2003.

L'été 2000, McQueen épousa à Ibiza son partenaire dans la vie, George Forsyth, Kate Moss fit office de témoin. En 2001, le groupe Gucci du groupe français de luxe PPR reprit 51 pour cent de la marque alexandermcqueen.

De temps en temps, dit McQueen, « on doit aussi avoir la possibilité de se planter, sinon on n'avance pas ». Beaucoup croient que c'était le cas depuis 2007, quand il a pris pour thèmes la magie noire et la chasse aux sorcières. McQueen montrait de plus en plus de visions sombres et, manifestement, elles n'étaient pas seulement conçues comme une provocation.

Le 11 février 2010, Alexander McQueen a mis fin à ses jours.

Pure provocation

En 1998, il y eut un grand tollé dans les médias quand Alexander McQueen, avec le photographe Nick Knight, présenta pour le magazine Dazed & Confused une mode pour personnes handicapées. L'athlète Aimee Mullins, amputée des jambes, devint une idole pour beaucoup.

EXCÈS ET EXTRAVAGANCE :
Roberto Cavalli

* 15/11/1940

Si l'on interroge Franca Sozzani, rédactrice en chef chevronnée du *Vogue* italien, sur la mode de Cavalli, elle répond : « Sexe, sexe, sexe ». Pour ajouter ensuite : « Mais ces dernières années, il fait davantage de tenues de soirée – haute couture pour le tapis rouge –, et c'est d'un autre niveau. » Roberto Cavalli sera content de l'entendre, mais cela ne suffit pas pour assouvir son ambition. Il sait que beaucoup d'actrices se montrent lors de la fête de la veille dans ses créations, mais malheureusement pas la nuit même des Oscars. « Je n'aurai de cesse que les plus grandes stars portent mes vêtements, annonce-t-il. À ce moment-là, je comprendrai que je suis le plus grand styliste du monde. »

Il a besoin de cela parce qu'il a fallu si longtemps pour qu'il soit apprécié. Roberto Cavalli est né dans une banlieue de Florence. En 1944, son père fut abattu avec 91 autres civils en représailles pour une attaque de résistants italiens. Sa mère, couturière de métier, eut de grandes difficultés à les faire réussir, sa sœur et lui. Et ce ne fut pas facile pour elle avec son Roberto : c'était un enfant rebelle, il avait du mal à s'exprimer parce qu'il bégayait et refusait tout apprentissage scolaire. Bien qu'elle le tienne pour un cas désespéré, il réussit en 1957 à la convaincre de l'envoyer à l'école d'art. Mais ici aussi, au bout de trois ans, peu avant l'examen de fin d'études, il laissa tout tomber. D'autres choses lui semblaient plus désirables qu'un diplôme : une Ferrari et une amie.

Avec la jeune fille, ça marchait à souhait, mais les parents ne l'acceptèrent pas parce qu'il n'avait pas d'argent. Aucun rejet n'aurait pu le stimuler davantage ! Aujourd'hui encore, Cavalli essaie de prouver à toutes les mères, les femmes, et au monde de la mode qu'il est plus que d'autres en mesure de faire de l'argent. Et que ce qui brille chez lui, c'est vraiment de l'or.

À l'école d'art, il avait commencé à imprimer ses propres ébauches sur des tee-shirts et des pulls. Il partit alors pour Côme, la capitale du textile d'Italie, pour perfectionner ses connaissances en impression. Il ne tarda pas à inventer un procédé pour imprimer ses dessins sur une tenue entière sans être interrompu par les coutures. Quand il eut une petite usine, 16 employés et une Ferrari, il demanda la main de son premier amour, « parce que je voulais humilier son papa ». Le mariage dura dix ans et donna le jour à deux enfants.

En septembre 1969, Cavalli se glissa sans invitation dans une fête à l'occasion de la plus grande foire de la chaussure à Florence. Immédiatement, il se dirigea vers une jolie blonde et il affirma simplement qu'il imprimait du cuir – après tout, il était ici question de chaussures, et non de tee-shirts. Aussitôt, la femme le conduisit vers son mari Mario Valentino, l'un des designers de

---

À la manière d'un propriétaire terrien
La maison de Roberto Cavallo à Florence est aménagée de manière solide, à la surprise de tous ceux qui classent volontiers sa mode comme « tumultueuse ». Mais Cavalli se soustrait à tout tiroir dans lequel il doit être rangé et se réinvente constamment.

Tout… sauf ennuyeux

Que ce soit du patchwork et des jeans en stretch (page de gauche en haut), une nouvelle tenue pour le Bunny de Playboy ou la poupée Barbie (page de gauche en bas), ou du kiss-kiss pour la célébrité, de Christina Aguilera en passant par les chanteuses de « Girls Aloud » jusqu'à la rédactrice en chef du *Vogue* français Carine Roitfeld et sa fille Lana (page de gauche en haut à droite), Roberto Cavalli répond aux attentes. Son assurance est confortée par sa femme Eva (à gauche en haut), ancienne Miss Autriche. Des stars portent Cavalli sur le tapis rouge : Jennifer Lopez en franges noires, Scarlett Johansson en franges dorées, Paris Hilton en métallique argenté, Heidi Klum en métallique doré (en haut). Sur le podium, toujours des animaux sauvages, du léopard au tigre en passant par le tamia bigarré : seuls des dessous révélateurs peuvent encore jouer la concurrence (en bas).

Un zèbre vient rarement seul
Le pelage rayé de l'ongulé africain a enthousiasmé Cavalli, qui l'a adopté pour beaucoup de ses créations. Pour l'été 2000, il envoya la gazelle noire, Alek Wek, sur le podium dans un catsuit à fond blanc, et donna à la blonde Eva Herzigova une robe dos nu en noir avec des rayures argent attachée autour du cou.

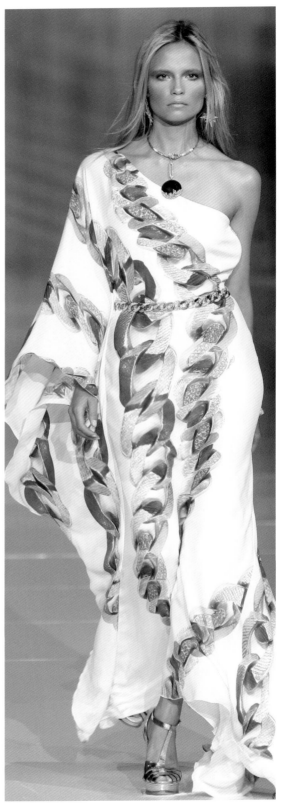

Une *mésaventure et de l'impertinence* ont aidé l'inconnu à percer sur le marché de la mode

chaussures les plus connus du monde, et il fut si intéressé que dès le lendemain, il voulut voir un exemple du travail de Cavalli.

« Personne n'avait imprimé de cuir jusqu'à ce moment », avoue Cavalli. Mais le lendemain, il avait un spécimen prêt avec un motif fleuri. Mario Valentino se montra enthousiaste, tout comme les gens de chez Hermès. Manifestement, il avait réussi un coup de génie, et tout aussi génial fut l'idée soudaine de ne pas laisser cette invention à d'autres, mais d'en faire lui-même de la mode.

Deux ans et deux heureux hasards plus tard, il put fêter sa grande percée comme designer. Ce fut d'abord une mésaventure qui l'aida : il essaya de sauver du cuir teint en bleu par erreur en le recouvrant de peinture métallique, et le résultat ressemblait à du cuir lamé or ! On lui proposa ensuite un container de jeans usagés venant des prisons américaines, il acheta, lava et désinfecta la marchandise : il avait du denim délavé bien avant que les jeans stonewashed soient inventés. Il assembla cuir et denim en patchwork dans lequel il coupa pantalons, minijupes et maxi-manteaux. Cette collection fut un choc tout en faisant sensation au salon de la mode en 1972 à Florence.

Dès lors, il récolta à chaque saison des réactions divisées. Du tigre au guépard, avant que Versace et Dolce & Gabbana y aient pensé, il avait depuis longtemps exploité tout ce qui a l'air sauvage et dangereux, que ce soit authentique ou seulement en imprimé. Et qui eut l'idée de marier denim et cuir pour en faire des jeans qui remontent les fesses ? Cavalli bien sûr ! Et qui imprima dessus un serpent qui décrivait des méandres du haut de la cuisse au derrière bien formé ?

Ce furent précisément ces jeans, présentés par le super-modèle Naomi Campbell, qui lui offrirent en 1993 un come-back grandiose. Auparavant, en effet, Cavalli avait dû traverser un désert aride appelé minimalisme, qui faillit lui briser le cou en tant que styliste. Tout ce gris et beige et ces costumes de business dépouillés : l'homme qui considère le motif zébré comme une couleur neutre en frémit encore aujourd'hui.

Sans sa deuxième épouse Eva, 18 ans plus jeune que lui, mère de leurs trois enfants et directrice de l'entreprise, Cavalli n'aurait pas continué à l'époque du minimalisme. Mais l'ancienne Miss Autriche – qui fut deuxième lors de l'élection de Miss Univers, où Cavalli faisait partie du jury – put le convaincre qu'aujourd'hui encore, les femmes voulaient avoir l'air sexy. Comme elle avait raison !

C'est alors seulement que les choses démarrèrent vraiment pour Cavalli. Sarah Jessica Parker, l'icône du style de Sex and the City, fut équipée de ses vêtements, et quand il fallut que le sexe symbole absolu, le Bunny de Playboy soit plus moderne, on fit appel à Cavalli : depuis, le lapin ressemble plus à Donatella Versace avec un penchant SM qu'à une charmante poupée Barbie. Pour leur tournée de come-back en 2007, les Spice Girls se firent habiller par Cavalli de manière à paraître avantageusement dévêtues. Si l'on veut citer les noms qui, depuis, portent du Cavalli : Sharon Stone, Madonna, Beyoncé, Halle Berry, Kate Hudson, Cindy Crawford, Paris Hilton, Megan Fox, Jennifer Lopez...

Alors qu'en 2009, tout le monde se plaint de la crise, Cavalli démarre une ligne de haute couture, une collection pour chien avec costumes de skis, et ouvre un night-club à Doubaï.

« Without excess no success », commente-t-il en allumant un autre cigare Montecristo.

Essai de douceur

Pour les étés 2009 et 2010, Roberto Cavalli a présenté des modèles d'une douceur inhabituelle, fluide, flottante, presque pudique. Soie et chiffon dans des couleurs estompées à la place du cuir et du denim, de l'or et des étincelles. Mais la réserve n'a pas duré longtemps : une saison plus tard déjà, Cavalli revenait au sexe et au tapage. C'est cela son monde, et rien d'autre.

LE DUO DE LA JUNGLE :
Dolce & Gabbana

* 13/08/1958
&
* 14/11/1962

Dolce & Gabbana sont au podium ce que Siegfried & Roy sont à la variété : les meilleurs dompteurs de fauves sauvages. Au cours de ces 20 dernières années, en tout cas, ils ont donné du lest à plus d'« animal print looks » que tous les autres designers de mode réunis. Ils partagent la passion pour les fourrures tachées avec tous les grands maîtres, de Christian Dior à Yves Saint Laurent, car sans elles, d'après eux, il n'y aurait « ni divas, ni déesses ». Ils ont été confortés dans cette passion quand, en 2004, ils purent enfin réaliser leur rêve d'un voyage en Afrique. Depuis, Domenico Dolce en est sûr : « Naomi Campbell est un léopard : *bellissima*. » Au contraire, il compare les rédactrices de mode backstage après le défilé à des éléphants près du trou d'eau : « Elles démolissent tout et font beaucoup de bruit. »

Et tout ça pour rien. La mode ne peut pas être importante au point que les deux Italiens se dévoient pour elle. D'après leurs propres dires, ils font ce qui leur fait plaisir, et ils ne veulent ni se perdre eux-mêmes, ni perdre leur liberté, peu importe la taille que prend leur entreprise – dont le chiffre d'affaires se déplace tout de même dans la sphère des milliards.

Tous les deux se sont rencontrés en 1980 dans un atelier milanais, et le contact s'établit aussitôt entre le Sicilien Domenico Dolce et le Milanais Stefano Gabbana. Le couple disparate – l'un petit, chauve et provincial, l'autre grand, élégant et mondain – commença en 1982 à créer ses propres projets. Ils étaient produits dans l'usine textile du père de Domenico, chez qui le fils avait appris dès sept ans à coudre un veston. L'art de la coupe de Domenico, associé au talent du graphiste Stefano pour un styling spectaculaire, conduisit tout de suite, en 1986, à un succès retentissant lors de la première collection pour femmes. Les défilés D&G réveillaient les souvenirs de la grande époque du cinéma italien avec des stars comme Anna Magnagni et Sophia Loren, les vamps paysannes italiennes dont les dessous étaient visibles. Ils se référaient de même à la tradition de la Sicile où Domenico avait grandi et Setfano passait ses vacances scolaires : d'épais bas foncés avec des jupes larges et de la dentelle noire, croix et chapelets en guise bijoux. Et naturellement, l'influence de la mafia aussi était perceptible : costumes à fines rayures et borsalinos, ceci pour femmes et hommes, pour lesquels D&G lancent des collections depuis 1990.

Quoi qu'il en soit, ils ont réalisé des tableaux cinématographiques, dans leur publicité également, rappelant le néoréalisme italien et compris par tout le monde. Par Madonna aussi, l'Américaine aux racines italienne. En 1993, l'icône de la pop leur commanda 1 500 costumes pour sa tournée *« girlie »* et, pour la collection printemps-été 2010, elle est le visage de Dolce & Gabbana.

Wild at Heart
Ce qui semble en premier lieu pudique, mais qui provoque en réalité des passions irrépressibles : Domenico Dolce (à droite) et Stefano Gabbana en sont des spécialistes. Le duo a une prédilection pour les motifs sauvages, que ce soit dans leur propre foyer ou dans la mode.

Dans une peau étrangère

Dolce & Gabbana aiment employer le dessin de la fourrure d'animaux sauvages pour leurs créations. En 1995, ils envoyèrent sur le podium Carla Bruni, aujourd'hui épouse du président Sarkozy, en léoparde avec la minirobe à capuche et avec de l'agneau de Mongolie accompagnant le soutien-gorge (à gauche en haut et en bas). Deux ans avant, Carla pouvait encore défiler avec un chapeau mou et un long pantalon en patchwork avec un haut de bikini (en bas au centre). Des super modèles comme Helena Christensen (en haut au centre), Naomi Campbell (en haut à droite et page de droite) et Cindy Crawford (en bas à droite) aiment le look de jungle de Dolce & Gabbana et sont présentes à la plupart des shows. Les lunettes de soleil aux initiales voyantes sont un symbole de statut recherché chez les célébrités.

Une affection sincère

Il y a quelques années, Domenico Dolce et Stefano
Gabbana formaient un couple, aujourd'hui, ils sont
associés et amis. Ils partagent le plaisir des traditions
de leur patrie, dont font partie la robe noire autant que
les sous-vêtements visibles : souvenons-nous
seulement des apparitions au cinéma d'Anna Magnani
et Sophia Loren. Le mannequin Marpessa posa en 1987
entre des ménagères de Sicile avec la dernière
collection, et des stars comme la danseuse de
burlesque Dita von Teese (en haut à gauche), Liz
Hurley (en haut au centre) et Madonna (à droite en bas)
se montrèrent dans le look lingerie de D&G. La
chanteuse Kylie Minogue s'avança en 2006 sur le
podium en tant que mannequin en D&G (en bas à
gauche), tandis que Lauren Hutton, super modèle, star
de cinéma et entrepreneur, apparut pour le
20e anniversaire des créateurs italiens dans
un des trenchcoats typiques en imprimé animal
(en haut à droite).

Grand spectacle

Le duo Dolce & Gabbana s'y connaît en shows
surprenants. Pour l'été 2007, Domenico et Stefano
firent amener sur la scène un modèle dans une
cage : ce qui était « gardé », c'était une éclatante
tenue mini métallique au look lingerie, avec des
hanches singulièrement proéminentes, qui aurait
pu servir de sous-vêtement pour les robes à panier
à la fin du XIXᵉ siècle. Un an plus tard, ils
envoyèrent sur le podium les vêtements de dessus
assortis : des bustiers ajustés avec d'opulentes
jupes bouffantes en tissus imprimés picturaux. Les
chaussures de velours rouge foncé avec des talons
et des semelles plateau d'une hauteur effarante
garantissent également une entrée en scène
majestueuse.

Alors que Domenico veut toujours **conquérir des terres inconnues**, *Stefano reste plutôt attaché à ce qui a fait ses preuves*

« Elle est forte », dit Domenico, admiratif. C'est ce que sont aussi Jennifer Lopez et Kylie Minogue, deux autres stars qui se montrent de préférence en D&G. Toutefois, le duo déclare à l'unisson que le temps des muses est passé. « Aujourd'hui, on devrait se laisser inspirer par des femmes de la vraie vie. Tout à fait réelles », dit Domenico.

C'est lui, précisément, venu de la Taormina sicilienne à Milan, en Italie du Nord, qui veut promouvoir la mode : « J'aime tout ce qui est nouveau, je suis curieux. » Stefano, en revanche, s'en tient plutôt à ce qui a fait ses preuves. Et pour D&G, en font partie le corselet, la broderie ajourée, la chemise blanche et les tailleurs pantalons coupés serrés.

« Nous nous battons à chaque collection », avouent-ils. Et pas seulement depuis que leur couple s'est séparé en 2003, mais qu'ils restent associés sur le plan professionnel. Chacun fait d'abord une ébauche pour lui-même, ce qui fait que chaque collection commence avec deux listes différentes. La plupart du temps, il y figure : pas de brocart, pas de motif animal ! Tous deux trouvent qu'ils en ont déjà trop fait. Mais ensuite… Domenico veut apporter au moins 80 pour cent de nouveauté, Stefano en revanche veut conserver 80 pour cent d'ancien et ne renouveler que 20 pour cent. À la fin, imprimés animaux, brocard et bustiers se trouvent comme d'habitude dans la collection, mais dans une composition toute nouvelle.

C'est justement ce qui semble être le secret de leur succès. Quand le monde de la mode ne parlait plus que de volume au lieu de forme, D&G essayèrent aussi de se consacrer davantage aux possibilités du tissu qu'au corps humain. Et que dirent les clientes ? Non ! « Homme ou femme, chacun veut être sexy, déclare Stefano Gabbana. Nous avons consacré trois collections aux volumes, mais nos clientes faisaient transformer les vêtements au magasin jusqu'à ce qu'ils soient aussi ajustés que d'habitude. »

Là, ils préfèrent prendre exemple sur leur modèle Azzedine Alaïa, qui, avec cohérence, continue depuis trois décennies à parcourir sa ligne près du corps. « J'aime son travail, dit Stefano, mais j'aimerais encore mieux qu'avec les mêmes idées, nous soyons en avance sur lui. Mais nous ne sommes pas jaloux. »

Tous deux avouent être très ambitieux, mais ce n'est pas l'argent qui est au centre, c'est le désir de faire mieux. « Je suis à moi-même ma plus grande concurrence », dit Domenico. Et le meilleur conseil vient des clients. C'est qu'ils n'achètent pas parce qu'ils ont besoin de quelque chose (chacun a déjà trop), mais parce qu'ils veulent quelque chose de particulier. Ce qui marche le mieux, ce sont les collections passagères ou pré-printanières, que l'on ne voit dans aucun magazine de mode. « La cliente découvre dans la boutique ce que personne n'a encore, et c'est précisément ce qui lui fait plaisir », dit Stefano. Les acheteuses de D&G aiment se montrer indépendantes des magazines de mode et se voient comme des femmes qui donnent le ton – comme Victoria Beckham par exemple.

Domenico et Stefano aussi sont toujours à la recherche de la nouveauté, et ils ne se contentent pas de concevoir 14 collections par an, entre autres pour enfants. À cela s'ajoutent des accessoires comme des lunettes de soleil, des bijoux, des parfums et, récemment, du maquillage aussi. En dehors d'Armani et de Versace, aucune maison de couture italienne n'a pu construire un tel empire. Et que font Domenico Dolce et Stefano Gabbana ?

Ils ouvrent en 2006 à Milan un restaurant et l'espace « Metropol » pour des représentations théâtrales et des événements.

Hommage à une idole du sexe

L'une des femmes que Dolce & Gabbana auraient aimé habiller était Marilyn Monroe : en 2009, ils payèrent à la star d'Hollywood le tribut de leur reconnaissance avec une exquise robe du soir en noir et blanc reproduisant plusieurs fois le portrait de l'idole.

Azzedine Alaïa

*07/06/1940

Il n'a pas accepté la plus importante décoration française parce qu'il n'aime pas le président Sarkozy, bien que l'épouse de celui-ci ait été autrefois mannequin chez lui et porte aujourd'hui encore ses créations. Et il considère que la tradition de la plupart des maisons de couture consistant à présenter quatre ou cinq défilés par an est un « enfer commercial ». Il réalise au maximum deux collections, et encore. Et il ne les montre pas à des dates déterminées, mais quand il pense qu'elles sont prêtes. Azzedine Alaïa est singulier à tous égards, et c'est pourquoi ses adeptes attendent patiemment jusqu'à ce qu'il leur fasse une présentation privée chez lui, avec café, thé et petits gâteaux. Elles ne doivent pas s'attendre à des sensations, la mode d'Alaïa ne change pas depuis plus de 30 ans : il propose simplement des variations et des raffinements.

« Quand on a trouvé la bonne voie, dit le Tunisien de petite taille, qui est considéré comme le plus grand couturier vivant, il ne faut pas en chercher d'autre ensuite. »

À peu de choses près, il serait devenu accoucheur. Enfant déjà, il assistait la sage-femme qui l'avait mis au monde, lui et ses sœurs, en Tunisie. Madame Pineau possédait une collection de journaux de mode précieux qu'elle conservait dans sa valise de sage-femme et, entre faire chauffer de l'eau, donner des serviettes et s'occuper de nouveau-nés criards, il restait toujours du temps pour admirer dans les magazines les photos avec les plus beaux mannequins.

La sensibilité du petit Azzedine pour le corps féminin, dont, aujourd'hui encore, il aime et respecte la douceur, engagea la sage-femme, madame Pineau, à l'inscrire à l'école de sculpture. Azzedine gagna son premier argent chez une couturière qui confectionnait des copies de Dior. En 1957, il vint à Paris par son intermédiaire. Ses débuts très prometteurs se firent dans la maison Dior, mais ne durèrent que cinq jours. « La guerre d'Algérie a éclaté, en tant que Nord-Africain, je n'étais plus désiré. »

Des étrangers ne lui auraient même pas loué une petite pièce. Par chance, l'enthousiaste de mode trouva toujours des femmes qui le prirent parmi leurs fétiches comme une mascotte et le firent avancer. La comtesse de Blégiers lui offrit le gîte, il s'occupait en échange de ses enfants et de ses vêtements. Alaïa resta cinq ans dans la maison de la comtesse où il commença à coudre ses propres créations pour des vieilles connaissances de Tunisie ou de nouvelles amies de Paris. Pour apprendre le métier à fond, il alla finalement chez Guy Laroche, où, pendant deux ans, il travailla

---

Âme fidèle

Quand Azzedine Alaïa a jugé que quelque chose était bon pour lui, il s'y tient ensuite. Le Tunisien porte en principe des tenues de travail comme des vestes Mao et il a en permanence autour de lui une bande de joyeux terriers Yorkshire qu'il emmène aussi en voyage.

Fans et amis

Les chanteuses Grace Jones (page de gauche) et Tina Turner (à gauche) sont des amies intimes d'Alaïa, qui sait les habiller toutes deux avantageusement. Le peintre et metteur en scène Julian Schnabel aussi est un bon ami, en haut à droite lors du tournage de son film *Le Scaphandre et le Papillon* avec le musicien Lenny Kravitz et des mannequins dans l'atelier d'Alaïa. Naomi Campbell (en bas à droite) fait partie des modèles qui sont hébergés et nourris par Alaïa, qu'elles appellent tendrement papa. La chanteuse Victoria Beckham (en bas à gauche) démontre combien la mode d'Alaïa est sexy sur le tapis rouge, tandis que Michelle Obama (en bas au centre) prouve que sa couture convient tout aussi bien sur le parquet diplomatique.

De l'art sur le corps

C'est comme des sculptures qu'Alaïa, qui voulait à l'origine devenir sculpteur, forme ses vêtements près du corps, et parfois aussi les talons de ses chaussures. Des modèles comme Helena Christensen (en haut) et Naomi Campbell (à droite) l'aiment pour cela. La chanteuse Farida vient comme Alaïa de Tunisie et fait le mannequin pour lui par amitié (en bas à gauche). Alaïa ne sait pas seulement fabriquer les meilleurs bustiers (en haut à droite), il sait aussi comment on fait balancer les jupes pour que les tailles fines soient mises en valeur (à droite). Aujourd'hui encore, il épingle pli par pli de ses propres mains, en déroulant le tissu directement du ballot (page de droite avec le modèle Veronica Webb). Rares sont les couturiers qui passent tant de temps à travailler : il n'est pas surprenant qu'Alaïa ne soit pas prêt pour les dates habituelles de collections et ne fasse que des présentations privées.

Présentation privée

Azzedine Alaïa ignore les lois du commerce et montre ses collections en dehors des rendez-vous habituels et par principe seulement dans ses espaces privés du Marais. Clients et acheteurs attendent volontiers les chefs-d'œuvre de stretch noir, tout aussi convaincants qu'ils soient courts ou longs. Chez Alaïa, le cuir peut faire l'effet de la dentelle, non seulement parce qu'il le perfore de motifs, mais parce qu'il tombe aussi souplement que du tissu. Il en a une fois encore fourni une preuve en 2009 avec le modèle dos nu à gauche.

Des femmes influentes ont protégé le petit immigrant travailleur de Tunisie

dans l'atelier de haute couture. Simone Zehrfuss, épouse d'un architecte célèbre, le poussa ensuite à l'indépendance et lui donna l'argent nécessaire pour le démarrage.

Il ouvrit son premier atelier dans un appartement en étage, il remplit avec des machines à coudre des pièces déjà exiguës, la cuisine, la salle de bain, le couloir... Et partout on travaillait avec assiduité, car Azzedine Alaïa fut très vite considéré comme un bon tuyau. La bienfaitrice Simone Zehrfuss lui fit rencontrer l'écrivain Louise de Vilmorin, compagne d'André Malraux. Tous les deux étaient le couple le plus influent du Paris intellectuel, et Alaïa fit connaissance dans leur salon des femmes les plus élégantes : Cécile de Rothschild et ses parentes, Arletty, Greta Garbo. Toutes venaient incognito dans son appartement-atelier pour se faire modeler sur le corps des vêtements qui soulignaient tous les points forts et masquaient les faiblesses. C'est qu'il était aussi doué en cela que, dans les années 1930, le plus grand costumier d'Hollywood, Adrian, qu'il admirait et dont il reprit pour ainsi dire la cliente Greta Garbo. « Elle était très bien faite, se rappelle-t-il, mais elle n'était pas maigre. Son visage était impressionnant : ces yeux, ce nez ! »

Alaïa présenta sa première collection de prêt-à-porter en 1981. Quatre ans plus tard, il fut nommé meilleur styliste de l'année et sa collection en même temps la meilleure de la saison. La cérémonie de la remise de prix à l'Opéra de Paris est inoubliable : la chanteuse Grace Jones porta dans ses bras le minuscule grand maître sur la scène.

Les femmes grandes et fortes l'ont toujours attiré, et il les a habillées : Jessye Norman, Farida, Michelle Obama... Mais c'est avec les plus beaux modèles du monde qu'il a développé la relation la plus étroite. Naomi Campbell et Stephanie Seymour ont souvent habité chez lui et, pleines de confiance, appellent « papa » celui qui s'occupe d'elles et les nourrit. Helena Christensen, Tatjana Patitz, Claudia Reiter : ce sont surtout les modèles aux formes féminines qui, même dans leur vie privée, ne voulaient plus porter que de l'Alaïa. La plupart auraient donné tous leurs cachets pour ses vêtements, mais « papa » se montrait généreux et leur en faisait à toutes cadeau.

Son secret est la connaissance intime du corps féminin et la manière de le mettre en scène de façon sexy. Quand d'autres refusèrent la toute jeune Stephanie Seymour comme modèle parce que son postérieur était trop fort, Alaïa inventa une coupe qui fut à la mode comme « derrière rieur ». Il sublimait les poitrines plates avec de larges corselets de cuir en décolletés bien remplis. Il employait de préférence du lycra, du cuir souple comme un gant et de la viscose, un matériau presque oublié. Il a acquis sa technique en démontant et en reconstituant les vêtements des maîtres anciens. Depuis 1968, il collectionne des originaux de Cristóbal Balenciaga, Paul Poirte, Madeleine Vionnet, Adrian et autres. Ce fut surtout la coupe en biais de Viollet qu'Alaïa perfectionna avec une matière moderne en stretch. Ses coutures en forme de spirale encerclent le corps, le soutiennent et l'idéalisent.

L'homme qui porte principalement des vestes Mao tel un ouvrier chinois, même si c'est en soie ou en satin, travaille de préférence la nuit dans son gigantesque studio-appartement du Marais où il s'est installé en 1990. La star des peintres américains Julian Schnabel, devenu un ami parce que ses différentes femmes achetaient si souvent chez Alaïa, s'est chargé de la décoration.

En l'an 2000, Alaïa engagea un partenariat avec le groupe italien Prada, mais il racheta le nom de sa marque en 2007. Il fait cependant toujours produire et vendre par Prada ses chaussures et autres peausseries très convoitées.

Entrée en scène majestueuse
Azzedine Alaïa s'en sort aussi pour de grandes robes du soir sans couleur, motif, dentelles ou autres décorations. Il se fit complètement à l'effet sculptural de son art de couturier, comme pour cette robe faite d'un bustier de cuir moulé et d'une jupe à godets.

Rick Owens

Hervé Léger/ Leroux

Sa couleur favorite est « poussière », un gris beige indéfinissable, allant du très clair au très foncé. Ses célèbres vestes de cuir, ses jupes portefeuilles asymétriques et même ses chemisiers en organza semblent tous sortis d'un grenier quelconque. Parce que ses vêtements devaient avoir l'air usés et décolorés, Rick Owens commença il y a presque vingt ans à laver et sécher à la machine le cuir le plus fin et du crêpe transparent, avant d'y couper des vestes serrées, des tee-shirts transparents et des jupes en biais à la Madeleine Vionnet. D'abord, le styliste né en 1962 en Californie fut un tuyau secret parmi les rockers et les modèles – Kate Moss portait ses vestes en cuir maltraité –, mais le *Vogue* américain le découvrit et il put présenter à New York sa première collection. En 2001, il s'installa à Paris parce que la maison de fourrure Revillon l'engagea comme styliste ; aujourd'hui, il possède la licence pour tous les produits Revillon. En même temps, il a développé sa propre marque sans renier son style : ses déesses sensuelles ressemblent toujours à de grandes prêtresses d'une secte dangereuse pleine de sombres secrets. « Glamour meets grunge », a-t-on donné comme description de sa mode. Avec Alexander McQueen, il est considéré comme l'inventeur de la morbide tendance gothique.

C'est l'unique robe qu'il créa en 1989 tard dans la nuit, par pur désespoir, qui fit connaître son nom. Le show était imminent, il fallait encore sortir quelque chose de particulier. C'est là qu'Hervé Léger prit un rouleau de ruban à border et l'enroula autour d'un mannequin de tailleur jusqu'à ce que cela ressemble à une robe. Et quelle robe : une deuxième peau, élastique et solide, qui dénude et modèle à la fois ! La robe à bandes – ce n'est pas par hasard si elle rappelle le bondage (ligotage) – fit du designer né en 1957, qui, des chapeaux aux fourrures, avait déjà créé tout ce qui était possible, une star de la scène parisienne. Il doit certainement son inspiration à Madeleine Vionnet et Azzedine Alaïa, mais personne comme Hervé Léger n'a poussé aussi loin l'idée de l'enroulage en biais. Laine ou soie, il entrelaçait tout de lurex, de lycra ou d'élasthane pour le façonner en robes à bandes hautes en couleur. En 1998, Hervé Léger vendit sa griffe au groupe américain BCBG Max Azria qui, un an plus tard, le licencia en tant que styliste. Depuis, il vend ses robes à la coupe précise et aux décolletés fantastiques sous le nom d'Hervé L. Leroux – avec un succès grandissant auprès de stars comme Halle Berry, Keira Knightley et Kate Winslet.

Roland Mouret

Antonio Berardi

Comme les histoires se ressemblent ! Pour Roland Mouret aussi, ce fut un unique modèle qui le catapulta au ciel de la mode : la robe « Galaxie » de 2005 fut le hit le plus photographié de la saison. Toutes les stars en voulaient, menées par Scarlett Johansson et Dita von Teese. Pour une bonne raison : les deux femmes disposent d'un tour de poitrine rondelet et portent donc généralement des soutiens-gorge. Avec « Galaxie », Roland Mouret coupa exprès pour elles une robe de cocktail qui leur permet de mettre tous leurs avantages sous un bon éclairage. Toutes les femmes remarquèrent aussitôt combien la coupe simple est raffinée : elle souligne la poitrine et d'autres courbes, fait paraître le ventre plus plat et les hanches plus étroites, flatte le haut du bras et élargit les épaules, si bien que la taille semble fine. Malgré ce formidable succès, le styliste et son bailleur de fonds se séparèrent, et Roland Mouret dut chercher un nouveau nom pour sa griffe. De New York, il regagna la France, où il est né en 1962, et démarra en 2007 sous le diminutif RM avec un nouvel associé et une nouvelle collection. Sa silhouette est restée élancée et érotique, avec des jupes qui couvrent le genou et des enveloppements et des plis qui amincissent. Aidée de ses conseils, sa fan Victoria Beckham en fait autant que lui avec succès.

Certes, il est né en 1968 en Angleterre, mais l'esthétique d'Antonio Berardi est complètement marquée par sa famille sicilienne : « J'aime les courbes. Je trouve magnifique des femmes comme Monica Bellucci. » Il est vrai qu'il leur met quelquefois un manteau par-dessus, orné d'une croix... de petites ampoules lumineuses. En revanche, le dessous est carrément sexy, montre beaucoup de peau et souligne chaque rondeur. Avec des costumes de cuir, des robes corsetées aux coupes ajustées et des minirobes étincelantes aux épaules découvertes, il célèbre la silhouette sablier. Même ses blazers de boyfriends en soie sont coupés si près du corps que la « Séduction héroïque » – titre de sa collection pour l'été 2010 – est garantie. Comme la plupart des stylistes à succès d'Angleterre, Berardi a été formé à Central Saint Martins et il a travaillé pendant trois ans chez Galliano. En 1999, il se rendit à Milan, puis à Paris, mais ce n'était pas le bon sol nourricier pour quelqu'un comme lui, inspiré par les concepts moraux italiens et les ruptures de tabous britanniques. Il ne fit à nouveau sensation que lorsqu'il revint à Londres, mais cette fois pour de bon : à peine Victoria Beckham avait-elle porté ses spectaculaires cuissardes sans talon que les personnalités faisaient déjà la queue chez lui.

LOURD HÉRITAGE

Vieilles maisons – nouveaux noms

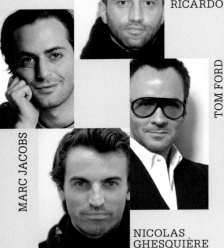

RICARDO TISCI

TOM FORD

MARC JACOBS

NICOLAS GHESQUIÈRE

CHRISTOPHER BAILEY

STEFANO PILATI

OLIVIER THEYSKENS

ALBER ELBAZ

TOMAS MAIER

Dans le monde précipité de la mode, le vieil adage selon lequel ce n'est pas la conservation des cendres mais la transmission de la flamme qui maintient la tradition en vie, a une signification toute particulière. Car la tradition, du moins en ce qui concerne certaines maisons, n'y est nullement une dimension connue. Jusque dans la deuxième moitié du XXᵉ siècle, un couturier ne s'attendait pas à ce que sa maison lui survive. Son « héritage » était le plus souvent porté par d'anciens élèves qui, au bout de quelques années, créaient leurs propres maisons et enrichissaient et développaient avec leur écriture personnelle le style dans lequel ils avaient appris leur art. Seules les vingt-cinq dernières années avec leur obsession des marques ont changé fondamentalement cette image. Tout à coup, si le design correspondait, un vieux nom établi semblait être un garant pour des chiffres d'affaires plus élevés qu'une nouvelle ligne, fût-elle même habilement lancée. Les stylistes toutefois se trouvaient devant une exigence qu'ils ne connaissaient guère jusque-là : celui qui était placé à la tête d'un tel fossile ne devait pas seulement sentir les tendances et développer une écriture forte et personnelle, mais aussi accorder l'un et l'autre avec une attente diffuse nourrie par des clients potentiels face aux marques déjà établies. Si cela réussissait, une vision chatoyante, prometteuse de revenus de rêve, s'élevait même des cendres éteintes d'entreprises destituées comme Gucci, Balenciaga ou Bottega Veneta ; et des maisons solides comme Louis Vuitton ou Burberry amorcèrent de nouveaux vols en altitude.

C'est la substance dont sont constitués les contes de la mode des années 1990 et 2000. La base en fut posée par un styliste américain relativement inconnu à l'époque, qui entra chez Gucci en 1990 en vue de rassembler expérience, contacts et argent pour créer une marque personnelle. À ce moment, la marque florentine internationale n'était plus que l'ombre d'elle-même : finis les temps où la jet-set s'arrachait les sacs à poignée de bambou, les mocassins à boucle en forme de bride ou les foulards à imprimé fleuri. L'entreprise faisait désormais les gros titres moins pour ses produits, qui étaient de plus en plus bourgeois, que pour des scandales de plus en plus extravagants : ils culminèrent en 1995 avec l'assassinat fomenté par sa femme de Maurizio Gucci, petit-fils du fondateur Guccio Gucci. Mais, presque au même moment, la page

Péchés blancs

Chez Gucci, Tom Ford utilisa la couleur de l'innocence pour des robes du soir érotiques dans le style des anciennes déesses du grand écran à la Jean Harlow.

se tourna. Un styliste américain qui, en quatre ans seulement, était devenu directeur de la création, présenta sa première collection de prêt-à-porter. Le monde de la mode retint son souffle : pantalons serrés taille basse en velours luisant, chemisiers d'une étroitesse démoniaque en satin de soie brillant, des couleurs lumineuses et des décolletés jusqu'au nombril ou plus profonds : c'était une nouvelle star qui se présentait là, TOM FORD. Il avait réussi le coup de génie de catapulter dans le présent une maison qui ne vivait plus que de son passé, sans lui faire enfiler une image qui n'aurait pas correspondu à ses racines. Certes, les dispositifs avaient toujours été là, dit Ford plus tard, considérant les causes des années de déclin. « Ce qui manquait, c'était une forte personnalité. » À présent, elle était trouvée : Ford perçut le potentiel encore existant et en imprégna un style tout à fait nouveau et unique. Personne ne coupait des silhouettes plus minces ou ne présentait de décolletés plus profonds et plus provocants qui, malgré tous les regards, faisaient une impression plutôt proprette que dépravée : le principe « *safer sex* » traduit en mode. L'archétype matériel de Ford aussi adopte l'image du glamour, du luxueux. Il emploie en premier lieu des matériaux « riches » : satin, velours, cuir, fourrure. Les tissus sont de préférence unis ; quand des motifs surgissent, ils renvoient volontiers au cuir – comme les imprimés python du printemps 2000 ; et les robes de cocktail de l'automne 2001 aussi, devenues des icônes avec les petits carrés de tissus cousus l'un par-dessus l'autre, qui se balancent

légèrement à chaque mouvement, rappellent non seulement les tenues de danse des années 1920, mais également la structure du cuir de crocodile. Les coupes de Ford : le plus souvent droites et sans fioritures ; quand il pose des éléments décoratifs, ils viennent souvent du monde de la maroquinerie : rivets et boucles, agrafes et fermetures à glissière... Le sex-appeal de ses modèles est pour les fans de mode du monde entier une tentation à laquelle il est difficile de résister. Bientôt apparaissent les ambassadrices les plus célèbres de son style : Madonna fut la première qui se présenta en Gucci à une remise de prix ; peu après suivirent des déesses d'Hollywood comme Gwyneth Paltrow, Halle Berry ou Jennifer Lopez. Les sacs et les pochettes aussi se débarrassèrent de tout conformisme, et ils furent même encore plus convoités qu'aux premiers temps de splendeur de Gucci dans les années cinquante et soixante. L'ère Ford, glamour et très prospère, dure dix ans, puis elle s'achève de manière presque aussi surprenante qu'elle a commencé : en 2004, le contrat de Ford n'est pas prolongé. Sa dernière collection pour l'automne de l'année passe une fois encore en revue cette décade décisive pour Gucci, avec des réminiscences de ses pièces les plus célèbres. Il y a des vestes de velours bleu comme dans la première collection de 1995, une variante de la

Mettre en scène

En 2009, après quatre ans de pause dans la création, Tom Ford se montra tout aussi talentueux comme metteur en scène de son premier film, A Single Man (en haut) que comme styliste chez Gucci, où il plaça toujours le logo de la firme de manière à ce qu'il ne puisse pas passer inaperçu, que ce soit sur le tanga ou le sac en croco.

Que ce soit robe ou pantalon

Pour le Texan Tom Ford, la mode a un seul but : la séduction. Peu importe où sont placés les décolletés. La couleur aussi est utilisée comme signal.

L'essentiel, les sacs

Marc Jacobs a fait carrière avec la mode jeune. Il la réalise aussi pour Louis Vuitton, mais il met toujours les sacs au centre, que ce soit avec une mini estivale avec une large ceinture-sac pour 2010, ou avec un trench transparent (en bas). L'« Alma Graffiti » est devenu le It-Bag convoité.

robe de déesse parsemée de cristaux, couleur chair, que Nicole Kidman portait au Metropolitan Opera de New York, et une nouvelle édition de ces robes spectaculaires de jersey blanc, inspirées de Roy Halston. Mais cette collection n'est qu'une partie de son héritage. La contribution de Ford plus abstraite, mais encore plus importante pour la maison, est la réinvention de la Gucci girl : une femme pleine d'assurance sexuelle, reluisante, avec l'énergie à peine maîtrisée d'un fauve s'apprêtant à bondir – une image si forte qu'une génération entière de successeurs pourra s'en nourrir. Ce n'est pas seulement le courage dans la mode, mais aussi le succès économique du travail de Ford qui fit sensation : en une décennie seulement, la valeur du groupe était passée de 200 millions à 2,5 milliards de dollars, une tendance qui commença à se dessiner au bout d'un ou deux ans. Il n'est pas surprenant que l'exemple de Ford ait fait école. À partir de 1997, quelques maisons parisiennes anciennement implantées tentèrent aussi un renouvellement global. La première adresse d'accessoires de luxe offrit en l'occurrence une surprise de taille : Louis Vuitton avait engagé MARC JACOBS, le roi du grunge, comme designer en chef. Jacobs, devenu célèbre avec l'antimode du début des années 1990, dirigeait à cette époque sa propre marque depuis onze ans déjà. Depuis sa promotion à Paris, il réussit sans cesse un grand écart fabuleux : tandis que sa propre ligne new-yorkaise répond d'une esthétique de marché aux puces et d'une avant-garde sans contraintes, son travail pour Louis Vuitton est marqué par les exigences de l'une des plus grandes maisons de luxe du monde. Les deux lignes ont en commun une tendance à la déconstruction, à un mix d'éléments rétro qui renvoient aux années quarante, cinquante, soixante ou quatre-vingt et d'influences du chic de la rue d'aujourd'hui. Ce sont précisément les collections les plus féminines pour Louis Vuitton qui vivent par-dessus le marché de citations issues du passé chatoyant de la haute couture et de grands gestes raffinés – d'élégants volants sur les bordures du col d'un manteau court noir, des poufs volumineux à l'extrémité des manches d'une robe de cocktail –, mais aussi d'une rupture de style, par exemple entre des robes étroites arête de poisson et des bombers en lapin blanc. Comme le formule la journaliste de mode américaine Sarah Mower, le secret du succès de Jacob réside dans le fait qu'il revalorise le degré longtemps négligé situé entre le glamour et le quotidien : sa mode fascine justement parce qu'elle réunit en elle des aspects des deux univers. À l'occasion apparaît aussi dans les robes et les vestes ce motif que tout le monde associe aux bagages de luxe : le dessin établi depuis 1896 avec le monogramme LV ainsi que des symboles graphiques comme des trèfles et des fleurs stylisées, qui montrent l'amour fin de siècle pour les impressions japonaises et orientales. Avec ce motif, l'emblème de Louis Vuitton, Marc Jacobs pratique dès le début son propre jeu passionnant : pour la collection de printemps 2000, il fit dessiner par l'artiste Stephen Sprouse un graffiti de la griffe qui fut imprimé par-dessus le motif. Un tel mélange de superluxe et de subculture éveilla les

Subtilement retroussé

Avec des robes comme ce modèle ruché sur la silhouette, Marc Jacobs a mis la ligne de mode de Louis Vuitton sur la voie.

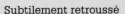

convoitises : les sacs furent épuisés en un rien de temps. En 2003, le Japonais Takashi élabora une nouvelle version du monogramme qui, à présent, chatoyait sur du blanc dans de nombreuses couleurs. En 2007, enfin, des images et des textes sérigraphiés de l'artiste multimédia américain Richard Prince furent placés par-dessus l'impression LV. Outre cela, Jacobs ne se lassait pas non plus de décliner le motif classique et de créer toujours de nouveaux It-Bags : il le fit imprimer en cuir noir et vinyle argenté, presser en mohair, tisser dans du denim ou peindre sur de la fourrure blanche, coudre sur des pantacourts, portefeuilles, sacs à dos ou besaces, et orner de glands, de houppes ou de bordures de peau. La créativité géniale de Jacob et de son équipe se manifeste déjà dans la variété époustouflante de variations d'un thème simple et bien connu. Si, par ailleurs, on passe en revue la gamme des sacs qui accompagnent chacune des collections – parfois, il semble même que ce soit la collection de mode qui accompagne les nouvelles créations de sacs –, la profusion suscite une sensation de vertige. La palette de matériaux comprend les sortes les plus diverses de cuir précieux, des étoffes tissées et brodées avec des techniques complexes, des plumes d'autruche ainsi que des pierres semi-précieuses. À cela s'ajoutent des raffinements dans le « hardware », les poignées et les lanières, l'intérieur ou la doublure, dont le tissu est exactement assorti à l'extérieur des sacs. Malgré tout le chiffre réalisé avec la mode, les lunettes ou les bijoux : à chaque saison, c'est à nouveau la victoire

dans la « guerre des sacs à main » qui se trouve au centre de l'« objectif de production » de Marc Jacob. Car les collections de prêt-à-porter, même si elles contribuent tant à la renommée mondiale de Louis Vuitton, sont pour le groupe avant tout des munitions importantes pour subsister sur le marché central des marques. Et c'est ici justement que, ces douze dernières années, avec ses extravagances, ses matériaux, ses ébauches réfléchies, Jacobs a redéfini le concept de « luxe ». Ce n'est pas pour rien que les prototypes montrés dans les *fashion shows* sont les trésors les mieux gardés de la collection qui, après l'exhibition, ne sont présentés à la presse sur une table à part que sous les yeux vigilants d'innombrables bodyguards. « Quelquefois, je me sens comme la police des sacs », gémit Marc Jacobs non sans coquetterie dans une interview avec le Vogue américain. « Personnellement, j'aime faire une mode de prêt-à-porter, mais du point de vue commercial, je peux bien comprendre Louis Vuitton. » Pourtant, vu les petits sacs et cabas d'une originalité frappante, que l'on aimerait arracher des mains des mannequins encore pendant le show, il semble que cette pression, ce rapport de tension ne soit pas seulement un fardeau, mais aussi un moteur pour la créativité de Marc Jacob.

Outre son coup chez Louis Vuitton, le président de LVMH, Bernard Arnault, avait encore dans sa manche en 1997 un deuxième atout, avec lequel il voulait ouvrir la voie à une autre maison ancienne appartenant à ce groupe de luxe. Le profil du styliste n'était pas sans ressembler à celui de Marc Jacob : pas encore usé

Showstopper
Avec des clientes comme Madonna et des vêtements couture hauts en couleur, Givenchy retient à nouveau l'attention.

Une position toute nouvelle
Givenchy était autrefois une maison de couture traditionnelle qui habillait la noblesse. Le directeur artistique italien Ricardo Tisci l'a globalement rénovée. Il aime le cuir, la dentelle et la fourrure, les drapés et l'asymétrie : tout à fait élégant, mais avec une acuité moderne.

par les « marques », mais, malgré un âge relativement jeune, déjà représenté avec une griffe personnelle renommée : après que John Galliano avait été débauché par Dior, ALEXANDER MCQUEEN fut engagé comme chef styliste pour Givenchy. Sans doute le styliste réputé comme « hooligan de la mode britannique » s'avéra-t-il peu sensible à la situation et aux nécessités d'une maison de tradition vénérable, mais qui se trouvait sous une énorme contrainte économique. McQueen resta jusqu'en mars 2001, mais il fut soulagé quand prit fin le contrat dont il disait lui-même qu'il réduisait sa créativité.

La recherche d'un successeur vraiment approprié prit quatre années. En 2005 enfin, RICARDO TISCI fut engagé, un Italien avec un faible pour les « touches gothiques » d'un côté et une esthétique cosmique de l'autre. Tisci réussit non seulement à développer pour Givenchy une ligne qui correspondait au goût du jour sans rompre avec l'identité de la marque, mais aussi à revivifier l'entreprise de haute couture qui était à terre. « Quand j'ai commencé, nous avions encore cinq clients – depuis, nous en avons 29 », résume Tisci, content. Les plus célèbres : Madonna, pour qui il créa entre autres les costumes du « Sticky and Sweet Tour » en 2008. À l'automne 1997, lorsque Alexander McQueen présenta sa première collection chez Givenchy, la fashion week parisienne fut à tel point frappée de changements radicaux de personnes – John Galliano présenta son premier show chez Dior, Stella McCartney chez Chloé, Marc Jacobs chez Louis Vuitton – que les débuts d'une autre nouvelle distribution

Comme si c'était une partie de lui
L'ancien maître Balenciaga lança les cols loin du cou et les manches courtes, son jeune héritier Nicolas Ghesquière les réinterprète.

passèrent presque inaperçus. La maison de couture en question était devenue entre-temps trop insignifiante, même si, dans les années cinquante et soixante, elle avait écrit l'histoire de la mode : Balenciaga. Malgré les efforts du styliste Michel Goma à la fin des années quatre-vingt pour réaliser des collections qui partaient des créations géniales de Cristóbal Balenciaga, mais contenaient aussi en même temps des éléments actuels, la maison autrefois si brillante serpentait dans un oubli déshonorant, maintenue uniquement par la puissance chatoyante du nom et d'une série de parfums passablement couronnés de succès. En 1995, on avait engagé NICOLAS GHESQUIÈRE, âgé de 24 ans, qui avait auparavant travaillé chez Jean Paul Gaultier, pour le département des licences, chargé entre autres des vêtements de golf et des décorations de vitrines pour le marché d'Extrême-Orient. Mais quand le directeur artistique en fonction Josephus Thimister est renvoyé pour avoir bombardé les invités avec une cacophonie de musique assourdissante pendant un show, le choix tombe sur la relève talentueuse de la maison même. L'héritage recueilli par Ghesquière n'est pas simple. Aujourd'hui encore, les vêtements de Cristóbal Balenciaga sont des icônes de l'histoire de la mode : tailleurs et manteaux en forme étroite de tunique, ou légèrement en forme de boîte ou de tonneau, qui flattent et caressent le corps au lieu d'exhiber impitoyablement des points faibles comme des tailles un peu rondelettes. Souvent, l'Espagnol Balenciaga choisissait des tons noirs, gris ou bruns profonds, surtout pour ses vêtements de jour, et pour le soir

des couleurs lumineuses, rouge, rose ou violet. Ses palettes comme ses coupes reposaient sur des influences de son pays natal, sur des tenues régionales, mais aussi sur des peintures, d'El Greco à Goya. Les collections de Ghesquière reflètent d'emblée les arrangements avec ce génie de la mode : dans les premiers shows dominent la couleur noire et deux silhouettes célèbres de Balenciaga, la veste-cape et la robe-sac légère avec lesquelles Ghesquière présente des jupes et des pantalons étroits. Mais c'est de ces derniers spécialement, particulièrement en combinaison avec des blousons, qu'il fait rapidement son propre symbole de marque : l'influence stylistique des années quatre-vingt, durant lesquelles il grandit, est constamment perceptible. Ghesquière n'eut pas accès dès le début aux archives volumineuses de Balenciaga. C'est seulement après sa promotion au poste de directeur artistique qu'il put commencer à les explorer. Au cours de ses 25 collections, on peut observer combien il pénètre de plus en plus profondément dans la substance, la décompose en ingrédients, et crée à partir de ces éléments une nouveauté déconcertante, qui porte toutefois en elle l'esprit de Balenciaga. Ghesquière se consacre d'abord aux couleurs et aux lignes de contours estompées, ensuite aux jupes ballons, aux robes de cocktail et à l'uniforme Air France de Balenciaga de l'année 1968, qu'il lance directement dans le XXIe siècle en combinant veste d'aviateur, ventrière en crocodile, sandales hautes de gladiateur ou jupe plissée avec large ceinture rivetée. La

L'amour de la géométrie
Fentes, enveloppes et rayures : le directeur de création Ghesquière envoie la cliente rajeunie de Balenciaga dans l'été 2010.

Sur les traces d'Yves Saint Laurent

Transparence discrète ou smoking élégant, l'Italien Stefano Pilati s'avère être l'héritier le plus approprié du génie du siècle Saint Laurent.

collection automne 2006 marque un point culminant dans la rencontre entre Ghesquière et Balenciaga : de hauts chapeaux et des bottes avec des semelles à plateau donnent aux modèles un air gigantesque, avec en accéléré ce changement de silhouette effectué par la mode de Cristóbal Balenciaga en l'espace de 30 ans – des vestes rigides à basques en passant aux tuniques sobres et robes étuis jusqu'aux robes du soir en jacquard dont les jupes s'écartent comme des bulles en trois dimensions. Elles sont souvent façonnées dans les mêmes tissus que ceux que Balenciaga utilisait et que, en partie, on ne pouvait plus obtenir qu'avec difficulté. L'ancien maître espagnol taillait exclusivement de la haute couture : des pièces de prêt-à-porter avec des tissus de cette qualité sont une rareté absolue.

La référence culminante au créateur de la maison fut motivée la même année par la grande rétrospective Balenciaga du Musée de la Mode et du Textile : Ghesquière intervint comme commissaire adjoint. Par la suite, la référence à ses créations ne se trouva plus autant au premier plan, mais elle était toujours présente : dans les robes à fleurs de la collection de printemps 2008, dans les hauts de velours et de taffetas drapés inspirés par Goya au printemps 2009 ou les jupes portefeuille artistement plissées de l'automne 2009. Parfois, Ghesquière fusionne l'écriture de Balenciaga avec sa propre prédilection pour les techno-tissus même en une seule pièce, comme des robes sacs dans lesquelles sont insérés des empiècements de soie de shantung fendue ou de plastique. « Ma relation avec Balenciaga n'a rien à voir avec la remise à neuf d'un héritage, déclare Ghesquière, mais c'est une rencontre avec sa création, dans laquelle la priorité réside dans l'exploration de cette œuvre. Il avait une rigueur fascinante dans le façonnage et ne se prêtait jamais aux compromis. Si l'on voulait avoir une robe de lui, il fallait entrer dans son monde : cela me plaît. » Et comme le regard vers l'avant est pour Ghesquière au moins tout aussi important et inspirateur que le regard vers l'arrière, sa collection pour le printemps 2010 ne contenait pas une seule référence, mais s'attachait au street chic, avec toutefois les coupes les plus raffinées et une rigueur formelle.

En novembre 2012, Ghesquière quitta la Maison Balenciaga, qui reste toutefois attachée à l'image de la femme pour qui cette mode est conçue.

Cristóbal Balenciaga déjà créait de la haute couture pour la femme aisée, mais active, qui ne peut se livrer à trop de luxe avec sa garde-robe quotidienne. Aujourd'hui encore, la « femme Balenciaga » est active, aisée, et elle a entre une vingtaine et une quarantaine d'années. Le fait que ces femmes achètent du prêt-à-porter est signe d'un déplacement général de la couture sur mesure vers des alternatives de grande qualité et onéreuses qui ne sont pas vendues seulement dans les boutiques porte-drapeau de la marque, mais aussi dans les grands magasins de luxe. Précisément pour les maisons de mode présentées ici, cela signifie aussi du point de vue économique un déplacement du poids de la haute couture vers le prêt-à-porter. Sans doute, Yves Saint-Laurent a encore conçu de la haute couture jusqu'en 2002, mais, dès 1999, il a

Rigoureux et audacieux

Stefano Pilati combine pour l'été 2010 une blouse blanche richement décorée avec un short court : le contraste aurait plu à Saint Laurent.

vendu sa prestigieuse ligne de prêt-à-porter Yves Saint Laurent Rive Gauche au groupe Gucci. Là, c'est d'abord Tom Ford qui s'en chargea : si, en deux ans, il augmenta le chiffre d'affaires de 200 pour cent, l'esprit raffiné de Saint Laurent n'apprécia pas l'image manifestement tournée vers le sexe de ses vêtements. Cependant, quand l'ancien maître ferma sa maison en 2002, ce furent les collections de prêt-à-porter qui permirent à la marque mondiale connue de survivre. Et après le départ de Ford en 2004, on trouva même en STEFANO PILATI un directeur de création dont le style élégant, français, correspondait beaucoup mieux à l'image d'Yves Saint Laurent que l'offensive sexuelle de Ford.

Une élégance intemporelle et une revalorisation énergique du prêt-à-porter faisaient aussi partie des caractéristiques centrales qu'institua le Belge OLIVIER THEYSKENS en deux ans seulement dans la maison Nina Ricci, fondée en 1932. Theyskens, devenu star à 21 ans en l'espace d'une nuit quand, en 1998, Madonna porta une de ses robes lors de l'attribution des oscars, avait d'abord développé de 2002 à 2006 chez Rochas une ligne qui était établie entre prêt-à-porter et haute couture. Cette « demi-couture » contenait des pièces qui étaient trop chères pour la production de masse, mais qui, en ce qui concernait le travail à la main et l'adaptation de la forme, ne correspondaient pas aux règles strictes de la haute couture. Non seulement elle se révéla favorite auprès des fashionistas, mais elle fut aussi reconnue par beaucoup de commerçants comme une stratégie commerciale viable. Les collections ovationnées de prêt-à-porter de Theyskens pour Nina Ricci – des robes du soir à l'allure victorienne avec volants et cols haut fermés ou froissés, tailleurs pantalons étroitement coupés – rappellent la haute couture dans leur manière luxueuse. En tant que directeur de la création, Theyskens semblait ici dans le rôle idéal : sa sensibilité pour la mentalité féminine de son époque, ses silhouettes gracieuses et son romantisme intemporel se reliaient directement à la philosophie de Nina Ricci et furent salués par la presse. Le Belge quitta pourtant la maison au printemps 2009, probablement en raison de différends avec son propriétaire, le Puig Fashion Group. Son successeur : le styliste britannique Peter Copping, qui était responsable de la ligne femme de Louis Vuitton sous Marc Jacobs. L'héritage d'une autre « grande dame » de la mode parisienne prit aussi un nouveau visage en 2006 : Lanvin, fondé en 1909 par Jeanne Lanvin, ce qui en faisait l'une des plus anciennes maisons de mode du monde encore existantes. Dès 2001, ALBER ELBAZ, né au Maroc et ayant grandi en Israël, précédemment chez Yves Saint Laurent, fut nommé directeur de la création. Depuis, il conçoit pour Lanvin des collections d'une élégance féminine renversante et expressive ; la presse l'ovationne, Nicole Kidman, Chloë Sevigny et Sofia Coppola font partie de ses fans. En 2006, il donna aussi un nouveau visage à la « corporate identity » de la

Silhouette romantique

Pour son départ de la maison Nina Ricci, Olivier Theyskens créa en 2009 une collection élégante, avec des épaules larges et des cascades de ruchés.

maison, avec des références claires à Jeanne Lanvin : la couleur dominante est un bleu myosotis clair, une couleur favorite de la créatrice de mode, qu'elle découvrit autrefois sur une fresque de Fra Angelico. Et les sacs dans lesquels sont emballés les achats des clients sont imprimés d'une illustration de Paul Iribes datant de 1907, qui montre Jeanne Lanvin et sa fille.

Les caractéristiques marquantes qui ont rendu une fois une marque célèbre sont souvent le meilleur point de départ pour sa revivification. Dans le cas du maroquinier Bottega Veneta, ce furent la grande qualité des produits exclusivement fabriqués en Italie, la discrétion, qui faisait que la griffe n'apparaissait pas du tout ou seulement à l'intérieur de l'étiquette, et enfin le motif tressé unique, l'*intrecciato*. Dans les années 1970, ces caractéristiques ont fait des sacs à main et des bagages de l'entreprise des favoris de la jet-set. Dans les années quatre-vingt-dix toutefois, le prestige s'effrita ; Bottega Venata se trouva loin derrière des marques comme Gucci ou Prada. Les pertes furent compensées par l'utilisation de matériaux bon marché comme le nylon, une première dilution de l'image garante à proprement parler de haute qualité absolue. Et l'engagement de stylistes de la scène de l'underground britannique comme Giles Deacon ou Katie Grand ramena certes tout à coup à une renommée internationale, mais la place exagérée du logo sur les produits rebuta encore les derniers clients fidèles qui restaient. En 2001, quand l'entreprise se trouva devant la faillite, elle fut reprise par le groupe Gucci. Avec le poste du maître d'œuvre compétent, le chef de création de

Gucci, Tom Ford, montra une fois de plus qu'il avait la main heureuse. Il recommanda THOMAS MAIER, originaire de Pforzheim : celui-ci se souvint du style original, d'une sobre élégance, proscrit les logos visibles à l'extérieur et reprit le motif d'*intrecciato* comme leitmotiv qui marquait à présent non seulement beaucoup de sacs, mais aussi des pièces des collections de mode qui devenaient de plus en plus vastes, par exemple comme élément de décoration de vestes en cuir et de casques de moto ou bien, stylisé en motif dans le style des années cinquante, comme tissu vestimentaire. Sa première collection en 2002 consistait encore en une série de vestes et de pull-overs sportifs ; en mars 2004, Maier présentait déjà à Milan un show comprenant 60 modèles. Depuis, chacun de ses défilés de mode est salué avec frénésie. Le succès commercial aussi lui donne raison : il a quadruplé le chiffre d'affaires et, selon une enquête du New Yorker Luxury Institute, Bottega Veneta est considéré aux États-Unis comme la griffe de luxe la plus prestigieuse, avant Armani, Chanel, Hermès ou Gucci.

CHRISTOPHER BAILEY lui aussi reconnut combien les racines d'une marque étaient importantes pour la maintenir comme célébrité durable. Comme beaucoup de ses collègues, c'est assez jeune – en 2001, il venait d'avoir 30 ans – qu'il fut choisi comme directeur de la création d'une marque internationale : Burberry. Auparavant, il avait conçu aux côtés de Tom Ford la collection pour femmes de Gucci. L'écart semblait colossal entre l'image sexuelle notoire, les couleurs chatoyantes, et les trench-coats

Distribution idéale
Chez Jeanne Lanvin, Alber Elbaz fournit ce mélange de jeune et de très classique, qui a tout autant de succès à Taiwan (en bas à gauche) qu'à Paris.

Mix de motifs

L'Allemand Thomas Maier sait parfaitement utiliser le motif tressé typique, marque de fabrique de Bottega Veneta, de manière moderne et opportune (en bas). Avec sa mode exigeante, il a sorti la maison de tradition de la misère (en haut).

ternes, les perpétuels carreaux Burberry. Pourtant, pour l'entreprise traditionnelle londonienne vieille de 150 ans, l'Anglais Bailey était le choix parfait ; son propre style correspond exactement à l'image qu'il a conçue pour le Burberry des années 2000 : parfait dans sa coupe et sa matière, mais pas trop élégant, avec un soupçon de laisser-aller décontracté, mais sans être négligé. Quand Bailey fut engagé, Burberry avait amèrement besoin d'une cure de rafraîchissement. Les hooligans avaient élu comme fétiche le célèbre motif de carreaux, caractéristique de la marque ainsi que doublure intérieure de tous les manteaux depuis les années 1920 ; cela conduisit à cette profusion de copies bon marché dont l'éclat de l'original subit les dommages. La tâche de Bailey était de rendre « the real thing » à nouveau désirable, une tâche à laquelle il se consacra avec passion : « Pour moi, Burberry était un diamant taillé que l'on avait négligé pendant longtemps. Il fallait juste l'extraire des ordures et le polir. » Bailey réalisa cela par une nouvelle ligne. Le « Prorsum » (« en avant ») faisait à l'origine partie d'un emblème avec un chevalier sur sa monture, qui faisait partie du logo Burberry depuis 1901. Cent ans plus tard, il devint la référence sous laquelle Bailey l'emporta à Milan. Car il choisit « Burberry Prorsum » comme appellation pour une petite collection exclusive, dans des tons doux de kaki à bleu fumée et gris poussière, mais aussi avec des extravagances flamboyantes comme des vestes faites à la main en plumes, organza de soie ou fourrure de renard. Les carreaux Burberry

« maltraités » rayonnaient là d'un nouvel éclat sans renier leurs racines : comme motif de sacs et de pochettes ou – agrandis en format géant – sur une écharpe très longue. Depuis, chaque collection « Prorsum » est vivement convoitée. Il est vrai que ces parties de show ne se trouvent pour ainsi dire nulle part : ce sont des fragments d'image, des fétiches pour fashionistas et journalistes frénétiques, mais rien pour les copistes, les hooligans ou les provinciaux empressés.

Avec ce statut, la ligne « Prorsum » a plus que rempli son objectif. L'argent rentre dans les caisses avec la collection Burberry London, la ligne outdoor sportive Thomas Burberry, les accessoires et les parfums et même avec des jeux pour enfants. Et ce n'est pas trop réduit : même au premier trimestre 2008, le chiffre d'affaires a augmenté de 28 pour cent, bien que le marché des biens de luxe se trouve spécialement en crise. C'est précisément dans de telles situations que le chichi superflu se sépare de la qualité chère, mais bon marché au véritable sens du terme dans le design et le façonnage. « Dans des périodes économiquement difficiles, explique Christopher Bailey, les gens n'ont pas recours à la marchandise de masse, mais aux choses qui valent l'investissement parce qu'elles ont un caractère propre. » C'est là que se trouve en général la chance de maisons anciennement établies, dont personne ne met en question la qualité et le charisme tant qu'elles sont dirigées par un styliste qui sait déchiffrer leur ADN, mais aussi la rajeunir.

Claudia Teibler

Le miracle de Londres

L'art et la manière dont Christopher Bailey a aidé le trench-coat Burberry poussiéreux à trouver un nouvel éclat encourage l'ensemble de la branche.

Les

RÉDUIRE À L'ESSENTIEL

près le glamour surchauffé et le sex-appeal agressif des années 1970 et 1980 est survenue une phase d'apaisement. À maints égards, les dernières années précédant le départ dans le troisième millénaire ressemblaient à la fin de siècle du XIXe : les changements profonds inquiétaient beaucoup de personnes, elles réagissaient avec réserve d'un côté et grande envie de diversion de l'autre. « Cocooning » était le slogan de cette nouvelle aspiration au repli entre ses propres quatre murs – mais d'où, avec la télévision, l'Internet et le téléphone portable, on restait sans relâche en relation avec le monde. Le flux d'informations était assommant et généralement négatif : guerres et famines en Afrique, vains efforts de paix au Proche-Orient, foyer de crise des Balkans, scandales environnementaux et politiques internationaux, violence dans les banlieues, sida, alimentation génétiquement modifiée... On devait tout savoir et l'on voulut bientôt ne plus rien savoir, mais on recherka l'émotion et la sécurité. La réponse à la consommation en chute, aux records de chômage et à la crise économique était le refus.

Beaucoup n'avaient plus envie de mode non plus. De l'avis général, les armoires à vêtements étaient de toute façon totalement encombrées. Les bonnes affaires passaient pour être chics et les *basics* – comme les Américains appellent une sorte d'équipement de secours – pour être socialement le mieux car, tout à fait dans l'esprit du temps, ils étaient pratiques, discrets et sans ostentation. Parmi les basics, on compte les blazers de coupe classique, les tailleurs pantalons, les jupes étroites et les pull-overs à col roulé – noirs de préférence, comme ils étaient déjà célébrés dans les années cinquante par les existentialistes en tant que mode minimaliste. Les basics dominèrent bientôt l'offre dans les boutiques... et aussi sur les podiums. Là, il est vrai, les choses simples se présentaient avec une touche de luxe. Seuls les meilleurs tissus étaient travaillés, les coupes étaient de plus en plus raffinées, et les détails subtils prenaient un caractère fétiche. Ce qui semblait si simple était extrêmement compliqué et coûteux à la fabrication : les riches s'offraient du gaspillage caché. Comme toujours, Karl Lagerfeld tenait prête une maxime adaptée : « Le luxe, c'est quand l'invisible est aussi luxueux que le visible. Le luxe proprement dit se trouve dans la doublure. »

On redécouvrait le « bon goût », et tandis qu'il donnait aux gens aisés un bon sentiment, il procurait à beaucoup de citadins moyens une bonne conscience en choisissant un look écolo politiquement correct en

---

L'un comme l'autre et chacun pour soi
Le « beau monde nouveau » avec ses conquêtes techniques enthousiasme les modernistes, qui savent s'habiller discrètement avec goût et communiquent toujours et partout virtuellement. C'est parmi leurs pareils qu'ils se sentent le mieux.

À la recherche de nouveaux héros

Sa mode grunge artistement débraillée (page de gauche)
vaut au New Yorkais Marc Jacobs d'être appelé à Paris chez
Louis Vuitton. En Europe, les femmes trouvent une
alternative au grunge et au minimalisme chez Alberta
Ferretti, Alessandro Dell'Acqua et Anna Molinari. Ces trois
stylistes misent sur des vêtements féminins en tissus
délicats et transparents (photos du haut de gauche à droite).
Le réalisme photographique d'une Nan Golding, qui atteste
même son propre œil au beurre noir, s'impose tout autant
que les installations de Jeanne-Claude et Christo, qui
emballent le Reichstag de Berlin. L'apprenti sorcier Harry
Potter, qui attire magiquement des millions de lecteurs, est
un héros pour toute la famille.

386

La nymphe exotique

Devon Aoki était trop jeune (tout juste 13 ans) et trop petite (168 cm seulement) quand elle fut découverte en 1995, et pourtant, l'Américaine qui a des ancêtres du Japon, d'Allemagne et d'Angleterre est devenue du jour au lendemain super-modèle et bientôt aussi star de cinéma.

Les « textiles intelligents » réchauffent quand il fait froid et rafraîchissent quand il fait trop chaud – des **possibilités complètement nouvelles** pour la mode

couleurs naturelles – conformément à la devise de l'époque, « *less is more* ». Le grunge, cette antimode des groupes américains underground qui ne pouvaient s'offrir que des frusques de seconde main, devint à bref délai une tendance passionnée. La combinaison de grossier, comme des chemises de bûcheron et des bottes militaires, et de romantique, comme des robes à petites fleurs et des gilets au crochet, était la tenue adaptée à la crise internationale. Quand, en 1993, Marc Jacobs, le « gourou du grunge », maltraita de la soie coûteuse avec du sable jusqu'à ce qu'elle ressemble à de la flanelle et qu'elle soit présentée sur le podium par des modèles aux cheveux gras, le grunge était devenu une marchandise de luxe... et vouée à la chute. La carrière de Marc Jacob, en revanche, commença seulement ensuite à décoller vraiment.

Le style effacé des *basics* devint dans les années 1990 un culte puissant, qui entra dans l'histoire sous le nom de minimalisme. La rigoureuse esthétique sensualiste consistait en une élégance sobre en noir – plus tard en gris. D'autres couleurs et motifs étaient généralement mal vus, en dehors d'un blanc pur pour la chemise classique. L'Autrichien Helmut Lang était considéré comme le styliste le plus intransigeant et le plus avant-gardiste parmi les minimalistes. En 1997, le magazine Artform admirait son « respect de la convention élégante qui rencontre un sens résolument raffiné de l'esprit du temps ». Helmut Lang a fait énergiquement avancer la mode, et pour cela il avait une prédilection pour de nouveaux tissus, par exemple, pour la saison d'hiver 1999, un tissu d'argent pur sur soie – très élitiste, mais présenté dans une forme sobre et, par là, la quintessence du minimalisme luxueux.

Lang fut aussi l'un des premiers à employer des matériaux « intelligents » qui s'adaptent automatiquement aux influences extérieures. Il avait conscience que l'avenir de la mode serait déterminé au moins aussi fortement par des innovations techniques que par des processus créatifs. En effet, beaucoup des nouveaux textiles qui avaient du succès étaient réalisés par le ministère de la Défense américain et la NASA pour des vêtements de protection ou un habillement destiné à des secteurs d'utilisation high-tech très spéciaux. Ainsi par exemple le Goretex, le Kevlar et le Velcro furent-ils imaginés à l'origine pour le programme spatial américain : ils sont

aujourd'hui des éléments naturels de la garde-robe quotidienne. Les nouveaux textiles apportaient confort et liberté : ils ne se repassent pas, sont antimicrobiens, aérés et thermo-actifs, résistants aux UV, faits de fibres antistress, parfumés ou dispensant même de la crème hydratante. Quand il fallait autrefois plusieurs couches de vêtement pour protéger de la chaleur et du froid, du vent et de la pluie, il suffisait tout à coup d'un fin tissu « techno », qui n'était pas seulement utilisé par les fournisseurs d'équipements sportifs, mais aussi par les stylistes. « La combinaison de vêtements de sport et de ville est un phénomène contemporain, une nécessité. Le rayonnement : moderne, cool, dynamique », déclara Jil Sander à la fin des années quatre-vingt-dix. La mode de la styliste allemande était au sommet de son époque et pouvait convaincre au niveau international. Elle prépara ainsi la voie pour d'autres créateurs de mode d'Allemagne. Les vrais héritiers de son esthétique sont Strenesse de Gabrielle Strehle et Boss Woman.

Le design minimaliste coûteux devint signe d'exclusivité extrême. Plus c'était réduit, mieux c'était : après tout, là où il n'y a rien, on ne peut pas se tromper. La satiété de richesse formelle a toujours été typique de ceux qui vivent dans l'abondance. La boutique culte adaptée, dans laquelle les articles de mode n'étaient pas présentés en quantité, mais comme des curiosités, fut le concept-store Colette ouvert en 1997 à Paris, qui devint la Mecque de toutes les fashionistas. Le « presque rien » était le lieu sûr dans un monde insaisissable et tumultueux à la diversité déconcertante. Les ornements étaient réprouvés, les accessoires n'étaient tolérés que de façon limitée. La minimaliste se parait avec des sacs, des lunettes et des chaussures de marques renommées dès que le porte-monnaie le permettait. Vers la fin des années quatre-vingt-dix, on appréciait le luxe qui ne portait pas forcément une griffe, mais qui était exceptionnel sur le plan créatif et artisanal et qui était rare avant tout. En même temps, une génération de jeunes stylistes suscita l'intérêt. Ils refusaient le vedettariat et se montraient méfiants vis-à-vis des médias. Pourtant, ou justement pour cette raison, Martin Margiela devint une star, il parvint à faire évoluer le grunge malpropre débridé en déconstructivisme intellectuel. Par principe, Margiela ne donnait pas d'interviews, et l'étiquette de ses vêtements était blanche, sans griffe. À 22 ans seulement, l'étoile filante belge Olivier Theyskens imita son compatriote, mais il put facilement s'en séparer : depuis que Madonna était apparue lors de l'attribution des oscars dans une robe manteau de lui en satin noir, son nom était dans toutes les bouches. Toujours Madonna ! Qu'aurait fait la mode sans ce moteur pendant les dernières décennies ?

Les nouveaux mannequins étaient frêles et pâles. Elles devaient être super-jeunes et super-minces. Sur les podiums, on voyait d'abord des baby-dolls semblables à des poupées, puis des nymphes romantiques, âgées de 16 ans au maximum et symboles de la recherche d'innocence. La toute jeune Devon Aoki, une Eurasienne au visage de poupée et à la bouche en cœur, devint mannequin-vedette. Mais défilaient aussi les répliques aux yeux creux d'une jeunesse endommagée : ceux qui ne paraissaient pas suffisamment abîmés (par les drogues) le devenaient par le maquillage. La photographe Nan Goldin devint la chroniqueuse du véritable « chic de l'héroïne » et, avec ses travaux authentiques, elle fut adoptée par les magazines en papier glacé, qui voulaient tout à coup montrer la réalité sans fard. Aussitôt, Kate Moss en tête, eurent lieu des protestations contre les mannequins maigres à l'air démoli.

Basics et minimalisme ne pouvaient rendre heureuses toutes les femmes, surtout les Européennes du Sud. Il y eut pour elles une série de reprises qui cherchaient appui dans le passé : les fantômes des années 1969 et 1970 continuèrent de rôder à travers la mode, on voyait des pantalons pattes d'éléphant et des franges, le look Courrèges et des marguerites stylisées. La sobre robe fourreau de Jackie Kennedy devint un favori, et il y avait partout aussi des copies des imprimés psychédéliques de Pucci. Quelques stylistes, qui faisaient une mode originale et flatteuse, parvinrent tout de même à s'établir. En tête de tous, l'Italienne Alberta Ferretti, née en 1950 et influencée par les films de Fellini. À 24 ans, elle lança son propre label et se fit un nom avec des vêtements romantiques et aériens. Avec sa ligne Philosophy by Alberta Ferretti, elle est entrée dans le troisième millénaire d'un pas ferme et avec succès.

Anna Molinari aussi, née en 1949 en Italie du Nord, marqua des points avec une mode féminine faite de robes délicates en chiffon et de tricots légers qu'elle montrait depuis 1981 à Milan sous le nom Blumarine.

« Toute femme devrait être un objet du désir », telle est la devise de l'Italien Alessandro Dell'Acqua, et ses créations sont sensuelles et sexy à l'avenant. Comme elles sont élégantes en même temps, les adeptes de sa collection pour dames créée en 1996 sont en augmentation constante.

Aussi grand que fût le succès des trois Italiens dans la vente, seuls les stylistes qui dépassaient de plus en plus les limites de l'art faisaient sensation. Après la vente de son label au groupe Prada et sa démission en tant que styliste au printemps 2005, Helmut Lang fit une pause et revint en qualité d'artiste en 2008 avec une première grande exposition à Hanovre. Le musée de la Mode d'Anvers consacra à Martin Margiela pour le 20e anniversaire de la marque une exposition que l'on put voir en 2009 dans la Haus der Kunst à Munich – à cause de la « tradition surréaliste » du Belge, comme l'expliqua le directeur Chris Dercon. Beaucoup considèrent – à tort – que les créations du Chypriote Hussein Chalayan ne sont tellement pas portables qu'ils aimeraient mieux les exiler dans un musée. Pourtant, l'avenir de la haute couture pourrait bien ressembler aux « monuments » de Chalayan (comme il appelle ses vêtements), comme en 2007, quand il fit intégrer 15 000 LEDs dans une robe pour la collection « Airborn ». Peut-être la haute technique est-elle l'avenir de la mode ?

Mais peut-être aussi des artistes comme Jeanne-Claude et Christo restituent-ils à la mode son secret. Leur emballage du Reichstag à Berlin en juin 1995 enthousiasma la ville deux semaines durant – si cette poétique légèreté de l'être pouvait seulement demeurer à jamais…

Elle dura aussi peu que la montée des actions au début du troisième millénaire. Après l'introduction de la monnaie européenne, l'euro, l'économie se rétablit dans beaucoup des États de l'Union européenne qui, avec plus de 370 millions d'habitants, formaient le plus grand espace européen du monde. En mars 2000, le DAX, l'index allemand des actions, atteignit son niveau le plus élevé. Pourtant, le rêve de richesse rapide ne tarda pas à voler en éclats.

Mais il y avait aussi une raison d'espérer : un nouveau héros apparut, capable, à la grande joie de nombreux éducateurs, de détourner les enfants de la télévision, des jeux de PC et des dessins animés, et d'en faire des lecteurs concentrés, c'était l'apprenti sorcier Harry Potter.

LE CONSTRUCTEUR :
Martin Margiela

* 09/04/1957

Un écran blanc est l'arrière-plan idéal pour des projections de toutes sortes. Martin Margiela le sait. Il refuse les interprétations de sa mode et il est fondamentalement contre toute philosophie. L'autre en fait d'autant plus pour lui. Pourquoi n'a-t-il pas de logo, pas même une griffe sur ses étiquettes ? Pourquoi rejette-t-il les entrées en scène, photos et interviews personnelles ? Est-ce du refus ou de la coquetterie ?

Margiela lança son entreprise en 1988 au plus haut de la logomania, quand beaucoup de stylistes se comportaient comme des princes et ne reculaient devant aucun déploiement de luxe. Il nomma sa maison « Maison Margiela » et rejeta le culte de la personnalité tellement à la mode. Il bannit le petit mot « je » de son vocabulaire. Quand il répondait à des questions – ce qu'il ne faisait de toute façon que par fax –, il parlait généralement de « nous », ce qui voulait dire la maison Margiela et tous ses collaborateurs. Ils portaient par principe des blouses blanches comme c'était l'usage autrefois dans les ateliers de couture. Et pour Margiela, c'était une question de travail, de travail sur la mode.

Beaucoup prenaient cela pour une astucieuse stratégie de marketing. Car ces histoires de secret rendaient d'autant plus intéressant Margiela, qui était né dans le Limbourg belge, dans une famille de marchands de perruques et de parfums. Souvent, on le comptait, comme Ann Demeulemeester et Dries van Noten, parmi les « Antwerp Six », mais Margiela avait terminé ses études à l'Académie royale d'Anvers un an plus tôt et il travaillait déjà comme assistant chez Jean-Paul Gaultier à Paris quand le groupe belge des six se fit un nom à Londres. À la différence de la plupart des autres stylistes, Margiela ne choisit pas pour siège de la firme un immeuble représentatif dans la rue du Faubourg-Saint-Honoré, mais l'ancien atelier de réparation des chemins de fer français dans une banlieue nord de Paris. Et comme s'il s'agissait encore de réparation, il décomposa la mode en pièces détachées et la recomposa complètement. Pour sa première collection, il mit les coutures à l'extérieur, les épaules restèrent inachevées, avec seulement l'application d'une « cigarette » de tissu roulé : la forme définitive était définie par le corps de celle qui portait le vêtement, ce qui correspond à l'idée de « cogestion » de la cliente de Margiela. Le résultat fut l'opposé absolu du *powersuit* à épaules larges des années 1980. Avec cela, Margiela combinait de longues jupes tabliers faites de pantalons de costume délavés ou de jeans pour hommes qui étaient décousus et réassemblés en jupes. Il resta fidèle à cette ligne pendant dix collections : contrairement à d'autres stylistes, il trouve que la continuité est importante.

Le grand invisible

Ah, comme c'est bien que personne ne sache que je m'appelle Outroupistache, tel pourrait être le vers favori de Martin Margiela qui, pendant toute sa carrière, se refuse à se laisser photographier. Il préfère aussi styliser ses modèles jusqu'à ce qu'elles soient méconnaissables.

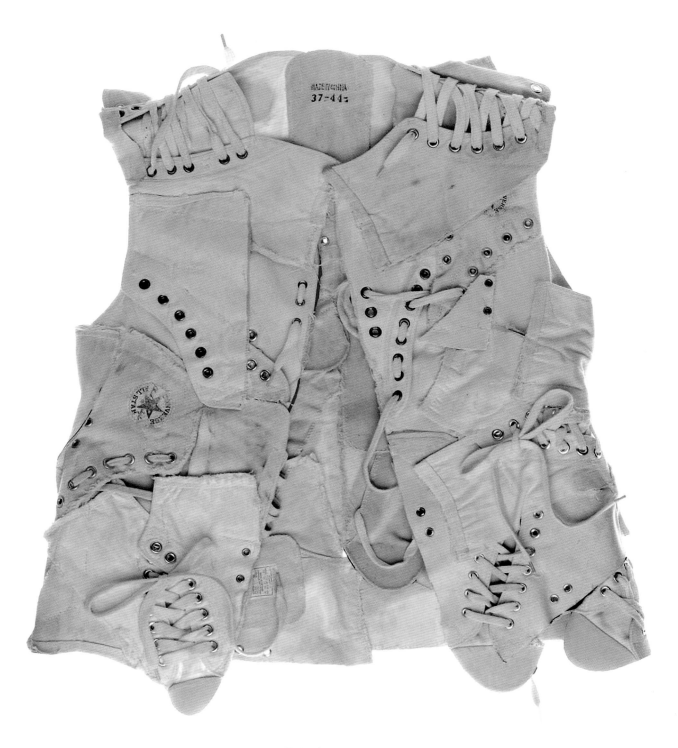

Enjoué et menaçant

Représentant l'idée de durabilité de Margiela, la veste en baskets blanches revalorisées a l'air gai. De manière analogue, il a également recyclé de vieux gants et pantalons. En revanche, la pèlerine en épaisses boucles de laine avec sa capuche noire enveloppante pourrait habiller un bourreau, tant cette création pour l'hiver 2009 paraît menaçante.

Séduction anonyme

Chez Margiela, il faut y regarder au moins à deux fois pour reconnaître une création, et plus souvent encore pour la comprendre aussi. Des visages cachés derrière des masques faits de bas et des cheveux détournent d'abord du vêtement, mais la mode elle-même provoque aussi l'irritation : des épaulettes en perruques (en bas), des ourlets déchirés (à droite), une cape en cheveux d'ange, des chemisiers avec cintre intégré, des pantalons qui semblent n'avoir qu'une jambe, des laçages et des chiffons avec des jambières qui peuvent être des bottes ou des leggings, et des vestes brillantes avec des manches fendues (page de droite) : qui doit porter ça ? De manière surprenante, les créations de Margiela ont toujours été rapidement adoptées dans la mode de tous les jours.

De la mode prête pour le musée

Pour son 20ᵉ anniversaire, la « Maison Margiela » reçut une exposition à l'Institut de la mode à Anvers, où le visiteur pouvait voir que même les trench-coats peuvent s'écarter de l'ordinaire de manière embrouillée. Le surréalisme a une tradition en Belgique : Margiela ficelle les femmes comme des paquets, découd des vêtements, fait des bottes en feuille dorée ou crée une veste en cuir circulaire.

Ce qui est bien reste bien, *pense Margiela,*
et il réutilise le vieux encore et encore

En même temps, le métier était toujours au centre de son travail. De vieux vêtements, textiles et accessoires étaient démontés et façonnés en nouvelles pièces surprenantes. Avec de vieilles chaussettes militaires décousues, des pull-overs ont été assemblés à points grossiers comme des morceaux de fourrure. En 1994, il agrandit des vêtements de poupée dans le style de Barbie et Ken à des dimensions humaines sans adapter les proportions : on a rarement vu des coupes aussi désavantageuses. D'autres idées en revanche procuraient du bien-être : en 1996, il fit imprimer des photos de lourds manteaux d'hiver sur des textiles d'été très légers comme de la soie artificielle transparente, une coquinerie qui provoqua des clins d'œil et qui était exquise au toucher.

En une saison, Margiela ne montra absolument pas de nouveaux vêtements, il rassembla simplement toutes ses pièces préférées des collections antérieures et les teignit en gris. Il le prouva ainsi : ce qui est bien reste bien. En octobre 1998, il envoya sur le podium des marionnettes grandeur nature qui portaient des pull-overs avec des manches vides pendantes ou des robes avec des enveloppes en plastique apparemment repassées. Tous les vêtements se pliaient aussi platement que des sacs à provision. Ils étaient présentés par des hommes en blouses blanches qui portaient devant eux les cintres ou les marionnettes. Quel était le message ? Peut-être que l'on ne devrait pas tout jeter, même avec des sacs en plastique, on peut encore faire quelque chose.

La mode de Margiela donne à réfléchir. Visiblement plus aux autres stylistes qu'à lui-même. C'est pourquoi beaucoup le considèrent comme le créateur des créateurs. Non seulement parce qu'ils le copient – les coutures apparentes et les ourlets pas nets, par exemple, ont été depuis longtemps adoptés dans le répertoire général de la mode –, mais ils philosophent aussi à l'infini sur le sens et le but de son travail. Son style de mode a le plus souvent été qualifié de déconstructivisme, lui-même n'aime pas cette expression. Pour lui, il s'agit avant tout de rendre visible ce qui était jusqu'alors caché dans la mode, la nature de la construction. C'est pourquoi, dans la toile dont on fait les patrons, il a cousu à points grossiers un blazer… comme résultat final. Ou il a retourné l'envers de vestons d'hommes sur l'endroit quand il cousait pour les femmes.

Ce fut aussi cette accentuation du métier qui a incité Hermès, la maison de tradition, à faire appel en 1998 à Margiela comme directeur artistique. En 2003, il transmit cette fonction à Jean-Paul Gaultier, chez qui avait débuté sa carrière à Paris.

L'étiquette d'art conceptuel ne convient pas non plus à Margiela, puisqu'elle implique que sa mode est une création intellectuelle mais qu'elle n'est pas portable. Par ailleurs, il a participé à de nombreuses expositions, à commencer par la biennale de l'art et de la mode à Florence en 1996. Un an plus tard seulement, il obtenait déjà un show en solo à Rotterdam où il présenta des vêtements recouverts d'une moisissure de couleur vive que Margiela avait lui-même cultivée avec des bactéries. Depuis, les expositions se sont succédé, parmi lesquelles « Radical fashion » au Victoria and Albert Museum de Londres en 2001 et, pour le 20ᵉ anniversaire de la Maison Margiela, une grande rétrospective au musée de la Mode d'Anvers, qui se déplaça en mars 2009 dans la Maison de l'Art à Munich, à temps pour l'ouverture de la première boutique Margiela à Munich. Celle-ci tourne à vrai dire sous la direction de Renzo Rosso, créateur de l'entreprise de jeans Diesel, qui a acquis en 2002 la majorité de l'entreprise Margiela. Des bruits courent selon lesquels Margiela a quitté la Maison Margiela en 2010 au plus tard. Peut-être le créateur invisible s'est-il rendu lui-même superflu ? Un art, là encore.

Contre la société qui jette
Margiela est persuadé que tout peut servir dans notre environnement et que l'on ne devrait pas faire de différence entre « bons » et « mauvais » matériaux. Il en fournit la preuve avec un sac en plastique qui devient un body chemisier.

LA PURISTE :
Jil Sander

*27/11/1943

Enfant timide, Heidemarie Jiline Sander attachait déjà de la valeur à l'ordre et à la beauté. L'aspect du pain qu'on lui donnait à manger ne lui était pas indifférent. S'il n'était pas partagé en tranches régulières, joliment garni et arrangé, elle refusait le repas : son œil était plus affamé que son estomac. Et comme sa volonté était aussi forte que son regard était sévère, c'est de bonne heure qu'elle imposa sa vision de l'esthétique.

Elle grandit dans l'Allemagne d'après-guerre avec toutes ses privations. Puis vint le miracle économique, qui entraîna beaucoup de pacotille ; le goût et la culture devaient d'abord être développés. Heidemarie Jiline Sander était à cent lieues d'avance sur la plupart, parce qu'elle ne se laissait pas séduire par des niaiseries. Elle étudia la technique textile à l'école d'ingénieurs de Krefeld et partit ensuite comme étudiante d'échange à Los Angeles. En 1965, elle revint à Hambourg et travailla en qualité de rédactrice de mode chez Constance, puis chez Petra. Il lui apparut rapidement qu'il lui fallait tirer seule toutes les ficelles si elle voulait être satisfaite du résultat. C'est pourquoi elle investit les honoraires qu'elle reçut pour une collection tendance avec le trevira, la nouvelle fibre artificielle du groupe chimique Hoechst, dans sa première collection personnelle, qui était composée de 150 vestes, jupes et pantalons sobres.

Où pouvaient-ils être convenablement présentés et vendus ? Seulement dans sa propre boutique, bien sûr. La créatrice de mode loua à Hambourg-Pöseldorf un ancien magasin de lampes, elle le peignit en blanc à l'intérieur et en noir profond à l'extérieur et le baptisa à son nom, qu'elle changea vite aussi en Jil Sander, car « Heidi sonne trop mignon et trop allemand ». En l'espace d'une semaine, sa première collection était vendue, et elle commença à importer de la mode française de stylistes, Chloé, Sonia Rykiel et Thierry Mugler. Tout cela était aussi nouveau pour l'Allemagne que toute la boutique. Jusqu'alors, on ne connaissait que la confection bourgeoise et raide du prêt-à-porter et les magasins aseptisés à l'avenant. C'était en 1968, les étudiants se révoltaient, Jil Sander avait 25 ans et tramait sa propre révolution : son objectif était de transformer le paysage allemand de la mode. Elle y parvint de fond en comble. La boutique noire devint rapidement la Mecque des « femmes avec de la classe », comme les appelait Jil Sander. Les « petites poupées » décorées et les « madames » parées de bijoux étaient en revanche ses images ennemies. Elle voulait habiller des femmes sûres d'elles-mêmes, et elle le faisait avec les textiles les plus chers et les coupes les plus précises, telles qu'on les connaissait jusque-là par les vêtements pour hommes. Elle en fit en premier lieu des tailleurs pantalons qui libérèrent bien des femmes de tous les soucis d'habillement. Enfin, plus de réflexion, plus de bévue et plus de présentation fripée, mais surtout : dans ces tailleurs, les femmes étaient prises au sérieux et traitées avec respect. Aussi

---

Le parfum pour femmes
Les Américains se souvinrent de l'image idéale des Allemands blonds aux yeux bleus lorsque Jil Sander vint en 1992 à Los Angeles pour présenter ses parfums, qu'elle appelait « Woman pur » : des parfums nets dans des flacons sans fioritures, d'une femme pour des femmes.

La route toute droite vers le succès

Les étudiants firent la révolution en 1968, Jil Sander créa son entreprise. De ses propres mains, elle peignit l'extérieur de sa boutique en noir, traîna des mannequins de vitrine, travailla dans un bureau et lança une mode pour femmes actives (page de gauche). Plus tard, on ne la vit plus jamais en jupe. Dans ses collections toutefois, elle présentait toujours des robes dans un style chemisier confortable, comme des pardessus en soie et souvent fermés haut, adaptés pour les négociations. Les ensembles pantalons de Sander ne semblaient jamais masculins, car la matière était trop fine et souple (en haut, sur le modèle Helena Christensen). Le trench-coat aussi, que présenta Claudia Schiffer, séduisit par la matière soyeuse brillante et la couleur claire raffinée : c'était fait pour les femmes arrivées, comme Jil Sander elle-même, qui s'acheta une somptueuse villa près de l'Alster à Hambourg.

Avec une large envergure

Plus Jil Sander avait de succès, plus elle prenait de risques. À la fin des années 1980, elle présenta, à la surprise du monde de la mode, les jupes les plus larges depuis les fifties : en plissé écrasé, photographié ici par Nick Knight sur Tatiana Patitz.

La « *Queen of less* » n'a jamais renoncé au luxe caché de la meilleure matière

parce qu'elles pouvaient bouger avec aisance. Aussi étroits que fussent les tailleurs, les manches donnaient suffisamment d'espace sans avoir l'air informes, et les chemises blanches proprettes avaient une proportion de stretch juste suffisante pour être confortables tout en étant parfaitement en place.

Pour beaucoup, c'était trop peu. La première entrée en scène de Jil Sander en 1977 à Paris fut un flop. Onze ans plus tard seulement, elle risqua le défilé de mode suivant, cette fois à Milan et avec un succès éclatant. Le fatras du stylisme des années soixante-dix était tout autant dépassé que les frivolités des années quatre-vingt avec leurs paillettes et leurs jupes poufs. Mais ce n'est que dans les années quatre-vingt-dix que le message de Jil Sander fut compris partout. Son retour à Paris fut un triomphe, avec un flagship-store personnel sur l'avenue Montaigne, dans l'ancienne maison lourde de symboles de Madeleine Vionnet. Quand, pour l'ouverture en 1993, elle dit : « Une robe est parfaite quand on ne peut plus rien supprimer », cela ne fut plus compris comme un aveu d'indigence et de tristesse. Les fashionistas rassemblées, parmi lesquelles Marella Agnelli, Marie-Hélène de Rothschild, Jeanne Moreau, Fanny Ardant et Isabelle Adjani, le savaient : le minimalisme de la « Queen of less » – comme Jil Sander était appelée aux États-Unis – était le luxe le plus absolu ! Cachemire et laine étaient toujours double face, parfois mélangés ensemble pour que le textile n'ait pas l'air trop noble, ou il était traité de manière telle qu'il ressemblait à du feutre ordinaire. Le matériau était doux comme du duvet et léger comme de la plume.

Mais Jil Sander voulait plus : « J'en ai assez de ne recevoir d'éloges que pour ma qualité », dit-elle. Elle avait depuis longtemps abandonné la ligne décontractée et sans compromis des débuts au profit d'une palette complexe. Ses collections devinrent plus artistiques et plus légères et elles étaient pleines d'émotion. Elle osa de petits drapés, des lignes douces, la diversité et l'espièglerie. Et toujours plus de robes ! La femme qui avait porté une robe pour la dernière fois à son 30e anniversaire lança au milieu des années quatre-vingt-dix une série de robes délicates, avec des plissés, des fentes et des pans, d'une pureté féerique et d'une simplicité divine. Son souhait était « que Jil Sander ne reste pas comme ça une affaire complètement sérieuse ».

En même temps, elle a toujours elle-même cherché la difficulté. « L'éthique et l'esthétique ne se séparent pas », tel était son credo. Elle avait nettoyé et réduit chaque tendance jusqu'à ce qu'elle n'ait plus l'air aussi « trendy », car personne ne le savait mieux qu'elle : « La simplicité est difficile à atteindre, mais elle semble commode. »

Alors que la plupart des stylistes faisaient des bénéfices avec des deuxième et troisième lignes et d'innombrables licences, Jil Sander resta pure et entêtée sur son concept : « Nous n'allons pas barbouiller le nom partout. »

C'est seulement en 2009 qu'elle fit une collection bon marché, pour la chaîne de mode japonaise Uniqlo. Entre les deux, il y avait une vallée profonde que Jil Sander dut franchir. En 1999, elle vendit 75 pour cent des actions de la Jil Sander SA au groupe italien Prada. Un an plus tard, fâchée avec le chef de Prada, Patrizio Bertelli, elle quitta l'entreprise. En mai 2003, elle revint comme styliste pour jeter l'éponge à nouveau en novembre 2004. À la surprise du monde de la mode, cinq ans plus tard, elle s'essaya avec succès à la mode bon marché pour la chaîne japonaise Uniqlo. En février 2012 suivit son retour spectaculaire dans l'entreprise qu'elle avait créée 44 ans plus tôt et qui, entre-temps, avait été revendue par Prada à une chaîne de textile japonaise. Cependant, en automne 2013, Jil Sander se retira de son entreprise pour des motifs personnels.

Un nouveau chapitre
Quand, malgré des collections à succès, les relations avec Prada furent rompues, Jil Sander fit une pause. En 2009, elle revint avec la collection « +J » pour la chaîne de mode japonaise Uniqlo (en bas, à droite avec le président Tadashi Yanali).

LE MODERNE :
Helmut Lang

* 10/03/1956

À dire vrai, il voulait dès le début devenir artiste : « Mais j'avais trop de respect de cela. » Aujourd'hui, il le sait : « Tout est aussi difficile. » C'est ainsi en tout cas que Helmut Lang a appelé sa première exposition en solo à la Kestnergesellschaft à Hanovre en 2008. Entre-temps, il y avait 20 années de carrière météorique comme créateur de mode. Ainsi se fermait le cercle pour quelqu'un qui excluait de comprendre le monde et lui-même.

Il était descendu d'une vallée isolée de la Steiermark, le cœur vert de l'Autriche. Après la séparation des parents, le fils d'un chauffeur de poids lourds viennois grandit chez les grands-parents maternels, qui étaient venus de Slovénie en Autriche. Les parents du père étaient originaires de Pologne et de Tchécoslovaquie. Un mélange est-européen typique pour Vienne, mais à la campagne, il était outsider – un rôle qu'il conserva. Comme il était bon élève, des professeurs firent en sorte qu'il puisse entrer à l'Académie de commerce, où il passa son baccalauréat en 1976. Après l'enfance assez pauvre et sévère, il voulut d'abord jeter sa gourme. Il écrivit et peignit un peu et gagna sa vie comme serveur dans un bistrot branché. Il trouva qu'il n'était pas habillé de manière appropriée dans son nouvel environnement et créa quelques vêtements pour lui. Il fit faire son premier tee-shirt par un tailleur sur mesure, il ne voyait pas mieux. Ou plutôt si : c'était là la différence avec un produit de masse. Ses amis le remarquèrent, ils voulurent bientôt des vêtements de lui, et petit à petit arrivèrent aussi des commandes de dames de la société.

À un moment, il lui fallut sortir du statut d'amateur joueur, ne fût-ce que parce que les factures s'accumulaient. L'autodidacte décida d'agir comme un styliste professionnel et risqua en 1986 de faire le saut à Paris. Déjà son premier défilé fut un succès appréciable. Lang fut bientôt considéré comme un bon tuyau parmi les journalistes. Avec quelques collections seulement, il arriva à la deuxième place sur la liste des créateurs de mode les plus influents – et cela dans l'exubérance des riches années 1980. « À l'époque, la mode était du show-biz, dit-il. Entre la mode, le travestissement et le costume, il n'y avait plus de différence. » Il rappelait en revanche avec chaque création que le vêtement est quelque chose que l'on met. Plus on était exubérant et décoré à Paris et à Milan, plus les défilés étaient fous, plus les vêtements de Lang étaient simples et ses shows modestes.

Sa sobriété provoquait l'étonnement. Comment pouvait-il tirer autant de style de dessins aussi simples ? Si pur et si nouveau !

Sans compromis, les créations de Lang étaient modernes – et en même temps intemporelles. Avec des coupes plus étroites et des tissus plus raffinés, il transposait des classiques

Hésitant sous les feux de la rampe

C'est plutôt timidement que l'amateur Helmut Lang se présente dans ses défilés à Paris. Ici, en 1997, le mannequin Marie-Sophie Wilson le pousse affectueusement pour qu'il salue. Bientôt pourtant, il est déjà le favori de la presse qui en fait le dauphin de l'avant-garde.

Le charme discret des modernes

Helmut Lang fait défiler hommes et femmes ensemble, les uns et les autres dans une tenue complètement inadaptée pour le soir. Souvent, seul le textile trahit que ce sera la fête (à droite en bas). Naomi Campbell d'une sagesse inaccoutumée dans un manteau parfait (à gauche).

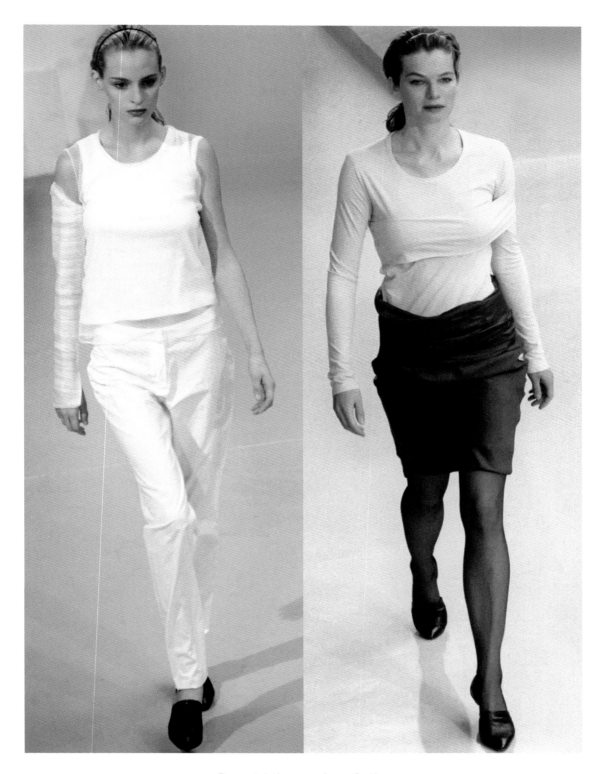

Par restriction, vers la perfection

Il en est peu qui ont autant perfectionné le rien que Helmut Lang, qui sait ce qui est important : une coupe bien exécutée, le meilleur matériau – et l'amitié fidèle. Ce sont toujours les mêmes modèles qui défilent chez lui, parmi lesquels sa compatriote Cordula Reyer (à droite).

Glamour pour les temps modernes
Sans show du tout, l'affaire ne marche pas : Helmut Lang sait placer des effets de manière ciblée. La sandale prend une queue-de-cheval extravagante, la robe débardeur reçoit des sous-vêtements vert et rose, et la chemise en coton, des judas piquants.

Lang ne voulait pas être un révolutionnaire, mais il a modifié durablement le paysage de la mode

comme la chemise blanche des garçons de café dans les temps modernes. À partir du long tablier de serveur, il réalisa des robes osées qui bâillent là où bâillent tous les tabliers de serveurs. Le corselet de dirndl aussi, radicalement réduit, fut adopté dans son répertoire. Au regard en arrière s'ajouta le regard en avant. Lang fut le premier à tailler des robes en latex, il ne dédaignait pas non plus le papier et le polyester, et il employa avant tous les autres des textiles « intelligents » qui s'adaptaient à la température – même s'ils accentuaient trop nettement l'endroit où un corps avait justement le plus chaud...

La mode de Lang montrait un nouveau genre d'honnêteté qui ne submergeait pas l'individu de témoignages de créativité, mais se mettait discrètement à l'arrière-plan pour seconder l'entrée en scène de la personnalité. Ses vêtements s'intégraient facilement dans la garde-robe de tout le monde, ils faisaient sur chacun un effet différent, toujours seyant. Il enleva au costume raideur et épaules larges, ce qui le rendit portable pour les femmes comme pour les hommes. Il fut le seul à faire présenter ses collections par des hommes et des femmes en même temps, ce qui montrait particulièrement clairement que la coupe ajustée paraissait sexy chez les deux sexes. Les gens de mode et les artistes formèrent bientôt une communauté d'initiés, Lang devint le styliste le plus copié des années 1990.

Son bon sens du timing lui dit en 1998 que l'avenir de la mode se trouvait à New York. Là, un tel hype se produisit autour de son arrivée qu'au dernier moment, il décommanda son show et, à la place, présenta la nouvelle collection sur l'Internet – une provocation. Quelques mois plus tard, il rompit avec le rituel suivant de la mode : New York avait toujours présenté après Milan, Londres et Paris, mais Helmut Lang jugea qu'il était trop tard pour apposer le tampon à la nouvelle saison, et il annonça qu'au lieu de présenter sa collection en novembre, ce serait dès septembre, à la Fashion Week de New York en même temps que sur l'Internet. Le scandale fut parfait quand deux des plus grands stylistes américains se joignirent à lui : Calvin Klein et Donna Karan.

Lang ne voulait pas faire de révolution, il ne faisait que suivre sa propre notion du temps, obstiné et imperturbable comme toujours – et bien sûr, il tombait juste. En Amérique, il se sentit d'emblée chez lui. Après tout, c'était de là que venaient les *basics* avec lesquels lui et ses clients avaient grandi et qui leur étaient familiers : les parkas, jeans et tee-shirts, les pantalons cargo pleins de poches... À New York, il fit de ses éléments de base une collection de luxe : tout ce qu'il avait toujours voulu avoir, en meilleure qualité. Il y avait des vestes en fourrure dans le style parka, des jeans en moleskine couleur ivoire, du cachemire côtelé et le bon vieux manteau en poil de chameau dans une nouvelle forme sobre. Il fit même ressusciter la robe de cocktail des années cinquante avec une longue traîne qui se portait sur le bras. Des robes élégantes recevaient des étoles fourrées de duvet qui étaient fixées aux épaules comme des ailes. La presse exultait : « Lang est déjà arrivé dans le nouveau millénaire. »

Mais lui ne se voyait pas encore arrivé au but. En 1999, Lang avait vendu 51 pour cent de son entreprise au groupe Prada, il céda aussi le reste de ses actions en 2004 et, au printemps 2005, il se retira complètement. Prada vendit la marque Helmut Lang en 2006 au groupe japonais Fast Retailing.

Comme d'habitude, Helmut Lang prit le temps pour trouver ce qui lui convenait. En 2008, il se présenta comme artiste avec des sculptures et des installations à Hanovre. C'était le retour à son premier amour, l'art.

Think pink le soir
Une écharpe rose en chiffon suffit à Helmut Lang pour faire qu'une tenue de jour convienne pour le soir. Bien sûr, la couleur du pantalon et la matière délicate des tee-shirts superposés font le reste... ainsi que l'attitude décontractée du super-modèle Kate Moss.

LE PHILOSOPHE :
Hussein Chalayan

*14/03/1970

Le podium était meublé comme une salle de séjour, avec des chaises et une table basse ronde. Jusqu'à ce qu'arrivent les modèles. Ils emportèrent les chaises qui se transformèrent en vêtements sur leurs corps. Tout à la fin, le modèle Natalia monta à l'intérieur de la table basse, la tira lentement vers le haut, la fixa à sa taille et s'éloigna avec sa jupe à panier en bois. La collection s'appelait « After words », et les spectateurs restèrent sans voix.

Était-ce encore de la mode ?

Hussein Chayan ne se posait pas cette question. Parce que la mode ne l'intéresse pas. Il dit qu'il fait des vêtements. Il fait aussi de l'art, des performances et du cinéma. Et souvent tout à la fois, précisément. Dans la collection automne-hiver 2000-2001, il s'agissait de fuite et d'expulsion : qu'est-ce que l'homme emporte, qu'est-ce qu'il laisse ? C'est devant cette question que s'est trouvée sa famille à moitié turque, à moitié chypriote quand elle dut quitter Nicosie, la capitale divisée. Hussein Chalayan avait douze ans quand il arriva à Londres et devint britannique. Il sait comment on se sent quand on ne fait partie de nulle part. L'élément de l'itinérance déracinée imprègne ses collections. Avec beaucoup de ses projets, il met en cause tout ce qui est normalement considéré comme évident.

Quand par exemple il montre seulement le visage d'un modèle couvert avec un voile islamique alors que le corps reste nu, la plupart ressentent alors de la honte à cause de la « déshumanisation » de la femme, pas à cause de sa nudité. « Le voile, dit Chalayan, donne à toute femme une aura de mort. »

Sa grande passion s'adresse au corps. C'est pourquoi il a étudié le design à la place de l'architecture. Il voulait créer des espaces autour du corps, un environnement qui protège et préserve le corps, peu importe où il doit se rendre. Pour le mauvais temps, par exemple, il lui donna un cocon avec une capuche qui se tire automatiquement par-dessus la tête et allume une lumière pour l'obscurité.

À 23 ans, il démontra déjà dans son travail de fin d'études à la célèbre Central Saint Martins en 1993 que des vêtements peuvent être plus que de la mode. Il baptisa « Buried » sa collection, qu'il avait enterrée pendant trois semaines dans son jardin pour voir comment les robes de soie bardées d'éclats métalliques évolueraient dans cet environnement inapproprié. Elles supportèrent le procédé dans une tenue irréprochable – en tout cas, la boutique londonienne Brown acheta toute la collection. Cet honneur n'était revenu jusque-là qu'à John Galliano, exactement dix ans avant.

Ambiance mystique
Dans sa mode et dans ses installations, Hussein Chalayan évoque toujours les souvenirs de son enfance dans l'île de Chypre divisée en deux. Un petit olivier et un personnage avec une cape enveloppante suffisent pour qu'il s'y reporte.

Futur contre passé

Une robe comme en bulles de savon et une jupe qui se soulève et s'abaisse automatiquement – ce sont les visions futuristes de Chalayan. Des femmes dont le voile islamique dérobe le visage sont aussi plus choquantes pour lui que la nudité.

Juste avant la fuite

Son expérience de l'émigration amena Hussein Chalayan en l'an 2000 à une installation qui s'avéra être une collection : à la fin, les modèles enfilaient les housses de fauteuils – après tout, on ne peut emporter que ce qu'on porte sur soi.

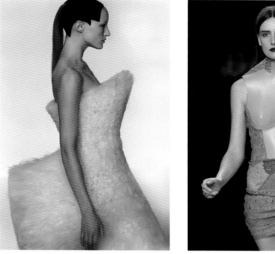

Enfin éclairé ?

Hussein Chalayan travaille avec toutes les acquisitions de la technique pour mettre en question des préjugés séculaires. Pour que nous voyions mieux et soyons mieux vues, il éclaire de l'intérieur des chapeaux en forme de casque et il équipe des robes de cristaux de Swarovski diffusant de la lumière (page de gauche). Des tables basses plates deviennent chez lui des jupes quand les femmes doivent partir pour émigrer, comme ce fut le cas de sa famille, qui s'expatria à Londres. Du tulle de nylon coupé au laser peut aussi ressembler à du vison, et des empiècements verts en caoutchouc dur ont l'air de gilets pare-balles. La protection semble de mise, les chapeaux deviennent des casques, et les leggings sont en latex épais. Et si l'été revient quand même ? Alors, nous nous montrons insouciantes en petites robes flottantes sans manches qui se soulèvent toutes seules, comme si elles étaient emportées par le vent.

*Chalayan en est convaincu : « Les **seules véritables innovations** dans la mode arrivent via la technologie. »*

En 1994, Hussein Chalayan fonda sa propre maison et, un an plus tard, il présenta son premier show. Il avait aussi peu à voir avec les défilés de mode habituels que tous ceux qui suivirent. Les présentations de Chalayan sont des mises en scène très complexes, des événements artistiques faits de performances, d'installations et de prodiges techniques. Il y a des robes qui éclairent en apparence de l'intérieur avec des diodes lumineuses à pulsations ou qui déchargent des rayons lasers de cristaux étincelants. D'autres modifient leur apparence comme par un tour de magie : on vient juste de voir une robe typiquement victorienne avec un col haut fermé et une jupe longue – et hop, déjà le corsage s'ouvre et disparaît, tout comme les basques ; les ourlets se soulèvent, et le modèle se retrouve dans une petite robe charleston typique des années 1920, bien qu'aucun doigt n'y ait touché, seule la robe a bougé. Il en fut de même dans la collection « Airplane » en 2000. Ce pour quoi Marilyn Monroe devait encore se placer sur une bouche d'aération se produisait pour les robes de Chalayan en pièces d'avion par télécommande : la jupe s'évasait et se soulevait et dégageait autant de jambe qu'on le souhaitait.

« Les seules véritables innovations dans la mode arrivent via la technologie », dit Hussein Chalayan. Il le démontre avec des robes qui se replient aux dimensions d'une enveloppe (1999), avec des créations en tulle de nylon découpé au laser (2000), avec des robes en caoutchouc dur qui se posent sur le corps comme des sculptures (2003), avec des cols gonflables qui protègent ou soutiennent le cou (2006).

Importable ? Si, pour beaucoup, mais pas tout. Les expériences sont faites pour explorer des possibilités pour l'avenir. Ou pour poser les bonnes questions. Lorsque Chalayan se soumit à un test ADN, cela lui donna l'idée d'analyser aussi l'identité des autres : pour le printemps-été 2003, il chercha dans les cultures des Vikings, des Byzantins, des Géorgiens et des Arméniens des éléments de style caractéristiques. Parce que, comme un artiste conceptuel, c'est toujours avec une idée qu'il aborde un projet, Chalayan a été, plus que tout autre designer vivant, présenté dans des expositions. Avec « Radical Fashion », il était au Victoria and Albert Museum à Londres, avec la grande exposition « Fashion », à Kyoto, il montra son « Airmail Clothing » à Paris, et il fut représenté à la biennale à Istanbul en 2001 tout comme à la biennale de Venise en 2005. Le Design Museum londonien consacra en 2009 au styliste de 39 ans une rétrospective qui fut très vivante : des jeunes filles arrosaient des oliviers ou préparaient du café turc pour lire l'avenir dans le marc.

Tout cela lui a rapporté beaucoup de gloire, mais peu d'argent. En 2002, il fit faillite avec son studio. Sans se laisser déconcerter, il continua néanmoins avec des installations et des films vidéos. Avec l'habillement aussi bien sûr, il lança une collection pour hommes et ouvrit son premier flagship-store à Tokyo.

Il se considère autant comme un artiste que comme un designer, mais avant tout comme un homme avec des idées. Pour pouvoir continuer à les réaliser, il lui manquait des moyens financiers. En 2008, Chalayan vendit la majorité de sa marque au fabricant d'articles de sport Puma, où il fut en même temps engagé comme directeur de création. Pour Puma, il veut lancer des produits « qui plaisent aux gens et leur offrent une plus-value au lieu de n'être admirés que sur le podium. » En revanche, nous trouverons probablement de plus en plus souvent d'authentiques Chalayan dans les musées.

Marche au pas cadencé
C'est comme si elles étaient apprêtées pour une opération, cheveux enveloppés et chemises vagues, que Hussein Chalayan présente début 2009 trois modèles identiques lors de son exposition au Design Museum à Londres, qui est devenue sa patrie d'adoption favorite.

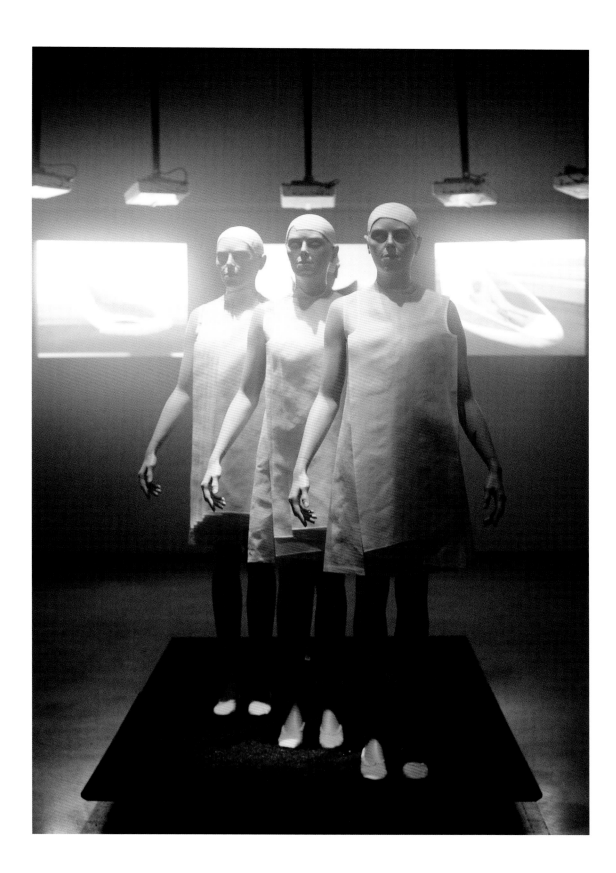

Calvin Klein

Viktor & Rolf

Le point d'ancrage de l'esthétique de Calvin Klein est la sexualité. La publicité pour ses sous-vêtements, jeans et parfums transposait l'obsession du corps de la culture gay sur l'assurance hétérosexuelle et contribua ainsi de manière significative à l'atténuation de la structure puritaine de la société américaine à la fin du XXe siècle. Les collections de Klein montrent à partir du milieu des années 1990 des influences de la mode avant-gardiste japonaise qui s'écartent du codex du sportswear américain classique. Ses créations deviennent nettement plus abstraites, plus sévères et plus exigeantes. En 1968, après avoir achevé des études de design, le New Yorkais né en 1942 dans le Bronx fonda sa propre entreprise. Tout comme son collègue Ralph Lauren, qui vient aussi de la communauté juive du Bronx, il devient dans les années 1980 un géant du marketing lifestyle. Ses sobres tailleurs pantalons, ses robes tee-shirts et ses jeans qui vont comme des gants réalisent une thèse de base de l'*american look* : que le vêtement le plus modeste aussi peut atteindre le panthéon du chic, parce que ce n'est pas le « quoi », mais le « comment » qui est le critère décisif pour le chic. En 2002, Calvin Klein vend son label pour 430 millions de dollars à la Phillips-Van Heusen Corporation. Aujourd'hui, l'entreprise Calvin Klein est considérée comme la firme de mode la plus riche du monde.

Tout comme Hussein Chalayan et d'autres modernistes, Viktor & Rolf travaillent avec des idées abstraites qui conviendraient pour de l'art conceptuel. Viktor Horsting et Rolf Snoeren, tous deux nés en 1969, se sont connus à l'académie de la Mode d'Arnheim et, comme ils étaient l'un et l'autre intéressés par la mode expérimentale, ils s'associèrent après avoir achevé leurs études en 1992. Un an plus tard seulement, le duo reçut trois prix lors du festival d'Hyères, et s'aperçut bientôt que les distinctions ne signifient pas encore le succès. Les acheteurs et la presse restèrent d'abord éloignés de leurs shows, même s'ils étaient aussi originaux que leurs « Rêves de mode en miniature ». Ce n'est qu'en 1998, quand ils furent invités à présenter de la haute couture à Paris et qu'ils épatèrent avec de volumineuses extravagances que la branche leur prêta vraiment attention. Viktor & Rolf tirèrent parti de leur chance : depuis l'an 2000, leurs collections de prêt-à-porter ne sont pas seulement de fantastiques feux d'artifices d'idées, mais elles sont aussi portables. L'aspect sculptural de leur mode est resté, ils utilisent toujours des ruchés, des rubans, des cols multiples et des volumes amplifiés, pour les manches par exemple, mais leurs smokings, surtout les vestes, sont coupés avec subtilité et, précisément dans des couleurs inhabituelles, comme du rose clair, font beaucoup d'effet. En 2008, ils vendirent à Renzo Rosso, de Diesel Jeans, la majorité de leur entreprise, dont le siège est toujours à Amsterdam.

Akris

Martine Sitbon

Tout a commencé avec un tablier : le vêtement indispensable de la classe ouvrière était produit dans les années 1920 par Albert Kriemler-Schoch et sa femme dans divers modèles en Suisse, à St Gallen, une ville célèbre pour ses dentelles. Les créations, qui sont réalisées à présent en troisième génération par les frères Peter et Albert Kriemler sous le nom de firme Akris, sont restées sobres : elles font partie de la mode *understatement* la plus exigeante du monde. Une qualité sans compromis est la revendication d'Albert Kriemler, la tête créative, qui est né en 1960. Pour lui, tout commence avec le tissu qu'il doit sentir avant de pouvoir commencer à dessiner des esquisses ; souvent, il fait fabriquer des tissus exclusivement pour Akris. Ainsi prennent naissance des tailleurs pantalons, des blazers et des costumes parfaitement construits, d'une légèreté de plume, qui sont portés par des femmes comme Susan Sarandon, Brooke Shields, l'ex-ministre de l'Extérieur des États-Unis Condoleeza Rice et la princesse Caroline de Monaco. Pour le soir, Albert Kriemler réalise des pièces uniques spectaculaires, en chiffon avec des applications de velours ou avec des entre-deux en dentelle de St Gallen. Pour 2010, il a créé la robe du soir minimaliste en jersey de soie beige avec col roulé et manches longues – il n'y a pas plus sobre, mais guère mieux non plus. Il n'est pas surprenant qu'Akris soit devenue la plus grande marque de mode suisse.

Les marchés aux puces ont plus influencé la styliste née en 1951 à Casablanca que le Studio Berçot, l'école de mode réputée à Paris. À l'avenant, ses créations sont non conventionnelles et travaillent toujours avec des contrastes. Elle combine par exemple une classique robe grise avec une veste argentée futuriste ou un modèle de drapé très léger avec un manteau militaire trop grand. Martine Sitbon est comme une éponge qui absorbe tous les courants de l'époque, de la musique rock à la littérature et à la peinture, et elle les glisse depuis 1985 dans ses collections très personnelles. Des impressions de ses grands voyages en Inde et au Mexique, à Hongkong, Milan et New York laissent des traces dans son travail. L'utilisation paradoxale d'éléments masculins et féminins et l'emploi de textiles inhabituels définissent son style volontaire, fait de formalité et de délicatesse, et lui ont assuré des partisans fidèles. De 1988 à 1992, elle créa pour Chloé, plus tard pour Byblos, et elle était toujours traitée comme un bon tuyau, qu'il s'agisse des postes de styliste chez Hermès ou chez Jil Sander. Au lieu de cela, Martine Sitbon se concentre à nouveau depuis 2002 sur sa propre ligne pour hommes et femmes, mais elle a dû, il est vrai, rebaptiser son label « Rue du Mail » parce que, comme tant de stylistes, elle a vendu son propre nom à un financier.

Mode pour les masses

LE LIFE STYLE *EST POUR TOUT LE MONDE*

Pour le début du troisième millénaire, les bouchons de champagne sautent : l'humeur ne peut être meilleure. Les cours de la bourse ont atteint des niveaux maximums, le DAX cote à plus de 8 000 points, et l'évolution positive se poursuit aussi sur le marché du travail. Mais dès l'automne 2000 survient le dégrisement : la bulle boursière éclate, sur le nouveau marché surtout, les cours tombent dans un puits sans fond.

Dans les dernières semaines de l'« année du millénium », George W. Bush sort vainqueur d'une élection controversée : il devient le 43e président des États-Unis. Quelques mois plus tard seulement, le 11 septembre 2001, Bush se trouve devant l'épreuve la plus importante de son mandat : une attaque terroriste détruit le World Trade Center à New York, symbole de la puissance économique des USA. En même temps, le Pentagone est attaqué à Washington, et un avion de ligne qui doit servir pour un autre attentat est abattu. Les attaques détruisent plus de 3 000 vies humaines, l'ensemble du monde occidental est sous le choc. La bourse s'effondre dans le monde entier, et le chômage augmente. Le 7 octobre 2001 commence la guerre contre l'Afghanistan, qui se dirige contre l'instigateur

islamiste de l'attaque terroriste. Dans le Proche-Orient aussi, la spirale de la violence continue ; le processus de paix entamé avec tant d'espoir en 1993 a pris fin. En 2003, les alliés attaquent l'Irak et renversent le dictateur Saddam Hussein. Le lendemain du jour de Noël 2004, un séisme dans l'océan Indien entraîne un tsunami dévastateur, qui tue plus de 230 000 personnes, surtout en Indonésie, au Sri Lanka et en Thaïlande, parmi lesquelles de nombreux touristes étrangers. Cette horrible catastrophe et la peur des attentats terroristes présente depuis ce 11 septembre laissent chez beaucoup de gens un sentiment de menace permanente, l'intérêt au voyage diminue nettement.

En 2005, une femme arrive pour la première fois à la Chancellerie allemande : Angela Merkel succède à Gerhard Schröder. En 2007, l'économie et le marché du travail se rétablissent en Allemagne. Mais aux États-Unis se profile une crise hypothécaire qui conduira, un an plus tard, à la plus grande catastrophe financière depuis la dépression de 1929.

Comme d'habitude, la mode réagit à tous ces événements de manière sismographique : dans ce cas, incohérente, variée, timorée. Le nouveau millénaire n'offre pas un nouveau style ou une star géniale de la couture, mais il ne propose que des reprises : minijupe,

---

Au paradis pour femmes

Rien ne stimule plus la fièvre des achats que de nouvelles chaussures, surtout quand ce sont celles des plus célèbres designers du monde comme Jimmy Choo (sandales noires à lanières, à gauche), Christian Louboutin (peeptoe bleu, au centre) et Manolo Blahnik (sandales dorées).

Périodes difficiles pour les politiques

Le 11 septembre 2001, des terroristes détruisent
le World Trade Center à New York. À peine quatre
semaines plus tard, George W. Bush, qui vient juste
de prêter serment en tant que 43ᵉ président des
États-Unis, annonce la guerre contre l'Afghanistan.
Les combattants talibans extrémistes ne sont pas les
seuls à faire partie de l'« Axe du mal », mais il y a aussi
l'Irak, contre lequel la guerre commence en 2003.
Après la chute du dictateur Saddam Hussein, il ne
reste de lui que des images détruites. Le raz-de-marée
dévastateur en Asie du Sud-Est, lors duquel, à Noël
2004, on déplore plus de 230 000 morts, n'est pas dû
à la main humaine. En 2005, Angela Merkel succède
à Gerhard Schröder et devient la première femme
à la Chancellerie fédérale.

pop art et patchwork, look lingerie et leggings, punk, tweed, écossais et même fourrure sont de retour. Et les stylistes, si incertains, perdent leur propre écriture. Armani se montre sexy comme Versace, Lanvin présente des motifs de Pucci et Valentino, des robes Mondrian comme Saint Laurent autrefois. Et tous proposent des trench-coats pour participer à la nouvelle histoire à succès de Burberry. « Même les journalistes professionnels ne reconnaissent pas de qui est un vêtement », déplore Suzy Mekes, l'instance supérieure concernant les questions de mode.

Qui a encore envie alors d'investir des milliers d'euros dans une luxueuse mode de créateurs ? Quand tout se ressemble, on peut aussi bien prendre des marques bon marché... ce qui est bientôt considéré comme chic, car des stars et des top-modèles posent pour des chaînes comme H&M, Gap ou Mango, dont elles portent aussi les *basics* en privé. Plus encore : quelques-uns des plus grands stylistes n'hésitent pas à lancer des collections spéciales pour le marché de masse, à commencer par Yoji Yamamoto, qui ose en 2003 pour Adidas un mariage de sport et de couture. Un an plus tard, Karl Lagerfeld commet le plus gros péché imaginable : le couturier de Chanel crée pour la marque suédoise bon marché H&M une collection limitée en noir et blanc distingué, qui est épuisée en quelques heures. Désormais, tous les blocages tombent : de Rei Kawakubo à Jil Sander en passant par Alexander McQueen, de plus en plus de stylistes daignent travailler pour le marché de masse.

Les chaînes Être radin c'est bien, précédemment réprouvées, connaissent une énorme revalorisation. Tout à coup, les *fashionistas* de ce monde différencient le style de chaque discounteur de vêtements, ce qui n'était d'usage auparavant que pour les maisons de haute couture. Les Espagnols Custo Barcelona, Zara et Mango – ce dernier reçoit même un soutien pour la publicité comme pour le stylisme par les jolies sœurs Monica et Penelope Cruz – sont considérés comme particulièrement hauts en couleurs et sexys. C'est d'Italie que vient Miss Sixty, devenue célèbre pour des jeans taille basse coupés serrés. Son modèle est Diesel, un empire international qui est basé sur le jean et auquel appartiennent aujourd'hui des marques aussi élitistes que Martin Margiela. Les Américains, champions du monde dans la commercialisation de street- et de sportswear, sont les premiers qui réussissent, avec Gap et Banana Republic, à établir des labels cultes sur le marché de masse. « Pourquoi devrais-je développer une seconde ligne ? demanda Jil Sander à l'époque. Elle ressemblerait trop à Gap. » Cinq ans après s'être séparée de son propre label, elle lance en 2009 une collection au caractère design pour le groupe japonais Uniqlo.

Yukihiro Katsuta, vice-président d'Uniqlo avec 810 magasins dans le monde entier, explique ainsi le succès de la chaîne d'habillement internationale : « Le bonheur signifie autre chose aujourd'hui : la culture, un beau chez soi, de la nourriture bio. Tout de même, les gens aimeraient encore avoir bonne allure. Ils cherchent de beaux vêtements en matières de grande qualité, mais à des prix plus modérés. »

L'ambition de Katsuta est de dépasser le leader qu'est Gap sur le marché, la créativité étant pour lui tout aussi importante que la qualité. Et naturellement, il ne sous-estime pas non plus le facteur glamour des noms célèbres. Sinon, il n'aurait pas cherché la coopération de Jil Sander, ou imprimé sur des t-shirts des dessins de Keith Haring et Jean-Michel Basquiat, ainsi que des personnages favoris de manga, ou engagé des stars comme Chloë Sevigny pour la publicité.

La chaîne anglaise Topshop mise sur une star qui domine à la fois la publicité et le stylisme : le top-modèle Kate Moss. L'icône du style au chic bohème décontracté offre à Topshop des chiffres d'affaires élevés. Naturellement, cela fait entrer en lice des contrefacteurs. Presque chaque personnalité dont le style est mentionné avec des éloges dans la presse people obtient sa propre ligne de mode, à commencer par Jennifer Lopez, Milla Jovovich et son amie Carmen Hawk, Sarah Jessica Parker, les jumelles comédiennes Ashley et Mary Kate Olsen, jusqu'à Victoria Beckham et Paris Hilton.

Pour une grande apparition publique, personne n'a plus besoin depuis longtemps de maisons de luxe comme Armani, Versace et Cie, tout le monde peut se procurer un reflet de glamour de tapis rouge à un prix avantageux dans les boutiques H&M ou Topshop d'à côté. C'est ce que l'on appelle la démocratisation, et c'est la seule chose véritablement nouvelle dans la mode du troisième millénaire. Bien entendu, cela détourne des clients des grandes marques. « Les marques ne sont que pour les ennuyeux », dit une

Chaussures et sacs déterminent le style et le standing de celles qui les portent. Les plateaux dorés et à confettis multicolores de Christian Louboutin l'emportent sur les sandales violettes de Manolo Blahnik ; le vintage Chanel en rouge ne connaît pas de concurrence.

Un *it bag* remplace l'autre. Le modèle marron de Fendi avec les grosses perles de bois fait fureur en 2006, le « blossom » jaune de Céline, en 2009. Les chaussures ne le cèdent en rien : Louboutin présente des chaussures baroques, Jimmy Choo, des lanières arc-en-ciel.

Balenciaga récolte des points avec un cabas en patchwork d'autruche et de crocodile, Hermès diminue le célèbre sac Birkin en baguette qui se porte sur l'épaule. Et Manolo Blahnik ? Il lace des chaussures comme des baskets ou les garnit de broderies comme du brocart.

Shoes first : Louboutin crée pour la Californie le Pink peeptoe, sa chaussure à plateau est tendance dans le gris Paris. Le classique 2.55 de Chanel revient en version mini-blanche ; Chloé convainc les jeunes femmes avec le vaste Stock.

Pas sans mon clutch ! Quenny et Dorothea serrent résolument les délicieux petits sacs de la Cruise Collection 2010 de Chanel. Manolo Blahnik a présenté ses sandales échasses lors de son exposition au London Design Museum en 2003.

La mode ne joue plus qu'un rôle accessoire, un **nouveau culte** se forme autour des it bags et des chaussures design d'une hauteur vertigineuse.

nouvelle maxime. Mais cela concerne exclusivement les collections de vêtements.

Les stars montrent à quoi ressemble le nouveau chic : des jeans moulants, un top sexy… et un sac à main qui saute aux yeux. Le *it bag* pimente aussi la tenue la moins chère. Sa carrière commence avec l'étroit et long sac baguette de Fendi qui, comme le pain qui lui a donné son nom, ne tarde pas à se coincer sous chaque bras conscient de la mode. Ensuite, c'est coup sur coup : Vuitton modernise ses sacs logo avec une création du Japonais Murakami, qui dispose le célèbre monogramme dans de nombreuses couleurs sur un fond blanc. Dior lance le Detective bag, Chloé, le Paddington, Yves Saint Laurent, la Muse, Balenciaga, le Giant City : les sacs deviennent grands et encore plus grands et, bientôt, toute femme semble devoir emmener avec elle la totalité de ses effets. Les sacs mous en cuir artificiellement râpé s'appellent « hobos ». Dolce & Gabbana, Céline et Prada les réussissent à merveille.

Le *it bag* fait que la mode ne joue plus qu'un rôle annexe, et il garantit en même temps la survie des stylistes établis. Les sacs doivent maintenant gagner l'argent que les vêtements ne rapportent plus. Autrefois, les sacs à main étaient là pour toujours, transmis par la mère à la fille, comme le sac Kelly d'Hermès ou le Chanel 2.55 piqué, l'un des premiers sacs à bandoulière avec sa longue chaîne. Un *it bag*, en revanche, est un article saisonnier, aujourd'hui hip, désespérément vieilli demain. Sans cesse, de nouveaux modèles apparaissent : en 2007, rien qu'aux USA, sept milliards de dollars ont été dépensés pour des sacs à main : l'Américaine moyenne achète plus de quatre sacs à main par an. Plus c'est cher, mieux c'est. Les petits sacs en croco fabriqués par Chanel pour un grand magasin de luxe et qui coûtent 25 000 dollars partent tout de suite. Les trophées rares sont toujours considérés comme des affaires, peu importe à quel prix. C'est pourquoi les listes d'attente augmentent énormément la valeur. Les fétichistes des sacs doivent attendre environ trois ans le Spy-bag de Fendi de la collection 2006. Le Birkin d'Hermès, en revanche, est disponible au bout de deux ans d'attente, même s'il jouait vraiment un rôle essentiel dans la série TV *Sex and the City*. L'exemplaire en alligator vert pâle donné par le top-modèle Naomi Campbell atteint 21 000 euros lors d'une vente aux enchères au bénéfice de Safe

Motherhood. Cependant, c'est peu en comparaison des 74 000 euros dépensés par Jane Birkin en 2007 pour racheter son exemplaire personnel – mais en fin de compte, c'est elle qui a donné son nom au vaste sac qui est toujours numéro un chez toutes les rédactrices de mode.

Le rapide changement de style et la brusque augmentation du prix des sacs – un *it bag* coûte en moyenne entre 1000 et 5000 euros – mènent finalement à la saturation. Vers la fin des « *naughties* » (comme on appelle les années avec deux zéros), il paraît ridicule de s'habiller pour être à la mode dans les boutiques de bonnes occasions, mais de dépenser en même temps le multiple pour un accessoire « must have ». « Ça date tellement », dit Elizabeth Kiester de LeSportsac à New York, qui fabrique déjà depuis trois décennies des sacs et des valises en nylon, légers comme la plume et comparativement avantageux. Le nylon noir n'est cependant devenu culte que grâce à Miuccia Prada, qui, dans les années 1980, en fit un sac à dos que toute femme dans le commerce de la mode, de la rédactrice à l'acheteuse, « devait » avoir.

Aujourd'hui, Miuccia Prada aimerait ne plus être cantonnée aux créations minimalistes en nylon. Elle a autre chose en vue : « Je meurs d'envie d'une paire de chaussures roses. »

Les chaussures sont la prochaine « *big thing* » – mais elles l'ont toujours été en fait. Spécialement quand elles ont des talons aiguilles, grâce au créateur Ferragamo. Manolo Blanek a porté les talons aiguilles au sommet, aussi bien du prix que du design, et Christian Louboutin leur a donné des semelles rouges qui ne peuvent pas passer inaperçues. Mais Jimmy Choo, la marque qui joue dans la même ligue, a daigné lancer une collection pour H & M – ce qui nous ramènerait au marché de masse. Ce qui est bien, c'est seulement qu'il réagit de façon tout aussi irrationnelle que la scène créative de la haute couture : tout à coup, les baskets à talons compensés sont à la mode (Converse) ou les mocassins pour automobilistes avec des semelles à picots (Tod's) ou les montres bon marché de Swatch. Mais demain, tout peut être à nouveau différent, et nous payons des milliers d'euros pour l'accessoire qui nous promet un statut – que ce soit un sac, une montre ou un bijou à la mode.

Ah non, ce sera probablement quand même encore des chaussures…

De grands noms pour le marché de masse

Karl Lagerfeld ne connaît pas la peur des contacts, il lance en 2004 une collection pour la chaîne de magasins H & M, présentée au musée d'Art moderne à Paris, où le modèle Erin paraît en veste de smoking (ci-dessus). Faire de la publicité avec des personnalités devient un must pour toutes les marques bon marché, introduites par Gap, que présente entre autres la star TV américaine Heather Locklear plus grande que nature sur Sunset Strip. Les Espagnols engagent leur vedette hollywoodienne Penelope Cruz (à droite) comme « testimonial » pour Mango, tandis que le géant japonais du textile Uniqlo fait de la publicité avec l'actrice Chiaki Kuriyama (en bas, à droite). Miss Sixty (à droite) et Zara (en bas, au centre) se dispensent de soutiens célèbres, mais Topshop engage Kate Moss non seulement comme modèle, mais aussi comme styliste (en bas, à gauche). Les frontières entre vêtements de la rue et mode de créateurs disparaissent de plus en plus.

L'ART DE LA BLOUSE-TABLIER :

Miuccia Prada

*10/05/1949

Au premier coup d'œil, personne ne devinerait que cette femme est la créatrice de mode d'Italie qui connaît le plus grand succès. Elle semble discrète et simple, mais il y a toujours quelque chose qui irrite : parfois, ce sont des gants longs jusqu'au-dessus du coude, puis un chapeau de cocktail en plumes, mais la plupart du temps, ce sont des chaussures dans des formes et des couleurs étranges. Est-ce qu'il s'agit d'une ménagère qui s'est trompée ? Après tout, sa tenue est sage, simple et couvre le genou.

La petite excentricité dans un contexte raisonnable, telle est la spécialité de Miuccia Prada. Jeune fille déjà, elle ne s'est jamais habillée comme toutes les autres, en tout cas jamais suivant la mode. Elle trouvait plus excitant de fouiller sur le marché aux puces. Quelquefois pourtant, la fille d'une famille fortunée a aussi porté des vêtements de créateurs, de préférence de Saint Laurent. Ce qui est d'autant plus remarquable qu'elle a distribué dans cette tenue des tracts pour le parti communiste dont elle était membre ; c'était dans les années 1970, quand Miuccia Prada faisait à Milan, sa ville natale, des études de sciences politiques qu'elle acheva avec un doctorat.

Fratelli Prada avait été fondé en 1913 par le grand-père de Miuccia, Mario, et était considéré comme l'adresse la plus exclusive pour des bagages raffinés, pour lesquels on utilisait même des peaux aussi exotiques que le morse. En fille bien élevée, Miuccia se laissa de plus en plus impliquer dans l'entreprise, mais il ne lui vint jamais à l'idée qu'elle pourrait devenir styliste. Même quand elle rencontra un succès surprise : avec la matière habituelle dans laquelle était emballée la maroquinerie de choix, elle façonna un sac à main qui était jeune, moderne et léger comme une plume. Mais c'est seulement quand elle fabriqua avec le nylon noir quelque chose d'aussi peu chic qu'un sac à dos que commença le *hype*, qui fit de la traditionnelle maison Prada la griffe la plus impétueuse du pays. Le siècle de la Pradamania commençait.

Plus tard, Miuccia fut agacée que l'étiquette du minimalisme techno lui reste si longtemps attachée, bien que la phase nylon noir n'ait duré que deux ans. Ensuite, la styliste a encore initié contre sa volonté d'innombrables tendances ; souvent, il semblait qu'elle fût la seule force qui faisait encore avancer la mode en Italie. Car en dehors de Marni et Dsquared, il n'y a plus eu à Milan de grandes découvertes au cours des vingt années après Dolce & Gabbana. Toutes les nouveautés décisives venaient de Prada.

Sans Patrizio Bertelli, que Miuccia rencontra en 1978 et épousa plus tard, cela n'aurait jamais été aussi loin. Le propriétaire d'une fabrique de maroquinerie en Toscane devait, paraît-il,

---

Une femme aimable

Quand Miuccia Prada, docteur en sciences politiques, s'incline modestement après un défilé comme ici en 2007, il ne vient à l'idée de personne que ses créations pourraient avoir une force explosive. Et pourtant, elle transforme avec chaque collection le paysage de la mode.

Le mauvais goût peut être beau

En 1996, Miuccia Prada choque avec une collection qui rappelle les affreux motifs de toile cirée des années cinquante à soixante.
D'un jour à l'autre, le charme petit-bourgeois de la blouse-tablier devient le *hype*.

L'art de servir tous les marchés

Avec Miu Miu – son surnom dans son enfance –, Miuccia Prada s'adresse à une clientèle plus jeune. Des shorts avec des bottes de boxeur pour les vacances, une veste ceinturée en fourrure d'agneau et des imprimés artistiques – le tout accompagné d'un clutch – sont typiques pour la seconde ligne (en haut). Ce qui a commencé avec des sacs de nylon, Miuccia Prada le poursuit avec des sacs de cuir comme le sac gris à poignées de 2007. L'engagement de Prada pour l'art est bien connu : en 2005, le duo Elmgreen & Dragset montre à quoi pourrait ressembler une boutique *« in the middle of nowhere »* avec l'installation Prada Marfa à Valentina, au Texas – une vitrine malheureusement fermée pour les addicts aux boutiques. Miuccia va de l'avant avec la ligne principale Prada : ventre nu et jupe-short pour l'été, avec des bottes de pêcheur jusqu'aux cuisses et un short en tricot avec un cardigan pour l'hiver 2009.

Aperçus troublants

Prada met les habitudes visuelles sens dessus dessous : en haut, à Séoul, avec une installation de mode dans un transformateur, qui peut tourner sur son axe et prendre des formes nouvelles. À gauche, le magasin de verre à Tokyo, créé par Herzog & de Meuron.

Tiens, qui est là ?

Chez Miuccia Prada, cela vaut toujours la peine de regarder les chaussures, car c'est sa passion. Miu Miu a fait atterrir une libellule sur les sandales en peau de python inspirées du modern style. En revanche, à droite, les chaussures vernies à bout foncé ont l'air très sages – mais l'hiver n'est pas la meilleure période pour les fétichistes de la chaussure, et Miu Miu recommande même des bas épais avec le chaud manteau de laine à taille accentuée. Tout de même : le sac est en cuir doré !

Elle peut paraître inoffensive, mais l'influence de Miuccia Prada est **profondément subversive**.

convaincre Miuccia pour chaque nouveau pas en avant. En 1982 commença la production de chaussures, en fait facile à concevoir pour une entreprise qui fabrique des bagages en cuir. En revanche, le démarrage d'une ligne de prêt-à-porter pour femmes en 1998 était insolite. Mais c'est justement ainsi que Miuccia a atteint la cible.

Mais ce n'est pas une ligne unique, propre à Prada, qu'elle a réussi. Au contraire, ce sont plutôt des volte-face inattendues qui sont devenues sa marque de fabrique. Ses créations ont souvent semblé étranges d'abord, inélégantes, rebutantes même. Il suffit de rappeler sa collection 1996, dont le modèle était les nappes en plastique et les motifs de rideaux des années 1950 et 1960. Elle-même dit à ce propos dans une interview : « Je ne fais plus de vêtements chics, mais le contraire. Je fais des vêtements affreux en tissus affreux, « *bad taste* » justement. » Est-ce que c'était une ménagère enragée qui voulait nous rendre la blouse-tablier attrayante en tant que dernier cri ?

Elle y est parvenue. Depuis ces créations « impossibles », le monde de la mode a regardé vers Milan pour voir ce que l'avenir apportait.

La chef d'entreprise à l'allure de paisible enseignante est devenue une philosophe radicale de la mode. « La bourgeoise est finie », annonçait-elle en 2005, et elle montra des robes d'une naïveté provocatrice en coton peint à la main et en taffetas de papier avec des morceaux de tulle brodés de perles, comme cousus par des mains d'enfants. La même année, elle présenta une jupe d'une valeur incroyable, entièrement faite en plumes de paon, un luxe décadent.

La collection d'automne 2008 symbolisait la petite bourgeoisie portée à son comble, et des robes sobres en dentelle noire ou beige faisaient ressembler les modèles à des matrones. Dans la branche, on prédit : « C'est juste pour l'arrière-grand-mère », mais on vit bientôt des jeunes femmes en dentelle de la tête aux pieds, car Prada proposa aussi en même temps les chaussures assorties avec des volants et des sacs avec des motifs de dentelle imprimés.

Pour la marque plus jeune, Miu Miu, Miuccia transposa la même idée en dentelle XXL, portée sur d'étroits *bodysuits* ou des pantalons cyclistes et des chemisiers. La ligne jeune tient particulièrement à cœur la mère de deux enfants, et elle ne trouve pas que cela l'oblige à se trahir : « Je suis beaucoup de femmes différentes, selon la situation et l'ambiance. Prada et Miu Miu sont les deux pôles de mon univers. »

La ligne Miu Miu, plus accessible, la mode masculine qui s'est ajoutée en 1994 et la ligne Prada Sport de 1997 ont fait que les articles Prada ne tardèrent pas à se trouver sur chaque segment du marché. Tout à fait dans l'esprit de Miuccia : « Les vêtements doivent avoir du sens, dit-elle. La meilleure preuve, ce sont les chiffres de vente. » Ils furent encore augmentés par une ligne de cosmétiques et la participation à des marques en vogue comme Jil Sander et Helmut Lang. Prada était sur le point de se développer en groupe de luxe avant-gardiste et projetait l'entrée en bourse. Mais l'attaque terroriste du 11 septembre et l'effondrement du marché américain qui s'ensuivit contrecarrèrent ces projets. Sander et Lang ont été revendus, Prada est encore très endetté ; on dit qu'un investisseur du Qatar doit sauver la marque.

La force créative de Miuccia est intègre et elle continue à promouvoir d'autres créatifs. En 1993, elle a fondé avec son mari une fondation d'art. Dans le projet Prada, Texas du duo Elmgreen & Dragset et le « transformer » de l'architecte vedette Rem Koolhaas à Séoul, la mode se trouvait au centre, mais Miuccia est cependant un mécène discret : « Je déteste l'idée de faire de l'art pour vendre des sacs. »

Progrès discret
Qui donc remarque au premier coup d'œil que Miuccia a risqué ici de faire un pas en terrain inconnu ? Ce qui a l'air d'une création de haute couture classique est de la broderie moderne : le manteau de soie noir est garni de franges en plastique.

LE CAMÉLÉON AUX MILLE TALENTS :
Karl Lagerfeld

*10/09/1938

Quand on interroge Karl Lagerfeld, on entend souvent des aphorismes. « Il faut avoir du style pour pouvoir s'en acheter », affirme-t-il par exemple. Ou : « Les scandales ne nuisent qu'à celui qui n'en fait pas. » Sa maxime est de toute façon : « Il faut constamment se réinventer soi-même. » Pour cela, on n'a besoin ni de loisir ni de muses, car : « Les idées viennent en travaillant. »

Facile à dire pour un génie comme lui ? Allons donc : « La chance n'est qu'une question de volonté ! »

Si l'on veut lire cela comme un psychogramme, on ne se trompe certainement pas complètement. Cependant, on sait peu de chose sur ce monsieur de la mode toujours à cent à l'heure. Certes, personne ne parle plus vite et autant que Karl Lagerfeld (et cela en quatre langues), mais il livre peu sur lui et sur les autres, c'est la plus discrète langue de vipère dans une branche où la langue pointue semble faire partie des outils, et l'homosexualité de l'équipement de base.

Il n'y a de données assurées ni sur sa date de naissance (est-il venu au monde dès 1933 ?), ni sur sa situation familiale exacte (la mère, une intellectuelle, le père, millionnaire self made avec le lait Glücksklee ?) ou sa formation (a-t-il jamais fréquenté une école de mode ?). Même le journaliste Paul Sahner n'a pas pu savoir tous ces détails pour son livre *Karl* – c'est peut-être précisément la raison pour laquelle il est aussi divertissant que ses créations.

Tenons-nous en à ce qui paraît crédible : l'enfant du « trèfle à quatre feuilles » montre très tôt un grand talent pour le dessin et un grand intérêt pour les vêtements. L'esquisse d'un manteau atterrit au concours des talents du secrétariat international de la Laine et remporte un premier prix. Lors de l'attribution, à côté de Karl Lagerfeld qui a 17 ans, se tient Yves Saint Laurent, de deux ans plus âgé, lauréat dans la catégorie Robe de cocktail : les deux talents de la relève détermineront la mode dans la deuxième moitié du XXᵉ siècle.

Karl Lagerfeld commence un stage chez Pierre Balmain, un maître de la haute couture traditionnelle. En 1958, il part pour cinq ans chez Jean Patou, la plus ancienne maison de mode de Paris, où il s'ennuie terriblement – « seulement deux collections de haute couture par an ! » En 1963, il prend son indépendance et fait en sorte de ne plus jamais devoir s'ennuyer. Il crée pour Dieu et le monde, même des tricots et des collants pour danseurs et des vêtements pour le grand magasin Monoprix et pour la marque bon marché Gadging. Quand il travaille pour H & M en 2004, cela provoque un scandale. Quarante ans plus tôt, nul ne s'en souciait : « Le stylisme de mode était

Autoportrait sans tache
Lagerfeld planifie la façon dont il veut se présenter. Son style doit être reconnaissable, mais être néanmoins au service de maisons de mode très diverses. Les lunettes de soleil, la queue-de-cheval blanche poudrée et un col cassé très haut sont ses signes distinctifs.

Tantôt italien, tantôt français
L'Allemand Karl Lagerfeld s'identifie avec des mentalités différentes : pour Fendi à Milan, il réalise des vêtements pour la jeune femme,
avec Chanel en revanche, il va jusqu'à l'extrême en plaçant le logo de la maison au plus petit endroit possible.

Galon pour galon

Coco Chanel inventa autrefois
le galon tressé pour ses
tailleurs de tweed : Karl
Lagerfeld utilise un galon lisse
sur un blouson de motard
raccourci avec un short
scintillant, ou il le fait
composer de fleurs pour des
« costumes torero » ventre nu
en satin de soie blanc.

En forme pour toujours

Les robes de Karl Lagerfeld pour sa collection personnelle de 2010 conservent leur forme même quand elles ne sont pas portées.
Le modèle de gauche est travaillé comme une gaine luxueusement brodée, celui de droite, étroitement ceinturé, est encadré par des ruchés.

« Ce que vous voulez » semble être le mot d'ordre de Karl Lagerfeld, qui fournit de nombreuses marques.

un métier misérable, mal payé », se souvient-il. Il se démène, donc, et accepte chaque commande. Il lui arrive de lancer 17 collections par an, et chacune est différente.

Contrairement à son concurrent extrêmement névrosé Yves Saint Laurent, Karl Lagerfeld savoure la création, comme le prouve une de ses autres maximes : « Je ne connais pas le stress. Je ne connais que le strass. » Et alors que Saint Laurent construit sa propre maison de mode dans les tourments de l'âme, Lagerfeld en fait grandir d'autres avec son talent.

Par exemple Chloé. Les créations, inspirées par la rue londonienne, de Lagerfeld pour Chloé, qui s'établit comme première maison de prêt-à-porter de luxe, sont délicates et poétiques, pétillantes et jeunes. Pendant 20 ans, il y est directeur de la création et, après une pause de neuf ans, de 1992 à 1997, on fait de nouveau appel à lui. Pour la maison de fourrure italienne Fendi, il élabore en même temps – aujourd'hui encore – le luxe nonchalant de fourrures légères comme de la plume, que l'on traîne avec soi avec naturel. Bien entendu, c'est lui aussi qui a lancé la mère de tous les *it bags*, la baguette de Fendi. De même qu'une autre légende : le manteau en poil de chameau 101810 pour Max Mara, qui est constamment réédité. Mais c'est en tant qu'incarnation de Coco Chanel qu'il atteint une véritable grandeur : tout comme en son temps Mademoiselle, il ne s'occupe pas des conventions mais cherche l'amusement et la plus grande liberté possible. Le typique tailleur de tweed avec des galons est raccourci, surchargé de chaînes dorées et de perles, voire réduit à la veste, portée avec des leggings ou des jeans. Le logo de deux C enlacés ne tarde pas à orner aussi blousons de moto en cuir, sous-vêtements, bikinis, sacs en bandoulière, moonboots, sneakers, collants et doublures de manteau. Et le noble camélia perd son innocence en devenant une sorte d'accessoire punk. En même temps, la femme active d'aujourd'hui porte une ceinture qui maintient la bouteille d'eau obligatoire. Karl Lagerfeld a toujours modifié aussi le classique twin set et la légendaire « petite noire » pour le prêt-à-porter Chanel – depuis 1983, il ne cesse d'insuffler une nouvelle vie à la marque. Pour la haute couture Chanel, en revanche, il se présente comme gardien grand seigneur, qui sert le charme discret de la bourgeoisie avec les étoffes les plus somptueuses et l'artisanat d'art le plus coûteux de la branche.

En revanche, il semble souvent traiter sa propre griffe comme un enfant d'un autre lit. Tantôt sa ligne s'appela « Lagerfeld Gallery », puis « Karl Lagerfeld » et, depuis 2012, simplement « Karl ». Peut-être songe-t-il moins à la gloire et à l'argent que ses concurrents – il les a cependant tous dépassés depuis longtemps dans tous les domaines. Sa seule démesure est son élan créateur. Depuis 1987, il fait de la photographie, depuis vingt ans, il publie chaque année un album de photos (chez Steidl), il possède une librairie personnelle, il a aménagé plusieurs maisons et appartements auxquels il a renoncé une fois achevés. En fait, a-t-il une vie privée ?

En 1989, le vieil ami de Lagerfeld, Jacques de Bascher, meurt du sida ; il démentit qu'il ait été aussi son amant. Et il cite à nouveau une maxime : « Prends congé et rétablis-toi. »

Le styliste le plus exposé du monde se tient caché derrière de hauts cols cassés et des verres de lunettes foncés. C'est un observateur, non pas quelqu'un qui participe. Dans un monde de l'excès de drogues et d'alcool, il reste sobre et discipliné. C'est précisément la raison pour laquelle il sent avant les autres l'esprit du temps. Par exemple, que, dans le nouveau millénaire, la réduction est en vogue : en l'an 2000, il perd 42 kilos, soi-disant uniquement pour rentrer dans les costumes très étroits de Hedi Slimane pour Dior Homme. Une fois encore, il s'est réinventé.

Un touche-à-tout
Lagerfeld brille chez Chanel comme Mademoiselle Gabrielle n'aurait pu mieux le faire (page ci-contre, en haut). Il donne encore plus de profil à sa collection (page ci-contre, en bas, à gauche) et gagne en tant que photographe une renommée internationale (page ci-contre, en bas, à droite).

Isaac Mizrahi

H & M

Il n'y a guère d'autre styliste qui ait été considéré avec autant de lauriers dès ses débuts qu'Isaac Mizrahi, né à New York en 1961. La presse aima l'ancien élève audacieux, drôle et vif de la Parsons School of Design à partir de son premier show en 1987 – que ce soit pour ses créations joyeuses ou pour ses qualités d'animateur. Il reçut en tout cas tellement d'appuis que les grands magasins de luxe lui passèrent commande. Mais les ventes ne correspondirent pas aux attentes, même quand Chanel soutint financièrement la griffe. Mizrahi débordait d'idées, mais il ne savait pas développer une ligne personnelle reconnaissable. En 1998, Chanel se retira, Mizrahi dut fermer sa maison. Quatre ans plus tard, il fut engagé comme styliste par la marque bon marché Target, dont il tripla le chiffre d'affaires en cinq ans. Il fut aidé en cela par ses nombreuses apparitions au cinéma et à la télévision car, sur le marché de masse, le statut de célébrité vaut toujours plus que l'art de la haute couture. À partir de 2004, Mizrahi fit également de la confection sur mesure pour d'anciennes clientes qui étaient prêtes à dépenser au moins 5 000 dollars pour une robe, et il redémarra sa propre ligne. En 2008, la chaîne discount Liz Claiborne le débaucha de chez Target en qualité de directeur artistique, ouvrant ainsi la bataille autour du nom du styliste le plus brillant pour le segment de bas prix.

Mode et qualité au meilleur prix promet l'entreprise de commerce de détail textile Hennes & Mauritz, plus connue sous le sigle H & M. Créée dès 1947 en Suède, la chaîne discount s'est développée pendant les vingt dernières années pour devenir une des marques favorites des jeunes *fashionistas*. H & M est bon marché, mais est aussi plus rapide sur le marché avec de nouvelles tendances que la mode produite à grands frais des créateurs. Depuis 1987, Margareta van den Bosch définit le style des collections, d'abord comme styliste en chef, puis comme conseillère de création. Son plus grand coup fut d'engager Karl Lagerfeld comme styliste pour H & M, ce qui ressemblait à un séisme dans le monde de la mode. Depuis, toutes les frontières sont ouvertes : les marques à petits prix s'offrent de grands noms, des stylistes établis entrent sur le marché de masse, et des discounters aspirent aux plus hauts ordres de la mode. Ainsi H & M a-t-il introduit en 2007 la ligne COS (Collection of Style), supérieure en qualité et en prix et vendue dans ses propres boutiques. Rei Kawakubo, Madonna, Kylie Minogue, Sonia Rykiel, Jimmy Choo et Roberto Cavalli (en haut) ont déjà créé pour H & M. Manifestement, les Suédois ont un sens pour amener le bon goût à bon marché parmi les gens : Ikea a révolutionné le marché du meuble et Acne a apporté un vent de fraîcheur dans le mode du jean avec des coutures rouges.

Gap

Michael Michalsky

Gap a été la première marque de masse à atteindre un statut de culte auprès des amateurs de mode. Créé pendant le *Summer of love* de 1969 à San Francisco par Doris et Don Fisher, Gap est devenu la chaîne de commerce de détail la plus importante au niveau mondial et put assurer cette position jusqu'en 2009. La première place fut ensuite reprise par le groupe espagnol Inditex, auquel appartiennent les filiales de Zara. Le couple Fisher avait, au début, pour seul souhait de combler la brèche *(the gap)* entre mode accessible et mode portable. Comme tous les hippies, ils étaient à la recherche de jeans seyants, et quand ils les eurent réalisés, ils voulurent aussi faire plaisir à d'autres. Naturellement, les t-shirts devaient également être améliorés, les sweaters, les chemises et les vestes... Très vite, ils avaient rassemblé une collection de *basics* désirables, qui était produite en tenant compte tout autant de la qualité que du prix. La renommée de Gap grimpa avec des campagnes de publicité exigeantes, dans lesquelles, au fil des années, pas moins de 308 personnalités – acteurs, sportifs, intellectuels – se prononçaient pour les *basics* de Gap qu'ils adaptaient chacun à leur style individuel. Désormais, les marques Banana Republic – du luxe accessible pour un public plus exigeant – et Old Navy – de la mode sportive pour les familles et les jeunes – appartiennent aussi au groupe Gap.

À treize ans, Michael Michalsky, né en 1967 à Göttingen, lut un article sur Karl Lagerfeld et décida de devenir styliste. Après le baccalauréat, il acheva sa formation au London College of Fashion et commença sa carrière comme chef styliste chez Levi's, en Allemagne. En 1995, il passa chez Adidas et mit le fabricant d'articles de sport complètement sens dessus dessous. Son idée la plus brillante fut d'engager des stylistes de grande qualité tels que Yohji Yamamoto et Stella McCartney. Bientôt, on ne vit plus seulement les trois bandes blanches d'Adidas sur des vedettes du sport, mais aussi sur des popstars et des rappeurs, de Madonna à Run DMC et Missy Elliott, que l'amateur de musique Michalsky mandata aussi comme styliste. Quand, onze ans plus tard, il partit pour s'établir à son compte, il avait transformé Adidas en marque *lifestyle* demandée par les people et les gens de mode. Par la suite, il remit en vogue la marque de bagages MCM, et fit de Tchibo, le brûleur de café, la plus grande entreprise textile d'Allemagne avec une collection de design et de mode. Pour sa propre entreprise, dont le siège est à Berlin, il lance la marque de jeans M67, la collection de sport Michamic et la marque de luxe MICHALSKY, avec laquelle, bien conseillé par la styliste Claudia Englmann *(Vogue)*, il fait partie des grands comme Jil Sander, Hugo Boss et Prada : il couvre ainsi l'ensemble du marché de la mode.

La mode de demain

AUTHENTIQUE, EXCENTRIQUE, ÉCOLOGIQUE ET VINTAGE

Barack Obama fut, en novembre 2008, le premier Afro-Américain à être élu président des États-Unis. Son slogan de campagne, « *Yes we can* », soulève l'enthousiasme, et l'on croit le dynamique quarantenaire capable d'apporter rapidement le changement promis. Obama ne peut cependant pas accomplir de miracles. La crise financière qui touche le marché immobilier américain depuis des mois et a culminé en septembre avec la faillite de la banque d'investissement Lehman Brothers, s'étend à présent au monde entier. « *Bankster* », mot-valise composé de *banker* (banquier) et *gangster*, est devenu le mot de l'année. Les hommes politiques ont perdu la confiance du peuple. Malgré les multiples interventions diplomatiques d'Obama, aucun effort de paix n'a été fait au Proche-Orient ni en Afghanistan, et les relations avec l'Iran ou la Chine ne sont pas non plus en cours d'amélioration. La conférence climatique qui s'est tenue en 2009 à Copenhague n'a apporté aucun progrès ; la décennie se termine dans un climat d'incertitude, de déception et d'angoisse face au terrorisme.

Les perspectives ne semblent pas plus ouvertes dans le monde de la mode. Peu de décennies ont vu autant de courants différents, sans que rien de nouveau ne soit créé – à l'exception de la techno-couture qui s'adapte automatiquement à toutes les demandes. Après Paris, Milan, Londres et New York, Berlin gagne de nouveau du terrain avec sa *fashion week* et espère bientôt retrouver son importance des années 1920. Cela pourrait néanmoins ne rester qu'un rêve : les plus de 500 collections par saison rendent le marché international de moins en moins limpide et les clients réagissent avec de plus en plus d'ennui. Le phénomène de « fashion fatigue » semble répondre à la morosité politique.

Dans ce climat, on voudra au moins sauvegarder sa conscience. On achètera des vêtements écologiquement corrects et même s'ils sont de luxe, ils devront être « *green* », en fibres naturelles ou en matériaux recyclés. Idéalement, il conviendra de condamner le cuir et la fourrure. Stella McCartney est la seule styliste au monde à travailler suivant des principes strictement végétaliens et elle prouve à chaque collection qu'être vert est tout sauf *has been*.

Mais faire du shopping doit aussi procurer du plaisir, même si Li Edelkoort, la plus grande chasseuse de tendances d'Europe, a pointé du doigt dès le début des années 2000 une lassitude généralisée : « Où que nous allions, tout semble identique – les mêmes magasins, les mêmes objets. La quête de l'article qui sort du lot s'apparente à une chasse aux papillons ».

Place à l'avenir

À 11 ans, Tavi Gevinson, de l'Illinois, ouvrit son propre blog de mode, « Style Rookie ». Aussi modestement qu'elle pût se dire débutante, elle fut rapidement une pro de la mode prise au sérieux par la branche qui la plaça au premier rang des défilés. En 2011, à 15 ans, elle créa son propre magazine en ligne, *Rookie*.

C'est pourtant précisément ce que les *fashionistas* désirent : attraper l'oiseau rare. Elles ignorent donc de plus en plus les grandes marques, évitent les signes extérieurs évidents comme les *it bags* et abordent avec méfiance toute nouvelle tendance. À l'inverse, elles fouinent loin des enseignes prestigieuses pour dénicher des accessoires anciens, des articles folkloriques authentiques, des modèles vintage extravagants ou de jeunes créateurs. Les sœurs Kate et Laura Mulleavy, qui fabriquent des pièces couture uniques, ont été ainsi rapidement découvertes à Pasadena et purent lancer leur ligne Rodarte à New York. Les amateurs de mode revêtent ces pièces uniques pour apporter la touche indispensable à leur style lors des grandes occasions. Mais au quotidien, un jean et quelques basiques suffisent : des produits en série simples sans griffe mais bien réalisés. Ils se marient à merveille avec des trouvailles inhabituelles, car apparaître en toutes circonstances tel un oiseau de paradis serait aussi ennuyeux que de porter une tenue de créateur de la tête aux pieds – complètement dépassé !

Michelle Obama, la nouvelle first lady américaine, ne se laisse pas corseter par un quelconque *dress code*. Elle ose non seulement se montrer les bras nus lors de ses apparitions officielles – chose que peu de ses prédécesseurs auraient pu se permettre –, mais selon ses besoins elle cède aussi au confort avec beaucoup de style : lorsqu'elle a froid et qu'elle souhaite couvrir ses bras galbés, Michelle Obama n'hésite pas à porter un confortable cardigan en laine. Elle tourne en revanche le dos à la veste protocolaire. Elle fait malgré tout bonne figure même aux côtés de Carla Bruni, l'épouse du président Sarkozy. Cette dernière soigne quant à elle un style Jackie Kennedy avec des robes droites très sobres. Les deux premières dames préfèrent les chaussures plates car elles sont toutes deux plus grandes que leurs époux respectifs.

La mode doit devenir plus réaliste, entend-on souvent. La maigreur des mannequins suscite notamment la colère des mères et des médecins, leur exemple pouvant être néfaste sur les jeunes filles : se sous-alimenter pour atteindre la taille 34 si convoitée entraîne de plus en plus de cas d'anorexie. Alexandra Shulman, rédactrice en chef du *Vogue* britannique, fut la première à appeler au boycott des mannequins trop maigres. Le magazine féminin allemand *Brigitte* va encore plus loin : à partir de 2010, il se passera de

mannequins professionnels et ne photographiera que des femmes lambdas pour ses pages de mode – la campagne publicitaire de la société Dove a finalement prouvé ce qui était jusqu'alors contesté avec véhémence par les médias : on peut aussi faire de belles photos avec des femmes « standards ».

Le retour de la silhouette au détriment du squelette entraîne aussi une renaissance des top-modèles. Linda Evangelista, Christy Turlington, Naomi Campbell, Claudia Schiffer sont aujourd'hui des femmes d'une quarantaine d'années, elles sont pour la plupart devenues mères et possèdent des visages et des corps plus mûrs. Pourtant, elles font beaucoup de rentrées publicitaires, et sont tout simplement des représentantes crédibles des marques de luxe et possèdent plus de glamour que les mannequins maigrichons.

On prend de plus en plus conscience que l'allure n'est pas une question d'âge. Née en 1921 à New York, Iris Apfel ne porterait jamais de vêtements beiges ou gris, couleurs habituellement prisées des seniors, l'audacieuse vieille dame arbore au contraire des couleurs vives et des motifs originaux, de gigantesques lunettes rondes et une multitude de bijoux : « Avec les chaînes de vêtements bon marché comme H & M, on n'a aujourd'hui plus aucune excuse pour être mal habillé », clame-t-elle haut et fort. Iris Apfel, architecte d'intérieur et antiquaire, a toujours eu l'art d'associer pièces anciennes, nouvelles, bon marché et onéreuses – son style a fait l'objet d'une exposition au Metropolitan Museum de New York en 2006 et n'en finit pas de faire des émules.

Les icônes du style seniors sont les proies privilégiées d'Ari Cohen, un jeune New-Yorkais. Depuis 2006, il photographie dans la rue les personnes âgées bien habillées et les présente sur son blog *advancedstyle. blogspot.com* à une communauté de plus en plus nombreuse. Le modèle préféré de Cohen était la comédienne et star de la publicité Mimi Weddell, morte en septembre 2009 à l'âge de 94 ans. Mais des inconnus d'un certain âge qui ont du style deviennent également grâce à Cohen des exemples à suivre sur la toile.

Aujourd'hui, les blogs exercent plus d'influence sur la mode que les médias habituels. Des stylistes comme Marc Jacobs et Dolce & Gabbana en ont pris conscience et accueillent des bloggeurs lors de leurs défilés. Ainsi Bryan Boy, Tommy Ton, Garance Doré et Scott Schuman se retrouvèrent-ils à leur plus grand éton-

Tout change

La chasseuse de tendances Li Edelkoort (en haut, à gauche) identifie deux courants : le désir de pièces basiques bien exécutées et la nostalgie d'un vêtement plus personnel. La pionnière des blogs de mode, Diane Pernet, possède *« a shaded view on fashion »*. L'élection de Barack Obama à la présidence des États-Unis a apporté un espoir de changement. Son épouse Michelle ainsi que Carla Bruni-Sarkozy ont déjà insufflé un vent de changement. *« The German Fräuleins »* Angelika Kammann et Alexa Meyer ont, avec leur discipline allemande, du succès à New York en tant que spécialistes des formes parfaitement coupées.

En ville ou en province, les bloggeurs sont partout

Tout le monde peut devenir une icône : à l'âge de quatre-vingt-cinq ans, Iris Apfel en est devenue une en 2006 lorsque le Metropolitan Museum lui a consacré une exposition. Des femmes « normales » ont posé en 2004 pour une campagne publicitaire du fabricant de cosmétiques Dove – le succès fut au rendez-vous. Scott Schuman photographie dans la rue des inconnus dont le style lui plaît et les présente ensuite dans son blog, The Sartorialist, qui enregistre chaque jour de très nombreuses visites. Schuman est peut-être considéré comme le meilleur bloggeur de mode, mais Tavi Gevinson n'est pas loin derrière. Cette ado aux tenues improbables étudie avec application tous les magazines de mode et ose des commentaires impertinents.

nement assis au premier rang du défilé D & G en 2009 à côté des rédacteurs en chef de *Vogue* et *Vanity Fair*. Plus encore : de nombreuses journalistes de mode se donnent chaque jour le plus grand mal pour s'habiller dans l'espoir d'apparaître comme une lanceuse de tendance sur l'un de ces blogs.

Le bloggeur le plus connu est Scott Schuman « The Sartorialist » qui, après 15 ans de bons et loyaux services dans les branches les plus diverses de la mode, se consacre aujourd'hui entièrement à la photographie. Depuis 2005, il expose ses instantanés du *street style* sur Internet et s'étonne lui-même de son succès : son blog est non seulement régulièrement visité et cité, mais il est lui-même également invité à écrire pour d'autres blogs comme *style.com* et à produire des vidéos. Il prépare tous les mois une page personnelle pour l'édition américaine de *GQ* et travaille actuellement à son premier livre. Le plus grand modèle de The Sartorialist est le photographe Bill Cunningham qui capture depuis plus de trente-cinq ans des scènes urbaines pour *The New York Times*. Ce photographe zélé peut à juste titre être considéré comme le précurseur légitime de tous les bloggeurs, mais il ne compte en revanche pas parmi les paparazzis – il ne chasse pas les célébrités mais uniquement des personnes qui ont du style et du goût.

Diane Pernet fut l'une des premières à ouvrir un blog de mode. Cette Américaine à l'impressionnant chignon et aux immuables lunettes papillons noires fut pendant treize ans styliste à New York avant de déménager à Paris il y a vingt ans. Elle s'exprima sur Internet avant tous les autres sur *ashadedviewon-fashion.com*. Toujours vêtue de noir, d'âge indéterminé, elle est pour ainsi dire l'équivalent pour le web d'une Suzy Menkes pour la presse écrite. La plus jeune star parmi les bloggeurs est une Américaine de treize ans qui écrit sur *blogspot.com* sous le nom de « Tavi-thenewgirlintown ». La gamine à l'appareil dentaire ne se contente pas de donner de grandioses conseils de style, elle ne mâche également pas ses mots lorsqu'il s'agit de juger les collections des créateurs.

C'est peut-être là l'élément le plus intéressant des évaluations publiées sur Internet : chacun dit librement ce qui marche et ce qui ne marche pas, sans se laisser impressionner par la renommée (et les campagnes publicitaires) des créateurs. On sait très vite sur le net si une fermeture éclair ne fonctionne pas, si un décolleté bâille ou si des talons ne permettent pas de danser toute la nuit. Il est par conséquent d'autant plus incompréhensible que de nombreuses maisons de couture continuent à ignorer les commentaires des clientes, en effet 85 % des acheteurs étaient en 2010 des utilisateurs des pages d'évaluation en ligne et autres plates-formes d'information de ce type. Burberry fait figure d'exception et fut la première grande marque à ouvrir son propre portail communautaire. La plate-forme *Artofthetrench.com* offre à chacun la possibilité de raconter ses propres anecdotes et expériences autour du traditionnel trench-coat – en peu de temps, le site est devenu aussi culte que l'objet.

Des produits inconnus, voire inimaginables, peuvent devenir cultes en une nuit grâce à Internet. Le marché de l'occasion fonctionne par ailleurs particulièrement bien sur le net. Les anciennes tenues de sport atteignent sur eBay des offres record depuis que s'est développé un culte du rétro autour des Adidas originals. Dans le domaine de la mode vintage dont la cote de popularité ne cesse d'augmenter, Internet est devenu un lieu central où l'on s'échange des objets rares. C'est également la plate-forme de vente idéale pour les créateurs qui ne peuvent produire leurs coûteuses pièces couture qu'en petit nombre. *Coutu-relab.com* est ainsi une véritable mine d'or pour les anticonformistes en quête de pièces uniques. Ceux qui ont moins d'argent mais plus de temps cherchent des « petites couturières » dans leur quartier pour se faire tailler des vêtements uniques sur mesure. La « mode nationale » est en effet la nouvelle grande tendance – il ne s'agit pas de vêtements folkloriques mais d'articles très personnels fabriqués dans la région de l'acheteur et souvent même développés après des entretiens entre clientes et créateur. C'est tout du moins un style qui ne renie pas ses racines. C'est pour cela que « *The German Fräuleins* » Alexa Meyer et Angelika Kammann rencontrent un très grand succès à New York avec leur mode « typiquement allemande ». Wolfgang Joop au contraire ne semble avoir découvert sa véritable vocation qu'après avoir tourné le dos à Big Apple et s'être réinstallé dans sa ville natale de Potsdam en Allemagne : sa marque Wunderkind (« enfant prodige ») propose la mode allemande la plus réussie que Berlin ait vue depuis les années 1920.

RETOUR AUX SOURCES :
Wolfgang Joop

*18/11/1944

Wolfgang Joop n'était pas un enfant prodige, en tout cas pas aux yeux de son père Gerhard. Lorsque ce dernier revint de captivité en Russie en 1952, il ne vit en son fils unique qu'un enfant gâté par sa mère et ses tantes. Il savait peut-être dessiner, mais il manquait de discipline. Il obtint son baccalauréat, mais abandonna aussi bien ses études de psychologie du marketing voulues par son père, que sa formation d'éducateur artistique qu'il avait lui-même choisie. Il était tout simplement trop doué, beaucoup trop beau et trop préoccupé de plaire à tous pour parvenir à se fixer.

Il fut finalement poussé dans la bonne direction. Avec Karin, étudiante en art, qu'il épousa en 1970, il participa à un concours de mode organisé par le journal *Constanze* et remporta les trois premiers prix. Il devint rédacteur de mode, mais ne resta de nouveau pas très longtemps à ce poste. Wolfgang Joop rêvait d'une vie d'artiste sans contrainte et s'en sortit quelque temps en travaillant comme journaliste et styliste. Comme il écrivait (don hérité de son père, rédacteur en chef des *Westermann-Hefte*) aussi bien qu'il dessinait, il décrivit en mots et en dessins la vie parisienne dans les années 1970. Wolfgang et Karin, qui travaillait aussi comme journaliste, formaient, avec leurs fripes d'occasion, un couple séduisant et insolite qui se fit remarquer par le petit monde de la mode – mais ils étaient trop timides pour en tirer rapidement un quelconque profit. Par ailleurs, deux petites filles les attendaient à la maison et ancraient les parents dans la réalité. Jette, née en 1968, travaille aujourd'hui à son compte comme créatrice de bijoux et Florentine, née en 1974, artiste-peintre, a ouvert au début de l'année 2010 un restaurant dans le centre de Berlin.

Wolfgang Joop fit fureur pour la première fois en 1978 avec une collection de fourrures ; *The New York Times* décrivit les modèles comme « prussiens » et typiquement allemands. Ces critiques lui déplurent peut-être à l'époque alors qu'il voulait conquérir le monde, mais il en est fier aujourd'hui. Il présenta sa première collection de prêt-à-porter féminin au printemps 1982, puis lança une ligne pour hommes trois ans plus tard. Il ne fut réellement reconnu par la branche qu'avec son premier parfum accompagné d'une grande campagne publicitaire – dorénavant, il n'écrivit plus son nom qu'en lettres capitales suivies d'un point d'exclamation : JOOP !

Wolfgang prit alors son envol. Sa créativité débordante lui inspira toutes sortes de choses et JOOP ! devint rapidement une marque *lifestyle* couvrant toute la palette de la mode, des jeans aux lunettes en passant par les bijoux, mais Wolfgang Joop lui-même se perdit en route. Il était impossible d'identifier un style Joop typique, qu'il soit désormais prussien ou quoi que ce soit

---

Enfin posé
Wolfgang Joop avait toujours l'esprit en ébullition et il essaya beaucoup de choses comme en témoignent ces multiples croquis de mode. Il n'a enfin trouvé avec Wunderkind son propre style que depuis qu'il s'est réinstallé à Potsdam, sa ville natale.

Beau et sain
À la surprise de toute la branche, Wolfgang Joop s'associa en 2009 avec le fabricant de produits médicaux allemand Medi pour créer des bas de contention (à gauche) et des corsets de maintien pour les personnes atteintes d'ostéoporose (à droite) modernes et glamour.

Fragile comme de la porcelaine

L'imprimé toile de Jouy bleu et blanc rappelle la plus fine des porcelaines de Chine, mais pas d'inquiétude :
les os fragiles sont bien protégés avec les bas ou les collants Mediven ouverts au niveau du genou.

L'univers de Wunderkind

Le siège de la marque Wunderkind à Potsdam évoque dès le premier regard le romantisme. Tout commence dès le bel étage de la Villa Rumpf qui appartenait autrefois à l'artiste Fritz Rumpf et servait de salon aux expressionnistes allemands. Wolfgang Joop a soigneusement restauré la villa avant de la meubler à son goût, dans un style éclectique. La pièce baignée de lumière sert d'espace d'accueil et de show-room. Il a cependant réservé le nom de Wunderkind à une deuxième villa à Potsdam qui lui sert de lieu de résidence privée.

471

Sara for
Wunder Kind
2008

Le tournant

La collection Wunderkind Printemps/Été 2008 a symbolisé pour Wolfgang Joop l'étape ultime vers la liberté : il put laisser complètement libre cours à son idée d'une mode typiquement allemande sans subir la pression de ses agents. Il avait en effet trouvé peu de temps auparavant des partenaires financiers idéaux en ses voisins de Potsdam, le couple Sander. L'exceptionnel talent de Joop pour le dessin fut réellement mis en valeur en 2009 lors de l'exposition Eternal Love à la Kunsthalle de Rostock.

Vivre de nouveau à Potsdam, tel un enfant,
a réveillé toutes les **forces créatrices** *de Joop.*

d'autre. En tant qu'individu en revanche, Wolfgang était reconnaissable : stylé, drôle, insolent, excellent dessinateur et habile orateur – dans ce domaine, seul Lagerfeld lui arrivait à la cheville. Wolfgang Joop voulait conquérir New York et Edwin Lemberg l'y aida. Depuis trente ans, les deux hommes sont liés par un lien de fraternité au centre duquel se trouvent en premier lieu la passion et en second lieu des intérêts communs. Wolfgang Joop connut une période nébuleuse pendant laquelle il essaya tout, drogues et excès d'alcool compris. À un moment donné il en eut assez de tout cela et même de ce que sa marque JOOP ! était devenue : une sorte d'inventaire d'articles design pour lesquels il fournissait des croquis et délivrait des licences, mais sans rien produire lui-même. Il revendit dans un premier temps 95 % des parts de son entreprise au groupe hambourgeois Wünsche en 1998, puis se débarrassa du reste ainsi que de son poste de directeur du design en 2001.

L'histoire qui suit est celle d'une guérison. Wolfgang Joop, qui voulait toujours et partout être *Everybody's Darling*, retourna à ses racines. À l'aube du nouveau millénaire, il déménagea à Potsdam où il était né et avait passé ses premières années. La nature campagnarde mais domptée ainsi que l'élégance du château Sanssouci tout proche sont les deux pôles qui ont déterminé son caractère et son sens de l'esthétique. Il fit de la villa Wunderkind, sur le Heiligensee, sa résidence privée et de la villa Rumpf le siège de son entreprise. Dans les souvenirs de Wolfgang Joop, l'Est avait toujours été un éden et non l'Ouest, ce fut donc pour lui un retour heureux. Il fit rénover le domaine Bornstedt dont il avait les plus merveilleux souvenirs d'enfance, c'est là qu'habite aujourd'hui sa mère Charlotte, une femme d'une beauté et d'une élégance exceptionnelles aujourd'hui âgée de plus de 90 ans. Ses filles Jette et Florentine y ont aussi leurs appartements, son ex-femme Karin y possède une petite maison, de sorte que le domaine est de nouveau un véritable fief familial. L'attachement à la terre est une qualité typiquement allemande à laquelle Wolfgang Joop adhère sans réserve. Quiconque entre un jour dans son clan, comme son ancien partenaire Edwin Lemberg, y reste à jamais dans le cœur de Wolfgang Joop.

Mais son application, son goût pour le romantisme un peu sombre, ses conflits intérieurs et son aspiration à des objectifs toujours plus ambitieux peuvent également être considérés comme des qualités « typiquement allemandes ». Tous ces éléments se retrouvent dans son Wunderkind (« enfant prodige » en allemand) – ce n'est pas sans raison qu'il a choisi pour sa nouvelle marque un nom qui ne se traduit pas, mais dont la consonance est agréable dans toutes les langues. Avec Wunderkind, Wolfgang Joop a enfin trouvé un style unique : rêveur dans ses croquis, précis dans la coupe, une véritable œuvre d'art faite vêtement. Aucune de ses créations couture ne vaut moins de 1 000 euros. Mais le luxe, comme le revendique Wolfgang Joop, « ne se démocratise pas ». Il présenta pour la première fois sa nouvelle marque à New York en 2004, de 2006 à octobre 2010, il défila à Paris. 2011 fut une fois encore une année difficile, des investisseurs se retirèrent, deux boutiques furent fermées. Finalement, Joop put racheter toutes les parts à « Wunderkind » et il est à nouveau seul propriétaire de sa marque. Joop a présenté la collection automne-hiver 2012-2013 dans sa Villa Rumpf à Potsdam. Il semble qu'il soit enfin arrivé. Après tout, la mode est une affaire internationale, mais plus le marché devient mondial, plus les marques qui ne renient pas leurs racines semblent fascinantes. C'est la chance de Joop. Il n'a plus besoin de point d'exclamation – ses créations sont destinées à ceux qui voguent entre deux mondes, qui veulent sortir des sentiers battus tout en atteignant leur but.

Feutré et cousu
Robe à carreaux en feutre sur une blouse en voile de soie du même motif, collants assortis en jersey de coton. Également pour la collection Wunderkind Hiver 2009 : des photos sombres d'animaux de l'artiste hambourgeois Gregor Törzs imprimées sur du crêpe de Chine.

EN MISSION VERTE :

Stella McCartney

*13/09/1971

Stella McCartney développa dès son plus jeune âge deux centres d'intérêt : la mode et la défense des animaux. Sa mère Linda, qui possédait une armoire remplie des plus beaux vêtements Chloé, et militait contre les expériences sur les animaux et l'exploitation des animaux, était responsable des deux. Stella, deuxième fille de Linda, photographe, et de l'ancien Beatles Paul McCartney, a été élevée dans le plus strict végétarisme. Elle décida très tôt de ne jamais trahir ses convictions les plus intimes, même pour la plus belle des modes du monde – qu'elle voulait naturellement créer.

Les réserves émises à l'égard de Stella elle-même furent encore plus dures à faire tomber que les préjugés selon lesquels la mode écolo serait insipide et ringarde : que pouvait-on espérer d'une fille née avec une cuillère en argent dans la bouche qui fréquentait toutes les soirées VIP de Portobello ? Elle obtint son diplôme de Central Saint Martins, mais le fait qu'elle fût nommée, à tout juste vingt-six ans, directrice artistique de la marque française culte Chloé (la marque préférée de sa mère) ne pouvait qu'être dû à ses relations avec le show-biz international.

Le premier rang de ses défilés est occupé par des célébrités comme Madonna, Gwyneth Paltrow, Kate Moss et, bien sûr, son père Paul McCartney. Et alors ? Cela n'a fait de mal à personne.

Chloé redevint alors la mine d'or qu'elle était sous l'égide de Karl Lagerfeld et Stella put prouver ainsi qu'elle maîtrisait son art. Ses créations répondaient parfaitement au goût des jeunes femmes que les magazines présentaient dans leurs pages comme des icônes du style. Ce n'est pas tellement surprenant puisqu'un certain nombre d'entre elles sont ses amies et qu'elle sait très bien ce qui leur plaît – c'est d'ailleurs précisément ce qu'elle recherche pour elle-même : « Des choses peu compliquées comme une veste bien coupée sur une robe féminine, ça peut se porter en toutes circonstances ».

La mode des années 1980 et 1990 avec ses coupes déstructurées et ses finitions inachevées ne plaisait pas du tout à Stella, elle préféra faire son apprentissage dans Savile Row, la fameuse rue de Londres où sont fabriqués les meilleurs costumes pour homme du monde. Elle sait comment faire une veste tailleur, mais ne la porterait jamais avec un pantalon de costume, lui préférant toujours une robe légère d'allure vintage comme sa mère. Ses petits vêtements lingerie eurent

---

Une vision du futur

Ne perdez pas Stella McCartney des yeux si vous souhaitez vous faire une idée de la mode de demain. La fille de Paul McCartney travaille sans aucun produit animal. Malgré tout, ou peut-être précisément pour cette raison, sa marque est plus « cool » que toutes les autres.

477

Une entreprise familiale
Stella McCartney avait quatre jours lorsqu'elle fut photographiée le 17 septembre 1971 dans les bras de sa mère Linda sous le regard admiratif de son père Paul. Les convictions de sa mère, qui mourut en 1998 d'un cancer du sein, déterminent aujourd'hui encore la vie de Stella.

La famille et les amis

Son père Paul et ses amies, comme Gwyneth Paltrow et Charlotte Casiraghi de Monaco, sont assis au premier rang lors de chacun de ses défilés. Avec sa mode sexy qui remet au goût du jour ruchés et volants, Stella répond précisément aux goûts de sa clique.

Insouciante et innovante

En temps que jeune mère active, Stella McCartney sait que le confort importe autant que le chic et dessine, en plus de ses combi-shorts bustiers et de ses robes ultra-longues à l'allure flatteuse, également des pull-overs et des vestes bien chaudes. Sans utiliser de cuir, elle réussit à créer les bottes à talons aiguilles et motifs à clous les plus sexys de l'hiver 2010. Pour l'été, elle a dessiné un *it bag* accordéon en bois et des lunettes de soleil surdimensionnées.

Fille de végétarienne, Stella est devenue la pionnière de la **tendance éthico-écolo**.

du succès dès la présentation de sa première collection pour Chloé. Cependant Stella ne saurait se contenter de ruché et de petites fleurs. Elle veut que sa mode soit « cool ». La robe est donc toujours portée avec une veste ou un gilet confortable.

À en croire Stella elle-même, ses pantalons sont sa plus grande réussite : « Aucun autre ne la rend aussi sexy ! ». Et que porte-t-elle avec ? Naturellement pas un blazer ! Elle choisit un vêtement flatteur et fluide pour casser la ligne trop stricte : « C'est l'équilibre qui fait la perfection d'un style à mes yeux. ».

Tom Ford, lui-même parfaitement ancré dans l'esprit de notre époque, a parfaitement su voir l'influence positive de la touche résolument féminine que Stella apporte à la mode actuelle du look « boyfriend » : il la fit entrer dans le groupe Gucci, qui appartient aujourd'hui au groupe de luxe PPR, au sein duquel Stella McCartney crée sous son propre nom depuis 2001. Sa mode est jeune, facile, flatteuse et pratique, mais elle est avant tout strictement végétalienne !

Il y a peu, on se moquait encore des « chaussures végétariennes » de Stella et du concept « 0 énergie » de ses boutiques, mais récemment, depuis qu'elle a été la seule personnalité de la mode citée par *The Time Magazine* en 2009 dans sa liste des « cent personnes les plus influentes de notre époque », son « modèle de magasin » est considéré comme exemplaire car la tendance éthico-écolo est devenue un mouvement majeur. Il ne faut cependant pas oublier que Stella ne fait que de la mode durable par conviction et non par calcul. Elle peut ainsi lancer une collection après l'autre et ouvrir consécutivement plusieurs magasins, tandis que d'autres créateurs souffrent de la crise depuis 2008. Stella McCartney fait du prêt-à-porter, de la lingerie, des lunettes de soleil, des chaussures, des sacs, des cosmétiques, des vêtements de sport pour Adidas et des vêtements pour enfants pour Gap – le tout organique et biologique.

Stella n'adopte pas pour autant une attitude missionnaire. Au contraire, elle se réjouit quand elle réussit à dessiner des chaussures et des sacs à mains si sexys qu'aucune de ses clientes ne se rend compte qu'elle a acheté du « chic écolo » : « J'apprécie le sentiment de les avoir infiltrées. ». Même son père Paul fut profondément impressionné par les bottes leggings infiniment longues et moulantes de sa fille : « J'aimerais savoir où ces bottes se terminent... ».

Les chaussures de Stella doivent faire rêver, sinon leur créatrice n'aurait aucun succès dans ce secteur. En effet, le similicuir biodégradable coûte 70 % plus cher que du vrai cuir. Mais comme l'a déclaré Tom Ford qui soutient Stella depuis toujours : « Le luxe ne provient pas de la mode, il doit juste changer son style. ».

Pour le moment, il semblerait que l'avenir appartient aux vêtements éthiques. Et c'est précisément le domaine de Stella. Puisqu'elle a été élevée de cette manière et puisqu'elle aimerait aussi offrir à ses enfants une existence en accord avec la nature. Depuis 2003, elle est mariée à Alasdhair Willis qui travaille également dans la mode, mais avec qui Stella préfère ne pas parler travail car : « Il existe heureusement une vie après la mode. » Une vie avec quatre enfants, comme Stella se l'est toujours imaginée. Car elle et son mari avaient dès le début l'intention de suivre le modèle familial : chacun d'eux avait trois frères et sœurs.

Ils ont aussi un chien. Pour lui, Stella, qui comme sa mère, décédée en 1998 d'un cancer du sein, cuisine d'excellents plats végétariens, fait parfois une entorse au régime : « Sur les conseils du vétérinaire, notre chien mange de temps en temps de la viande ».

Tendres souvenirs

Stella McCartney fut nommée styliste de sa marque préférée, Chloé, à l'âge de seulement 26 ans et dessina des vêtements comme ceux que sa mère portait dans les années 1970 : des modèles fluides et ornés de dentelle dans un style lingerie.

Individua-lisme

Jeans

Sans aucune connaissance en couture, les sœurs LAURA et KATE MULLEAVY décidèrent un beau jour de 2004 de lancer une petite collection très personnelle, inspirée des livres et des rêves. Elles la baptisèrent Rodarte, du nom de jeune fille de leur mère. Après avoir cousu 10 pièces à la main, elles partirent de Pasadena pour se rendre à New York, centre de la mode, où elles avaient annoncé leur arrivée à une poignée de gens influents dans le secteur en leur faisant parvenir des carnets de croquis très détaillés. On ne peut faire plus naïf, mais pourtant : les deux stylistes inconnues furent reçues, leurs vêtements firent rapidement la couverture de magazines de mode majeurs et furent commandés par des grands magasins élégants. On dirait un conte de fées, mais le phénomène s'explique facilement : dans un pays célèbre pour ses vêtements sportswear pratiques et ses produits de série bon marché, la mode poétique des deux sœurs répond à la nostalgie inassouvie d'une extravagance individuelle. Les vêtements Rodarte sont des œuvres d'art arachnéennes composées de détails encore inédits, souvent si fragiles que l'on ne peut les revêtir sans se faire aider. Des vêtements parfaits donc pour des occasions uniques, pour les plus beaux moments d'une vie. C'est pour cela que l'exemple Rodarte fera école : même la plus raisonnable des femmes a de temps en temps besoin de devenir une princesse.

Safer fashion, « une mode plus sûre », telle est la solution pour tous ceux qui redoutent les fautes de style : les jeans vont avec tout et se portent en toutes circonstances. Lorsque Levi Strauss introduisit les bleus de travail en 1873 comme pantalons de travail pour homme en Amérique, il ne pouvait se douter que 100 ans plus tard le monde entier déambulerait en jeans. Les Levi's étaient conçus pour le travail à la ferme, et comme les femmes y travaillaient aussi, Levi's présenta en 1934 les premiers jeans pour femme sous le numéro 701 – le traditionnel 501 était pensé pour les hommes. Mais les fermières portaient des 501 comme les hommes et seules les élégantes New-Yorkaises qui jouaient aux cowgirls pendant leurs vacances, adoptèrent les jeans pour femme. La marque prit vite en compte les goûts des citadines et remplaça la fermeture à boutons par une fermeture éclair pour les femmes. Beaucoup de personnes portent encore aujourd'hui le 501 de Levi's, ou des jeans de créateurs similaires en matière stretch. Les jeans sont devenus des articles de mode qui tiennent compte des goûts et du physique de chacun. La matière dans laquelle sont coupés ces vêtements inusables se prête aussi à toutes les transformations : le denim est toujours présent dans les collections 2010, de D & G à Stella McCartney et Chloé en passant par Jean-Paul Gaultier et Louis Vuitton.

Techno-Couture

Ce qui débuta dans les années 1990 avec les « t-shirts magiques » qui changeaient de couleur en fonction de la température ou ne laissaient apparaître des motifs que sous les rayons du soleil, aujourd'hui encore record des ventes de l'entreprise Nifty Cool Gifts, s'est mué en une tendance mode très forte à l'aube du troisième millénaire : la couture technologique faite de textiles intelligents qui ne se contentent pas d'équilibrer les variations de température mais peuvent sauver des vies. Le « life-shirt » surveille la fréquence cardiaque ou donne l'alerte en cas de déshydrogénation, l'une des causes de maladie les plus fréquentes chez les personnes âgées. Si l'on fait abstraction de tous ces éléments, la techno-couture est amusante. Le tissu Lumalive développé par l'entreprise Philips peut afficher à l'envi des textes et des images dans toutes les couleurs de l'arc-en-ciel par commande à distance. Des LED allument le Lumalive, tout le monde peut devenir sa propre étoile fixe comme le prouve la robe Galaxy de CuteCircuit. Quelque 24 000 LED de couleur (2 x 2 mm) sont brodées sur plusieurs couches d'organza et de voile, et à chaque mouvement elles scintillent et s'allument. Lorsque les piles sont vides, 4 000 cristaux Swarovski continuent de briller. Yin Gao développe quant à elle des vêtements réagissant à la lumière ou aux mouvements, aux bruits ou aux courants d'air – des sculptures vivantes qui ont été exposées à Bâle en 2009.

Vintage

Lorsque Julia Roberts avança sur le tapis rouge dans une robe Valentino vintage lors de la cérémonie des Oscars en 2001, le concept de vêtements d'occasion prit une nouvelle dimension. Si la mode « seconde main » était jusqu'alors considérée comme une solution de fortune, elle a acquis aujourd'hui tous ses titres de noblesse : les vêtements couture étaient mieux avant. Le couple Michèle et Olivier Chatenet a le coup de main pour créer une mode nouvelle et très appréciée avec des pièces vintage. Les deux Français, qui ont fait leurs armes chez Alaïa, Comme des Garçons et Chanel, retravaillent les vêtements vintage dans un esprit très contemporain, ils leur ajoutent parfois seulement de nouveaux boutons, d'autres fois ils les démontent entièrement pour en créer de nouvelles. La marque « recyclée » qu'ils ont fondée à Paris en 1999 porte le nom de E2. Des célébrités comme Madonna apprécient leurs pièces uniques. Les Chatenet ne présentent pas leur collection E2 lors de défilés classiques mais dans des galeries. Tara Subkoff et Matt Damhave ont suivi la même idée en créant leur marque Imitation of Christ en 2000 à New York. Ils découpent des pièces trouvées dans des friperies, enlèvent les étiquettes et créent de nouveaux vêtements avec ses matériaux vintage. Leur camarade d'école Chloë Sevigny est considérée comme une icône de la mode vintage. Le vintage est une forme de protestation contre la société de gaspillage.

DANS LES COULISSES

L'influence des décideurs et des muses

B onnie English, historienne de la mode australienne, déclarait dans son ouvrage *A Cultural History of Fashion in the Twentieth Century (Histoire culturelle de la mode au XXᵉ siècle)* : « Le monde de la mode a connu une profonde mutation depuis 1990 ». Si l'on en croit ses propos, ce changement s'est exprimé d'abord par l'apparition d'un nouveau genre de créateurs : si les stylistes avaient pu jusqu'alors jouer de réserve et de timidité envers le public, les couturiers de la nouvelle école étaient des personnages cultes qui, comme les comédiens, les musiciens, les sportifs ou encore les mannequins, se devaient d'avoir tout pour devenir des célébrités mondiales. Ils affichaient à bon escient leur image travaillée, représentant aussi celle de la marque, lors de toutes leurs apparitions publiques. Cette transformation s'expliquait par un renversement de tendance généralisé consistant à prendre de la distance par rapport à la haute couture discrète et distinguée, et à se rapprocher du prêt-à-porter à l'impact plus fort auprès du grand public. Le commandement suprême pour les stylistes comme pour leur public-cible prescrivait désormais la « mise en scène de l'individualité ».

Ce déplacement du centre d'intérêt déclencha aussi un bouleversement majeur dans les coulisses : on fit intervenir ceux qui tiraient les ficelles dans l'ombre et qui firent preuve d'un talent jusqu'alors insoupçonnable pour marquer de leur empreinte une marque et la commercialiser, mais également les muses qui, par leur beauté et leur élégance, mais surtout par leur originalité, apportèrent une nouvelle impulsion.

D'un point de vue économique, la mutation commença à se profiler dès les années 1980 : dans la branche des articles de luxe, le chiffre d'affaires de la mode passa en dessous des possibilités de gains offertes par les transferts de licence sur les parfums, les cosmétiques, la maroquinerie, la lunetterie ou les bijoux. Les collections avaient désormais deux fonctions : en elles-mêmes, elles ne s'adressaient qu'à un petit cercle de clients très fortunés, mais en tant qu'instrument de marketing destiné à susciter le désir du grand public pour des parfums, des sacs à mains ou des lunettes de soleil, elles devenaient irremplaçables. Les entreprises indépendantes, ce qui était le cas de nombreux fabricants d'articles de luxe, eurent de plus en plus de mal à survivre sur un tel marché. Les

BERNARD ARNAULT

DOMENICO DE SOLE

KARLA OTTO

PATRIZIO BERTELLI

FRANÇOIS-HENRI PINAULT ET FRANÇOIS PINAULT

L'éminence chamarrée
Impossible d'omettre la journaliste de mode Anna Piaggi. Pourtant, nombreux furent ceux qui méconnurent l'influence qu'elle a eue sur la mode.

groupes internationaux au contraire qui présentaient leurs différentes marques de manière indépendante vis-à-vis de l'extérieur, mais se partageaient, en interne, sous-traitants et cessionnaires afin de minimiser les coûts, furent les vainqueurs de cette évolution. De plus en plus de marques renommées fusionnèrent avec l'un des deux grands géants du secteur : Louis Vuitton Moët Hennessy (LVMH) ou Pinault-Printemps-Redoute (PPR). Les deux groupes de luxe concurrents sont dirigés respectivement par BERNARD ARNAULT et FRANÇOIS PINAULT. Le président de LVMH comme le fondateur du groupe PPR n'avaient au début de leur carrière rien à voir avec le monde de la mode. Bernard Arnault, aujourd'hui première fortune de France, se lança d'abord dans la promotion immobilière avec la construction de logements de tourisme sur la Côte d'Azur. Il fonda ensuite une holding en 1984 et prit possession du groupe Boussac/Saint-Frères spécialisé dans le textile, alors en pleine débâcle mais dont les filiales comptaient notamment Christian Dior. Il progressa alors coup après coup : en 1987, Arnault participa de manière décisive à l'ascension de Christian Lacroix, à qui il permit de faire son entrée dans le milieu de la mode. Il racheta la même année le fabricant de maroquinerie de luxe Céline et commença à faire l'acquisition de parts dans la holding LVMH fondée en 1987. La holding était née de la fusion de Louis Vuitton et de Moët Hennessy dont le comité directeur craignait une OPA hostile. Cependant, d'importantes divergences d'opinion surgirent à peine un an plus tard quant à la gestion du conglomérat

œuvrant dans les secteurs du champagne, du cognac et de la maroquinerie. La direction de Louis Vuitton demanda de l'aide à Bernard Arnault et lui proposa des parts dans le groupe. La branche des spiritueux s'adressa au contraire au géant britannique Guinness. C'est cette décision qui permit finalement à Arnault de mener à bien son coup d'État. Avec le soutien de Guinness et de la banque d'affaires Lazard Frères, il put s'octroyer 45 % des parts de LVMH et devint, en 1989, président du groupe contre la volonté des membres des familles Vuitton et Hennessy. Bien que ce coup reste controversé, ce qu'Arnault a réussi à faire du groupe depuis sa prise de pouvoir clôt tous les débats. Par un habile mélange de marketing avisé, d'innovation en matière de design et d'un contrôle vigilant des points et des stratégies de vente, il a fait de Louis Vuitton et de Christian Dior des entreprises très rentables et présentes sur la scène internationale. Il est parvenu à tisser le lien créatif avec John Galliano dont les collections pour Christian Dior furent sans cesse acclamées. Il fut à l'origine de la découverte d'Hedi Slimane pour la ligne Dior Homme et a engagé Marc Jacobs pour Louis Vuitton. Ces grands couturiers ont depuis écrit un pan de l'histoire de la mode au sein de leurs marques respectives.
François Pinault était déjà un fin stratège bien avant son entrée dans le monde de la mode : il débuta sa carrière dans la scierie familiale qu'il vendit à la mort de son père pour la reprendre par la suite. Sa devise, se passer d'intermédiaires et ne travailler que directement avec les sous-traitants et les transporteurs, ne contribue pas à sa popularité,

Un couple puissant
Sans l'habileté de l'homme d'affaires Domenico De Sole, l'ascension de Tom Ford chez Gucci n'aurait pas été aussi fulgurante, et ce dernier n'aurait sans doute pas osé créer aussi rapidement sa propre ligne – sur la photo ci-dessous, les deux hommes inaugurent la boutique Ford de Milan.

Bijoux et inspiration pour YSL
Loulou de la Falaise fut la plus grande amie d'Yves Saint Laurent dont elle dessinait la ligne de bijoux.

mais lui assure richesse et puissance. Après avoir atteint le sommet du secteur du bois, il s'attela à la conquête d'autres domaines : il racheta en 1992 la chaîne de grands magasins Printemps, puis la société de vente par correspondance La Redoute et fonda le groupe Pinault-Printemps-Redoute (PPR). Le coup suivant, comme l'explique un ancien membre du comité directeur de PPR, tombait sous le sens : « Posséder des marques de luxe aide à conquérir l'Amérique et l'Asie sans avoir besoin d'investir. ». L'entrée dans cette branche fut, pour ainsi dire, offerte sur un plateau à Pinault avec la marque Gucci.

En 1999, la rumeur court que le président de LVMH, Bernard Arnault, projetait une OPA hostile sur le groupe autrefois en difficulté, auquel Tom Ford apportait un nouvel éclat depuis 1994. Le président de Gucci, Domenico Sole, ne se faisait aucune illusion quant aux raisons pour lesquelles Arnault avait racheté 34 % des parts du groupe : il considérait cette manœuvre purement et simplement comme une tentative d'évincer Gucci comme concurrent de Louis Vuitton. De Sole se tourna donc vers François Pinault et lui proposa le marché suivant : pour affaiblir le poids des investissements d'Arnault, il allait émettre des millions de nouvelles parts que Pinault pourrait acheter afin de s'assurer une participation de 40 % dans le groupe Gucci. Par ce subterfuge, la participation d'Arnault chuta de 34 à 20 %. Bernard Arnault ne décoléra pas et la guerre était désormais déclarée entre les deux titans ; leur dissension s'exprima alors dans tous les domaines dans lesquels ils évoluaient. Comme les célèbres vignobles du Château

d'Yquem et de Cheval Blanc appartenaient à LVMH, PPR fit l'acquisition du Château Latour. En 1998, François Pinault racheta la maison de vente aux enchères Christie's, Arnault l'imita en 1999 avec Phillips de Pury & Company (qui fut cependant revendue en 2003). Lorsque Bernard Arnault commanda la construction d'une fondation culturelle pour LVMH à Paris au célèbre architecte Frank Gehry en octobre 2006, Pinault se sentit obligé de faire réaliser dans une autre ville son projet de musée d'art contemporain dessiné par le Japonais Tadao Ando et initialement prévu à Paris mais sans cesse repoussé depuis 2000 : il racheta des parts dans le Palazzo Grassi de Venise que Tadao Ando rénova savamment, et présenta en 2007 au public une exposition de sa collection personnelle d'art moderne. Quant au devenir de son groupe, François Pinault avait déjà pris de la distance : au printemps 2005, il avait transmis les rênes de son empire à son fils François-Henri Pinault, non sans avoir dûment éprouvé au préalable sa fermeté dans les affaires dans des branches du groupe familial. Le fils fit ses preuves de manière éblouissante pendant les dix années que dura sa mise à l'épreuve et deux ans à peine après sa prise de fonction, il créa la surprise avec un nouveau coup aussi habile qu'intelligent : le rachat par PPR du fabricant d'articles de sports allemand Puma. En tant qu'acteur du marché mondial, expliqua François-Henri Pinault, on ne pouvait se concentrer sur une clientèle élitaire et réduite – la marque allemande très prisée représentait un lien idéal entre le marché du luxe et la branche grand public de PPR.

Au premier rang

Bernard Arnault, qui possède plusieurs maisons de couture, et sa femme Hélène occupent toujours la place d'honneur lors des défilés de mode. Sa plus grande star fut John Galliano qu'il a enrôlé chez Dior (ci-dessous). Frank Gehry a dessiné le musée (en haut à droite) pour le projet de fondation culturelle.

Poids plume

Petite, gracile et bénéficiant d'un bon réseau, Amanda Harlech est la muse idéale – d'abord pour John Galliano, puis pour Karl Lagerfeld.

Le directeur de Prada, PATRIZIO BERTELLI, décida à la fin des années 1990 de faire entrer dans son capital, en plus de ses marques « maison » Prada et Miu Miu, des entreprises étrangères pour s'assurer un potentiel de croissance soutenu : en 1999, Bertelli acheta Jil Sander, Helmut Lang et, avec LVMH, Fendi, maison de couture romaine célèbre pour ses fourrures. Bertelli connut toutefois moins de succès qu'Arnault ou Pinault avec ses acquisitions : il ne réussit pas à renflouer l'entreprise déficitaire Fendi et revendit ses parts à LVMH en 2001. Chez Jil Sander, des différends survinrent avec l'icône de la mode allemande un an à peine après le rachat. Jil Sander quitta son poste en 2000. Malgré les tentatives pour augmenter les gains et réduire les coûts, la situation demeura si désastreuse que Bertelli dut vendre la marque Jil Sander à l'investisseur britannique Change Capital Partners en février 2006. Il n'eut pas beaucoup plus de chance avec Helmut Lang : en 1999, Bertelli avait fait son entrée dans l'entreprise avec l'acquisition de 51 % des parts, en octobre 2004, après des années chaotiques, il racheta le reste des parts. Au printemps 2005, le couturier quitta la maison de couture qu'il avait fondée, la marque survécut mais fut vendue en 2006 à un groupement d'entreprises japonais. Depuis, le groupe Prada, auquel appartiennent les deux marques de chaussures Church's Footwear et Car Shoe, se concentre de nouveau sur les deux lignes initiales de la maison, Prada et Miu Miu. C'est après tout grâce à elles que Bertelli avait réussi à faire de l'ancien petit fabricant milanais de sacs en cuir Prada, un groupe international. Dès 1967, alors qu'il n'avait que vingt et un ans, il

fonda à Arezzo, sa ville natale, sa fabrique de ceintures et sacs en cuir. Dix ans plus tard, il rencontra Miuccia Prada, issue de la haute bourgeoisie milanaise, qui hérita en 1978 de l'entreprise de maroquinerie familiale. Elle épousa Bertelli en 1980 et, ensemble, ils se lancèrent dans la restructuration et l'expansion de leur entreprise. Elle fit une première percée internationale en 1985 avec un sac noir brillant en toile de parachute. La première collection de prêt-à-porter est présentée en 1989, puis la ligne Miu Miu en 1992, une marque moins chère et s'adressant à un public plus jeune. Les magasins ne sont plus uniquement des espaces de vente mais des laboratoires de création qui proposent vêtements et accessoires, mais aussi des supports de réflexion et d'inspiration. Le groupe engagea des architectes de renom pour concevoir ces points de vente nouvelle génération : Rem Koolhaas dessina les flagship-stores de New York, Los Angeles et San Francisco, Herzog & de Meuron fut chargé du magasin de Tokyo. Une autre femme participa au développement de ce profil si caractéristique : la conseillère en image et spécialiste des relations publiques KARLA OTTO, l'une des femmes les plus influentes du monde de la mode. En 1973, le bac en poche, cette native de Bonn partit pour le Japon où elle finança ses études en faisant du mannequinat. Ces petits boulots la conduisirent à Milan où elle fit la connaissance d'Elio Fiorucci qui, avec ses t-shirts, ses jeans et ses accessoires, était l'un des premiers à introduire la culture de la jeunesse londonienne en Italie. Fiorucci proposa à Karla Otto de s'occuper de ses relations presse : à une époque où personne ne se

Il dirige, elle crée
Sans son mari Patrizio Bertelli, Miuccia Prada ne serait jamais allée si loin. Il la convainquit de ne pas se contenter de fabriquer des sacs à mains et ensemble, ils construisirent le groupe Prada.

Poids lourd
Leigh Bowery exerça une forte influence sur le monde de la nuit londonienne et donc de la mode. Lors de ses nuits Taboo, toutes les limites étaient franchies, ce qui donna naissance à plus d'une nouvelle tendance. Bowery fut toujours lui-même avant-gardiste.

Tel père…

Le marchand de bois François Pinault survolait jadis en jet privé ses forêts, puis il prit le contrôle du groupe de luxe Pinault-Printemps-Redoute (PPR).

souciait de la commercialisation des concepts de tendances et d'image, Elio Fiorucci et Karla Otto initièrent les premières modes internationales. À la fin des années 1970 et dans les années 1980, Fiorucci devint le symbole de la génération pop art. Après ce grand succès, Jean-Paul Gaultier confia à Karla Otto ses relations presse sur le marché italien. Cette collaboration marqua un tournant des relations publiques dans l'univers de la mode : auparavant, les journalistes et rédacteurs de mode devaient se rendre jusqu'aux lieux où travaillaient les créateurs pour glaner des renseignements, découvrir les collections et louer des pièces pour les séances photos, dorénavant, il suffisait d'un court trajet en taxi pour aller rencontrer l'attachée de presse sur place. Jil Sander fut le deuxième coup d'éclat de Karla Otto : ce fut elle qui fit connaître la marque au public international et qui développa des concepts de magasins et des campagnes publicitaires pour le monde entier. Puis vint Prada. Cette collaboration prit néanmoins fin soudainement après des années de succès : Bertelli voulut racheter l'entreprise de Karla Otto mais, en fin stratège, elle refusa. Elle perdit Prada en tant que client, mais son refus à la proposition de Bertelli ne fit que conforter sa réputation : Karla Otto est aujourd'hui encore l'unique propriétaire de son entreprise et a ainsi gardé une totale indépendance. Sa clientèle compte notamment Roberto Cavalli et Alberta Ferretti, Pucci et Fendi, Viktor & Rolf, Hussein Chalayan, mais également des marques de sport comme Nike ou la ligne de jeans de Karl Lagerfeld.

Parallèlement à cette mission nouvelle qui ne s'est développée que grâce à la mondialisation et aux mutations structurelles profondes du monde de la mode, Karla Otto joue un autre rôle qui, depuis les années 1930, occupe une place capitale de la stratégie de toutes les maisons de couture : elle est ce que l'on appelle un « mannequin mondain ». Car en plus des mannequins officiels de leur maison de couture, les grands couturiers ont toujours sélectionné des célébrités et des femmes issues des meilleurs cercles pour porter leurs vêtements lors d'événements mondains et ainsi se faire connaître. Karla Otto, qui fait une taille 34 depuis ses seize ans, change de tenue jusqu'à cinq fois par jour pour toujours apparaître à ses présentations dans le style de chacune des marques qu'elle représente.

Pendant des décennies ce fut la beauté ou l'élégance de ces mannequins mondains, parmi lesquelles Mona von Bismarck et la duchesse de Windsor comptèrent parmi les plus légendaires, ou des mannequins professionnels qui inspirèrent les photographes et stimulèrent la créativité des couturiers comme le révéla l'exposition Models as Muse du Metropolitan Museum de New York en 2009. La situation ne commença à changer qu'à la fin de l'ère des top-modèles, à la fin des années 1980 : sur les visages, mais aussi dans le langage visuel et publicitaire de la mode, la personnalité se mit à importer plus que des proportions harmonieuses. Dans le cercle des muses, dont l'influence est décisive sur la patte des couturiers les plus renommés, on découvrit aux côtés de beautés classiques comme LOULOU

… tel fils

Aujourd'hui PPR est dirigé par François-Henri Pinault. Ses trophées : son épouse, la star hollywoodienne Selma Hayek, et son musée, le Palazzo Grassi.

DE LA FALAISE qui inspira Yves
Saint Laurent, ou INÈS DE LA
FRESSANGE et plus tard AMANDA
HARLECH pour Karl Lagerfeld, des
personnalités singulières dont la
principale caractéristique était une
grande originalité. LEIGH BOWERY
fut sans conteste le personnage le plus
étrange de cette clique. Cet Australien
fut à la fin des années 1980 et au
début des années 1990 l'une des plus
grandes sources d'inspiration des
créateurs londoniens. Bowery était
bedonnant et chauve, mais il créait
pourtant l'événement à chacune de
ses apparitions publiques. On a ainsi
pu le voir déguisé en pièce montée,
vêtu d'une gigantesque crinoline et
maquillé à l'unisson, paradant dans
une robe à fleurs le recouvrant
jusqu'au visage ou déambulant
à petits pas comme une ballerine
affublée d'une tenue rose à paillettes
et perché sur des talons compensés
en plastique. Il ouvrit en 1985 le
night-club Taboo. Conçues au départ
comme de simples manifestations
underground, ses soirées devinrent
vite une sorte de Studio 54 londonien
où l'atmosphère était plus débridée
et plus consciente de la mode que
dans la légendaire boîte de nuit
new-yorkaise. Les nuits au Taboo
furent fréquentées par des idoles de
la mode et de la pop comme David
Bowie et Boy George, par le peintre
Lucian Freud ou les créateurs
Vivienne Westwood, Alexander
McQueen et John Galliano. En 1988,
une galerie londonienne mit en
scène Bowery dans sa vraie nature :
en tant qu'« œuvre d'art » vivante,
il resta assis des semaines en vitrine
portant chaque jour des costumes
différents qu'il avait lui-même cousus.
Son penchant pour les extrêmes –
il n'hésitait pas à associer robe

L'incarnation de Coco
Inès de la Fressange que Karl Lagerfeld élut
comme sa première muse chez Chanel,
ressemblait beaucoup à Mademoiselle Gabrielle.

à paniers et casque en acier, à s'affubler de masques hagards, à écraser et ceinturer son corps massif pour le mettre en forme, à poser en nonne à pied-bot vêtu de latex noir ou à jouer la coquette déguisée en théière à gigantesque bec verseur – influença fortement et durablement Westwood, McQueen et Galliano. Ce dernier lui consacrait encore une collection hommage en 2003. Bowery était alors décédé depuis déjà neuf ans.
Il mourut en effet du sida en 1994.
La vie d'ISABELLA BLOW, autre icône de la mode britannique, fut à peine moins flamboyante et tragique. Alors âgée de vingt et un ans, elle partit à New York en 1979 pour étudier l'art chinois. Elle abandonna ses études un an plus tard et travailla pour Guy Laroche au Texas. Elle retourna à New York en 1981 pour devenir l'assistante d'Anna Wintour, la légendaire rédactrice en chef du *Vogue* américain, et se lia d'amitié avec Andy Warhol, Jean-Michel Basquiat et Roy Lichtenstein. Elle réintégra Londres en 1986 en tant que directrice mode du magazine *Tatler*, et s'y illustra aussi comme découvreuse de talents surdouée : lorsqu'elle se remaria en 1989 avec le marchand d'art Detmar Blow, elle confia à Philip Treacy, un modiste inconnu, le soin de dessiner sa coiffe de mariée, marquant ainsi le début d'une relation de mode aussi célèbre que prolifique. Treacy créa pour Blow les chapeaux les plus fous : une orchidée vert pâle surdimensionnée, un disque argenté scintillant flottant au-dessus de la tête, une touffe de plumes rose tendre ou encore un filet de symboles du dollar descendant jusqu'aux yeux. Elle lui installa un atelier dans son appartement personnel, mais le rendit surtout

célèbre en portant ses chapeaux. Blow découvrit également le modèle Sophie Dahl ou le couturier Hussein Chalayan. Lorsqu'Alexander McQueen présenta en 1994 sa collection de fin d'études à l'école Central Saint Martins, elle l'acheta en intégralité, pour 5 000 livres, qu'elle régla en traites de 100 livres. Son étoile commença cependant à décliner à partir de 2001 : lorsque McQueen vendit sa marque à Gucci, elle se sentit dépassée car si elle avait manigancé la transaction, McQueen ne l'avait ensuite plus consultée. Son statut de célébrité déclina ; atteinte d'une grave maladie et luttant contre la dépression, elle mit fin à ses jours en 2007. La scène londonienne fut sous le choc. « Avec son apparence et sa charmante excentricité, elle pimentait finalement tous les événements auxquels elle participait », se rappelle le styliste Michael Kors. Heureusement, et pas uniquement pour l'univers fermé de la mode, il y eut une grande dame qui, malgré son âge, maintint au plus haut niveau l'art de la mise en scène personnelle. On dit qu'ANNA PIAGGI serait née en 1931. Mais, jusqu'à sa mort en été 2012, l'enthousiasmante diva aux cheveux teints en bleu doux continua de faire fureur à tous les défilés de mode. « Elle a été la dernière grande autorité du monde dans l'art de s'habiller », dit d'elle l'icône des créateurs de chaussures Manolo Blahnik qui fit la connaissance de Piaggi au début des années 1970 alors qu'ils étaient voisins dans le quartier de Kensington, à Londres. À l'époque, cette Milanaise, qui avait épousé le photographe de mode Alfa Castaldi (mort en 1995) au milieu des années 1950, passait beaucoup de

Une question de savoir-faire
Quiconque s'en remet à l'Allemande Karla Otto, conquiert depuis Milan tous les marchés. C'est ce qu'a compris Roberto Cavalli qui, avec l'aide de Karla, a enfin pris son envol ces dernières années. Le travail de Karla Otto a déjà profité à Fiorucci, Jil Sander et Prada.

Pauvre Mécène
Isabella Blow soutint surtout des modistes talentueux comme Philip Treacy, mais elle acheta également la première collection d'Alexander McQueen… à crédit.

Un cœur contre une couronne

Avec goût, discipline et humour, l'Américaine Wallis Simpson, deux fois divorcée, conquit Edward, prince héritier de la couronne britannique. Pour l'épouser, il renonça au trône. En tant que duc et duchesse de Windsor, le couple vécut une vie élégante dans son exil parisien.

temps dans la capitale britannique, écumait les boutiques pour le magazine de mode italien qui l'embauchait et, avec l'excentrique Vern Lambert, visitait les ventes aux enchères et les magasins d'antiquités à la recherche de vêtements des années 1920 et 1930 pour le stand de ce dernier au Chelsea Antique Market mais aussi pour la penderie personnelle de Piaggi. Car Piaggi était collectionneuse de mode exceptionnelle et championne de l'association surprenante : « Pour Anna, cela ne devait pas être du Dior », s'extasie le créateur de chapeaux Stephen Jones, qui a créé beaucoup de ses coiffures hardies. « Elle portait des chaussures des années 1920 avec des pantalons Dolce&Gabbana, un antique manteau Patou avec une ceinture en plastique et un bâton de ski comme canne, en plus sa folle chevelure bleue et un chapeau en biais. Elle incarnait toutes les possibilités qu'offre la mode. Il n'est pas question de chic ou de grandes actions, mais de frivolité, d'amusement et de curiosité. Ce rapport très créatif avec le contenu de son armoire personnelle qui contenait 2 865 vêtements et 265 paires de chaussures en 2006, n'inspira pas seulement son entourage immédiat, mais aussi l'homme qu'à côté de son époux et antiquaire de mode Vern Lambert, elle qualifiait de troisième homme important dans sa vie : Karl Lagerfeld. En 1974, déjà, quand ils se rencontrèrent pour la première fois à Paris, il fit un dessin d'elle sur la serviette en papier d'un restaurant chinois. Son *Fashion Journal* publié en 1986, établit une description de sa

phénoménale garde-robe sur dix ans. Jusqu'à sa mort, elle fit preuve d'un flair infaillible pour ce qui est dans l'air. Chaque mois, elle surprenait à nouveau les lecteurs du *Vogue* italien avec ses articles : quatre pages sur une broche, sur une couleur, un mot, un animal, un détail infime qu'elle avait remarqué lors d'un défilé. Elle avait toutes les libertés, dans le choix du sujet comme dans la présentation visuelle. Les publications faisaient tout autant sensation que sa garde-robe étudiée avec subtilité jusque dans le détail. Celle-ci est considérée par les historiens de mode comme une expérience si mémorable que le Victoria and Albert Museum de Londres, l'un des musées les plus importants du monde en matière de design et de textile, lui a consacré une exposition en 2006.
Les rédactrices en chef des grands magazines féminins exercent aussi une forte influence sur le monde de la mode. Elles sont en revanche rarement des muses, à l'exception peut-être de CARINE ROITFELD qui dirigea le *Vogue* français de 2001 à 2011. En tant que styliste, elle prit part de manière décisive à l'ascension de Tom Ford chez Gucci. Puis elle réussit à choquer avec des photos de mode de modèles en train de fumer ou nus et ligotés, et se réjouit : « Je suis la punk de la famille *Vogue* ». FRANCA SOZZANI, rédactrice en chef du *Vogue* italien depuis 1988, n'est pas moins provocatrice malgré ses cheveux blonds lui descendant jusqu'à la taille qui lui donnent l'air d'un ange. ANNA WINTOUR, la Britannique assise sur le trône du *Vogue* US, est quant à elle le célèbre « Diable s'habille en Prada ». Malgré sa réputation de sévérité, elle a permis

Sur la liste des femmes les mieux habillées
Mona von Bismarck ne possédait au départ que sa beauté, son premier mariage lui apporta la richesse, son second la noblesse.

à quelques talents de se lancer dans la mode. À ce jour, aucune n'a cependant réussi à égaler l'icône DIANA VREELAND, rédactrice en chef de *Vogue* et décédée en 1989. Ce n'était pas une beauté, mais elle était excentrique, drôle et inventive. Sa devise était la suivante : « Ne craignez pas d'être vulgaire, être ennuyeuse est bien pire. » Vreeland organisa les premières grandes expositions de mode du Metropolitan Museum of Art. Elle avait été découverte par CARMEL SNOW, légendaire rédactrice en chef d'*Harper's Bazaar* qui en fit entre 1934 et 1958 le premier magazine de mode au monde avant que son élève Vreeland ne mène *Vogue* au sommet de sa gloire. Étonnamment, c'est une journaliste, armée de ses seuls mots, SUZY MENKES, qui détient aujourd'hui plus de pouvoir que toutes les rédactrices en chef qui manipulent de sublimes photos. Après des études de littérature et d'histoire anglaise, la Britannique, née en 1943, se lança ensuite dans le journalisme. Depuis qu'elle a été embauchée comme critique de mode par l'*International Herald Tribune* en 1988, son influence n'a cessé de croître. Elle est la seule à pouvoir lancer ou enterrer une carrière, par son seul jugement. Heureusement, elle est incorruptible et toujours ouverte aux idées nouvelles : « Ce monde serait bien triste s'il n'y avait que des vêtements raisonnables », dit-elle après quarante années passées à rédiger des articles sur la mode.

Claudia Teibler

Le pouvoir des médias

Rédactrices en chef légendaires : Carmel Snow de *Harper's Bazaar*, Diana Vreeland du *Vogue* américain (en haut à gauche et à droite) et Carine Roitfeld, du *Vogue* français jusqu'en 2011 (en bas à gauche). Les rédactrices en chef de *Vogue* depuis le plus longtemps en activité sont Anna Wintour (au milieu à droite) à New York et Franca Sozzani (en bas à droite) à Milan. C'est la critique de mode Suzy Menkes (au milieu à gauche) qui a la plus grande influence.

INDEX DES PERSONNES

INDEX DES PERSONNES

INDEX GÉNÉRAL

INDEX GÉNÉRAL

CRÉDITS PHOTOGRAPHIQUES

g gauche
d droite
b bas
h haut
c centre
1.R. 1er plan
2.R. 2e plan
3. R. 3e plan

© action press, Hambourg (4 bd, 5 g, 43 bd, 70 bd, 77 bd, 99 hd, 113 cd, 116, 193 cg, 209 bg, 212 cg, bg, 213 hc, hd, cd, bd, 214, 219 hc, hd, 223, 225 bd, 228 hd, cg, 229 hd, 231bc, 245 hg, hc, hd, cd, 254 cc, 260 hg, bd, 276, 284 cg, 291 hd, 306 hd, bcg, 309 h, 310 h, b, 314, 321 hg, cd, bd, 324 bg, bd, 330 hg, 331 bg, bc, 337, 338 hg, cg, 339 hc, hd, cg, bg, bcg, bcd, bd, 340 g, 341 d, 346 hg, hc, hd, bg, bc, 349 bd, 357 bg, bc, 363, 364 hg, 365 bg, bcg, 374, 379 h, 384 d, 385 cd, 401, 403 hg, hc, c, bg, 407 hg, hd, 419 b, 420/421, 426 hd, bcd, bd, 430 hd, bd, 433 h, b, 435 hd, 458 hd, 459 bg, 478, 480 hg, hd, 482, 499 cd)

© Agentur Focus, Hambourg, Alessandro Albert/Grazia Neri (275 bd, 278), Pierre Boulat/COSMOS (151 bd), Magnum Photo (Thomas Dworzak 282 Ausschnitt, Richard Kalvar 309 b Ausschnitt, Ferdinando Scianna 37 cd, 283 Ausschnitt, 323 Ausschnitt, 348 b), PARIS MATCH (349 hd), Christophe Petit Tesson/WPN (284 bc, bd), Massimo Sesti/Grazia Neri (344)

© AP Images, Francfort/C Evan Agostini (494 b), Luca Bruno (368 g, 369 c), Antonio Calanni (8), Thibault Camus (188 h), Jeff Chiu (459 hg), H&M (435 hg), Kyodo (407 bg), Bebeto Matthews (458 bc), Andrew Medichini (407 hc),

Photo (179 hg, 484 hd), Lynne Sladky (458 hg), Alessandra Tarantino (458 bd)

© bpk, Berlin Kunst-bibliothek/SMB, Dietmar Katz (44 cg), Knud Petersen (11, 39 bcg), Kunstgewerbemuse-um/SMB, Saturia Linke (37 bd)

© Bridgeman Art Library, Londres (13 cc, cd, 29 h, 39 hg, 42, 65 bc, 484 bd)

© Burberry, Presse, Londres (366 Bailey, 381 g, d)

© Raymond Cauchetier, Paris (145 bc)

© Corbis, Düsseldorf (237 d, 342 d), Alinari Archives (45 cd), Peter Andrews (204, 365 hg), Michel Arnaud (239 hd, 324 hg, hd, 427 bd), Yann Arthus-Bertrand (217), Bettmann (43 hg, 45 hd, 65 hc, 77 hd, 91 hg, 99 bd, 100, 101 hcg, 113 hc, cg, 122 hd, bc, 123 hg, hc, 135 hg, bcg, 177 bc, 228 cd, 498 b, 499 hg), Erica Berger (307 hd), Gene Blevins (338 hd), Brooks Kraft (463 hd, cd), Bureau L.A. Collection (321 cg), Stephane Cardinale/People Avenue (206, 208, 212 hg, cd, 219 bg, bc, 225 hcg, 254 cd, bg, bc, bd, 265 hc, bd, 274 cd, 280 bd, 284 hg, hc, bg, 305 cc, 370 bg, 452, 457 h, bg), Jacques C Chenet (225 hd), Cinemaphoto (145 bd), Classicstock (American Stock Photography 110, H. Armstrong Roberts 198), Condé Nast Archive (4 hd, 44 cd, 48 bg, 54, 56, 60, 62,

65 c, 68, 70 hd, bg, 71, 72, 73, 77 hd, cg, 79, 84, 89, 93, 101 hcd, 103, 104, 105 hg, hc, hd, c, bg, 117, 122 hg, 122 bd, 123 cg, 128, 134, 135 bd, 136, 139, 144, 168, 169, 172 h, 199 b, 252, 253, 272, 273, 366 Jacobs, 493 h), WWD (4 hg, 188 b, 207, 209 hg, 240 hd, 245 hc, bg, 281, 287, 288, 291 hg, 298 hg, hc, bd, 305 bg, bd, 307 bcd, bd, 330 d, 331 bdh, 352, 364 bg, 365 bcd, 370 h, 375 h, 376 h, 385 hg, hc, 390, 395 hd, bg, 396 bg, 426 bg, 432 2.R. g, d, 440 hg, hd, 441 d, 450, 454, 455, 484 hg), Jerry Cooke (135 hd), Ashley Cooper (435 bc), Ducko Despotovic (432 1.R. cg, 3.R. cg, d), Aristede Economopoulos/Star Ledger (430 hg), Bruno Ehrs (442), Robert Evans/Handout (274 bd), Yann Gamblin (291 cd), Tim Garcha (383), Chris George (267 hg), Etienne George (357 h), Lynn Goldsmith (193 bg, 200 h, 229 cg, 270 c), Marianne Haas (355), Rune Hellestad (435 bg), Frédéric Huijbregts (135 hcd), Hulton-Deutsch Collection (19, 43 hd, 49, 65 bg, 76 h, bd, 135 hcg, 153), KIPA (Baril/Roncen 225 bg, Catherine Cabrol 233, Jean-François Rault 358 bg), Abilio Lope (426 hg), Tanguy Loyzance (301), Viviane Moos (289 hd), Michael Ochs Archives (63, 194 bg, 228 bc), Thierry Orban (160), OUTLINE (Harry Borden 417, Chris Buck 476, Gavin Evans 348 h, Lee Jenkins 449, Jack Mitchell 271, Martin Schoeller 250, David Slijper 446, Spicer 386/387, Greer Studios 225 hcd, Thimothy White 319), Norman Parkinson Limited (227), Philadelphia Museum of Art (87, 92), Photo B.D.V (106 hg, 158 hd, bg, 162, 209 bd, 237 g, 238), Neal Preston (193 hg, 228 bd),

Vittoriano Rastelli (280 hg, hc, 346 bd), Stephane Reix/For Picture (245 bc), Reuters (213 bg, 240 bg, bd, 262 cg, bg, 263 bc, bd, 280 cd, 329, 420/421, 423 hg, bg, Alessandro Bianchi 306 bd, Jack Dabaghian 220, Regis Duvignau 263 hd, Emmanuel Fradin 262 hd, Gonzalo Fuentes 372 bg, Alessandro Garofalo 275 bg, 380 bg, 436, 464 cd, Chris Helgren 280 bc, Kim Kyung Hoon 422 b, Lucas Jackson 291 bd, Jacky Naegelen 211, 218, Dylan Martinez 330 bg, Charles Platiau 262 bd, 305 hg, 372 hg, Stefano Rellandini 212 hd, 350 b, 441 g, Max Rossi 351, Pascal Rossignol 209 hc, Benoit Tessier 254 cg, 372, 377, 423 hd, Eric Thayer 291 bc), John Springer Collection (106 bd), Sunset Boulevard (70 hg, 145 bg, 229 hg), Swim Ink2, LLC (106 bc), Sygma (113 hg, 177 bg, 239 hg, hc, Stephane Cardinale 186 hd, 358 bd, Michael Childers 193 bd, Alain Dejean 177 hd, cg, Christian Deville 177 cd, Julio Donoso 243, 246/247, 254 hg, Robert Eric 280 cg, 305 cg, 357 bcd, Yves Forestier 486 bd, 494 hg, Tony Korody 228 hg, Rick Maiman 77 bc, 239 bg, bd, Alain Nogues 152 c, Thierry Orban 240 cg, 305, 364 bd, 427 bcd, Claude Salhani 140, Pierre Vauthey 5 bd, 152 hd, 156, 158 hc, 161, 186 hc, 225 bcg, 248 hd, 254 hc, hd, 266 bc, 267 bg, bd, 305 hd, 331 hg, hd, bdh, 356), Viktor Tolochko/ITAR-TASS (229 cd), Frank Trapper (274 cg), Underwood & Underwood (94), Andy Warhol Foundation (270 hg), Katy Winn (339 cd)

© André Courrèges Patrimoine, Paris, Peter Knapp (177 bd), Otto Wollenweber (172 b, 173, 178)

© culture-images, Cologne, Photos 12.com-oasis (45 bc)

© ddp images, Hambourg, Single Man/Senator Film (369 h)

© F1 Online, Francfort/C, San Rostro/Age (37 hc)
© Fondazione Musei Civici di Venezia, Venise (33, 34)

© Getty Images, Munich (4 dc, 13 hd, 21, 65 hg, 76 bg, 82 bg, bd, 97, 99 bg, 101 bg, 106 c, d, 114, 121, 122 hc, cd, 123 hd, cc, bc, 124, 129, 135 hg, 141, 145 hd, cg, 147, 152 hg, bd, 158 hg, bc, bd, 159, 166, 170, 171, 174, 179 hcd, 179 bcd, 180 cg, b, 183 b, 184 b, 185, 192, 193 hd, cd, bc, 194 bd, 200 cc, cd, b, 203, 212 hc, 229 bg, bd, 230, 236 g, 239 cg, cd, bc, 240 cc, 266 bd, 267 bc, 268, 270 bd, 275 hcg, cg, cd, 280 bg, 289 hg, cg, bc, 291 hc, 297 c, 298 cg, 306 bcd, 317, 321 bg, 342 g, 347, 349 hg, 361, 365 hd, 366 (Tisci, Ford, Ghesquière, Theyskens, Elbaz), 368 d, 372 hc, hd, 373 h, b, 376 b, 379 bg, bd, 380 h, bd, 385 hd, cg, bg, 393, 394, 395 hg, bc, bd, 396 bc, bd, 397, 398, 407 bd, 418, 419 h, 422 h, 423 hc, bg, bd, 425, 4.R. 432 g, 435 bd, 440 hc, 443, 453, 459 bcg, bcd, bd, 460, 463 cg, 479 h, 486 c, 489 b, 490 h g, 491, 492, 494 hd, 497, 498 h, 499 hd, bd, cg, bg)

© Interfoto, Munich (150, 231 hg), Archiv Friedrich (48 hd), Brown (152 hc), Mary Evans (National Magazines 86, Picture Library 67 bg, bcg, bd), IFPAD (195), NG Collection (321 hc, hd), Paul (179 bg), Sammlung

Charlotte Seeling
Après ses études, Charlotte Seeling a travaillé pendant de nombreuses années comme journaliste indépendante avant de devenir rédactrice en chef, notamment de *Cosmopolitan*, *Vogue* et *Marie-Claire* Allemagne, puis de *Marie-France* à Paris. Dès le milieu des années 1990, elle a commencé à publier des livres.

Claudia Teibler
Après un doctorat d'histoire de l'art, Claudia Teibler a été rédactrice pour différents quotidiens et revues, notamment *AD Architectural Digest*. Depuis 2008, elle se consacre avec passion à l'écriture d'ouvrages.

Markus Thommen
Markus Thommen a été directeur artistique de différents magazines, notamment *Cosmopolitan*, *Harper's Bazaar*, *GQ*, *Brigitte*, *AD Architectural Digest* et *Park Avenue*. Il a développé de nouveaux projets pour Condé Nast, Bauer et Holtzbrinck et a assuré la direction artistique de catalogues, affiches et communication de différentes entreprises. De 2008 à 2010, il a travaillé pour la revue *Traveller's World*.

Antje Blees
Antje Blees a étudié le design de communication avant de devenir directrice artistique des revues *s.e.p.p.* et *Doin' Fine*. Depuis 2005, elle étudie la littérature allemande et américaine à l'université de Munich. Elle a participé à de nombreuses expositions de peinture et de photographie.

Elisabeth Alric-Schnee
Elisabeth Alric-Schnee a étudié le graphisme et la mode à Paris avant de travailler pour *ELLE* international. Par amour, elle revint à Munich pour travailler à *ELLE* Allemagne. Aujourd'hui, elle est iconographe free-lance pour différentes entreprises et, en outre, conçoit sa propre ligne de vêtements pour des enfants.

Merci à **Florian Seidel** à qui nous devons les pages 2-3, 6-7 et 500-501. Ce photographe et vidéoartiste munichois a notamment été récompensé en 2009 pour *Die Sau ist tot*, meilleur court-métrage international.

© h.f.ullmann publishing GmbH

Titre original : *MODE. 150 Jahre – Couturiers, Designer, Marken*

ISBN 978-3-8480-0614-4

Directeur de volume et auteur : Charlotte Seeling
Co-auteur (chapitres « Lourd héritage » et « Dans les coulisses ») : Claudia Teibler
Directeur artistique : Markus Thommen
Graphisme : Antje Blees pour Markus Thommen
Iconographie : Elisabeth Alric-Schnee
Correction et index : Christina Kuhn
Design de couverture : Benjamin Wolbergs
Photo de couverture : © ullstein bild/Granger Collection
Traitement de l'image : Frank Kreyssig, Heartwork
Coordination éditoriale : Isabel Weiler

© Sevenarts Ltd. All rights reserved/VG Bild-Kunst, Bonn 2014 : Erté, au travail, p. 44 ; © Succession H. Matisse/VG Bild-Kunst, Bonn 2014 : Henri Matisse, décors de ballet, p. 42 ; © VG Bild-Kunst, Bonn 2014 : Marc Chagall, dessin, p. 44 ; Jean Cocteau, affiche de Tamara Karsawina, p. 44, robe, p. 87 ; László Moholy-Nagy, affiche Bauhaus, 1923, p. 45 ; Christian Bérard, vêtements présentés sur des mannequins en fils métalliques (2 images), p. 81 ; Leonor Fini, flacon de parfum Shocking, p. 91 ; Paul Poiret, autoportrait, p. 18, robe de style Empire, p. 28, intérieur, p. 29, vitrine de la boutique Martine, p. 29, flacon de parfum Rosine, p. 29 ; Georges Braque, *Oiseaux* (interprétation d'Yves Saint Laurent), p. 156

© pour l'édition française : h.f.ullmann publishing GmbH

Édition spéciale

Réalisation : Intexte Édition

Traduction de l'allemand : Janine Bourlois, Didier Debord, Dominique Jouhaut, Florence Lecanu, Marion Villain

Réalisation complète : h.f.ullmann publishing GmbH, Potsdam, Allemagne

Coordination éditoriale : Johanna Willner

ISBN 978-3-8480-0395-2

Printed in China, 2014

10 9 8 7 6 5 4 3 2 1
X IX VIII VII VI V IV III II

www.ullmann-publishing.com
newsletter@ullmann-publishing.com
facebook.com/ullmann.social